비즈니스 의사결정을 위한

인공지능이론

김상봉 저

MEDIA JIPHIL
(주)지필미디어

CONTENTS

01 CHAPTER

머신러닝의 의미와 분류

01 CHAPTER 머신러닝의 의미와 분류

머신러닝의 의미

최초의 머신러닝 격인 체커스(Checkers) 개발자인 Arthur Samuel(1959)은 머신러닝(Machine Learning)을 '직접적으로 프로그래밍하지 않아도 컴퓨터 혹은 기계가 스스로 학습할 수 있는 능력을 부여하는 연구분야'라고 정의하였다. 그러나 당시 정의에서 데이터의 중요성은 그다지 부각되지 못하였다. 이후 연구자들은 여러 가지 머신러닝의 정의 중에 머신러닝은 "데이터를 이용해서 명시적으로 정의되지 않은 패턴을 컴퓨터로 학습하여 결과를 만들어 내는 학문분야"라고 정의하였다. 즉, 머신러닝은 데이터, 패턴인식, 컴퓨터를 이용한 학습, 이 세 요소가 합쳐져서 만들어진 분야가 될 수 있다.

최근의 머신러닝 개념은 빅데이터(Big Data), 클라우드 컴퓨팅(cloud computing) 등의 환경을 포함하여 이해하여야 한다. 또한, 머신러닝은 다양한 확률, 조합 이론과 수학적 최적화 기법, 통계, 알고리즘, 컴퓨터 구조를 활용하여 이상적인 학습 및 예측모델을 구축하는 기술로 연구자의 경험적 지식 습득과 그 응용방법까지 포함하는 융합기술로 발전하고 있다. 즉, 시대의 흐름에 따라 머신러닝의 개념이 재해석 되고 있다. 오늘날 머신러닝의 의미는 예전보다 확대된 형태로 사용되고 있다. 머신러닝을 빅데이터 분석 기법의 한 형태로 자동으로 인식된 데이터 패턴을 이용하여 미래를 예측을 하거나 의사 결정을 내리는 하나의 방법으로 정의되기도 한다.

한편 앞에서 다룬 빅데이터란 기존의 소프트웨어가 처리할 수 없을 정도로 크고 복잡한 데이터를 의미한다고 하였다. 그러나 오늘날 빅데이터는 대량의 데이터를 다루는 문제를 넘어서는 개념으로, 데이터 자체뿐만 아니라 데이터가 제공하는 기회를 활용하기 위한 기술 동향의 진보를 의미하기도 한다. 머신러닝의 본질은 학습하는 기계를 통한 패턴인식의 자동화된 프로세스이다. 머신러닝의 주요 목적은 많은 복잡한 작업이나 문제를 처리할 때 인간 수준의 능력을 달성하거나 능가할 수 있는 시스템을 구축하는 것이다. 따라서 학습능력 면에서 머신러닝이 빅데이터를 기반으로 한 인공지능(Artificial Intelligence, AI)의 일부라고 할 수 있다. 즉, 컴퓨터 또는 기계로 하여금 복잡한 데이터 또는 문제를 입력하여 스스로 학습하게 하여 인간 수준 능력을 발휘하도록 하는 데 있기 때문이다.

1 인공지능과 머신러닝의 전체적 흐름

머신러닝의 시작은 인공지능이라고 할 수 있다. 둘 다 컴퓨터를 이용하여 지능적인 작업을 하는 방향으로 발전해왔기 때문이다. 따라서 머신러닝을 인공지능의 한 분야로 볼 수 있다.

1940년대 후반과 1950년대 초반, 수학, 철학, 공학, 경제 등 다양한 영역의 과학자들에게서 인공적인 두뇌의 가능성이 논의됐다. 1956년 이후, 인공지능에 대한 학문적 연구가 본격화되었다. 생각하는 기계에 대한 초기 연구는 1930년대 후기에서부터 1950년대 초기의 유행한 아이디어에 영감을 얻은 것이었다. 당시 신경학의 최신 연구는 실제 뇌가 뉴런(neuron)으로 이루어진 전기적인 네트워크라고 보았다. 위너(Norbert Wiener)는 인공두뇌학을 전기적 네트워크의 제어와 안정화로 묘사했다.

머신러닝은 1950년대 인공지능이라는 개념으로 시작하였고, 신경망 시대를 거쳐 통계학적 머신러닝과 빅데이터 시대를 지나서 지금의 딥러닝 시대까지 왔다고 할 수 있다. 각 시대별 특징을 보면 다음과 같다.

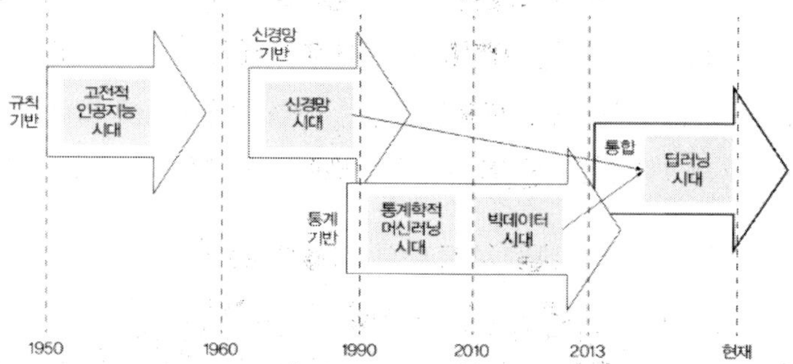

머신러닝 변천사

2 인공지능의 탄생

1950년대는 고전적 인공지능 시대로, 1946년 컴퓨터의 발명 이후 컴퓨터의 가능성에 대한 다양한 논의가 있었다. 특히 유명한 컴퓨터 과학자였던 앨런 튜링(Alan Turing)은 1950년 인공지능을 판별하는 튜링 테스트(Turing test)를 제안하였는데, 이미테이션 게임(imitation game)이라고도 불린다.[1] 인공지능 연구의 초기 단계에서 지능이 무엇인지에 대한 명확한 해답이 존재하지 않았다. 인간이나 인간다운 것이 무엇인지 기준선을 제시하지 못했기 때문에 당연할 지도 모른다. 이는 기계가 인간과 얼마나 비슷하게 대화하는지를 기준으로, 기계의 지능을 판별하는 테스트라고 할 수 있다. 텔레프린터를 통한 대화에서 기계가 사람인지 또는 기계인지 구분할 수 없을 정도로 대화를 잘 이끌어 나간다면, 기계가 '생각'하고 있다는 충분한 근거가 된다는 의미를 가지게 된다. 이러한 상황에서 튜링은 지능, 인공지능의 기준선을 정하는 것은 나중으로 미루고, 일단 인간이 보기에 인간같은 것에 대해 인간에 준하는 지능이 있다고 간주하기로 하였다. 따라서 튜링은 마음과 지능, 인간다움의 본질에 대한 논의는 그만두고, 일단 이 시험을 통과하는 모든 것은 확실히 '지적이다' 라고 합의한 다음에, 이 시험을 통과하는 기계를 어떻게 만들 수 있을지의 여부로 논의의 방향을 돌리는 것이 훨씬 발전적인 것으로 보았다. 질문자 한 명과 응답자 두 명이 준비하고, 응답자 중 하나는 컴퓨터이고 나머지는 인간이라고 하자. 여기서 응답자 중 어느 쪽이 컴퓨터인지는 모른다. 응답은 키보드로만 이루어지고, 이 테스트에서 질문자가 어느 쪽이 컴퓨터인지 판별할 수 없다면, 컴퓨터는 테스트를 통과한다. 즉, 컴퓨터가 인간처럼 대화를 할 수 있다면 그 컴퓨터는 인간처럼 사고할 수 있다고 본다.

섀넌(Claude Elwood Shannon)은 정보 과학을 디지털 신호로 묘사하였다. 또한, 튜링의 계산 이론은 어떤 형태의 계산도 디지털로 나타낼 수 있음을 보였다. 월터 피츠(Walter Pitts)와 워런 매컬록(Warren Sturgis McCulloch)는 인공 신경망에 기인한 네트워크를 분석하고 그들이 어떻게 간단한 논리적 기능을 하는지 보여주었다. 이후, 신경 네트워크라 부르는 기술을 가장 먼저 연구하였다. 피츠와 매컬록와 만난 젊은 민스키(Marvin Lee Minsky)는 1951년에 최초의 신경 네트워크 기계인 SNARC(Stochastic Neural Analog Reinforcement Calculator)를 구축하였다.

이러한 1950년대 중반, 일부 과학자들은 직관적으로 기계가 수를 다루듯이 기호를 다루고, 사람처럼 기호의 본질적인 부분까지 다룰 수 있을 것이라고 생각했다. 이후, 1995년 앨런 뉴얼(Allen Newell)과 허버트 사이먼(Herbert A. Simon)은 논리 이론을 구현했다. 이 프로그램은 러

1 Turing, A. M.(1950), "Computing Machinery and Intelligence", *Mind*, LIX(236), 433-460.

셀과 화이트헤드의 수학 원리에 나오는 52개의 정리 중 32개를 증명하게 된다.

③ 인공지능의 황금기(1956~1974년) : 인공지능의 태동

1956년 다트머스 컨퍼런스(Dartmouth Conference)에서 매카시(J. McCathy)는 인공지능(Artificial Intelligence)라는 용어를 사용하였다. 1950년대 연구들은 1958년 코넬대 심리학자 프랭크 로센블래트(F. Rosenblatt)의 연구에 영감을 주었고 퍼셉트론(Perceptron, 뇌 신경을 모사한 인공 신경 뉴런)을 계기로 신경망 기반 인공지능 연구가 탄생하였다. 그러나 당시에 데이터의 성능이 매우 한정적이었기 때문에 신경망의 성능이 신통치 않았고, 기초 이론의 부족으로 한정적 패턴만 학습이 가능했다. 여러 학자들이 신경망 구축에 뛰어들었으나, 예상만큼 결과가 나오지 않아 침체 상태가 이어졌다. 그러나 인간의 뇌를 모방한 딥러닝(Deep learning, 심층학습) 알고리즘은 1986년 데이비드 럼멜하트(D. Rumelhart), 제프리 힌튼(G. Hinton), 로날드 윌리엄스(R. Williams)의 논문이 네이처(Nature)에 발표되면서 주목받기 시작했다.[2] 이후 정체기를 거쳐 다시 전환점이 되는 연구는 2006년 제프리 힌튼의 심층신뢰망(Deep Belief Network)으로 연결된다.[3]

이 기간에 만들어진 프로그램은 대수학 문제를 풀었고 기하학의 정리를 증명했으며 자연어처리(NLP)를 통해 언어를 학습했다. 당시 AI로 모든 것이 가능할 것이라 믿었던 연구가들은 낙관론 속에 완전한 지능을 갖춘 기계가 20년 안에 탄생할 것이라고 예측했다. ARPA(Advanced Research Projects Agency)같은 정부 기관이 이 새로운 분야에 투자를 시작했다.

④ 인공지능의 최초 암흑기: 1974~1980년

1969년 마빈 민스키와 세이무어 페퍼트는 저서[4]를 통해 퍼셉트론은 AND 또는 OR 같은 선형

2 Rumelhart, D. E., Hinton, G. E., and Williams R. J.(1986), Learning Representations by Back-propagating Errors, *Nature* 323, 533-536.

3 Hinton, G. E, Osindero, S., and Teh, Y. W.(2006), A Fast Learning Algorithm for Deep Belief Nets, *Neural Computation* 18, 1527-1554.

4 Minsky, M. and Papert, S.(1969), *Perceptrons*, MIT Press.

분리가 가능한 문제는 가능하지만, 선형(linear) 방식으로 데이터를 구분할 수 없는 XOR (exclusive or) 문제에는 적용할 수 없다고 증명하였다. 이에 따라 미국방부 DARPA는 AI 연구자금 2000만 달러를 전격 중단하였다. 또한 영국의 라이트힐 경은 영국의회에 폭발적인 조합증가(combinational explosion)를 인공지능이 다룰 수 없다고 보고함으로써, 사실상 인공지능에 대한 대규모 연구는 중단되어 암흑기에 접어들게 된다.

⑤ 인공지능의 두 번째 황금기(1980~1987년) : 진화와 발전

1980년대 초부터 후반까지 진화와 발전이 이뤄졌다. 1980년대에는 세계적으로 사용된 전문가 시스템이라고 일컫는 인공지능 프로그램의 형태였고 인공지능 검색에 초점이 맞춰졌다.

또한, 1980년대에 신경망 이론의 복원이라는 다른 사건이 있었다. 1982년, 물리학자 존 홉필드(John Hopfield)는 정보를 프로세스하고 배울 수 있는 신경망의 형태를 증명하였다.[5] 신경망은 1990년대에 광학 문자 인식 및 음성 인식과 같은 프로그램의 구동 엔진으로 사용되며 상업적으로 성공하였다.

⑥ 인공지능 두 번째 암흑기(1987~1993년) : 인공지능의 겨울

인공지능 전문가 시스템에 대한 실망에 따른 투자 위축 기간 동안 살아남은 연구원들은 당시를 인공지능의 겨울(AI winter)로 표현하였다. 1980년 말에서 1990년대 초반에 1987년에 특성화된 인공지능 하드웨어 시장이 갑자기 무너졌고, 1987년에 애플이나 IBM의 데스크탑 컴퓨터들은 급격히 빨라지고 성능이 좋아졌기 때문이다. 이들 기업의 컴퓨터들은 인공지능(AI) 하드웨어 시장의 Symblics, Lisp 기기들보다도 더욱 좋은 성능을 나타냈다. 더 이상 인공지능 하드웨어 기기들을 살 이유가 사라진 것이다. 당시에 전체산업 1억 달러의 절반의 가치가 하룻밤에 사라졌다. DARPA는 즉각적인 결과를 나타낼 수 있는 것으로 보이는 프로젝트에 직접적인 투자로 전환했다.

---

5 Hopfield, J. J.(1982), "Neural Networks and Physical Systems with Emergent Collective Computational Abilities", *Proceedings of the National Academy of Sciences* 79(8), 2554-2558.

7 인공지능의 고도화(1990년대)

1990년대에 지능형 에이전트라고 불리는 새로운 패러다임이 등장하였다. 이전 AI 연구는 분할과 결합(divide and conquer) 모듈러를 제안했다면, 지능형 에이전트는 미국 컴퓨터, 인지과학자, 심리학자 등 인공지능(AI) 연구에 결정론과 경제성이라는 개념을 도입하였고, 합리적 에이전트라는 정의와 객체 혹은 모듈러 정의가 합쳐졌을 때 지능형 에이전트 패러다임이 완성되었다. 지능형 에이전트 시스템(the study of intelligent agents)은 환경을 인식하고, 성공을 가장 극대화할 수 있는 행동을 취한다. 예를 들어, 회사처럼 특정 문제를 해결하는 간단한 프로그램들을 지능형 에이전트라고 한다. 이는 인간의 지능을 넘어 모든 종류의 지능의 연구를 추구한다.

이러한 패러다임 아래 당시 연구자들이 문제의 해결책을 공유하고, 공통의 언어로 표현했다. 이는 추상적 에이전트를 사용한 경제학이나 제어 이론등과 같은 다른 개념에도 사용됐다. 연구자들은 지능형 에이전트의 상호 작용에서 더 다양하고 지능적인 시스템을 만들고 완전한 에이전트 아키텍처를 연구하였다.

인공지능 연구자들은 과거에 사용했던 것보다 더욱 정교한 수학적 도구를 사용하여 시스템을 개발하기 시작했다. 문제를 해결하는데 AI가 필요한 수많은 문제들이 존재하고 있다는 인식은 수학, 경제학 또는 오퍼레이션 연구 등의 분야에서 이미 연구자들이 인공지능을 사용하여 실현하고 있었다. 공유된 수학적 언어는 높은 수준의 협력, 좋은 평판, 여러 분야를 성공적으로 이끌고 측정과 증명이 된 결과를 보여 주었다.

또한, 인공지능은 보다 엄격한 과학적 학문이 되었다. 러셀과 노빅(Russell and Norvig, 2003)[6]은 이는 혁명이고 촘촘한 아키텍처의 승리라고 표현하였고, 펄(J. Pearl, 1988)은 인공지능에 결정론과 확률을 대입시켰다.[7] 사용 중인 많은 새로운 방법론 중 베이지안 네트워크(Bayesian networks), 히든 마코프 모델(hidden Markov models), 정보이론(information theory), 확률모형(stochastic model), 그리고 기존의 고전적 방법들이 최적화 되었다. 보다 정밀한 수학적 설명들로 인해, 신경망 네트워크와 진화 알고리즘과 같은 연산 지능적 패러다임이 개발되었다.

---

6 Russell, S. J. and Norvig, P.(2003), *Artificial Intelligence, A Modern Approach*, 2nd Ed. University of Michigan Press.

7 Pearl, J.(1988), *Probabilistic Reasoning in Intelligent Systems : Networks of Plausible Inference*, Morgan Kaufmann Publishers.

8 인공지능의 활용과 증명(2000년대 이후)

1990년대 들어 통계학을 전산학과 접목하여 대규모 데이터에서 패턴을 찾는 시도가 있었고, 데이터에 더 큰 비중을 둔 결과 기진일보한 성과가 있었다. 이후 여러 산업 분야에 도입되었는데, 이 시기에 머신러닝이라는 용어가 등장했다. 딥러닝 등장 이후 통계학 중심 기법을 통계학적 머신러닝이라 한다. 통계학적 머신러닝은 웹을 통해 쏟아지는 데이터와 대용량 저장창지, 분산 처리기술과 결합하여 엄청난 시너지를 만들어냈다. 빅데이터(Big Data)라는 용어가 2010년대 유행하였는데, 빅데이터 시대에는 더 큰 데이터 분석을 위한 더 큰 규모의 머신러닝 기법이 만들어지고, 성능 또한 더 좋아지게 되었다.

2000년대에 들어, 데이터의 증가와 GPU의 발달로 인한 연산 능력의 증가하면서 머신러닝 연구자들은 신경망 이론에 다시 한 번 눈길을 돌렸다. 그 결과 기존의 신경망보다 훨씬 더 복잡하고 깊이가 있는 신경망을 사용하게 되면서, 이를 딥러닝이라 부르게 된다. 딥러닝 시대는 데이터의 폭발적 증가로 복잡한 신경망을 학습할 수 있는 기반이 생겼다. 현재 머신러닝은 대량의 데이터를 바탕으로 하는 딥러닝 기법을 주로 사용한다. 이를 통해 기존에 해결하지 못하였던 음성 인식, 번역, 이미지 인식에서 좋은 성과를 보이고 있다

이제 인공지능 알고리즘은 거대한 시스템의 일부로 나타나기 시작했다. 인공지능은 매우 어려운 문제들을 해결했고 데이터 마이닝, 산업 로봇공학, 논리학, 음성 인식, 은행 소프트웨어, 의학적 진단, 구글 검색 엔진 등 다양한 분야에서 유용성을 입증하였다.

인공지능의 주요 발달사

발전과정	시기	주요 내용
태동	1950~1970년대 초반	- 1950년 앨런 튜링이 인공지능 관련 논문 발표 - 1956년 다트머스 회의에서 매카시가 인공지능 용어 최초 사용 - 1967년 체스 프로그램 맥핵 vs. 아마추어 드레이퍼스(AI 승) - 인공지능 전문가시스템에 관한 연구가 활발히 수행 - 컴퓨터 논리 알고리즘 개발
진화와 발전	1980년대 초반	- 인공지능 추론개념, 뉴럴 네트워크, 퍼지이론 등 이론의 기초 확립 - 상업적 데이터베이스 시스템의 개발 시작 - 인공지능 관련 R&D에 대한 정부보조금 투자가 활발해지기 시작
고도화	1990년대	- 1992년 IBM 딥블루 vs. 체스 챔피언 카스파로프(인간 승) - 1997년 IBM 딥블루 vs. 체스 챔피언 카스파로프(AI 승) - 1999년 소니 애완용 강아지로봇 AIBO 출시

발전과정	시기	주요 내용
완성과 증명	2000년대~	- 2005년 인공지능 자동차가 사막에서 210km 자율주행 성공 - 2006년 독일 딥리츠 vs. 체스 챔피언 크림니크(AI 승) - 2011년 IB 왓슨 vs. 켄 제닝스와 브래드 루터 퀴즈대결(AI 승) - 2013~2014년 일본 벤처 헤로즈 vs. 프로기사 5명 장기대결(AI 승) - 2013년 골프 로봇 제프 vs. 세계 1위 맥길로이(인간 승) - 2014년 독일 아길러스 로봇 vs. 탁구 챔피언 티모볼(인간 승) - 2015년 포커 프로그램 클라우디코 vs. 프로 포커선수 4명(인간 승) - 2015년 구글 알파고 vs. 유럽 챔피언 판후이 2단(AI 승) - 2016년 구글 알파고 vs. 이세돌 9단(AI 승) - IBM 왓슨, MS 아담, 소프트뱅크 페퍼, 애플 시리, 페이스북 딥페이스 등 글로벌 IT 기업 인공지능 제품 출시

머신러닝에서 이용되는 용어

본 절에서 이용되는 용어 중, 모형과 관련된 부분은 이 교재의 다른 부분에서 충분히 다룰 것이다. 다만, 여기서 전체적인 의미 등을 이해하기로 한다.

1 머신러닝 용어

기초 용어

지도학습에 알고리즘에 주입하는 훈련 데이터에 레이블이라는 원하는 답이 포함된다. 시스템을 훈련시키려면 예측 변수와 레이블(중고차 가격 등)이 포함된 중고차 데이터가 많이 필요하다.

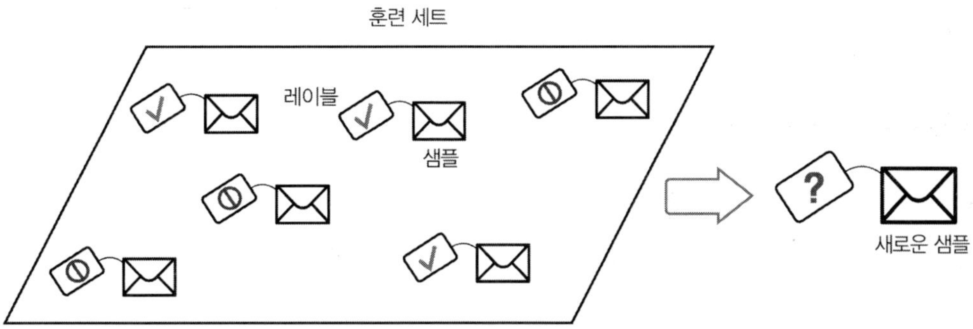

지도학습에서 레이블링된 훈련셋(스팸 분류 예시)

머신러닝에서 속성(attribute)은 데이터 타입(예를 들어 주행거리)을 말한다. 특성은 문맥에 따라 여러 의미를 갖지만 일반적으로 속성과 값이 합쳐진 것을 의미한다. 예를 들어 주행거리 =15,000 등이다. 그러나 많은 사람이 속성과 특성을 구분하지 않고 사용한다.

클래스(class)는 일반적으로 우리가 사물이나 개념 등에 붙이는 이름을 말한다고 설명할 수 있다. 예를 들어, "키보드", "모니터", "사랑"과 같은 것은 모두 클래스라고 할 수 있다.

인스턴스(instance)는 사물이나 개념의 구체물이나 사건 등의 실질적인 형태로 나타난 그 자체를 의미한다. 즉, "LG전자 ST-500 울트라슬림 키보드", "삼성 싱크마스터 Wide LCD 모니터", "로미오와 줄리엣의 사랑"은 일반적으로 인스턴스라 볼 수 있다. 이와 같이, 클래스와 인스턴스의 구분은 응용과 사용목적에 따라 매우 달라질 수 있다. 즉, 같은 표현의 개체가 어떠한 경우에는 클래스가 되었다가 다른 경우에는 인스턴스가 될 수 있다.

일반적으로 머신러닝에서 머신러닝을 위해 컴퓨터가 이해할 수 있는 데이터를 컴퓨터에게 공급해야 한다. 이것은 많은 행과 열로 구성되는 대규모의 스프레드시트 형태로 데이터를 변환해야 함을 의미한다. 이 때 각 행(row)은 인스턴스(instance) 불리고, 각 열(column)은 특성 또는 피쳐(feature)라고 부른다.

머신러닝(Machine Learning)

머신러닝은 "경험에 의해 자동으로 개선되는 컴퓨터 프로그램을 어떻게 구현할 것인가"와 관련이 깊다. 머신러닝은 여러 분야에 응용되고 있고, 컴퓨터 과학, 통계, 인공지능 및 기타 분야의 다양한 기술을 이용한다. 머신러닝 연구의 주요 결과는 경험에서 나오는 자동 개선을 가능하게 하는 알고리즘, 컴퓨터 비전, 인공지능, 데이터 마이닝(Data Mining)과 같은 분야에 적용할 수

있는 알고리즘 등이 된다.[8]

분류(Classification)

분류는 데이터를 정해진 카테고리에 지정하는 모델을 구축하는 것과 관련이 있다. 이 모델들은 알고리즘이 학습할 수 있도록 미리 레이블링된 학습 데이터셋을 입력하여 구축된다.

이후 그 모델을 분류가 보류된 다양한 데이터셋을 입력하여 사용하며, 학습 데이터셋으로부터 학습한 것을 근거로 분류에 대한 예측을 할 수 있다. 분류에서 잘 알려진 분류 방법으로는 의사결정나무(Decision Tree)나 서포트벡터머신(SVM) 등이 있다. 이러한 유형의 알고리즘이 명시적 클래스 레이블링을 요구하는 것처럼, 분류는 지도학습(Supervised Learning)의 한 형태이다.

회귀(Regression)

회귀는 분류와 매우 관련이 깊다. 분류가 이산적인(discrete) 클래스를 예측하는 것과 관련이 있는 것에 반해, 회귀는 예측할 클래스가 연속적인(continuous) 숫자로 구성되는 것에 대해 적용된다. 계량경제학이나 다양한 연구에서 기초로 활용되는 선형회귀가 회귀 방법의 예가 된다.

군집화(Clustering)

군집화 또는 클러스터링은 사전 레이블링된 클래스를 포함하지 않는 데이터 또는 아예 클래스 속성이 없는 데이터를 분석하는데 사용된다. 클래스 내 유사성을 최대화하고 클래스 간 유사성을 최소화하는 개념을 이용하여 그룹화된다. 이 개념은 서로 훨씬 덜 유사한 그룹화되지 않은 인스턴스와는 달리, 매우 유사한 인스턴스를 식별하고 그룹화하는 클러스터링 알고리즘으로 해석된다.[9]

k-means 클러스터링은 아마도 가장 잘 알려진 클러스터링 알고리즘의 예이다. 클러스터링이 인스턴스 클래스를 사전에 레이블링하는 것을 요구하지 않는 것처럼, k-means는 비지도학습(Unsupervised Learning)의 한 형태이며, 예제를 통해 학습하는 것이 아닌 데이터의 관찰에 의해 학습하는 것을 의미한다.

---

8 Mitchell, T.(1997), *Machine Learning*, McGraw Hill.

9 Han, J., Kamber M. and Pei, J.(2011), *DataMining : Concepts and Techniques*, 3rd ed. Morgan Kaufmann Publishers.

군집화 예시

연계(Association)

연계를 가장 잘 설명할 수 있는 예로 경제학에서 물가지수 등을 구성하는 바구니(basket)방식 등을 많이 이용한다. 예를 들어, 시장바구니 분석이 될 수 있다. 시장바구니 분석은 특정 고객이 온라인 쇼핑이나 오프라인 쇼핑에서 시장바구니에 담은 다양한 상품들의 연계에 대한 식별을 시도하고, 비교를 위한 신뢰도 측정을 하게 된다. 이러한 분석의 결과로 교차 마켓팅에 이용하거나 고객 행동 분석을 목적으로 한다. 연계는 시장바구니 분석의 일반화이며, 모든 속성이 연계를 통해 예측하게 되므로, 이러한 부분을 빼면 분류와 같아진다. 많이 알려진 연계 알고리즘은 Apriori 연계 알고리즘이다. 연계는 비지도학습(Unsupervised Learning)의 또 다른 예가 된다.

의사결정나무(Decision Trees)

의사결정나무는 하향식이며, 반복적이며, 분할정복(divide-and-conquer) 분류자(classifier)를 이용한다. 의사결정나무는 일반적으로 다음과 같은 2개의 메인 작업으로 구성된다. 트리유도(induction)과 트리가지치기(pruning)이다. 트리유도는 사전에 분류된 인스턴스를 입력으로 취하는 작업으로, 모든 학습 인스턴스가 분류될 때까지 어떠한 속성을 분류자로 삼을 것인지 결정하고, 데이터셋 상에서 쪼개고, 분리 결과 데이터셋 상에서 반복을 한다. 트리가 구성되는 동안, 목표는 가능한 순수한 자식 노드를 생성하는 속성을 통해 분할해야 하는데, 이는 데이터셋 내에서 모든 인스턴스를 분류할 목적으로 생성해야 하는 최소의 분리 기준을 유지하도록 하기 위함이다. 이러한 결과는 정보 개념으로 측정되는데, 이전에 보이지 않았던 인스턴스가 적절하게 분류될 수 있도록 이에 대해 얼마만큼 알 필요가 있는 지와 관련이 있다.

완전한 의사결정나무 모델은 과도하게 복잡하고, 불필요한 구조를 포함하며 해석하기 어려울 수 있다. 가지치기(pruning)은 결정트리를 더욱 효율적으로, 보다 가독성이 높고 정확도를 높일 수 있도록 결정트리로부터 불필요한 구조를 제거하는 과정이다. 정확도 개선은 가지치기의 과도 적합을 감소시키는 능력에 따른다.

서포트벡터머신(Support Vector Machines, SVM)

서포트벡터머신

SVM은 선형 및 비선형 데이터 모두를 분류할 수 있다. SVM은 학습 데이터셋을 보다 고차원으로 변형한다. 여기서 고차원이란 클래스 간 최적의 경계(또는 경계들)를 탐색하는 것을 의미한다. SVM에서 이러한 경계들은 초평면(hyperplane)으로 불리는데, 서포트벡터의 위치, 경계를 가장 잘 나누는 인스턴스, 이들의 마진으로 정의되거나, 초평면과 이 평면의 서포트벡터 간의 최단 거리로 정의되는 초평면에 평행한 선들로 정의되기도 한다.

SVM 아이디어의 강점은 충분히 큰 차원으로 2개의 클래스를 구분하는 초평면은 항상 존재하여 데이터셋의 멤버 클래스를 설명할 수 있다는 것이다. 충분한 반복 회수를 통해 초평면은 n-차원 공간의 모든 클래스들을 분리할 수 있게 된다.

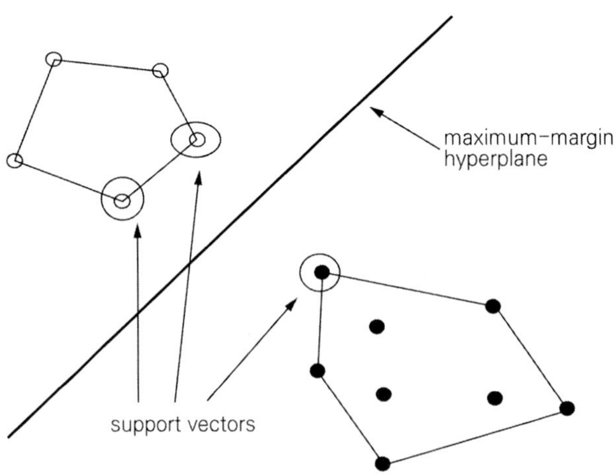

서포트벡터머신 예시

커널서포트벡터머신(Kernel Support Vector Machines, KSVMs)

입력 데이터 벡터를 고차원 공간에 맵핑함으로써 positive class와 negative class 사이의 마진(margin)을 최대화하는 결정경계(decision boundary)를 찾는 분류 알고리즘이다. 예를 들어, 100차원짜리 입력데이터가 주어졌을 때 KSVMs는 이러한 입력데이터를 100만 차원 공간으로 맵핑한다. KSVMs는 hinge loss라고 불리는 손실함수를 사용한다.

신경망(Neural Networks)

신경망은 생물학적 뇌에 영감을 받은 알고리즘이며, 생물학적 뇌를 모델링했다고 볼 수 없다. 신경망은 개념적으로 연결된 많은 인공신경인 뉴런들로 구성되어 있으며, 이들은 서로 데이터를 주고받고 관련 가중치들(weights)은 네트워크의 경험에 근거하여 튜닝된다. 만약 뉴런들은 관련 가중치들의 조합과 공급된 데이터 값이 조건에 충족된다면, 활성화 임계값이 다음 뉴런에 전달되도록 한다. 이렇게 활성화된 뉴런의 조합은 "학습"으로 이루어진다.

딥러닝(Deep Learning)

딥러닝은 수 십 년 전부터 존재했으나, 최근 주목을 받으면서 상대적으로 새롭게 등장한 용어이다. 딥러닝은 문제를 해결하기 위해 심층인공신경망 또는 심층신경망이다. 즉, 뉴런을 가지는 다중의 은닉레이어를 포함하는 신경망 구조의 기술을 적용하는 과정이다. 딥러닝은 데이터 마이닝과 같이 머신러닝 알고리즘의 한 종류인 심층신경망 구조를 도입한 프로세스이다.

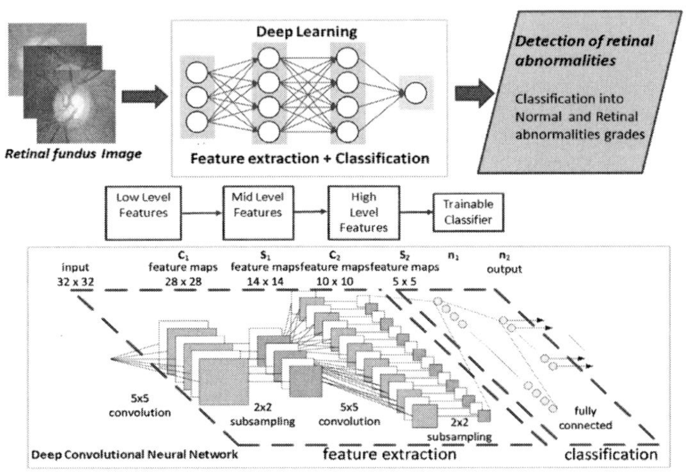

딥러닝 예시

강화학습(Reinforcement Learning)

강화학습은 보상을 최대화하기 위해 주어진 상황에서 적절한 행동을 찾는 문제와 관련이 있다. 강화학습 알고리즘은 명확한 목표가 주어지지 않는다. 대신, 시행착오(trial and error)에 의해 최적의 목표를 학습하도록 되어 있다. 예를 들어, 비디오 게임인 마리오 브라더스를 생각해 보자. 강화학습 알고리즘은 시행착오를 통해 게임에서 특정 움직임과 버튼을 눌러 플레이어의 위치를 이동시키며, 시행착오는 게임 플레이의 최적 상태를 얻는 것을 목표로 한다.

(k-fold) 교차검증(Cross-validation)

교차검증은 데이터셋을 k개의 그룹으로 분할하고 (k-1)개의 그룹에 대해 학습하고, 나머지 k번째 세그먼트를 테스트를 위해 활용하는 결정론적 방법론이다. 이 과정은 k번을 반복하는데, 각각의 예측 에러 결과는 하나의 통합된 모델로 조합되고 평균화된다. 이는 가능한 가장 정확한 예측 모델을 생성하는 목표를 갖는 가변성을 제공한다.

베이지안(Bayesian)

확률에 대한 이론은 크게 고전학파와 빈도학파(Frequentist)로 구분된다. 고전학파의 확률 해석은 빈도와 랜덤 사건으로 확률을 바라본다. 이와는 다소 대조적으로, 확률에 대한 베이지안학파의 관점은 불확실성을 정량화하는 것을 목표로 하고 추가적인 증거를 활용 가능할 때 주어진 확률을 업데이트 한다. 만약 이러한 확률이 참값으로 확장되고 가설에 부합될 때, 확실성의 가변성에 대한 학습 결과를 얻는다.

1 수학 및 통계학 용어

활성함수(activation function)

이전 계층의 모든 입력값의 가중합을 받아서 다음 계층에 보낼 출력값을 산출하는 함수이다. 대개 ReLU나 시그모이드 같은 비선형함수가 적용된다.

손실(loss)

모델의 예측과 정답 사이에 얼마나 차이가 있는지 나타내는 측도(measure)이다. 이 값을 정하기 위하여 손실함수(loss function)이 정의되어 있어야 한다. 예를 들어, 선형회귀 모델에서 손실함수는 대개 평균제곱오차(Mean Squared Error, MSE)가 쓰이며, 로짓회귀에서는 로그우도가 쓰인다.

여기에서 측도란 1차원에서의 길이, 2차원에서의 넓이, 3차원에서의 부피 등의 개념을 일반의 집합으로까지 확장한 개념이다. 즉 집합의 '크기'에 상당하며, 적분이론은 이 개념을 기초로 하는 경우가 많다.

사전믿음(prior belief)

모델을 학습하기 전 데이터에 대한 당신의 믿음이다. 예를 들어, 딥러닝 모델 파라미터에 대한 L2 정규화는 해당 파라미터들이 작고 0을 중심으로 정규분포를 이룬다는 사전믿음을 전제한다.

정규화(regularization)

모델 복잡도(complexity)에 대한 패널티(penalty)이다. 정규화는 과적합을 예방하고 일반화 성능을 높이는 데 도움을 준다. 정규화에는 L1 정규화, L2 정규화, 드롭아웃, early stopping 등이 있다.

제곱손실(squared loss)

선형회귀에 쓰이는 손실함수이다. L2 Loss로도 불린다. 이 함수는 모델이 예측한 값과 실제값 간 차이(오차)의 제곱이다. 미분이 가능하다는 장점이 있다. 하지만 오차를 '제곱'하기 때문에 잘못된 예측 혹은 이상치(outlier)에 의해 그 값이 큰 영향을 받게 된다는 단점이 있다.

절대손실(absolute loss)

모델이 예측한 값과 실제값 간 차이(오차)의 절대값이다. L1 Loss로도 불린다. L1 Loss는 L2 Loss에 비해 이상치에 덜 민감하다는 장점이 있지만 0인 지점에서 미분이 불가능하다는 단점이 있다.

L1 정규화(L1 regularization)

정규화의 일종이다. 모델 가중치의 L1 norm(가중치 각 요소 절대값의 합)에 대해 패널티를 부과한다. 대부분의 요소값이 0인 sparse feature에 의존한 모델에서 L1 정규화는 불필요한 피처에 대응하는 가중치들을 정확히 0으로 만들어 해당 피처를 모델이 무시하도록 만든다. 다시 말해 변수선택(feature selection) 효과가 있다는 말이다. 이는 L2 정규화와 대조된다.

2차원상 L1 norm의 자취는 마름모꼴이어서 미분이 불가능한데 이 같은 성질과 깊은 관련을 맺고 있다.

L2 정규화(L2 regularization)

정규화의 일종이다. 모델 가중치의 L2 norm의 제곱(가중치 각 요소 제곱의 합)에 대해 패널티를 부과한다. L2 정규화는 아주 큰 값이나 작은 값을 가지는 outlier 모델 가중치에 대해 0에 가깝지만 0은 아닌 값으로 만든다. 이는 L1 정규화와 대조된다. L2 정규화는 선형모델의 일반화 능력을 언제나 항상 개선시킨다.

구조적리스크최소화(structural risk minimization)

알고리즘은 다음과 같은 두 가지 목표를 만족시켜야 한다.

① 예측력이 좋은 모델 (예컨대 손실이 가장 적은 모델)
② 가급적 간단한 모델 (예컨대 강한 수준의 정규화가 이뤄진 모델)

예를 들어, 학습데이터에 대해 손실 최소화와 정규화를 동시에 달성한 모델은 structural risk minimization이 이뤄진 알고리즘이라 할 수 있다. structural risk minimization는 empirical risk minimization 개념과 대조된다.

경험적리스크최소화(empirical risk minimization)

학습데이터에 대해 손실이 적은 모델을 선택하는 것이다. structural risk minimization 개념과 대조된다.

최소자승법 또는 선형회귀(Least Squares Regression)

L2 loss를 최소화함으로써 학습된 선형회귀 모델이며, 일반적으로 최소자승법으로 불린다.

일반화된 선형회귀모델(Generalized Linear Model)

최소자승법(Least Squares Regression)의 일반화된 버전이다. 가우시안 노이즈(정규분포 잔차)에 기반한 모델도 있고 포아송 노이즈나 범주형 노이즈(categorical noise) 같은 다른 종류의 노이즈에 기반한 모델도 있다. GLM(Generalized Linear Model)의 예시는 다음과 같다.

- 로짓회귀(logistic regression)
- 다중클래스 로짓회귀(multi-class logistic regression)
- 선형회귀(least squares regression)

GLM(Generalized Linear Model)의 파라미터는 볼록최적화(convex optimization) 기법으로 구한다. GLM(Generalized Linear Model)은 다음 두 가지 속성이 있다.

- 최적 GLM의 예측 평균은 학습 데이터 정답의 평균과 같다.
- 최적 로짓회귀 모델이 예측한 확률의 평균은 학습 데이터 정답의 평균과 같다.

GLM의 예측력은 피처에 의해 제한된다. 딥러닝 모델과 달리 GLM은 학습데이터에 없는 새로운 피처를 학습할 수 없다.

힌지로스(hinge loss)

학습데이터 각각의 범주를 구분하면서 데이터와의 거리가 가장 먼 결정경계(decision boundary)를 찾기 위해 고안된 손실함수의 한 부류이다. 이로써 데이터와 경계 사이의 마진(margin)이 최대화된다. 서포트벡터머신(SVM)이 바로 hinge loss를 손실함수로 쓴다. 이진 분류문제에서 모델의 예측값 y'(스칼라), 학습데이터의 실제값 y(-1 또는 1) 사이의 hinge loss는 다음과 같이 정의된다.

$$loss = \max\{0, 1, -(y' \times y)\}$$

y'를 x축, hinge loss를 y축으로 놓고 그래프를 그리면 다음과 같다.

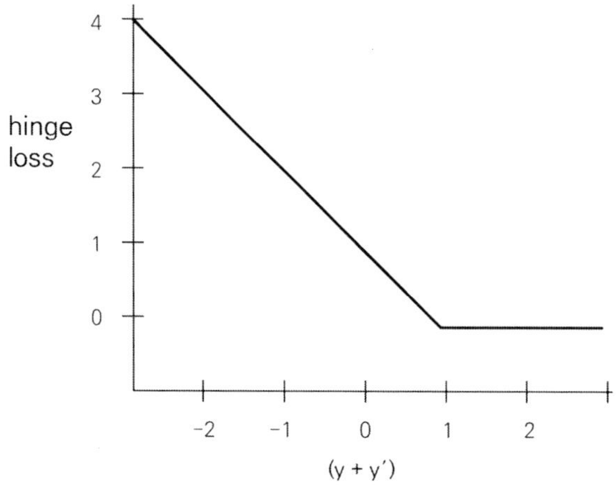

위 그래프의 의미를 이해하기 위해 SVM의 목적함수부터 살펴야 한다. SVM에서 plus-plane보다 위에 있는 관측치들은 $y=1$이고 y', 즉 w^Tx+b가 1보다 크다. 반대로 minus-plane보다 아래에 있는 점들은 $y=-1$이고 w^Tx+b가 -1보다 작다. 따라서 SVM이 그 손실을 0으로 두려는 관측치 x는 아래와 같은 식을 만족한다.

$$y' \times y = y(w^Tx+b) \geq 1$$

그런데 여기에서 만약 $y' \times y$가 1 미만의 값을 가진다면 해당 관측치 x는 plus-plane과 minus-plane 사이, 즉 마진(margin) 내에 존재한다. $y' \times y$가 1 이상이라면 손실을 무시(=0)하고, 1보다 작으면 작을수록 손실 또한 크도록 유도한 것이 hinge loss 수식이 의미하는 바다.

hinge loss는 로짓회귀의 손실함수, 크로스 엔트로피와 깊은 관련을 맺고 있다. 로짓회귀의 경우 $y' \times y$가 1 이상의 값을 가질 경우 손실이 0에 가까워지지만 완전히 0이 되지는 않는다.

independently and identically distributed (i.i.d.)

동일하고(변화하지 않고) 이전에 뽑은 값에 영향을 받지 않는(독립인) 확률분포를 따르는 확률변수들의 집합(collection)이다. 예를 들어, 특정 시점에 웹페이지에 접속하는 방문자들은 i.i.d.일 수 있다. 짧은 시간이기 때문에 분포는 변화하지 않는다. 또한 한 방문자의 접속은 다른 방문자의 접속과 일반적으로 독립(independent)이다. 그러나 분석 기간을 길게 하면 웹페이지 방문이 계절마다 다를 수 있다(이 경우 분포가 변화한다는 점에서 i.i.d.가 아니다)

앞면이 나오는 경우를 1, 그렇지 않은 경우를 0으로 하는 확률변수가 있고 동전을 네 번 던질 경우 이 확률변수들의 집합은 i.i.d.이다. 앞면이 나올 확률이 네 차례 모든 실험에서 0.5로 동일하고, 현재 실험은 이전에 앞면이 나왔든 뒷면이 나왔든 상관없이 독립이기 때문이다.

추론(inference)

머신러닝에서 추론(inference)는 학습된 모델을 레이블이 달리지 않은 데이터(unlabeled examples)에 적용해 예측하는 과정을 가리킨다. 통계학에서 추론은 일부 관측된 데이터가 주어졌을 때 해당 분포의 파라미터를 추정하는 과정을 가리킨다.

perplexity

모델이 과업을 얼마나 잘 수행하고 있는지 나타내는 측도(measure) 중 하나이다. 예를 들어, 스마트폰 사용자가 몇 개 철자를 타이핑했을 때 해당 사용자에게 자동 완성된 단어 리스트를 보여주는 과업을 수행하고 싶다고 치자. 이 작업에 대한 $perplexity\ P$는 사용자가 입력하려고 하는 실제 단어(정답)가 모델이 제시하는 후보 리스트에 포함되도록 하기 위해 제공해야 하는 추측의 수를 가리킨다. $perplexity\ P$는 다음과 같이 크로스 엔트로피와 관계가 있다.

$$P = 2^{-crossentropy}$$

안정성(stationarity)

데이터의 분포가 하나 이상의 차원에서 일정하게 유지되는 데이터 집합의 속성이다. 가장 일반적으로 그 차원은 시간이며, 데이터가 stationarity하다는 것은 시간이 지나도 데이터가 변하지 않는다는 것을 의미한다.

합성피처(synthetic feature)

입력 피처에는 존재하지 않지만 하나 이상의 피처로부터 도출된 피처. 합성피처(synthetic feature)의 종류는 다음과 같다.

- feature cross

- 하나의 피처를 두 개의 피처로 나누기(dividing)
- bucketing

피처 하나만을 대상으로 정규화(normalize)나 스케일링해서 생성된 피처는 합성피처에 속하지 않는다.

feature cross

개별 피처들을 곱셈 또는 카테시안 곱으로 cross시켜 생성한 합성피처의 일종이다. feature cross는 피처간 비선형(nonlinear) 관계를 표현하는 데 도움을 준다.

bucketing

연속적인(continuous) 피처를 버켓(bucket) 또는 빈(bin)이라 불리는 여러 개의 이진 피처로 나누는 것이다. 대개 해당 피처 값(value)의 범위를 바탕으로 나눈다. 예컨대 온도를 연속적인 floating-point 피처로 표시하는 대신, 이산적인(discrete)한 빈으로 분리할 수 있다. 가령 0~15도, 15~30도, 30~50도에 해당하는 데이터를 각각의 빈에 넣는 방식이다.

최우추정법(Maximum Likelihood Estimation)과 우도(likelihood)

최우추정법(Maximum Likelihood Estimation)은 모수 추정을 취해 가장 일반적으로 사용되는 추정법으로서, 임의표본의 확률적(정보적) 특징을 바탕으로 한 가장 합리적인 접근법이다.

우도(likelihood)는 임의표본의 관측치 $x_1, x_2, \cdots, x_n$이 주어졌을 때, 관측치들의 결합 확률분포함수이다.

$L(\theta) = L(\theta; x_1, x_2, \cdots, x_n)$: 우도는 관측치 $x_1, x_2, \cdots, x_n$에 대한 모수 θ의 함수

$= f(x_1, x_2, \cdots, x_n; \theta)$: 우도는 결합확률분포 값으로 정의

$= f_1(x_1; \theta) \cdots f_n(x_n; \theta)$: 표본들은 서로 독립이므로

$= f(x_1; \theta) \cdots f(x_n; \theta)$: 표본들은 동일분포를 가지므로

$= \prod_{i=1}^{n} f(x_i; \theta)$를 모수 θ의 우도 혹은 가능도(likelihood)라 한다.

최우추정법은 우도 $L(\theta)$ 혹은 로그-우도 $\log L(\theta)$를 최대화하는 $\hat{\theta} = \theta$를 구하는 방법이다. 이때의 추정량 $\hat{\theta}$를 최우추정량(Maximum Likelihood Estimator, MLE) 이라 한다.

log는 단조 증가함수이므로 우도 $L(\theta)$를 최대화하는 θ는 $\log L(\theta)$에 대해서도 최대이다.

고유값(eigenvalue)와 고유벡터(eigenvector)

n 차 정사각행렬 A에 대하여, 적당한 scalar λ와 벡터 $x(\neq 0)$가 존재하여

$$Ax = \lambda x$$

를 만족하는 $x(\neq 0)$가 존재할 때, λ를 A의 고유치(eigenvalue)라 하고, $x(\neq 0)$를 λ에 대응하는 A의 고유벡터(eigenvector)라고 한다.

Karush-Kuhn-Tucker(KKT) 또는 Kuhn-Tucker 조건

Karush-Kuhn-Tucker 조건은 primal, dual solution과의 관계에서 도출된 조건이다. 최적화 이론과 실제 구현에서 핵심적인 역할을 한다. d조건의 구체적인 내용은 다음과 같다.

$$\begin{aligned} \min_x \ & f(x) \\ & subject\ to\, h_i(x) \leq 0, i = 1, \cdots, m \\ & \qquad l_j(x) = 0, j = 1, \cdots, r \end{aligned}$$

KKT 조건은 다음과 같다.

① $0 \in \partial \left(f(x) + \sum_{i=1}^{m} u_i h_i(x) + \sum_{j=1}^{r} v_j l_j(x) \right)$ (stationarity)

② $u_i \cdot h_i(x) = 0$ for all i (complementary slackness)

③ $h_i(x) \leq 0,\ l_j(x) = 0$ for all i, j (primal feasibility)

④ $u_i \geq 0$ for all i (dual feasibility)

딥러닝의 의미

명시적인 프로그래밍을 하지 않고 컴퓨터가 학습하도록 하는 머신러닝은 통상적으로 뛰어난 수학자들과 프로그래머들만이 할 수 있는 것으로 여겨져 왔다. 왜냐하면 머신러닝을 위해 코딩을 할 줄 알아야 하고, 강력한 수학적 스킬이 요구되기 때문이다. 그러나 이제 완전한 수학적 배경이 없이도 프로그래밍이 가능하다.

1 피쳐 엔지니어링(Feature Engineering)

일반적으로 머신러닝을 위해 컴퓨터가 이해할 수 있는 데이터를 컴퓨터에게 공급해야 한다. 이것은 많은 행과 열로 구성되는 대규모의 스프레드시트 형태로 데이터를 변환해야 한다. 각 행은 인스턴스로 불리며 각 열은 피쳐라고 부른다. 따라서 이들 숫자를 머신러닝에 공급하여 데이터로부터 학습하도록 하게 한다. 피쳐 엔지니어링은 시간이 매우 많이 소요되기 때문에 시행착오도 많이 해야 하고, 모델을 향상시키는 피쳐들을 추출해야 한다. 그러나 모델을 학습시키고 테스트하기 전까지 이 피쳐들이 유용한지 알 수 없기 때문에, 새로운 피쳐를 개발하고 모델을 다시 만들고, 결과를 평가하는 순환과정을 통해 좋은 결과를 얻을 때까지 노력해야 한다. 이 과정은 많은 시간이 소요되며 대부분의 시간을 소비하게 될 것이다.

2 딥러닝을 통한 피쳐 추출

딥러닝은 인공신경망(Artificial Neural Network, ANN)의 다른 이름이다. 이 개념은 40년 이상 되었으나, NVIDIA가 과학 컴퓨팅을 위한 칩을 개발하여 비로소 신경망의 붐을 다시 일으켰다. 딥러닝이 "딥"인 이유는 인공신경망(ANN)의 구조때문이다. ANN은 기본적으로 피라미드처럼 쌓인 뉴런의 레이어(layer)이다. 40년 전에 신경망은 기껏해야 2개의 레이어로 이루어졌다. 당시 컴퓨팅 파워로는 이것을 계산하는데 매우 오랜 시간이 걸렸기 때문에 더 큰 네트워크 계산을 수행할 수 없었다. 그러나 이제 10개 이상의 레이어를 갖는 ANN은 흔한 것이 되었다. 엔지니어들은 100개 이상의 레이어를 갖는 ANN을 생성하기 시작했다.

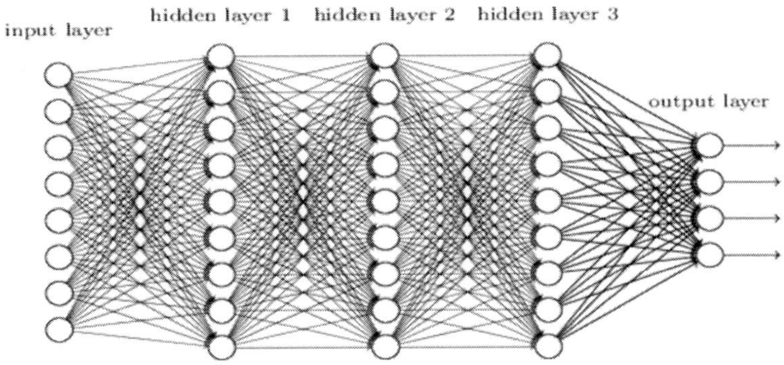

심층신경망 예시

③ 이것이 딥(Deep)이다

딥러닝은 뉴런들로 구성된 레이어를 쌓을 수 있다. 가장 낮은 레이어가 입력데이터(input data)를 받는다. 입력데이터는 이미지, 텍스트, 소리 등이 될 수 있으며, 각 뉴런은 데이터에 대한 일부 정보를 저장한다. 레이어 내의 각 뉴런은 데이터를 더욱 추상적으로 학습한 다음 레이어의 뉴런으로 정보를 전달한다. 따라서 보다 높은 레이어로 전달될수록 더욱 추상적인 피쳐를 학습하게 된다. 아래 그림은 5개의 레이어와 3개의 은닉 레이어(hidden layer)를 볼 수 있다.

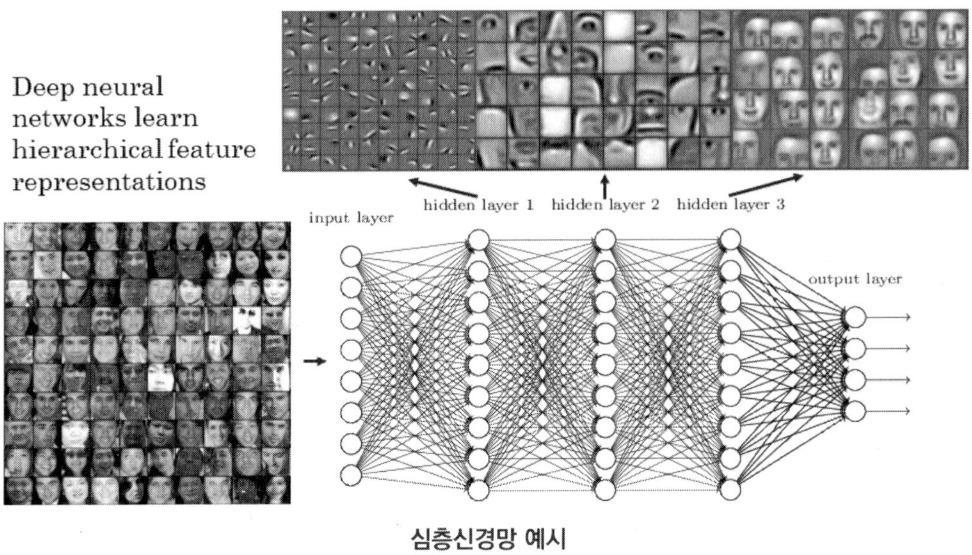

심층신경망 예시

여기서 인공신경망(ANN)이 자동으로 피쳐를 추출한다. 이미지를 입력받아 컬러 분포, 이미지 히스토그램, 유일한 컬러 개수 등과 같은 피쳐를 손으로 계산하지 않고, 이미지를 공급만 하면 된다. ANN은 일반적으로 이미지에 대하여 잘 작동했지만 이제는 텍스트와 같은 모든 종류의 다른 데이터셋에도 적용되고 있다.

4 오픈 소스, 오픈 사이언스, 그리고 데이터

매일 많은 오픈 소스 프로젝트과 딥러닝에서 역시 여전히 많은 오픈 소스들이 태어나고 있다. Tensorflow[10], Torch[11], keras[12], Facebook engineering[13], DIGITS[14], Caffe[15] 등은 메이저 오픈 소스 딥러닝 프로젝트들이다. 또한, 더욱 많은 논문들이 알고리즘 소스 코드를 포함하고 있다. Arxiv.org는 백만 개가 넘는 논문이 존재하고, 일반인에게도 공개되어 있다.

따라서 더 이상 피쳐 엔지니어링을 예전만큼 많이 할 필요가 없게 되었다. 그러나 학습 알고리즘은 많은 양의 데이터를 모델에 공급해 주어야 할 필요가 있다.

또한, 많은 데이터 소스가 생겨났다. 인터넷, 위키피디아, 이메일, Flickr, 구글, 페이스북, 프로젝트 구텐베르크 등이다. 많은 유용한 데이터가 있지만, 보다 많은 데이터가 필요하다.

현실적으로 빅데이터를 소유한 대기업만이 이러한 머신러닝 모델을 활용할 수 있었다면, 이제 공공자원으로서 보다 많은 데이터를 개방하고 공유하게 될 것으로 보인다.

5 인공지능, 딥러닝과 머신러닝의 관계

딥러닝(Deep Learning)은 머신러닝의 한 분야이지만 일반적인 머신러닝보다 더 발전된 형태

10 https://www.tensorflow.org
11 https://github.com/torch/torch7
12 https://keras.io
13 https://engineering.fb.com/2015/12/10/ml-applications/facebook-to-open-source-ai-hardware-design
14 https://github.com/NVIDIA/DIGITS
15 https://github.com/BVLC/caffe

이다. 머신러닝이 데이터를 통해 컴퓨터나 기계에 학습능력을 부여하는 형태라면, 딥러닝은 컴퓨터 또는 기계가 학습조차도 스스로 판단하여 실행하고 미래 상황을 예측한다. 즉, 데이터 자체를 신경망 구조를 통해 학습한다. 딥러닝의 대표적인 예가 바로 2016년 3월 세계가 주목한 알파고(AlphaGo)와 이세돌 9단의 대국이다.

인공지능(Artificial Intelligence), 머신러닝(Machine Learning), 딥러닝(Deep Learning)의 관계도를 도식화하면 다음과 같다.

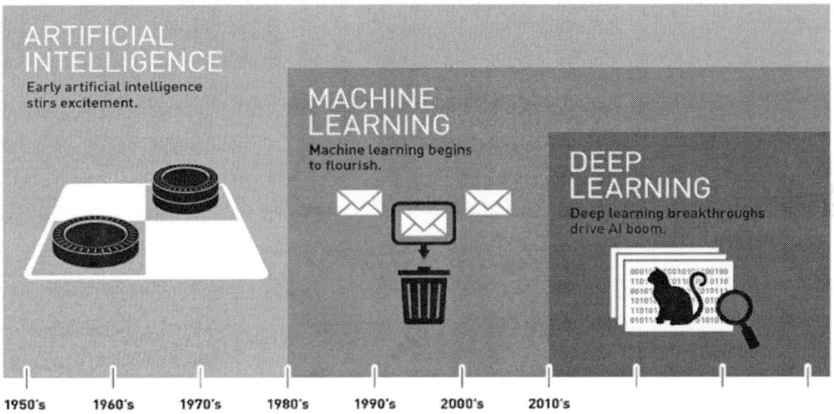

자료 : NVIDIA

인공지능, 머신러닝, 딥러닝의 관계 다이어그램

자율주행차에 적용하면 다음과 같다.

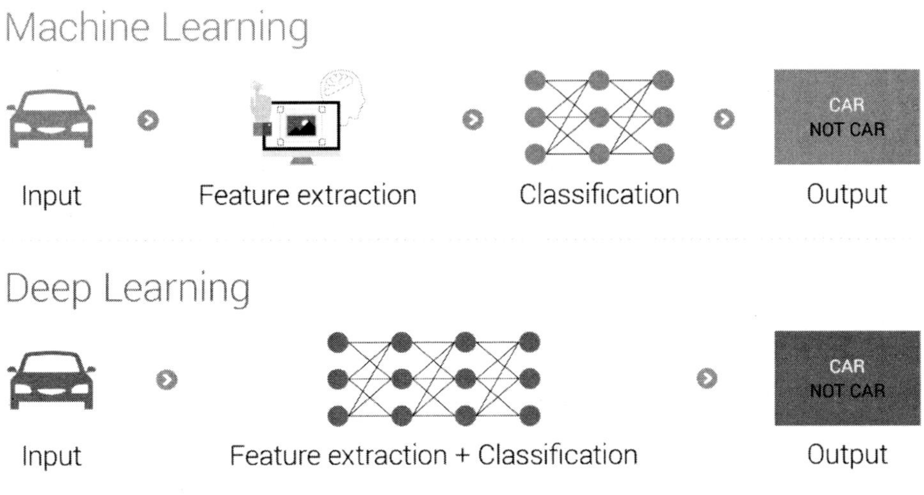

머신러닝과 딥러닝의 차이

머신러닝의 분류

1 머신러닝 모형 분류

머신러닝의 목적은 인간이 개입하지 않고, 컴퓨터가 어떠한 일을 수행할 수 있도록 학습시키는 것이다. 유전학, 사회관계망, 광고, 위험분석 등과 같은 응용분야의 증가에 따라 프로세스, 고객, 조직에 필요한 정보를 추출하거나 인사이트를 제공하기 위한 많은 양의 데이터를 분석할 수 있는 데이터가 생성되고 있다. 궁극적으로 머신러닝은 모델을 세우고 평가를 위해 과거, 현재, 미래의 데이터를 이용하여 성능 조건을 최적화하는 알고리즘으로 구성된다.

비지도학습(Unsupervised Learning)

비지도학습의 목적은 어떠한 관찰 데이터 집합에 대한 일정한 규칙성과 불규칙성을 발견하는 것이다. 통계학에서 밀도추정(density estimation)으로 알려진 과정은 두 개의 범주로 나누어진다. 데이터 클러스터 발견과 잠재적 요소 발견이다.

방법론은 유아 또는 동물의 자연적 학습과정과 유사한 학습패턴을 이해하기 위한 입력데이터 처리로 구성된다. 비지도학습은 레이블링된 데이터를 필요로 하지 않으므로, 결과 검증을 위한 전문적 역량이 요구되지 않아 구현하기 쉽다. 그러나 클러스터링 알고리즘의 결과를 레이블링하는 것은 가능하며, 이는 향후 분류를 위한 목적으로 사용가능하다.

군집화(Clustering)

데이터 클러스터링의 목표는 수집된 데이터를 다수의 클러스터 또는 데이터 그룹으로 분리하는 것이다. 실질적으로 클러스터링 알고리즘은 클러스터에 속하는 관찰 데이터를 최소화하거나 클러스터 중간의 관찰 결과를 최대화하여 관찰 데이터를 클러스터로 조직화하는데 사용된다. 클러스터링 알고리즘은 아래의 단계로 구성된다.

① 입력 데이터에 대한 가설을 세워 모델 생성하기
② 목적함수 또는 클러스터링의 목표 선택하기
③ 목적함수를 최적화하기 위해 하나 이상의 알고리즘 평가하기

데이터 클러스터링은 데이터 세그먼테이션(data segmentation) 또는 데이터 파티셔닝(data partitioning)으로도 알려져 있다.

차원 축소(Dimension Reduction)

차원 축소 기법은 데이터셋 신뢰성을 모델링하는 가장 작지만 가장 관련있는 피쳐(features) 그룹을 찾는 것을 목표로 한다. 피쳐 또는 파라미터의 개수를 줄이는 다양한 이유들이 있는데, 계산양을 줄여 과적합(overfitting)을 피해야 하기 때문이다. 비지도학습을 이용하여 데이터로부터 지식을 이끌어낼 수 있는 다양한 유용한 기법들을 분류하는 방법들이 존재한다. 아래 그림은 이러한 기술들을 그 목적에 따라 분류한 것이다. 각각의 모형에 대한 부분은 뒤에서 살펴본다.

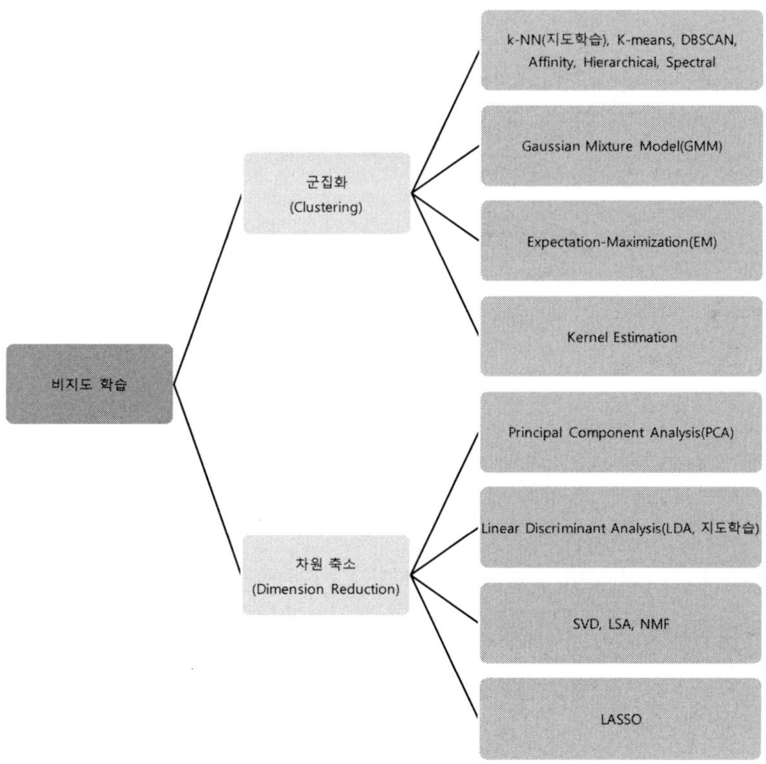

비지도학습 모형 분류

② 지도학습(Unsupervised Learning)

지도학습과 가장 유사한 기법은 함수 근사화나 커브피팅(curve fitting)이다. 지도학습은 학습 데이터셋 $\{x, y\}$로부터 이들 간의 관계식 또는 함수 $f: x \rightarrow y$를 얻는 것을 목표로 한다. 지도학습은 다른 어떠한 학습 전략보다도 훨씬 정확하지만, 어떤 유형의 문제에 대해서 데이터를 레이블링하기 위한 전문 지식이 필요할 수도 있다. 지도학습 알고리즘들은 생성 모델(generative model)과 판별 모델 (discriminative models)로 나눌 수 있다.

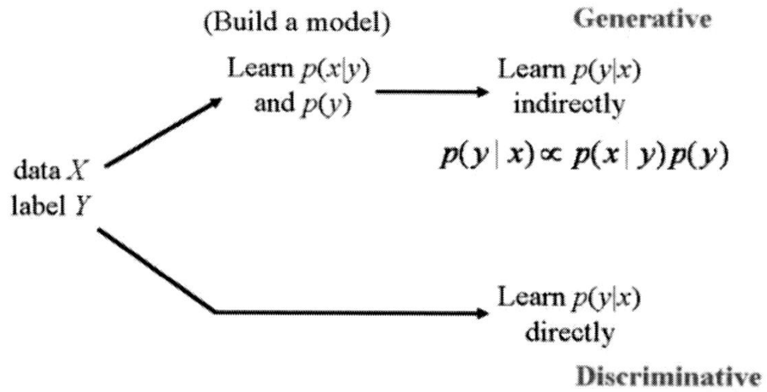

생성 모델과 판별 모델

패턴 인식에서 분류에 쓰이는 모델 측면에서, 생성 모델은 샘플 데이터셋을 생성하는 모델이다. 다시 말해서 학습하는 데이터의 분포를 학습하게 된다. 반면에 판별 모델은 샘플을 생성하지 못한다.

분류의 관점에서 본다면 판별 모델은 클래스의 차이점에 주목한다. 반면 생성 모델은 각 클래스의 분포에 주목한다. 예를 들어, 가우시안 혼합 모델(Gaussian Mixture Model, GMM)에서 EM방식으로 학습을 한다면, Gaussian으로 모델링해서 그 평균을 구하여 사용하는 것이 생성 모델이다. 분류를 하기 위해서는 결정 경계(decision boundary)를 구하는 것이 목표이며, 생성 모델에서는 이를 우도(likelihood)와 사후확률(posterior probability) 등을 사용하여 결정 경계를 구축한다.

생성 모델이란 데이터 X가 생성되는 과정을 두 개의 확률모형, 즉 $P(X)$, $P(X|Y)$으로 정의하고, 베이즈 규칙을 사용해 $P(Y|X)$를 간접적으로 도출하는 모델이다. 생성 모델은 레이블 정

보가 있어도 되고, 없어도 구축할 수 있다. 전자를 지도학습 기반의 생성 모델이라고 하며 선형 판별 분석이 대표적인 사례가 된다. 후자는 비지도학습 기반의 생성 모델이라고 하며 가우시안 혼합 모델, 토픽 모델링이 대표적이다.

생성 모델은 판별 모델에 비해 가정이 많다. 그 가정이 실제 현상과 맞지 않는다면 생성 모델의 성능은판별 모델보다 성능이 좋지 않을 수 있지만, 가정이 잘 구축되어 있다면 이상치에도 강건하고 학습데이터가 적은 상황에서도 좋은 예측 성능을 보일 수 있다. 생성 모델은 범주의 분포(distribution)을 학습하는 것이 목표가 된다. 또한 생성 모델은 일반적인 베이지안 추론과 마찬가지로 학습데이터가 많을수록 판별 모델과 비슷한 성능으로 수렴하는 경향이 있다. 아울러 생성 모델은 $P(X|Y)$을 구축하기 때문에 이 모델을 활용해 X를 샘플링할 수도 있다.

판별 모델은 데이터 X가 주어졌을 때 레이블 Y가 나타날 조건부확률 $P(Y|X)$를 직접적으로 반환하는 모델을 말한다. 레이블 정보가 있어야 하기 때문에 지도학습(supervised learning) 범주에 속하며 X의 레이블을 잘 구분하는 결정경계(decision boundary)를 학습하는 것이 목표가 된다.

생성 모델(Generative Model)

통계학에서의 설명을 단순화하기 위해 다음과 같이 설명하자. 사건 X의 확률은 이산 랜덤 변수 X가 값 x를 갖는 확률과 같다.

$$P(X) = P(X = x)$$

결합 확률(또는 조건부 확률)은 다음과 같이 표시된다.

$$P(X, Y) = P(X = x, Y = y) \text{ 또는 } P(X|Y) = P(X = x|Y = y)$$

생성 모델은 관찰된 변수 X와 은닉(잠재) 변수 Y를 표현하는 두 가지 사건인 랜덤 변수 X와 Y의 결합 확률 $P(X, Y)$에 대해 적합을 시도한다. 차별화 모델은 관찰된 변수 x의 사건 또는 랜덤 변수 X가 주어질 때, 은닉 변수 y의 사건 또는 랜덤 변수 Y의 조건부 확률 $P(Y|X)$을 학습한다.

생성 모델은 보통 베이즈룰(Bayes' rule)을 통해 이루어진다. 사건 X가 주어질 때 사건 X의 조건부 확률은 사건 X가 주어질 때 사건 X의 조건부 확률과의 곱으로 계산되며, 사건 X의 확률은 사건 X의 확률에 의해 정규화된다.

판별 모델(Discriminative Model)

판별 모델은 생성 모델과 달리, 학습과 분류에 대한 동일한 알고리즘으로 조건부 확률 $P(Y|X)$를 직접 계산한다. 생성 모델과 판별 모델은 각각의 장점과 단점을 가지고 있다. 실험을 통해 각각의 문제에 적합한 알고리즘을 매칭하는 법을 알 필요가 있다. 다음은 프로젝트의 목적이나 특성에 따라 어떤 종류의 모델이 적합한지를 설명하는 간단한 가이드라인이다.

생성 모델과 판별 모델의 차이

목적	생성 모델	판별 모델
정확도	학습 데이터셋에 매우 의존적	확률 추정은 매우 정확한 편
모델링 요구사항	관찰 변수와 은닉 변수가 모두 필요하며, 이는 상당한 학습량을 요구	학습 데이터의 품질은 생성 모델만큼 높지 않아도 됨
계산양	계산양이 보통 적음. 예를 들어, 베이지안 규칙에서 유도된 모든 그래픽 방법들은 적은 계산양을 요구	대부분의 알고리즘들은 상당한 성능을 요구하는 컨벡스(convex) 최적화에 의존
제약사항	모델 피쳐들(features) 간에 어 느 정도 독립적임을 가정	대부분의 판별 모델 알고리즘들은 피쳐들 간에 의존성 수용

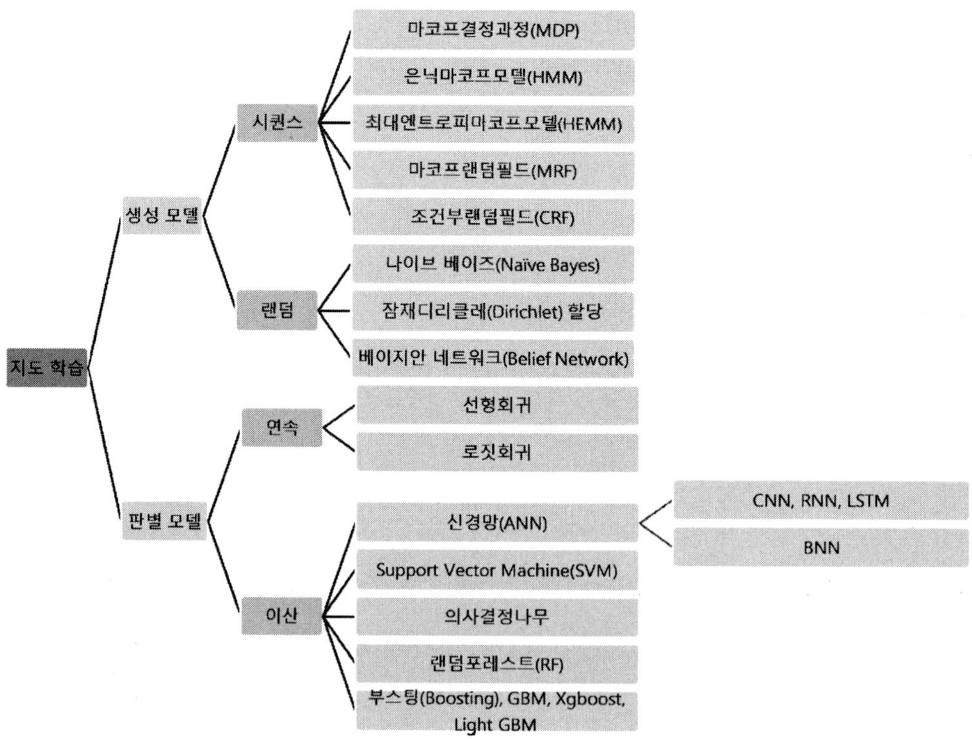

지도학습 모형 분류

③ 강화학습(Reinforcement Learning)

최근 강화학습은 1990년대부터 도메인 전문가와 협업하여 문제를 해결하는데 있어 유전자 알고리즘 기반 분류자(classifier)가 유명해졌다. 강화학습 알고리즘들은 가장 단순하게는 최선의 행동 코스를 계산하거나 평가한다. 강화학습에 기반을 둔 대부분의 복잡한 시스템에 대해 전문가들은 추천하지 않을 지도 모르는 정책을 수립하고 업데이트한다. 강화학습 개발자들의 최우선 도전과제는 추천 행동이나 정책이 부분적으로 관찰되는 상태와 불확실성을 어떻게 다루어야 할지에 대한 부분이 된다.

유전자 알고리즘은 보통 강화학습 툴박스의 일부로 여겨진다. 그러나 학습 분류자 시스템과 같은 고도화된 모델들은 규칙과 정책을 분류하고 보상하기 위해 유전자 알고리즘을 사용한다. 앞선 두 개의 학습 전략과 같이, 강화학습 모델은 마코프(Markov) 또는 진화형으로 분류될 수 있다.

다음 그림은 강화학습에 대한 간단한 개요이며, 보다 많은 방법론들이 쏟아져 나오고 있다.

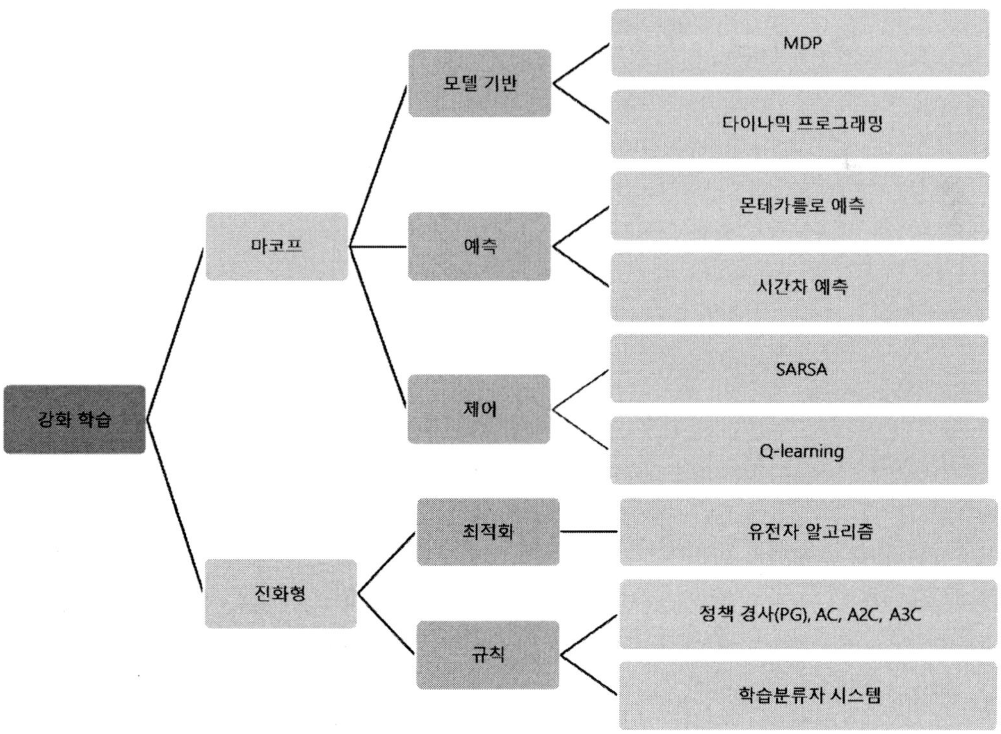

강화학습 모형 분류

4 머신러닝 활용과 관련된 분류

앞에서 언급한 바와 같이 머신러닝(Machine Learning) 기법은 크게 지도학습(Supervised Learning), 비지도학습(Unsupervised Learning), 강화학습(Reinforcement Learning)으로 주로 분류된다.

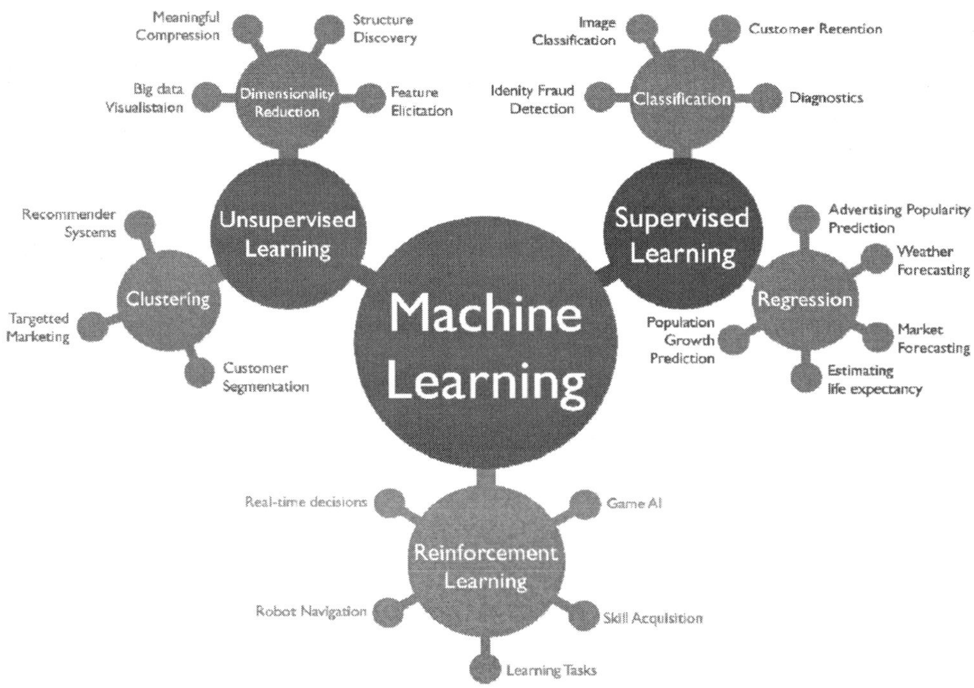

자료 : Rahid, A.(2017)

머신러닝 기법의 분류와 활용

지도학습(supervised learning)은 컴퓨터에 데이터(data)와 데이터에 대한 레이블(label), 즉 명시적 정답을 주고 훈련을 시켜서 미래의 출력값을 예측할 수 있도록 하는 학습 방법이라고 하였다. 데이터(data)와 데이터에 대한 레이블(label)을 주고 미래의 출력값을 예측할 수 있도록 하는 학습 방법이다.

지도학습은 입력된 데이터의 특성과 예측 결과값의 연관 관계를 가지고 예측모델링을 구축한다. 예측값의 특성에 따라 크게 회귀(Regression), 분류(Classification) 두 가지로 나눌 수 있으며,

회귀의 일종으로 보는 추천(Recommendation)과 순위(Ranking)을 추가하여 구분하기도 한다.

예를 들어, 이전 주식 시장 변화를 보고 내일 주식 시장 변화를 예측하는 일, 스팸 메일(spam mail), 즉 원치 않는데도 일방적으로 보내어지는 광고성 이메일을 구분하여 분류하는 일, 사용자가 구매한 상품을 토대로 추후 구입 상품을 예측하여 추천하는 일 등이 이에 해당한다. 추천 시스템이나 랭킹의 경우 회귀의 일종으로 볼 수 있으나, 추천시스템의 경우 입력과 출력값이 아니라 다양한 관계를 고려하며, 랭킹은 출력값의 예측이 아닌 데이터의 순위를 예측하는 형태이다

비지도학습(Unsupervised Learning)은 컴퓨터에 데이터(data)를 주되 데이터에 대한 레이블(label), 즉 명시적 정답을 주지 않은 상태에서 학습하는 유형이다. 레이블(label)이 없기 때문에 입력된 데이터로만으로 데이터의 숨겨진 패턴(pattern)이나 구조를 찾아내는 학습 형태이다. 비지도학습은 데이터만 가지고 직접 모델링을 구축하는데, 대표적인 예로 군집화(clustering)와 차원 축소가 있으며, 토픽 모델링(topic modeling)과 밀도추정도 있다.

예를 들어, 신문기사를 수집하여 비슷한 내용의 기사들을 묶어 각각 경제, 스포츠, 연예 군집으로 나눌 수 있다. 토픽 모델링의 경우 군집화와 유사하지만 주로 텍스트 데이터에 사용되며, 신문기사를 토픽 모델링한다면 경제 0.1, 스포츠 0.4, 연예 0.5 등 관련 정도를 확률로 표현한다. 각국 학생들의 키와 몸무게를 모아놓은 통계 자료에서 키와 몸무게의 관계를 파악하는 방법이 밀도추정이다. 차원 축소는 데이터가 복잡하고 고차원인 경우 시각화(visualization)하기 어려울 때 데이터의 잘 나타내는 특징을 추려내기 위해 2차원이나 3차원으로 표현하기 위해 사용된다.

강화학습(Reinforcement Learning)은 컴퓨터(에이전트 또는 학습자)가 주어진 환경과의 상호작용을 통해 장기적으로 얻는 이익이 최대가 되도록 학습하는 형태이다. 즉, 에이전트가 주어진 환경에 대해여 어떤 행동을 취하면 그에 따른 보상을 얻는 시스템을 통해 학습을 진행하되, 에이전트가 보상을 최대화하는 방향으로 행동 또는 행동 순서를 선택한다.

예를 들어, 바둑 프로그램에서 현재 판에서 다음 수를 선택을 학습하는 형태가 지도학습이라면, 게임의 전체 수를 고려하여 게임에서 이길 경우 점수를 받고 그렇지 않은 경우 점수를 주지 않아 일련의 이기는 수를 학습하는 형태가 강화학습이다. 또 다른 예로 화성탐사로봇의 경로 탐색과정을 들 수 있다. 지구에서는 화성에 대한 데이터를 얻을 수 없어, 로봇은 실제 환경에 대한 정보가 없다. 따라서 매번 행동에 따른 피드백(보상)을 통해 다음 행동을 정하는 과정을 통해 학습을 진행한다.

02 CHAPTER

비지도학습

02 CHAPTER 비지도학습

군집화(Clustering)

1 군집화(Clustering)

군집화의 의미와 구분

군집화의 의미

군집화(Clustering)란 분류가 되어 있지 않는 데이터 집합들을 그룹화하는 것으로, 이미 데이터의 분류 기준이 정해져 있는 상태에서 새로운 데이터를 어느 집합으로 분류할 것인가를 정하는 분류(Classification)과 대비된다.

군집화란 다음 기준을 만족하여 데이터를 분류한다.

- 클래스(class) 내에서는 데이터 간 유사성이 높다.
- 클래스(class) 간의 데이터끼리는 유사성이 낮다.
- 데이터로부터 클래스 레이블과 클래스의 개수를 직접 찾는다.
- 오브젝트들 간 자연스러운 집합을 찾는다.

군집화 방법은 사용법과 모수 등이 서로 다르다. 예를 들어, K-평균법이나 계층적 군집화 등은 군집의 개수를 미리 지정해야 하지만 디비스캔이나 유사도 전파법 등은 군집의 개수를 지정할 필요가 없다. 다만, 이 경우에는 모형에 따라 특별한 모수를 지정해주어야 하는데 이 모수의 값에 따라 군집화 개수가 달라질 수 있다.

다음 그림은 같은 색상의 데이터는 같은 군집으로 분류된 것이다. 그림에서 각 군집화 방법마다 특성이 다르므로 원하는 목적과 데이터 유형에 맞게 사용해야 한다. 또한 지정된 모수의 값에 따라 성능이 달라질 수 있다. 이 결과는 최적화된 모수를 사용한 결과는 아니다.

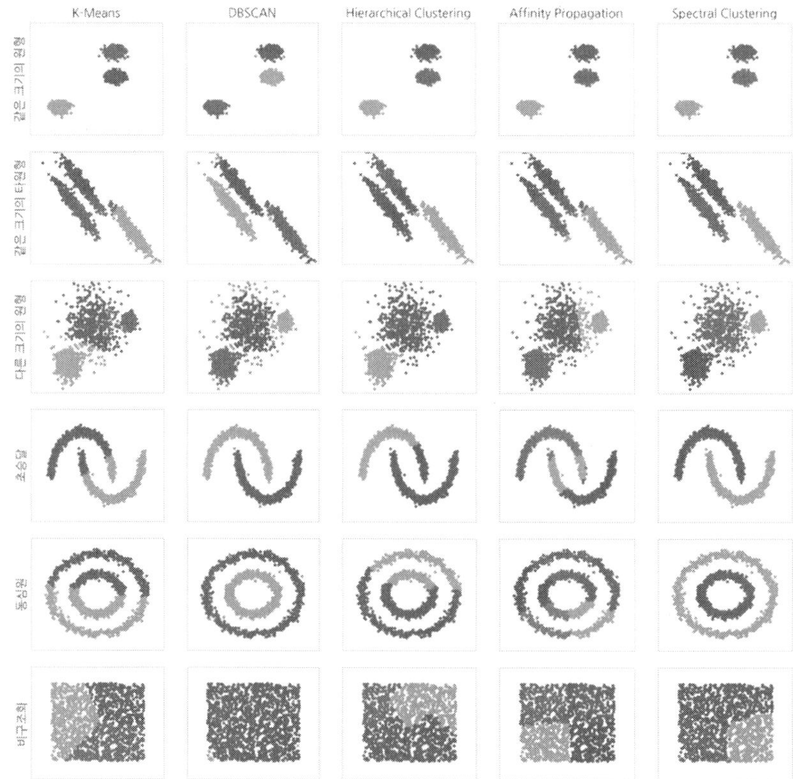

군집화 예시

군집화 알고리즘의 구분

각 그룹을 분류하는 군집화 알고리즘은 두 가지 접근 방법이 있다. 하나는 모수 모델 기반 방식(Parametric Model-based)과 비모수 기반인 그래프 기반 방식(Graph-based) 방식이 있다. 모수 모델 기반 방식의 경우, 주어진 데이터를 가지고 임의의 그룹 중심점을 찾은 다음 반복적으로 그룹의 중심점을 찾아가는 과정이다. K-means 알고리즘이 대표적이며, 반복적인 연산을 통해 결과를 얻는다.

Parametric Model-based	Graph-based
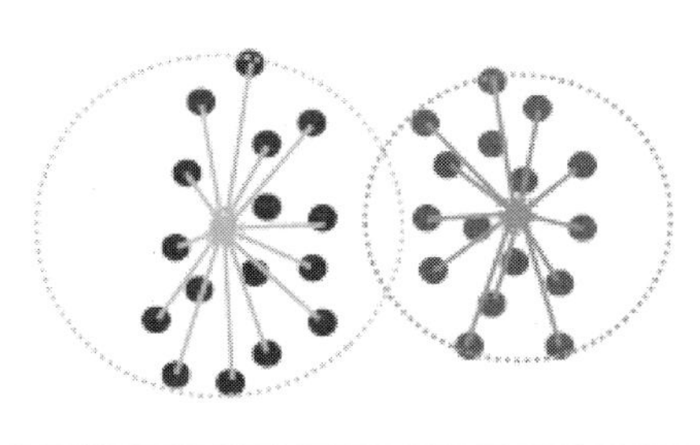	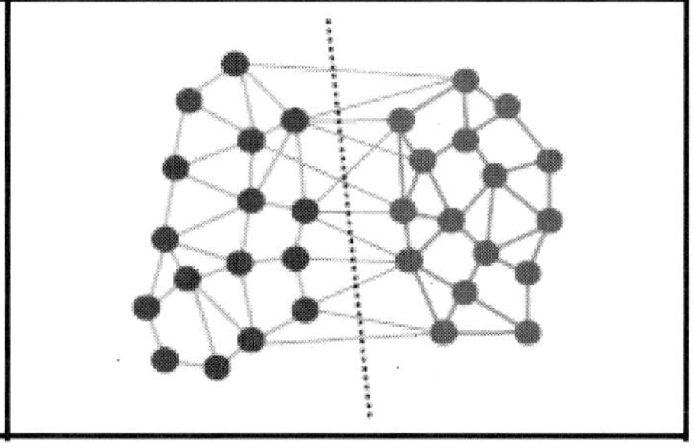

모수 모델 기반 방식과 그래프 기반 방식

위의 그림에서 거리상으로 떨어져 있는 2개의 그룹이 존재한다고 하였을 때 임의의 중심점 2개를 잡은 후, 해당 점에서 가까운 데이터들을 그룹으로 만든 후 새로 만들어진 그룹 내의 중심점을 잡고, 다시 만든 중심점에서 가까운 데이터들을 그룹으로 만드는 방식을 반복하면 한 점으로 수렴하게 된다. 이러한 모수 모델 기반 방식의 단점은 결과가 항상 일정하지 않으며, 가끔씩 잘못된 그룹으로 분류되는 경우가 발생할 수 있다.

그래프 기반 방식은 스펙트럴 군집화와 같이, 각 데이터의 점들과 다른 점 사이에 선을 긋고, 두 데이터 사이의 유사도에 따라 비중을 부여하는 방식이다. 그래프 기반 방식에서 두 데이터의 유사점이 많으면 비중을 키우고, 유사점이 낮으면 비중을 낮추는 식으로 하여 이를 기준으로 별개의 그룹으로 나누는 방식이다. 이 방식을 사용하면 모수 모델 기반 방식보다 비교적으로 결과값이 거의 일정하게 나온다는 장점이 있다.

CHAPTER 02 비지도학습

k-최근접 이웃(k-Nearest Neighbor, kNN)

직관적 의미

k-최근접 이웃(k-Nearest Neighbor, k-NN) 알고리즘은 어떤 데이터 객체(object)가 집합에 대해 일정한 규칙으로 분류된 상태에서, 새로운 객체(object)에 대해 분류하는 알고리즘이다. 이때 미리 분류된 데이터 객체(object)를 기계에 입력하여 기계가 분류 기준을 판단할 수 있도록 하는 것을 훈련(training)이라고 한다.

k-NN은 기계학습(Machine Learning) 중 지도학습(Supervised Learning)에 대한 분류(classification) 알고리즘이다. 이 알고리즘은 여러 분야에 사용될 수 있으며 대표적으로 도서나

영화 추천서비스 등이 있다.

사실 알고리즘 컨셉은 의외로 단순하다. 예를 들어, 기계에게 영화의 특성을 알려 주고 어떤 장르의 영화인지 맞춰보게 한다고 해보자. 이를 위해서 영화의 특성을 우선 정의할 필요가 있다. 이미 장르가 분류된 여러 편의 영화에 대하여 각각 액션 씬의 횟수, 키스 씬의 횟수, 베드 씬의 횟수, 배우들의 대화 톤 등을 분석하여 각 장르에 대한 분류 집합을 만든다. 새로운 오브젝트에 대하여 이들 파라미터를 기반으로 거리(Distance Metric)을 계산하여 각 장르에 가장 근접한 것을 찾아낸다.

모델

프로세스는 다음과 같다.

k-NN 알고리즘으로 분류를 알아내는 프로세스는 다음과 같다:

① 거리측정법(distance Metric)을 정의한다.
② 기존의 데이터셋을 트레이닝 및 테스트 데이터로 쪼갠다.
③ 여러 k값에 대하여 k-NN을 실행하여 계산값을 확인한다.
④ ③에서 계산된 값에 대한 최적의 k값을 찾아낸다.
⑤ 선택된 k값에 대하여 새로운 오브젝트 데이터에 대하여 k-NN을 실행하고 결과를 평가한다.

어떠한 데이터가 어디에 속하는지 판단하려면 판단 기준이 있어야 한다. k-NN에서의 판단기준을 거리 측정법(distance metric)이라고 하며 이를 근거로 근접성(closeness) 또는 유사성(similarity)을 판단한다. 거리 측정법(distance metric)은 다음과 같이 다양하다.

가. 코사인 유사도(cosine similarity)

두 벡터의 방향이 얼마나 유사한 지는 두 벡터의 내적을 계산하여 알 수 있다. 두 벡터의 내적을 두 벡터의 절대값이 곱으로 나누면 두 벡터 간의 각도에 대한 cosine값을 알 수 있다. 즉, 다음이 성립한다.

$$x \cdot y = \|x\| \ \|y\| \ \cos(x,y)$$

$$\cos(x,y) = \frac{x \cdot y}{\|x\| \ \|y\|}$$

두 벡터 사이의 각이 같은 방향일수록 +1에 가까워지고 반대 방향일수록 -1에 가까워진다. 이 값을 코사인(cosine distance)라고 정의한다.

나. 자카드 거리(Jaccard distance)

자카드 거리(Jaccard distance)는 두 집합 간의 유사성을 평가하는 기준이다. 집합 A와 집합 B에 대하여 두 집합의 합집합의 원소 개수에 대한 교집합의 원소 개수로 정의한다.

$$J(A \cap B) = \frac{n(A \cap B)}{n(A \cup B)}$$

따라서 두 집합의 원소가 동일할 경우 1이 되며, 교집합이 없는 경우 0이 된다.

다. 마할라노비스 거리(Mahalanobis distance)

마할라노비스 거리(Mahalanobis distance)는 두 벡터 사이의 거리를 정의하기 위한 것으로 두 벡터 간 상관관계를 고려하였다는 점에서 유클리드 거리(Euclidean distance)보다 장점이 있다. 마할라노비스 거리(Mahalanobis distance)는 다음과 같이 정의된다.

$$d(x,y) = \sqrt{(x-y)^T S^{-1} (x-y)}$$

여기서 S를 공분산 행렬(covariance matrix)이라고 한다. 두 개의 열벡터(column vector) X와 Y는 다음과 같다고 하자.

$$x = \begin{bmatrix} x_1 \\ \vdots \\ x_n \end{bmatrix},\ y = \begin{bmatrix} y_1 \\ \vdots \\ y_n \end{bmatrix}$$

(i,j) 성분에 대해 공분산은 다음과 같다.

$$\sum_{i,j} = cov(x_i, y_i) = E[(x_i - \mu_i)(y_j - \mu_j)]$$

여기서 $\mu_i = E(x_i)$이다.

라. 해밍 거리(Hamming distance)

해밍 거리(Hamming distance)는 DNA의 염기서열에 대한 유사성을 평가하기 위한 거리이다. 동일한 위치의 염기를 기준으로 서로 다른 염기의 개수를 카운팅하여 계산한다.

마. 맨하탄 거리(Manhattan distance)

바둑판과 같은 격자 모양의 뉴욕 맨하탄 거리에서 어느 한 지점에서 다른 한 지점으로 자동차가 움직이는 거리로 다음과 같이 정의한다.

$$d(x,y) = \sum_{i}^{k} |x_i - y_i|$$

예시

85명의 어학성적(GMAT)와 학점(GPA)로 입학허가를 예측한다고 하자.

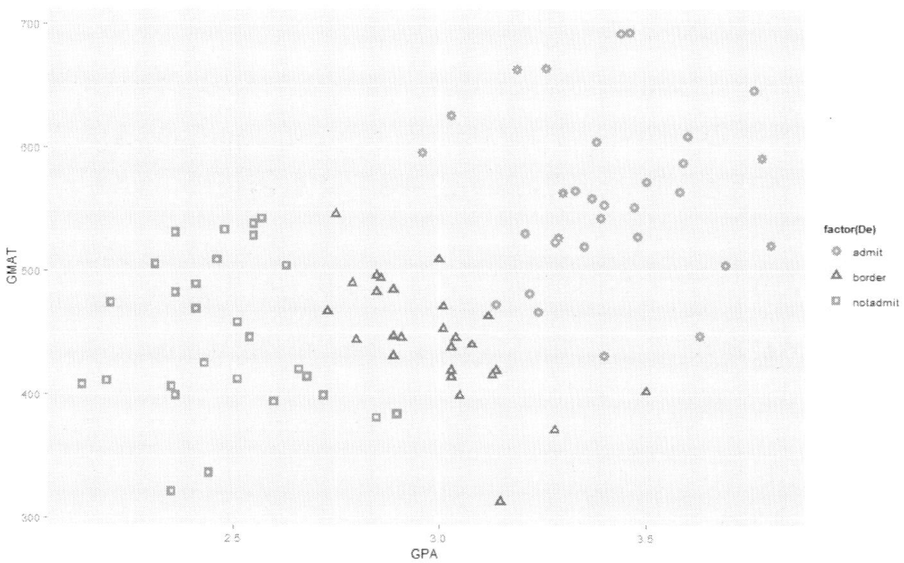

분포도

그림에서 예상대로 GPA와 GMAT 점수가 모두 높을수록 합격이 많다. 이제 85개의 admission 데이터에 대하여 이 중 80%를 훈련셋(training set)으로 입력하고 테스트를 위해 20%는 저장한다. 분류의 대상인 admission 대상을 정의하고, 여러 개의 k값 중, 최적의 k값을 찾고, 학습시키면 분류의 예측률은 76.5%로 산출 된다.

K-평균 군집화(K-means Clustering)

직관적 의미

지도학습 중의 k-NN은 분류(Classification) 알고리즘의 일종으로, 분류(Classification)가 이미 클래스(Class) 또는 그룹이 정의되어 있는 상태에서 새로운 데이터가 어디에 속하는지 찾아내는 작업이라면, 군집화(Clustering)는 주어진 데이터만으로 그룹을 찾아내는 작업이라 할 수 있다.

표준 K-means 알고리즘은 1956년 Hugo Steinhaus와 1957년 Stuart Lloyd의 의해 개발되었으나, 당시에는 K-means라고 불리지 않았다.[16,17] 1967년 James MacQueen이 처음으로 K-means라는 용어를 사용하기 시작하였다.[18] 새로운 버전의 알고리즘은 1960년대와 1970년대의 이 알고리즘의 발명가 및 개발자의 이름을 따서 Hartigan-Wong, Lloyd, Forgy로 명명되었다. 보다 최근의 알고리즘인 K-means++은 2007년 David Arthur and Sergei Vassilvitskii에 의해 개발되었으며, 초기 seed를 최적화하여 K-means의 수렴 문제에 대한 해결을 하고자 하였다.

모델 및 예시

K-means의 기본 개념을 이해하자. 군집(cluster) 집합 C는 다음과 같이 정의된다.

$$C = \{C_1, C_2 \cdots, C_k\}$$

다음의 목적함수가 최소화될 때까지 군집의 중심과 각 데이터가 소속될 군집을 반복해서 찾는다. 이를 이 값을 관성(inertia)라고 한다.

$$J(C) = \sum_{k=1}^{K} \sum_{i \in C_k} d(x_i, \mu_k)$$

여기서 K는 군집의 개수이고, C_k는 k번째 군집에 속하는 데이터의 집합, μ_k는 k번째 군집의 중심(centroid)위치, d는 x_i, μ_k 두 데이터 사이의 거리이다. 만약 유클리드 거리를 사용한다면 다음과 같다.

---

16 Steinhaus, H.(1957), "Sur la division des corps matériels en parties", *Bulletin of the Polish Academy of Sciences* (in French) 4(12), 801-804.

17 Lloyd, S. P. (1957), "Least Square Quantization in PCM", Bell Telephone Laboratories Paper, Published in journal much later: Lloyd, S. P.(1982). "Least squares quantization in PCM", *IEEE Trans마코프s on Information Theory* 28(2), 129-137.

18 MacQueen, J. B.(1967), "Some Methods for Classification and Analysis of Multivariate Observations", Proceedings of 5th Berkeley Symposium on Mathematical Statistics and Probability 1, 281-297, University of California Press.

$$J(C) = \sum_{i=1}^{n} \min (\|x_i - \mu_k\|^2)$$

여기서 유클리드 거리(Euclidean distance)는 두 점 사이의 거리를 계산할 때 흔히 쓰는 방법이다. 이 거리를 사용하여 유클리드 공간을 정의할 수 있으며, 이 거리에 대응하는 노름을 유클리드 노름(Euclidean norm)이라고 부른다.

따라서 목적함수의 오차제곱합(Sum of Squared Error)의 합을 가장 작게 하는 값이다.

따라서 K-means 알고리즘은 다음과 같다.

① 중심 초기화 : K개의 중심(centroid)을 임의로 정한다.
② 클러스터링 : 각 데이터 포인트를 가장 가까운 중심(centroid)에 할당한다.
③ 중심 갱신 : 군집(Cluster) 내에서 모든 데이터 포인트들의 평균값을 계산하여 새로운 중심(centroid)으로 정한다.
④ 왜곡검증 : 가장 가까운 중심(centroid)로 데이터 포인트들을 할당하고, 왜곡을 구한다.
⑤ 데이터 포인트들이 새로운 중심(centroid)으로 할당되지 않을 때까지 또는 최대 반복계산(iterations)에 도달할 때까지 ③과 ④의 과정을 반복한다.

K-평균 군집화란 명칭은 각 군집의 중심위치를 구할 때 해당 군집에 속하는 데이터의 평균(mean)값을 사용하는데서 유래하였다. 만약 평균 대신 중앙값(median)을 사용하면 K-중앙값(K-Median) 군집화라 한다.

다음의 예시는 K-means에서 3개의 군집으로 자동차연비(mpg)와 주행거리(disp)에 따른 군집을 나타낸다.

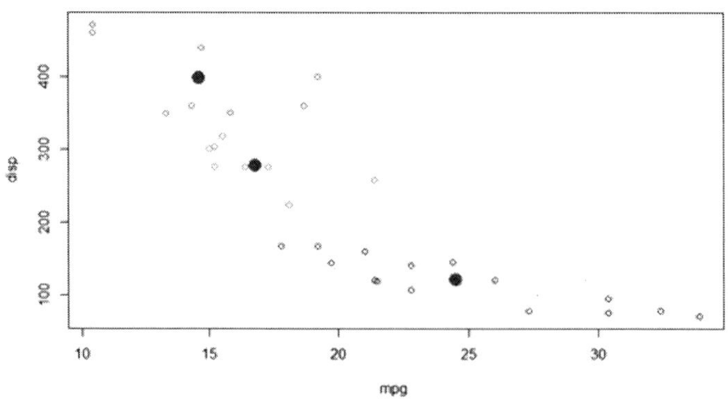

K-means 예시

K-means++ 알고리즘은 초기 중심위치를 설정하기 위한 알고리즘이다.

디비스캔 군집화(DBSCAN Clustering)

직관적 의미

K-평균 군집화(K-means) 방법은 단순하고 강력한 방법이지만 군집의 모양이 원형이 아닌 경우에는 잘 동작하지 않으며 군집의 개수를 사용자가 지정해야 하는 단점이 있다.

디비스캔(Density-Based Spatial Clustering of Applications with Noise, DBSCAN) 군집화 방법은 데이터가 밀집한 정도인 밀도를 이용한다. 디비스캔 군집화는 군집의 형태에 제약을 받지 않으며, 군집의 개수를 사용자가 지정할 필요가 없다. 디비스캔 군집화 방법에서 초기 데이터로부터 근접한 데이터를 찾아나가는 방법으로 군집을 확장한다.

모델 및 예시

이 때 다음과 같은 최소 거리를 이용한다. 최소 거리 ϵ은 이웃(neighborhood)을 정의하기 위한 거리이며, 최소 데이터 개수(minimum points)는 밀집지역을 정의하기 위해 필요한 이웃의 개수이다.

만약 최소거리(ϵ)안의 이웃 영역 안에 최소 데이터 개수 이상의 데이터가 있으면, 그 데이터는 핵심(core) 데이터가 된다. 핵심 데이터를 찾은 후에, 이 핵심 데이터의 이웃 영역 안에 있는 데이터를 이 핵심데이터와 연결된 핵심 데이터로 정의한다. 핵심 데이터의 이웃영역 안에 있는 데이터도 마찬가지로 연결된 핵심 데이터가 된다. 만약 고밀도 데이터에 더 이상 이웃이 없으면, 이 데이터는 경계(border) 데이터라고 한다. 핵심 데이터도 아니고 경계 데이터도 아닌 데이터를 이상치(outlier)라고 한다.

동심원, 초승달 데이터를 디비스캔으로 군집화한 결과를 나타낸 것이다. 마커(marker)의 모양은 군집을 나타내고 마커의 크기가 큰 데이터는 핵심데이터, x 표시된 데이터는 이상치(outlier)이다.

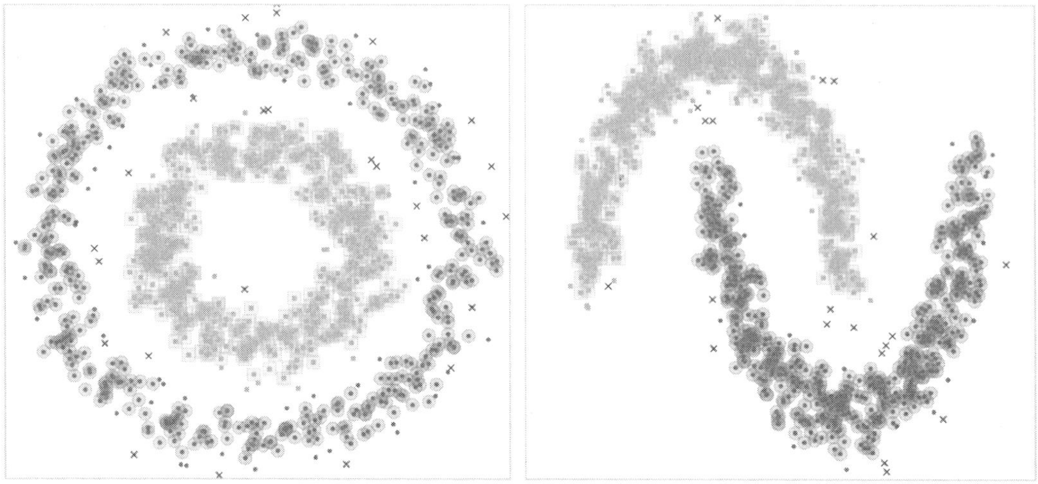

디비스캔 예시

유사도 전파 군집화(Affinity Propagation Clustering)

직관적 의미

샘플은 자신을 대표할 수 있는 비슷한 샘플에 투표(투표 방식 사용)를 한다고 생각하면 된다. 이 알고리즘은 투표 방식을 이용한다. 데이터는 자신을 대표할 수 있는 비슷한 데이터에 투표한다. 알고리즘이 수렴하면, 각 대표와 투표한 데이터가 군집을 형성하게 된다. 유사도 전파는 크기가 다른 여러 개의 클러스터를 감지할 수 있다. 그러나 이 알고리즘의 계산 복잡도는 $O(m^2)$이고, 크기가 다른 여러 개의 군집 감지할 수 있고 대규모 데이터셋에 적합하지 않다.

모델 및 예시

모든 데이터가 특정한 기준에 따라 자신을 대표할 대표 데이터를 선택한다. 만약 스스로가 자기 자신을 대표하게 되면 군집의 중심이 된다.

responsibility $r(i,k)$는 k번째 데이터가 i번째 데이터의 대표가 되어야 한다는 근거이고, availability $a(i,k)$는 i번째 데이터가 k번째 데이터를 대표로 선택해야 한다는 근거라고 하자. responsibility와 availability를 모두 0으로 놓고 다음 수식을 수렴할 때까지 반복한다.

$$r(i,k) \leftarrow s(i,k) - \max_{k' \neq k}[a(i,k') + s(i,k')]$$

$$a(i,k) \leftarrow \min\left[0, r(k,k) + \sum_{i' \neq i,k} r(i',k)\right]$$

여기서 $s(i,k) = -(x_i - x_k)^2$로 정의되며, 음의 거리로 나타나는 유사도이다.

$s(k,k)$는 특정한 음수 값으로 사용자가 정해 주게 되는데 이 값에 따라 클러스터의 개수가 달라지는 하이퍼 모수가 된다. $s(k,k)$가 크면 자기 자신에 대한 유사도가 커져서 군집의 수가 증가한다.

위 알고리즘으로 계산하는 r, a가 더 이상 변화하지 않고 수렴하면 계산이 종료되고 종료 시점에서 $r(k,k) + a(k,k) > 0$이 데이터가 군집의 중심이 된다.

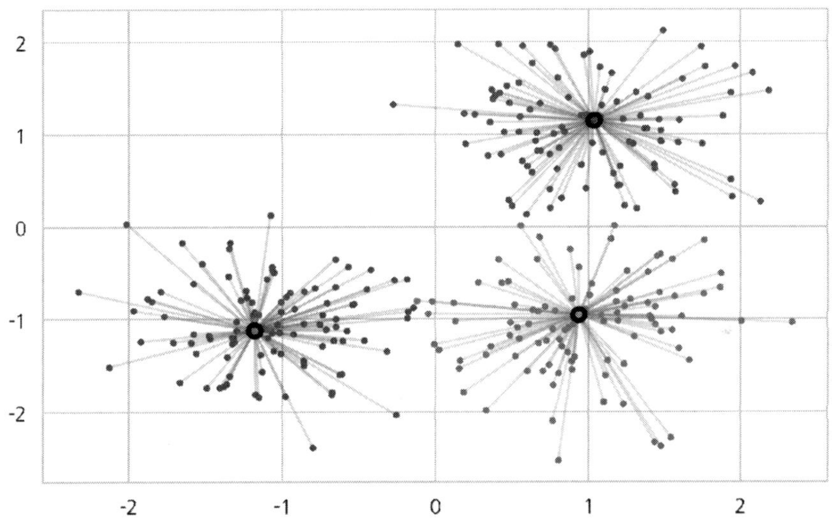

유사도 전파 군집화

계층적 군집화(Hierarchical Clustering)

직관적 의미

계층적 군집화(Hierarchical Clustering)는 여러 개의 군집 중, 가장 유사도가 높거나 거리가 가까운 군집 두 개를 선택하여 하나로 합치면서 군집 개수를 줄여 가는 방법을 말한다. 합체 군집화(Agglomerative Clustering)라고도 한다. 가장 처음에는 모든 군집이 하나의 데이터만을 가진다. 따라서 최초에는 데이터 개수만큼 군집이 존재하지만 군집을 합치면서 최종적으로 하나의 군집만 남게 된다.

즉, 계층적 트리 모형을 이용해 개별 개체들을 순차적, 계층적으로 유사한 개체 내지 그룹과 통합하여 군집화를 수행하는 알고리즘이다. K-평균 군집화(K-means Clustering)와 달리 군집 수를 사전에 정하지 않아도 학습을 수행할 수 있다. 개체들이 결합되는 순서를 나타내는 트리형태의 구조인 덴드로그램(Dendrogram) 덕분이다. 아래 그림과 같은 덴드로그램을 생성한 후 적절한 수준에서 트리를 자르면 전체 데이터를 몇 개 군집으로 나눌 수 있게 된다.

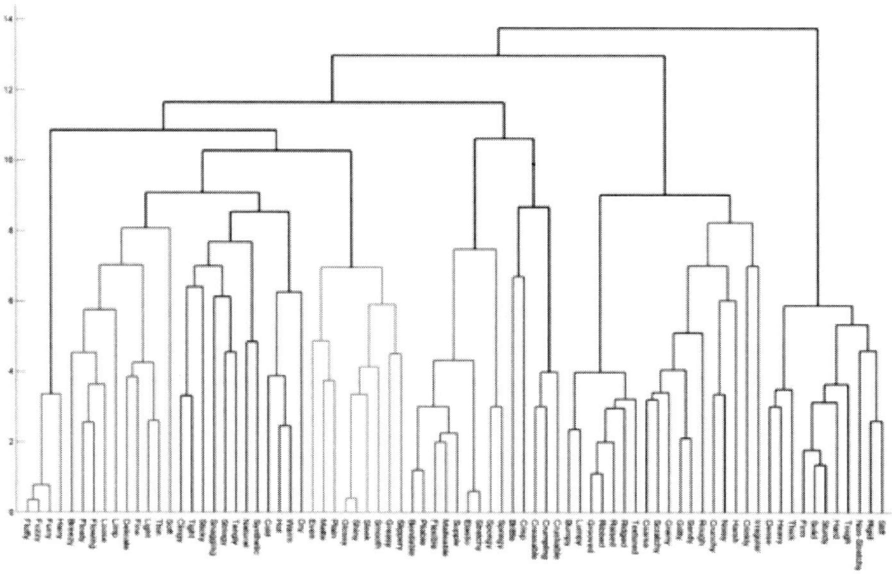

덴드로그램

모든 개체들 간 거리(distance)나 유사도(similarity)가 이미 계산되어 있어야 한다. 주어진 학습데이터의 개체 수가 4개이고 아래 그림처럼 거리 행렬을 이미 구해놨다고 가정하자.

	A	B	C	D
A		20	7	2
B			10	25
C				3
D				

개체수 4개의 예시

거리가 가까운 관측치들끼리 차례대로 군집으로 묶어보자. 거리가 가장 짧은 것이 2이고 이에 해당하는 개체는 A와 D이므로 먼저 A와 D를 하나의 군집으로 엮으면 된다. 표 왼쪽에 덴드로그램을 그리는데, 덴드로그램의 높이는 관측치간 거리(2)가 되도록 한다.

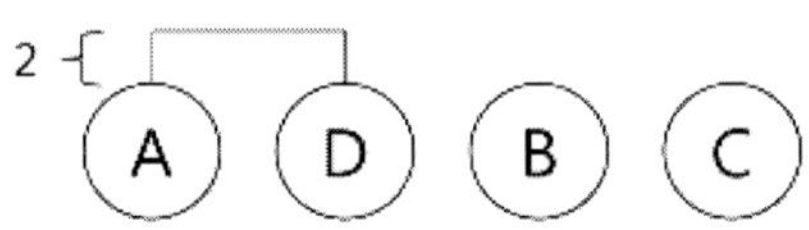

	A	B	C	D
A		20	7	2
B			10	25
C				3
D				

덴드로그램

여기서 A와 D를 한 군집으로 엮었으니 거리행렬을 바꿔주어야 한다. 다시 말해 개체-개체 거리를 군집-개체 거리로 계산해야 한다는 것이죠. 예를 들어, 'AD'와 'B', 'AD'와 'C' 이렇게 거리를 구해야 한다. 그런데 군집-개체 또는 군집-군집 간 거리는 어떻게 계산해야 할까? 여기엔 아래 그림처럼 여러 가지 방법이 있다.

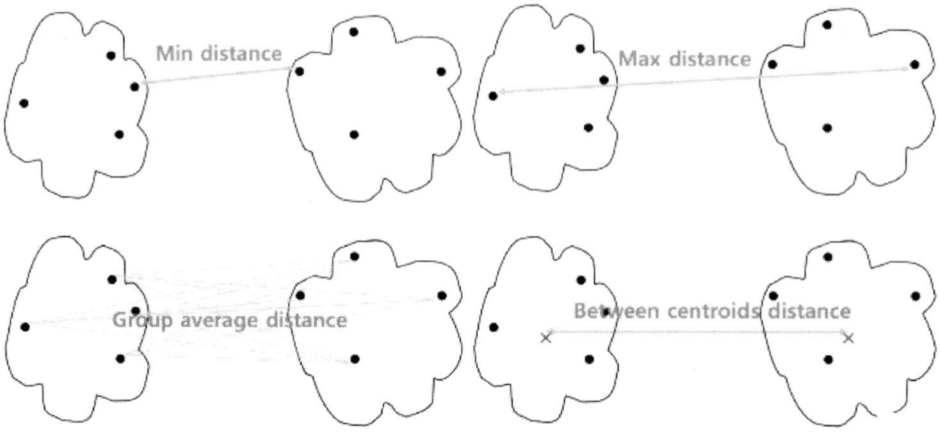

군집-개체 또는 군집-군집 간 거리

위 4가지 방법 가운데 하나를 택했다고 가정하고 거리행렬을 업데이트했더니 AD와 C가 가장 인접해 있다. 이번엔 이 둘을 잇는다.

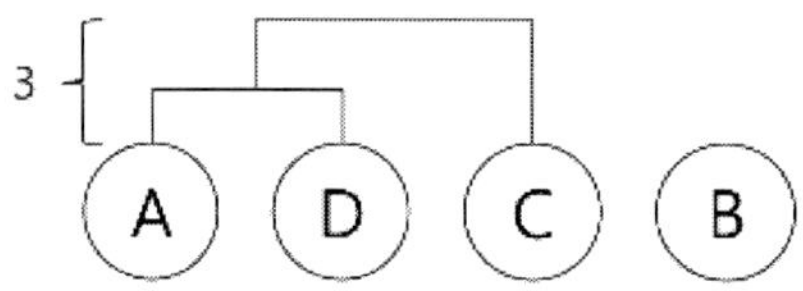

	AD	B	C	
AD		20	3	
B			10	
C				

거리행렬 업데이트와 잇기

그 다음 과정을 수행했더니 아래처럼 되었다.

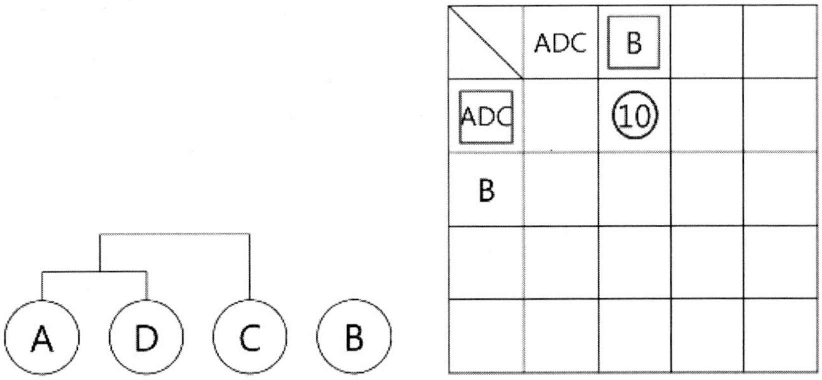

다음 단계 수행

분석 대상 관측치가 하나도 없으면 학습이 종료된다.

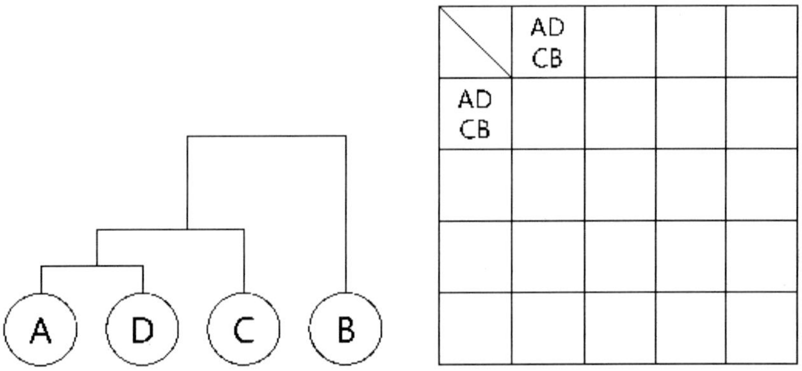

학습 종료

K-평균 군집화와 달리 사전에 군집수 k를 설정할 필요가 없다. 앞 예에서 덴드로그램의 최상층을 끊어주면 A, D, C와 B로 두 개 군집이 도출된다. 위에서 두 번째 층을 끊으면 A, D와 C, B 이렇게 세 개 군집이 나온다. 따라서 계층적 군집화는 학습결과물인 덴드로그램을 적절한 수준에서 잘라주면 된다. 반면 계산복잡성은 $O(n^3)$로 K-평균 군집화보다는 무겁다.

CHAPTER 02 비지도 학습

비계층적 거리 측정법 모델 및 예시

먼저, 계측정 군집화를 하려면 우선 모든 군집 간에 거리를 측정해야 한다. 군집 간의 거리를 측정하는 방법에는 계층적 방법에 의존하지 않는 비계층적 방법과 이미 이전 단계에서 계층적 방법으로 군집이 합쳐진 적이 있다는 가정을 하는 계층적 방법 두 가지가 있다.

비계층적 거리측정법은 계층적 군집화가 아니더라도 모든 경우에 사용할 수 있는 거리 측정 방법이다. 중심거리, 단일거리, 완전거리, 평균거리 등이 있다. 다음에 설명할 계층적 거리측정법에 비해 계산양이 많은 단점이 있다.

중심(centroid)거리의 정의는 다음과 같다. 두 군집의 중심점(centroid)를 정의한 다음 두 중심점의 거리를 군집 간의 거리로 정의한다.

$$d(u,v) = (c_u - c_v)^2$$

여기서 $d(u,v)$는 군집 u와 군집 v 사이의 거리를 의미한다. 또한 c_u와 c_v는 각각 군집 u와 군집 v의 중심점이다. 군집의 중심점이 그 클래스에 포함된 모든 데이터의 평균을 이용한다.

$$c_u = \frac{1}{|u|}\sum_i u_i$$

여기서 $|u|$는 군집 u의 원소의 개수이다.

단일(single)거리의 정의는 다음과 같다. 군집 u의 모든 데이터 u_i와 군집 v의 모든 데이터 v_j의 모든 조합에 대해 데이터 사이의 거리 $d(u_i, v_j)$를 측정하여 가장 작은 값을 구한다. 최소거리(Nearest Point) 방법으로도 불린다.

$$d(u,v) = \min[d(u_i, v_j)]$$

완전(complete)거리의 정의는 다음과 같다. 군집 u의 모든 데이터 u_i와 군집 v의 모든 데이터 v_j의 모든 조합에 대해 데이터 사이의 거리 $d(u_i, v_j)$를 측정하여 가장 큰 값을 구한다. 최장거리(Farthest Point) 방법이라고도 한다.

$$d(u,v) = \max[d(u_i, v_j)]$$

평균(average)거리의 정의는 다음과 같다. 군집 u의 모든 데이터 u_i와 군집 v의 모든 데이터

v_j의 모든 조합에 대해 데이터 사이의 거리 $d(u_i, v_j)$를 측정하여 평균을 구한다.

$$d(u,v) = \sum_{i,j} \frac{d(u_i, v_j)}{|u||v|}$$

여기서 $|u|$는 군집 u의 원소의 개수, $|v|$는 군집 v의 원소의 개수를 나타낸다.

계층적 거리 측정법 모델 및 예시

계층적 거리 측정법은 계층적 군집화에서만 사용할 수 있는 방법이다. 즉, 이전 단계에서 이미 어떤 두 개의 군집이 하나로 합쳐진 적이 있다고 가정하여 이 정보를 사용하는 측정법이다. 비계층적 거리 측정법에 비해 계산양이 적어 효율적이다.

중앙값(median)거리 측정법은 중심거리 방법의 변형이다. 중심거리 방법처럼 군집의 중심점의 거리를 군집 간의 거리라고 한다. 하지만 군집의 중심점을 계산하는 방법이 다르다. 만약 군집 u가 군집 s와 군집 t가 결합하여 생겼다면, 다음과 같다.

$$u \leftarrow s + t$$

군집 u의 중심점은 새로 계산하지 않고, 원래 군집의 두 군집의 중심점의 평균을 사용한다.

$$c_u = \frac{1}{2}(c_s + s_t)$$

따라서 해당 군집의 모든 데이터를 평균하여 중심점을 구하는 것보다 계산이 빠르다.

가중(weighted)거리를 사용하려면 원래 어떤 두 개의 군집이 합쳐져서 하나의 군집이 만들어졌는지 알아야 한다. 만약 군집 s와 군집 t가 결합하여 생겼다면, 다음과 같다.

$$u \leftarrow s + t$$

이 군집 u와 다른 군집 v 사이의 거리는 군집 u를 구성하는 원래 군집 s, t와 v 사이의 두 거리의 평균을 사용한다.

$$d(u,v) = \frac{1}{2}[d(s,v) + d(t,v)]$$

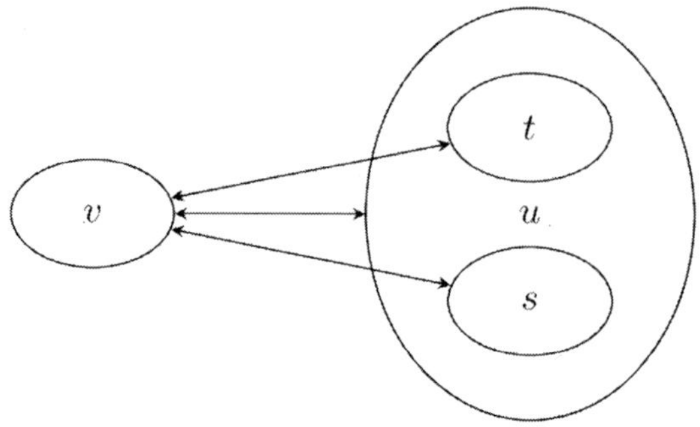

가중거리

와드(Ward)거리는 가중거리방법의 변형이다. 만약 군집 s와 군집 t가 결합하여 생겼다면, 다음과 같다.

$$u \leftarrow s+t$$

이 군집 u와 다른 군집 v 사이의 거리를 구할 때, 군집 u를 구성하는 원래 군집 s,t와 v 사이의 거리를 사용하는 것은 가중거리 방법과 같지만 원래의 두 군집 s,t가 너무 가까우면 v와의 거리가 더 먼 것으로 인식한다.

$$d(u,v)=\sqrt{\frac{|v|+|s|}{|v|+|s|+|t|}d(v,s)^2+\frac{|v|+|t|}{|v|+|s|+|t|}d(v,t)^2-\frac{|v|}{|v|+|s|+|t|}d(s,t)^2}$$

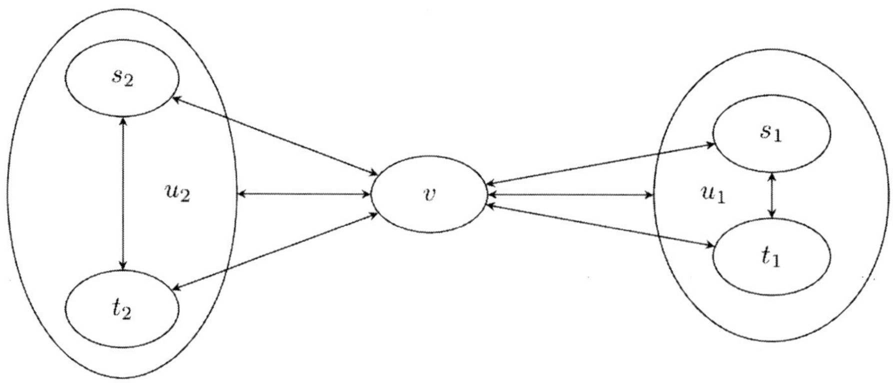

와드거리 예시

스펙트럴 군집화(Spectral Clustering)

직관적 의미

스펙트럴 군집화(Spectral Clustering)는 그래프(graph)를 기준으로 군집화하는 기법이다.

가. 기본 그룹

아래와 같이 9개의 점들이 3개의 그룹을 이루고 있는 데이터가 있다고 가정하자.

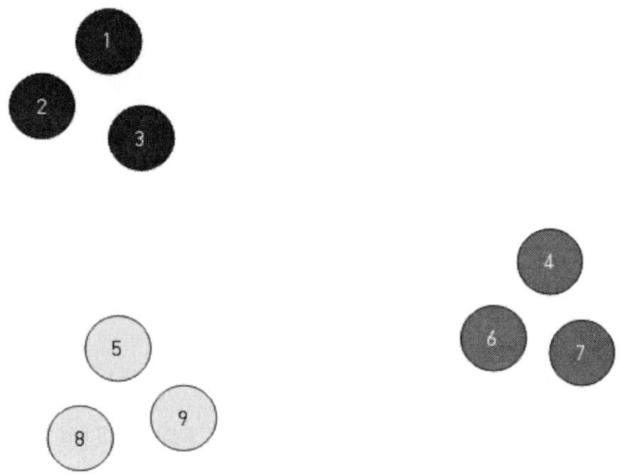

스펙트럴 군집화의 기본 그룹

나. 인접행렬(adjacency matrix)과 커널

이제, 이들을 그래프로 나타나기 위해서 인접행렬(adjacency matrix)을 통해 이를 표현해야 한다. 아래의 그림은 위 데이터를 인접행렬(adjacency matrix)으로 표현한 것이다. 각 색깔에 맞추어 인접행렬을 만든다.

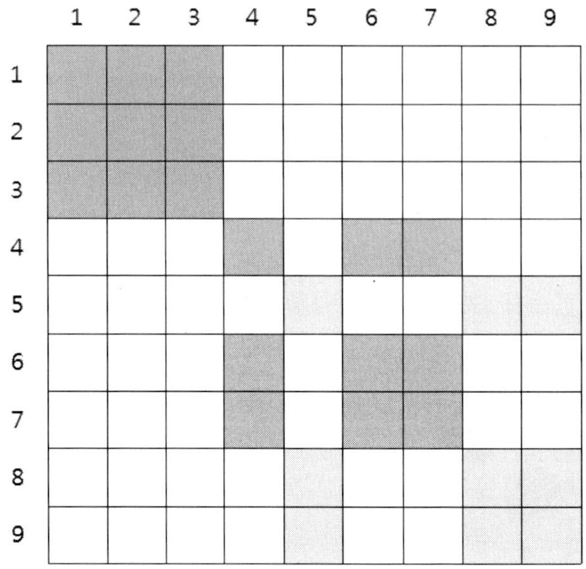

스펙트럴 군집화의 인접행렬(adjacency matrix)

두 데이터의 유사도가 높을수록 최대한 높은 값을 가지게 하고, 반대로 유사도가 낮을수록 최대한 0에 가깝게 값을 만든다면 위의 인접행렬(adjacency matrix)과 비슷한 모양의 행렬이 만들 수 있다. 이를 위해 가우시안 커널 σ을 사용하는데 다음과 같다.

$$w_{ij} = \exp\left(-\frac{\|x_i - x_j\|^2}{2\sigma^2}\right)$$

여기서 w는 데이터 i,j 사이의 선, σ는 커널의 폭, x는 데이터 i,j의 거리 정보로서 두 데이터 i,j 사이의 거리를 나타낸다. 여기서 σ는 각 데이터의 거리 간격 w의 결과에 영향을 미치는 변수로 적절한 값으로 이를 설정하면, 각 그룹 사이의 간격을 적당하게 구분시켜줄 수 있게 된다. 아래의 표는 σ의 크기에 따른 유사도 값 w의 크기의 변화를 나타낸다.

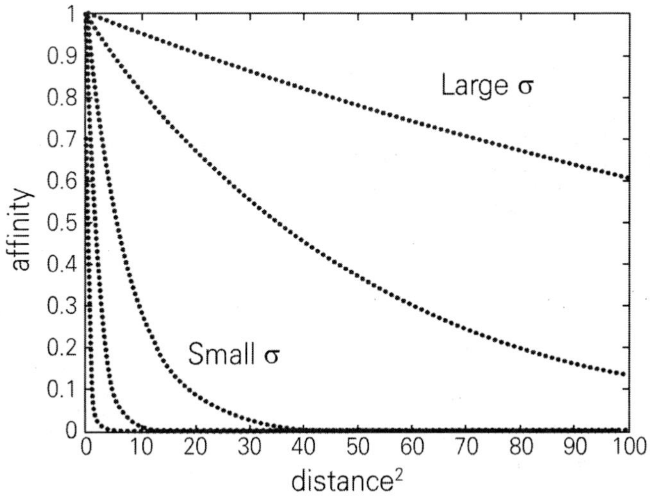

커널 σ

위의 그래프에서 σ값이 작을수록 각 그룹을 세분하게 나누어줄 수 있으나, 같은 그룹에 속하는 데이터 사이의 간격이 조금이라도 멀어지면 w(affinity)이 급격하게 줄어들게 된다. 반면, σ의 값이 클수록 다소 멀리 떨어져 있는 같은 그룹 내의 데이터를 포함시킬 수 있으나, 비교적 거리가 가까운 다른 그룹의 데이터까지 포함해버리는 경우가 발생하게 된다. σ의 값을 각 데이터 i와 j의 주변 점에서 (2d+1)번째로 가까운 점 사이의 거리를 σ로 사용할 경우 최적의 값을 구할 수 있다. 이 때 d는 데이터의 차원을 의미한다. 데이터가 제공하는 정보가 1개라면 3번째로, 2개라면 5번째, 3개라면 7번째로 가까운 점 사이의 거리를 사용해 각 σ_i와 σ_j를 구하면 적합한 값 w를 얻을 수 있다.

$$w_{ij} = \exp\left(-\frac{\|x_i - x_j\|^2}{\sigma_i \sigma_j}\right)$$

이제 적용된 인접행렬에서와 같이 위 데이터를 그래프로 나타내자. 색깔로 칠해진 부분은 1로 굵은 선으로, 색깔이 칠해지지 않은 부분은 0으로 가느다란 선으로 표시한다. 각 데이터를 그래프로 표현하였다.

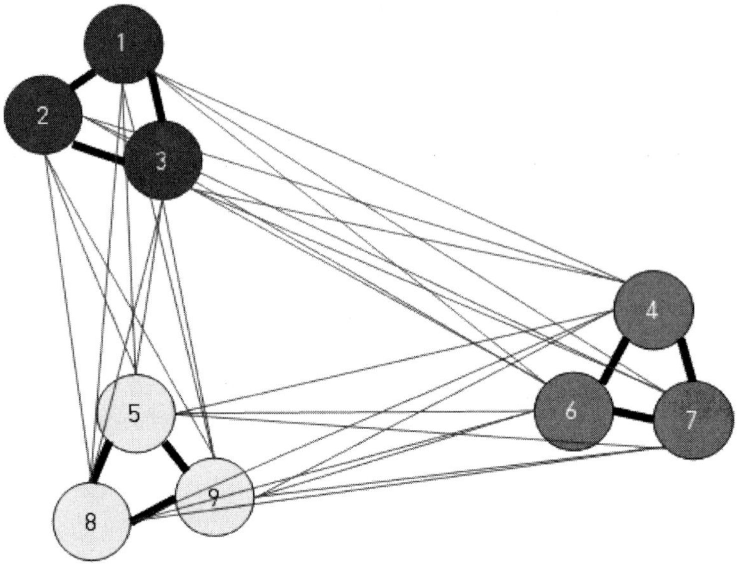

스펙트럴 군집화의 그래프

보다 자세히 인접행렬에 대해 접근하자. 다음과 같은 데이터가 있다고 하자.

(1,1)

(1,2)

(3,1)

(3,2)

(5,1)

(5,2)

6개의 데이터가 있다고 하자. 인접행렬을 구하기 위하여 가우시안 커널 σ는 임의로 설정된 값으로 충분히 구분될 수 있게 한다.

```
[[ 1.          0.81536114  0.44197738  0.36037118  0.03815928  0.03111359]
 [ 0.81536114  1.          0.36037118  0.44197738  0.03111359  0.03815928]
 [ 0.44197738  0.36037118  1.          0.81536114  0.44197738  0.36037118]
 [ 0.36037118  0.44197738  0.81536114  1.          0.36037118  0.44197738]
 [ 0.03815928  0.03111359  0.44197738  0.36037118  1.          0.81536114]
 [ 0.03111359  0.03815928  0.36037118  0.44197738  0.81536114  1.        ]]
```

인접행렬의 예시

만약 6개의 데이터가 있다면 6×6의 인접행렬이 구해지고, 자신의 데이터 사이의 거리는 1이며 자신에게 가까운 값일수록 1에 가깝고 멀어질수록 0으로 수렴하고 있게 된다. 위 데이터를 기준으로 본다면 0.5 이상의 값은 1로, 0.5 이해의 값은 0으로 한다면 위에서 설명하였던 이상적인 인접행렬이 그려진다.

위와 같이 주어진 인접행렬을 사용하여 스펙트럴 군집화를 하는 기준은 다음과 같다.

① 같은 클러스터(cluster) 내의 요소끼리의 유사도는 큰 값을 갖는다.
② 다른 클러스터(cluster)에 속한 요소끼리의 유사도는 작은 값을 갖는다.

다. 스펙트럴 군집화하기

이를 구하기 위하여 위에서 구한 인접행렬 값 *W*의 값이 최대로 나오는 벡터를 구해야 한다. *W*와 행렬곱을 하였을 때 최대값이 나오게 하는 벡터를 고유벡터(eigenvector)이 된다. 고유벡터를 구하면 다음과 같다.

```
[[ -3.58906456e-01  -5.00000000e-01  -3.48118020e-01   3.58906456e-01   3.48118020e-01   5.00000000e-01]
 [ -3.58906456e-01  -5.00000000e-01  -3.48118020e-01  -3.58906456e-01  -3.48118020e-01  -5.00000000e-01]
 [ -4.92313226e-01   2.79483017e-16   5.07570377e-01   4.92313226e-01  -5.07570377e-01  -4.52681896e-16]
 [ -4.92313226e-01   9.86999413e-17   5.07570377e-01  -4.92313226e-01   5.07570377e-01   4.79275406e-16]
 [ -3.58906456e-01   5.00000000e-01  -3.48118020e-01   3.58906456e-01   3.48118020e-01  -5.00000000e-01]
 [ -3.58906456e-01   5.00000000e-01  -3.48118020e-01  -3.58906456e-01  -3.48118020e-01   5.00000000e-01]]
```

고유벡터

고유벡터의 열(Column) 부분을 보면 값이 서로 구분되고 있는 것을 보실 수 있다. 일반적으로 1번째 열은 구분이 모호하기 때문에 2번째 열부터 사용하게 된다. k 개의 그룹 군집이 존재할 때, 이들을 분별하기 위해서는 인접행렬의 고유벡터의 2번째부터 k번째 열 부분만 보고 분별을 하게 된다. 즉 위의 예제에서 3개의 군집으로 구분되고 있으니 2, 3번째 군집만 사용하면 된다. 이 경우 첫 번째 군집인 (1,2) 그룹의 경우 (-0.5, -0.3)으로, (3,4) 그룹의 경우 (0, 0.5), (5,6) 그룹의 경우 (0.5, -0.3)으로 뚜렷이 구분되고 있다. 이를 이미지로 표현하면 다음과 같다.

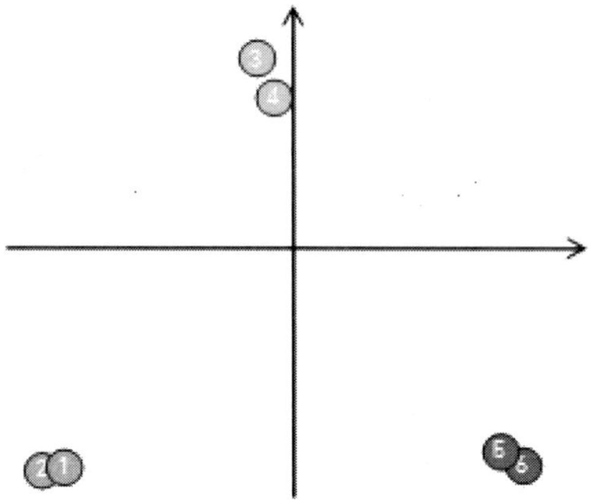

스펙트럴 군집화

Minimum Cut 알고리즘은 주어진 데이터 사이의 유사도 값 중 가장 작은 값으로 각 군집 그룹을 나눈다.

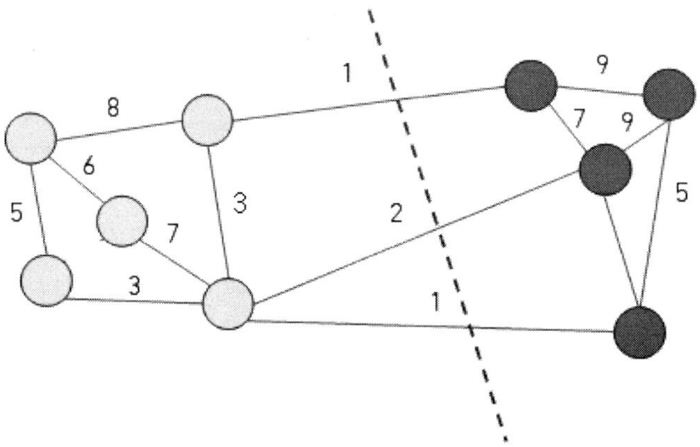

Minimum Cut

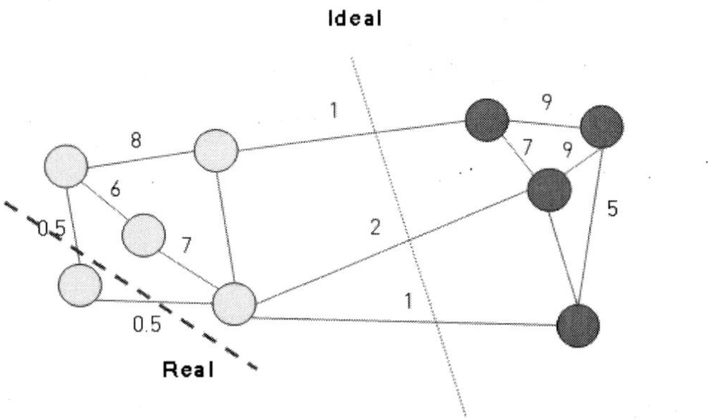

Minimum Cut 이상적인 Cut과 현실의 Cut

Minimum Cut의 경우 무조건 최소값을 찾는 과정을 거치기 때문에 각 군집 그룹이 나누어지지 않는 경우가 발생할 수 있다. 이상적인 방향으로 보았을 때 위의 경우처럼 다른 색깔로 분류된 군집 그룹끼리 나누어지는 것이 맞으나 실제로는 이보다 더 작은 최소값을 갖고 있는 부분에서 나누어질 수 있다. 이처럼 의도적으로 알고리즘이 적용되지 않는 이유는 이상치와 같이 해당 군집에서 다소 거리가 있는 부분에 있는 데이터가 있어 이 부분이 의도치 않게 나누어져 하나의 군집이 분류되지 않고 쪼개져 버리게 된다. 이러한 Minimum Cut을 대체할 다른 모델도 있다.

모델 및 예시

스펙트럴 군집화를 수행하려면 원데이터를 그래프로 변환하기 위해 인접행렬(Adjacency Matrix)을 만들어야 한다. 스펙트럴 군집화는 무방향 가중치 그래프(Undirected Weighted Graph)를 사용하여 다음과 같이 나타낸다.

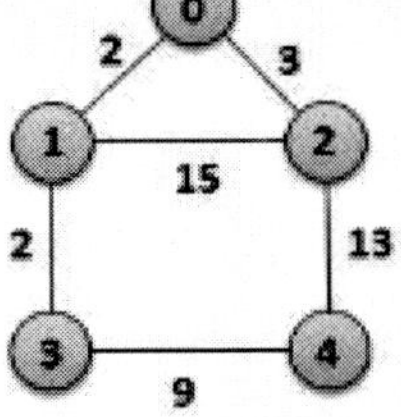

	0	1	2	3	4
0	0	2	3	0	0
1	2	0	15	2	0
2	3	15	0	0	13
3	0	2	0	0	9
4	0	0	13	9	0

무방향 가중치 그래프와 인접행렬

원데이터에서 인접행렬을 만들 때는 보통 아래와 같이 가우시안 커널(Gaussian kernel)을 많이 사용한다. 예를 들어, 벡터로 표현된 하나의 문서를 노드(node)라고 둘 때, 문서 간 거리가 멀리 떨어져 있을수록 즉, 유사하지 않을수록 그 가중치는 줄어든다. 아울러 가우시안 커널로 만들어진 인접행렬은 대칭행렬이다.

$$w_{ij} = \exp\left(-\frac{\|x_i - x_j\|^2}{2\sigma^2}\right)$$

이제 그래프를 구축한다. fully connected graph란 모든 노드가 엣지로 연결돼 있는 그래프를 말한다. ϵ-neighborhood graph란 거리가 ϵ보다 가까운 엣지들만 살리고 나머지 엣지는 끊어버린 그래프이다. k-nearest neighbor graph는 각 노드 주변 k개 이웃들만 엣지로 연결하고 나머지 엣지는 끊어놓은 그래프이다. ϵ-neighborhood graph는 노드의 밀도가 높은 지역에선 엣지가 지나치게 많이 발생하고, 밀도가 낮은 지역에선 엣지가 하나도 없는 노드가 생길 수 있다. k-nearest neighbor graph는 끊기는 노드가 발생하진 않지만, 군집이 극단적으로 멀리 떨어져 있는 경우 군집과 군집 사이는 연결되지 않는 경우가 발생할 수 있다. 일반적으로 그래프를 구축할 때는 ϵ-neighborhood graph를 먼저 구축한 뒤, k-nearest neighbor graph를 적용해 엣지가 전혀 없는 노드도 연결해주는 방식을 쓴다. 그럼에도 불구하고 군집 사이가 너무 멀어서 연결 안되는 경우가 발생할 수 있는데 이럴 때는 minimum spanning tree 방법도 자주 사용된다.

그래프 컷은 그래프를 특정 기준에 의해 두 개 이상의 부그래프(subgraph)로 나누는 것이다. 이 부그래프가 바로 스펙트럴 군집화 기법의 학습 결과물인 군집이 된다. 아래와 같은 무방향 가중치 그래프가 주어졌다고 하자.

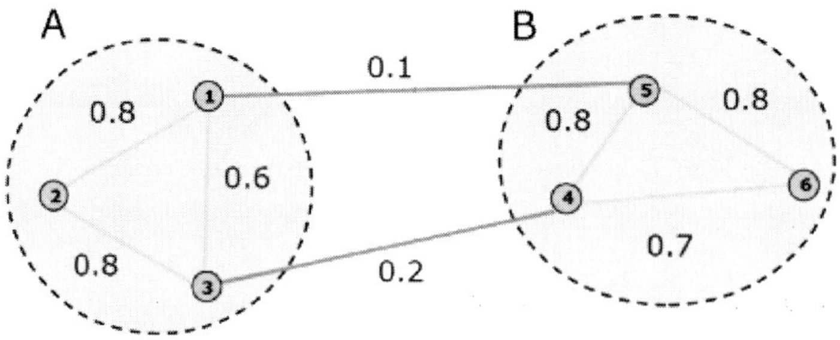

무방향 가중치

$Cut(A,B)$는 부그래프 A에서 B로 향하는 엣지들의 가중치 합이므로 아래 식과 같다.

$$Cut(A,B) = \sum_{i \in A, j \in B} w_{i,j} = 0.3$$

$Cut(A,A)$는 A에서 A로 향하는 엣지들의, $Cut(B,B)$는 B에서 B로 향하는 엣지들의 가중치 합이다.

$$Cut(A,A) = \sum_{i \in A, j \in A} w_{i,j} = 2.2$$

$$Cut(B,B) = \sum_{i \in B, j \in B} w_{i,j} = 2.3$$

$Vol(A)$는 A에 속한 노드에 연결된 엣지들의 모든 가중치 합이다. 위 그림에서 1번 노드에 연결된 엣지 세 개(0.8+0.6+0.1), 2번 노드에 연결된 엣지 두 개(0.8+0.8), 3번 노드에 연결된 엣지 세 개(0.8+0.6+0.2)를 모두 더한 값이다. 따라서 $Vol(A)$는 $Cut(A,A)$의 두 배에 $Cut(A,B)$를 더해준 값과 같다. 이는 $Vol(B)$도 마찬가지이다.

$$Vol(A) = \sum_{i \in A} \sum_{j} w_{ij} = 4.7$$

$$Vol(B) = \sum_{i \in B} \sum_{j} w_{ij} = 4.9$$

Minimum Cut 방법은 원그래프를 A와 B라는 부그래프로 나눌 때 끊어지는 엣지들의 가중치가 최소가 되도록 한다. 목적함수는 다음과 같다.

$$MinCut(A,B) = \min \frac{1}{4} q^T (D - W) q$$

여기에서 대각행렬 D와 벡터 q는 다음과 같다.

$$D_{ii} = \sum_{j} w_{ij}, \ \ D_{ij} = 0 \ \text{if} \ i \neq j$$

$$q_i = \begin{cases} 1 & \text{if } i \in A \\ -1 & \text{if } i \in B \end{cases}$$

$MinCut(A,B)$의 제약조건은 다음과 같다. 벡터 q의 각 요소를 제곱해 모두 더한 $q^T q$가 그래프 전체의 노드수 V와 일치해야 한다. 벡터 q의 각 요소는 해당 노드가 A에 속해 있으면 1, B에

속해 있으면 -1의 값을 가지기 때문이다. $q^T q = |V|$

예를 들어, 아래와 같이 무방향 가중치 그래프가 주어졌고, 붉은색 선을 기준으로 부그래프가 두 개로 나뉜다고 하자. 노드1와 노드2를 부그래프 A, 노드3와 노드4를 부그래프 B로 두자.

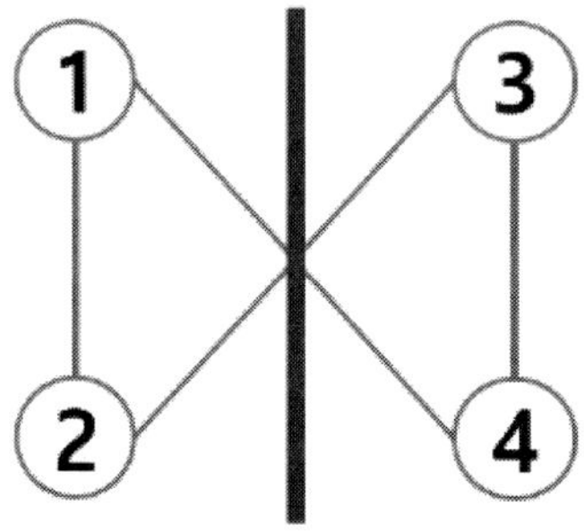

무방향 가중치와 2개의 부그래프

가중치 행렬 W는 다음과 같다.

$$W = \begin{bmatrix} w_{11} & w_{12} & 0 & w_{14} \\ w_{21} & w_{22} & w_{23} & 0 \\ 0 & w_{32} & w_{33} & w_{34} \\ w_{41} & 0 & w_{43} & w_{44} \end{bmatrix}$$

대각행렬 D는 다음과 같다.

$$D = \begin{bmatrix} w_{11}+w_{12}+w_{14} & 0 & 0 & 0 \\ 0 & w_{21}+w_{22}+w_{23} & 0 & 0 \\ 0 & 0 & w_{32}+w_{33}+w_{34} & 0 \\ 0 & 0 & 0 & w_{41}+w_{43}+w_{44} \end{bmatrix}$$

$(D-W)q$는 다음과 같다.

$$(D-W)q = \begin{bmatrix} w_{11}+w_{14} & -w_{12} & 0 & -w_{14} \\ -w_{21} & w_{21}+w_{23} & -w_{23} & 0 \\ 0 & -w_{32} & w_{32}+w_{34} & -w_{34} \\ -w_{41} & 0 & -w_{43} & w_{41}+w_{43} \end{bmatrix} \begin{bmatrix} 1 \\ 1 \\ -1 \\ -1 \end{bmatrix} = \begin{bmatrix} 2w_{11} \\ 2w_{23} \\ -2w_{32} \\ -2w_{41} \end{bmatrix}$$

$$\frac{1}{4}q^T(D-W)q = \frac{1}{4}[1\,1-1-1] = \begin{bmatrix} 2w_{11} \\ 2w_{23} \\ -2w_{32} \\ -2w_{41} \end{bmatrix} = w_{14} + w_{23}$$

최종적으로 도출된 w_{14}와 w_{23}은 원그래프에서 두 개 부그래프로 나눠질 때 끊어지는 가중치들이다. 다시 말해 목적함수에 정의된 $\frac{1}{4}q^T(D-W)q$를 최소화한다는 것은 끊어지는 가중치들을 최소로 하겠다는 의미가 된다.

목적함수 $\frac{1}{4}q^T(D-W)q$에 제약조건($q^Tq=V$)을 반영해 라그랑지안 문제로 변환하고, 식을 미지수 q로 미분해서 0으로 놓으면 아래와 같이 정리할 수 있다. 여기서 q가 미지수가 되는 이유는 각 노드가 A에 속하는지, B가 속하는지 정보가 이 벡터에 들어있기 때문이다.

$$\frac{\partial C}{\partial q} = \frac{\partial\left\{\frac{1}{4}q^T(D-W)q - \lambda(q^Tq - |V|)\right\}}{\partial q}$$

$$= \frac{1}{2}(D-W)q - \lambda q = 0$$

$$(D-W)q = \lambda q$$

최종 도출된 식을 보면 우리가 찾고자 하는 q는 $D-W$ 행렬의 고유벡터(eigenvector)임을 알 수 있다. 다만 최소값을 찾는 것이 목적이므로 두번째로 작은 고유값에 해당하는 고유벡터를 취한다. 제일 작은 고유값은 0이기 때문에 무의미한 해이기 때문이다. 이 벡터의 각 요소 가운데 양수인 위치의 노드를 부그래프 A, 음수인 노드를 B로 할당하게 된다.

Minimum Cut method 적용 예시 그림의 그래프를 인접행렬로 나타내면 다음과 같다.

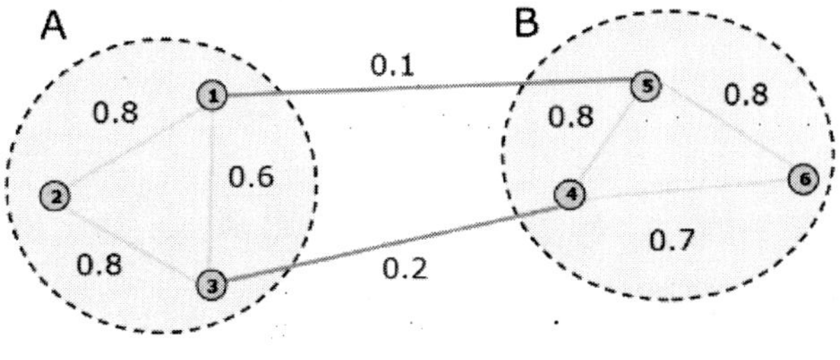

Minimum Cut method 적용 예시

인접행렬

	x_1	x_2	x_3	x_4	x_5	x_6
x_1	0	0.8	0	0.6	0.1	0
x_2	0.8	0	0	0.8	0	0
x_3	0.6	0.8	0.2	0	0	0
x_4	0.8	0	0	0.2	0.8	0.7
x_5	0.1	0	0.8	0	0	0.8
x_6	0	0	0.7	0	0.8	0

이로부터 $D-W$를 구한다. 이를 고유분해한 결과가 다음과 같다. Λ는 $D-W$의 고유값들로 이뤄진 벡터, V는 열벡터가 고유벡터인 행렬이다.

$$\Lambda^T = [0.0 \quad 0.3 \quad 2.2 \quad 2.3 \quad 2.5 \quad 3.0]$$

$$X = \begin{bmatrix} 0.4 & 0.2 & 0.1 & 0.4 & -0.2 & -0.9 \\ 0.4 & 0.2 & 0.1 & 0.0 & 0.4 & 0.3 \\ 0.4 & 0.2 & -0.2 & 0.0 & -0.2 & 0.6 \\ 0.4 & -0.4 & 0.9 & 0.2 & -0.4 & -0.6 \\ 0.4 & -0.7 & -0.4 & -0.8 & -0.6 & -0.2 \\ 0.4 & -0.7 & -0.2 & 0.5 & 0.8 & 0.9 \end{bmatrix}$$

그렇다면 우리가 찾고자 하는 미지수 q는 V의 두번째 열이 된다. 여기에서 양수인 노드1 노드2 노드3은 부그래프 A, 음수인 노드4 노드5 노드6은 B에 할당하면 스펙트럴 군집화 절차가 끝난다.

부그래프의 크기를 비슷하게 맞추는 방향으로 자르는 Ratio Cut, 엣지 가중치 합을 비슷하게 하여 부그래프를 자르는 Minmax Cut 기법이 있다. 식은 다음과 같다. 여기에서 A의 절대값은 A의 노드 수를 뜻한다.

$$RatioCut(A,B) = \min\left\{Cut(A,B)\left(\frac{1}{|A|} + \frac{1}{|B|}\right)\right\}$$

$$MinMaxCut(A,B) = \min\left\{Cut(A,B)\left(\frac{1}{Cut(A,A)} + \frac{1}{Cut(B,B)}\right)\right\}$$

지금까지 설명한 스펙트럴 군집화는 원그래프를 두 개의 부그래프로 나누는 기법이었다. 그렇다면 여러 개 부그래프로 군집화하려면 앞의 기법을 반복적으로 수행하면 되는 Recursive bi-partitioning을 한다.

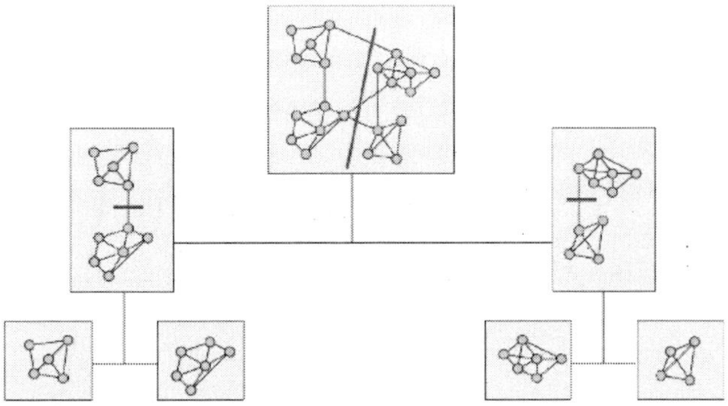

반복적 부분 군집화

② 가우시안 혼합 모델(Gaussian Mixture Model, GMM)

→ 직관적 의미

군집화에서 패턴을 분류하는데 데이터들의 분포 특성을 분석하는 것이 매우 중요하다. 데이터의 분포 특성을 알기 위해서 적절한 확률밀도함수를 가정하여 데이터 분포에 대한 모델을 만드는 것을 확률 모델이라 한다.

가장 대표적으로 사용되는 확률 모델로 정규분포 또는 가우시안 확률 모델이 있다. 이는 하나의 클래스 또는 관찰된 전체 데이터 집합이 평균을 중심으로 하여 뭉쳐져 있는 분포 형태를 표현하는데 적합한 확률 모델이다.

그런데 가우시안 확률분포는 가장 널리 사용되는 분포이기는 하지만, 데이터들이 평균을 중심으로 하나의 그룹으로 피크가 발생하는 unimodal한 형태만을 표현이 가능하다는 제약이 있다. 따라서 일반적인 확률분포를 추정하기 위하여 보다 일반적인 형태를 표현 가능한 확률 모델이 필요한데, 이 때 여러 개의 가우시안을 합하여 만들어지는 모델이다. 이를 가우시안 혼합 모델(Gaussian Mixture Model, GMM)이라고 한다.

1차원 데이터의 경우를 보면, 데이터가 밀집되어 있는 그룹이 3개 정도로 나뉘어져 있기 때문에, 평균을 중심으로 하나의 그룹으로 뭉쳐져 있는 형태를 표현하는 가우시안 분포로는 그 특성을 제대로 표현하기 힘들다. 이를 바로 표현하기 위해서는 그림에서 보는 바와 같이, 3개의 가우시안 분포를 함께 사용하는 것이 바람직하다.

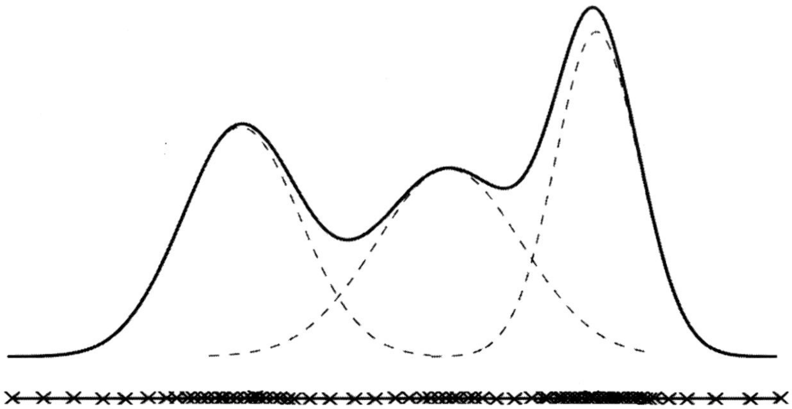

1차원 데이터에 대한 가우시안 혼합 모델

아래의 그림은 도우넛 형태의 데이터 분포를 가지고 있기 때문에 이 역시 하나의 가우시안만으로 표현하는 것은 불가능하다. 그런데 그림에서와 같이 여러 개의 가우시안들이 각각 특정 영역을 맡아 표현할 수 있도록 하고 그것들을 연결하면 어느 정도 유사한 형태의 확률 모델을 찾을 수 있을 것이다.

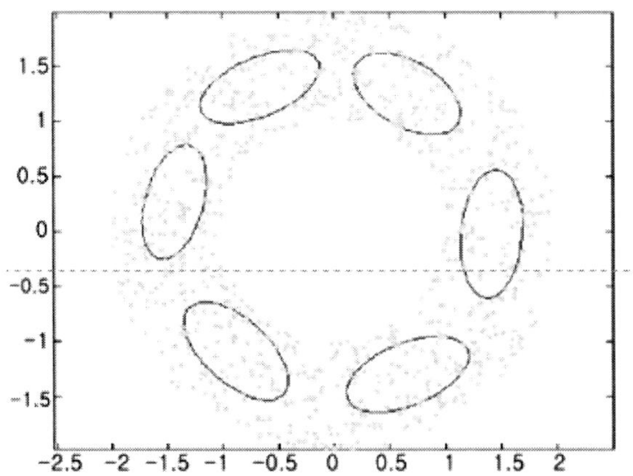

2차원 환형 데이터에 대한 가우시안 혼합 모델

이와 같이, 복수개의 가우시안 분포들의 합으로 새로운 확률분포를 나타내는 가우시안 혼합 모델을 사용하면, 가우시안 분포함수 하나가 나타낼 수 없었던 분포 특성 뿐 아니라, 아무리 복잡한 형태의 함수라도 충분한 개수의 가우시안 함수를 사용하기만 하면 원하는 만큼 정확하게 근사해 낼 수 있다.

가우시안 혼합 모델 및 예시

M개의 간단한 확률밀도함수 또는 성분(component)의 선형 결합으로 정의되는 전체 확률밀도함수는 다음 식과 같이 표현된다.

$$P(x|\theta) = \sum_{i=1}^{M} P(x|w_i, \theta_i) P(w_i)$$

여기서 $P(x|w_i, \theta_i)$는 혼합 모델의 기본 성분을 이루는 간단한 확률밀도함수이며, 가우시안 혼합 모델의 경우에 가우시안 확률밀도함수가 되지만, 다른 함수를 사용할 수도 있다. θ_i는 i번째 성분이 되는 확률밀도함수를 정의하는 파라미터로, 가우시안 확률밀도함수의 경우에 평균과 공분산 행렬이 된다. 공분산 형태는 대각이나 원형 등이 여러 가지 형태가 될 수 있다. w_i는 i번째 성분임을 나나내는 확률변수이고, $P(w_i)$는 i번째 성분이 전체 혼합 확률밀도함수에서 차지하는 상대적인 중요도를 의미하며 파라미터 α_i로 표시하기도 하며, 다음과 같은 성질을 만족해야 한다.

$$0 \le \alpha_i \le 1 \text{이고} \sum_{i=1}^{M} \alpha_i = 1$$

이 혼합 확률 모델을 사용하여 데이터의 분포를 나타내기 위해 추정해야 하는 파라미터 전체를 θ로 나타내면, M개의 성분을 가지는 가우시안 혼합 모델의 파라미터는 다음과 같이 나타낼 수 있다.

$$\theta_i = (\mu_1, \cdots, \mu_M, \sigma_1^2, \cdots, \sigma_M^2, \alpha_1, \cdots, \alpha_M)$$

이 때 각 i성분의 가우시안 함수의 공분산 행렬은 $\sigma_i^2 I$인 경우를 생각하였다.

단, 가우시안 혼합 모델에서 카테고리 확률변수 w_i의 값을 알 수 없다. 즉, 관측되지 않는다고 가정한다. 이렇게 관측 데이터가 보이지 않는, 즉 내부에 숨겨진(latent) 확률 변수를 포함하는 모형을 잠재변수모형(latent variable model)이라고 한다. 잠재변수는 혼합모형처럼 카테고리값이 될 수도 있고 다른 모형에서는 실수값도 될 수 있다.

베르누이-가우시안 혼합 모델 및 예시

카테고리가 두 개인 가우시안 혼합모형은 베르누이-가우시안 혼합 모델(Bernoulli Gaussian-Mixture Model)이라고 한다.

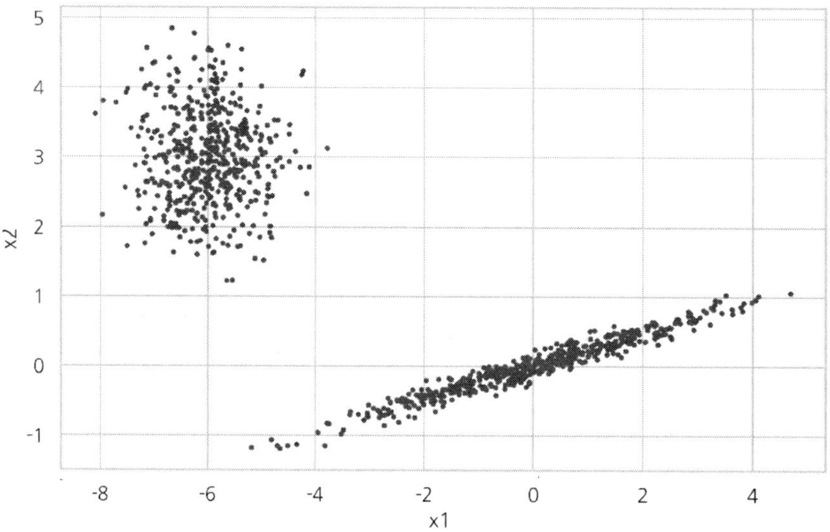

2개의 카테고리와 2차원 가우시안 정규분포를 가지는 가우시안 혼합모델의 예

학습

가우시안 혼합 모델은 최우추정법(Maximum Likelihood Estimation, MLE)으로 이루어진다. 이를 구하기 위하여 데이터 집합의 우도함수(likelihood function of data set)를 알아야 한다.

최우추정법이란 추출된 표본에서와 같은 관측치들이 추출될 가능성이 가장 큰 분포 형태를 찾아내는 것이다. 다시 말해서 관측된 표본값들이 다른 어떤 분포 형태에서보다도 더욱 빈번하게 나타날 가능성을 가진 분포 형태를 선택하는 것이다. 여기 최우라는 말은 가장 가능서이 높은 형태를 선정하는 과정을 말한다. 따라서 최우추정법은 관측된 표본값들이 추출될 가능성을 나타내는 함수를 극대화시키는 모수를 찾는 방법이라 할 수 있다. 이 때 가능성을 나타내는 함수를 우도함수(likelihood function)이라고 하면 일반적으로 L로 나타낸다.

예를 들어, 이후에 다룰 최소자승법을 이용한 선형회귀의 경우와 비교해 보자. 일반적이 선형회귀선 ①을 구하기 위해서 평균을 구한다. 이 선의 기울기를 찾아낸다는 것이 중요하다. 여기서 잔차가 정규분포가 아니면 사용불가능하다. 이상치(outlier)가 있을 때, 최소자승법보다는 최대우도법이 낫다. 왜냐하면 최소자승법은 이상치(outlier)에 무척 민감하다.

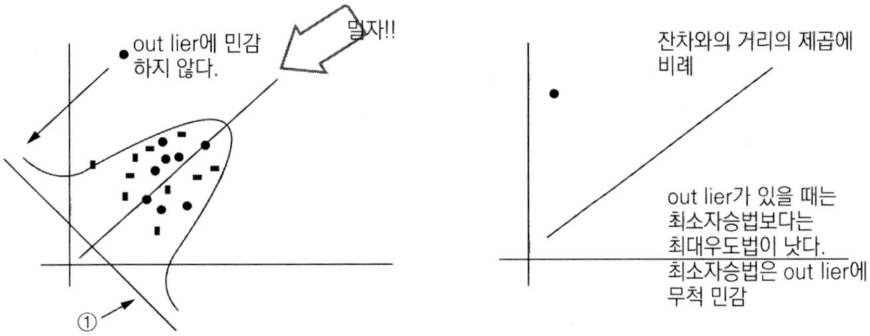

최우추정법(좌)과 최소자승법(우)

데이터 집합 $x = \{x_1, x_2, \cdots, x_N\}$가 주어졌을 때, n번째 데이터 x_n의 확률밀도 $P(x_n)$를 가우시안 혼합 모델로 나타내고자 한다. 문제를 간단히 하기 위해 여기서는 일단 데이터가 1차원인 경우를 생각한다.

j번째 성분을 이루는 가우시안 분포가 평균 μ, 분산 σ를 가진다고 할 때, j번째 가우시안 확률밀도는 다음과 같이 표현된다.

$$P(x_n|w_j,\theta) = P(x_n|\mu_j,\sigma_j^2) = \frac{1}{\sqrt{2\pi}\,\sigma_j}\exp\left(-\frac{(x_n-\mu_j)^2}{2\sigma_j^2}\right)$$

이러한 개별 성분 M개를 결합한 혼합 확률밀도는 다음과 같이 얻을 수 있다.

$$P(x_n|\theta) = \sum_{j=1}^{M} P(x_n|w_j,\theta)P(w_j|\theta) = \sum_{j=1}^{M} P(x_n|\mu_j,\sigma_j^2)\alpha_j$$

따라서 학습 데이터 전체에 대한 로그우도(log-likelihood)는 다음과 같이 정의된다.

$$E = -\log L(\theta) = -P\sum_{n=1}^{N}\log P(x_n|\theta) = -\sum_{n=1}^{N}\log\sum_{j=1}^{M}P(x_n|\mu_j,\sigma_j^2)\alpha_j$$

데이터 집합에 대한 로그우도를 최대로 하는 최우추정량은 다음과 같이 정의된다.

$$\begin{aligned}\hat{\theta} &= \text{arg}max\left[\sum_{n=1}^{N}\log P(x_n,\theta)\right] \\ &= \text{arg}max\left[\sum_{n=1}^{N}\log\sum_{j=1}^{M}P(x_n|\theta_j)P(w_j)\right] \\ &= \text{arg}max\left[\sum_{n=1}^{N}\log\sum_{j=1}^{M}P(x_n,\mu_j|\sigma_j^2)\alpha_j\right]\end{aligned}$$

최우추정량은 위의 E를 파라미터에 대해 미분하여 0이 되는 값을 구하여 얻는다. 평균 μ의 최우추정치를 계산하는 과정을 알아보면, 먼저 E를 μ에 대해 편미분한 식을 다음과 같이 구한다.

$$\begin{aligned}\frac{\partial}{\partial\mu_j}E &= -\frac{\partial}{\partial\mu_j}\sum_{n=1}^{N}\log P(x_n,\theta)\Big\} \\ &= -\sum_{n=1}^{N}\frac{1}{P(x_n|\theta)}\frac{\partial}{\partial\mu_j}P(x_n|\theta) \\ &= -\sum_{n=1}^{N}\frac{1}{P(x_n|\theta)}\frac{\partial}{\partial\,\mu_j}\sum_{i=1}^{M}P(x_n|\mu_i,\sigma_i^2)\alpha_i \\ &= -\sum_{n=1}^{N}\frac{1}{P(x_n|\theta)}\frac{1}{\sqrt{2\pi}\,\sigma_j}\exp\left(-\frac{(x_n-\mu_j)^2}{2\sigma_j^2}\right) - \frac{-2(x_n-\mu_j)}{2\sigma_j^2}(-1)\alpha_i \\ &= -\sum_{n=1}^{N}\frac{1}{P(x_n|\theta)}P(x_n|\mu_j,\sigma_j^2)\frac{(x_n-\mu_j)}{\sigma_j^2}\alpha_j \\ &= -\sum_{n=1}^{N}P(w_j|x_n,\theta)\frac{(x_n-\mu_j)}{\sigma_j^2}\end{aligned}$$

위 마지막 항의 $P(w_j|x_n,\theta)$는 데이터 x_n이 주어졌을 때, 그것이 j번째 성분으로부터 나왔을 확률값으로 다음과 같이 나타낼 수 있음을 이용하여 계산되었다. 즉,

$$P(w_j|x_n,\theta) = \frac{P(x_n|w_j,\theta)P(w_j|\theta)}{P(w_j|\theta)} = \frac{P(x_n|\mu_j,\sigma_j^2)\alpha_j}{P(X_n|\theta)}$$

이를 이용하여 편미분 값이 0이 되는 μ_j의 값을 찾으면 다음과 같이 계산할 수 있다.

$$0 = -\sum_{n=1}^{N} P(w_j|x_n,\theta)x_n + \mu_j \sum_{n=1}^{N} P(w_j|x_n,\theta)$$

$$\widehat{\mu_j} = \frac{\sum_{n=1}^{N} P(w_j|x_n,\theta)x_n}{\sum_{n=1}^{N} P(w_j|x_n,\theta)}$$

마찬가지로 나머지 파라미터 σ_j^2과 α_j에 대한 추정치도 계산하면 다음과 같다.

$$\widehat{\sigma_j^2} = \frac{\sum_{n=1}^{N} P(w_j|x_n,\theta)\|x_n - \widehat{\mu_j}\|^2}{\sum_{n=1}^{N} P(w_j|x_n)}$$

$$\widehat{\alpha_j} = \frac{1}{N}\sum_{n=1}^{N} P(w_j|x_n)$$

파라미터의 반복계산 알고리즘

앞에서 얻어진 파라미터의 추정값에 대한 식을 보면, 각각의 파라미터의 값을 계산하기 위해서는 다른 파라미터의 추정값이 필요하다. 따라서 다음과 같은 반복 알고리즘이 필요하다.

① 모델 파라미터의 초기값을 임의로 설정 (θ^{old} 값)
② θ^{old}값을 이용하여 파라미터의 새로운 θ^{new}값을 얻기 위해 방정식의 우변을 계산
③ θ^{old}와 θ^{new}의 차이가 0에 가까워지면 알고리즘을 멈춤
④ 얻어진 θ^{new}값을 θ^{old}로 두고 2회 반복

이러한 반복 알고리즘을 가우시안 혼합 모델의 기댓값 최대화(EM) 알고리즘이라고 한다. EM 알고리즘은 가우시안 혼합 모델 뿐 아니라 다양한 확률 모델에서 사용되는 학습법이다.

가우시안 혼합 모델을 EM 알고리즘에 적용하는 경우

남, 여 두 집단이 함께 속한 하나의 그룹으로부터 한 사람씩 뽑아서 키를 측정하여 얻은 데이터

를 $\{x_1, x_2, \cdots, x_n\}$라고 하자. 키에 대한 확률변수를 x라고 했을 때, 확률밀도함수 $P(x)$를 추정하고자 한다. 그런데 x를 관찰한 데이터 집합에 대해 생각해 보면, 그 안에 여자들의 집단과 남자들의 집단이 존재하고, 이들 두 집단의 평균 키는 일반적으로 다르다고 예상할 수 있다.

$$P(x) = \sum_{j=1}^{2} P(x|\mu_j, \sigma_j^2)\alpha_j = \alpha_1 P(x|\mu_1, \sigma_1^2) + \alpha_2 P(x|\mu_2, \sigma_2^2)$$

따라서 $P(x)$는 두 개의 가우시안이 합쳐진 위와 같은 혼합 모델로 표현할 수 있다. 이때, 1번째 가우시안이 여자 그룹의 데이터, 2번째 가우시안이 남자 그룹의 데이터를 나타낸다고 하자.

이제 데이터 집합 $\{x_1, x_2, \cdots, x_n\}$를 이용하여 파라미터 $\mu_j, \sigma_j^2, \alpha_j\,(j=1,2)$를 추정해야 한다. 그런데 이를 위해서는 각 데이터 x_i가 여자, 남자 두 그룹 중 어디에 속하는 것인 지를 먼저 알고 있는 것이 도움이 될 것이다. 이러한 정보를 나타내는 새로운 변수 $Z = (w_1, w_2)$를 생각한다. 이때, w_1, w_2는 각각 1 아니면 0의 값을 가진다.

즉, 현재 관찰된 데이터 x가 여자로부터 온 것이라면 w_1는 1의 값, w_2는 0의 값을 가지고, 남자로부터 얻어진 것이라면 반대로 w_2는 1의 값, w_1는 0의 값을 가지는 변수로 정의한다. 그런데 이 변수 z는 우리가 얻은 데이터에는 포함되어 있지 않은 값으로, 외부에서 값이 측정될 수 없는 변수라 하여 숨겨진 변수(latent variable)라고 한다. 숨겨진 확률변수 z까지 모두 포함한 형태의 확률 모델을 다음과 같이 나타낼 수 있다.

$$P(x, z) = \sum_{j=1}^{2} P(x, z|\mu_j, \sigma_j^2)\alpha_j$$

이제 관찰된 데이터 집합 $\{x_1, x_2, \cdots, x_n\}$을 이용하여 가우시안 혼합 모델의 파라미터, 즉 두 그룹의 평균과 분산, 그리고 두 그룹이 전체에 미치는 영향을 나타내는 파라미터를 추정해야 한다. 만약 우리가 관찰된 데이터와 함께 각 데이터들이 어떤 그룹으로부터 얻어진 것인지를 안다고 가정해보자. 즉, 각 데이터 x_i에 대해 숨겨진 확률변수의 값 $z_i = (w_1, w_2)$도 관찰된 경우를 생각한다.

180cm	150cm		173cm
$x_1,$	$x_2,$	$\cdots,$	x_N
↓	↓		↓
$z_1,$	$z_2,$	$\cdots,$	z_N
남	여		남

x, z **관계**

이와 같이 숨겨진 변수에 대한 값까지 모두 관찰되었다고 가정하면, 우리가 추정하고자 하는 파라미터는 다음과 같이 쉽게 얻어질 수 있다.

① 두 그룹의 평균과 표준 편차의 추정 : z값에 따라 전체 데이터 집합을 여자 그룹과 남자 그룹으로 각각 나눈다. 이렇게 하면 분리된 두 그룹에 대해 따로따로 가우시안 분포의 파라미터를 추정하는 문제와 같아지므로, 표본 평균과 표본 분산으로 추정할 수 있다.

② 각 그룹의 중요도를 타나내는 파라미터 α_j의 추정 : α_j는 전체데이터에서 j번째 그룹이 차지하는 비율을 의미하므로, 다음과 같이 계산할 수 있다.

$$\alpha_j = \frac{w_j = 1\text{이 되는 데이터의 수}}{\text{전체 데이터의 수}}$$

③ E-step : 숨겨진 변수 z의 기대치를 계산하는 단계 : 먼저 파라미터 값을 임의로 정한 다음, 정해진 파라미터들로 결정된 확률 모델을 이용하여 숨겨진 변수 z의 기대치 $E(z)$를 계산한다. 현재 사용하는 예에서 $E(z) = (E(w_1), E(w_2))$를 계산하기 위해서 관찰된 각각의 데이터 x_i에 대해, 숨겨진 확률변수의 값 z_i가 (1,0)이 될 확률과 (0,1)이 될 확률을 계산하여야 한다. 현재 가지고 있는 파라미터 값을 사용하면 각각 다음과 같이 계산할 수 있다.

$$P(w_j = 1 | x_i, \mu_j, \sigma_j^2) = P(w_j | x_i, \theta) = \frac{P(x_n | \mu_j, \sigma_j^2)\alpha_j}{P(x_n | \theta)}$$

④ M-step : E-step에서 계산된 숨겨진 변수 z의 값을 이용하여 파라미터를 새롭게 추정하는 단계로 관찰된 각 데이터 x_i가 어떤 그룹에서 나온 것인지는 정확히 알 수 없지만, 우리는 E-step에서 $P(w_1 = 1|x_i)$과 $P(w_2 = 1|x_i)$, 즉 가 여자 그룹에서 나왔을 확률과 남자 그룹에서 나왔을 확률을 각각 계산하였다. 이를 활용하면 다음과 같이 파라미터를

CHAPTER 02 비지도 학습

계산할 수 있다.

④-1 두 그룹의 평균과 표준 편차의 추정 : 데이터 각각이 정확히 어느 한 그룹에 속한다고 말할 수는 없으므로, 각 그룹의 평균을 계산할 때, 각 데이터가 그 그룹에 속하는 정도 $P(w_1 = 1|x_i)$과 $P(w_2 = 1|x_i)$를 반영하여 평균을 계산할 수 있다. 즉, 다음과 같은 평균 계산식을 얻을 수 있다.

$$\hat{\mu_j} = \frac{\sum_{n=1}^{N} P(w_j|x_n)x_n}{\sum_{n=1}^{N} P(w_j|x_n)}$$

이 결과는 앞에서 평균의 추정치와 같다. 분산에 대해서도 마찬가지로 추정이 가능하다.

④-2 각 그룹의 중요도를 타나내는 파라미터 α의 추정 : α는 전체데이터에서 j번째 그룹이 차지하는 비율을 의미하므로, 마찬가지로 각 데이터에서 j번째 그룹이 차지하는 비율 $P(z = j|x_i)$를 고려하여 계산하면 다음과 같은 식을 얻을 수 있다.

$$\alpha_j = \frac{1}{N}\sum_{n=1}^{N} P(w_j|x_n)$$

⑤ M-step을 수행하고 나면, 이전의 파라미터에서 수정된 새로운 파라미터를 얻게 되고, 이것을 이용하여 다시 숨겨진 변수 z의 기대치 혹은 확률값을 계산하는 E-step을 수행할 수 있다. 이렇게 M-step과 E-step을 반복하면서 보다 정확한 파라미터를 추정하게 된다.

③ 기댓값 최대화(Expectation-Maximization, EM) 모델

앞서 살펴본 예에서와 같이, 기본 확률변수 x의 값이 관찰되면서, 숨겨진 확률변수 z의 값도 함께 관찰된다면, EM과 같은 반복적인 학습에 의한 추정은 필요하지 않다. 즉, EM 알고리즘은 숨겨진 확률변수 z를 가지고 있는 확률 모델의 파라미터를 추정하기 위해 사용되는 방법이다.

먼저 E-step에서 숨겨진 확률변수의 기대치를 계산하여 관찰된 값 대신 사용할 수 있도록 한다. E-step의 E는 Expectation(기대치)을 의미한다.

M-step에서는 관찰된 데이터 x와 숨겨진 확률변수의 기대치를 이용하여, 우도함수를 최대로 하는 파라미터의 값을 찾는다. M-step의 M은 Maximization(최대화)를 의미한다.

EM 알고리즘의 일반화

숨겨진 변수를 가진 확률 모델

숨겨진 변수란, 일반변수와는 달리 외부에서는 관찰될 수 없는 값을 가지는 변수를 말한다. - 가우시안 혼합 모델에서는 관찰된 데이터 z가 혼합 모델의 어떤 요소로부터 주어졌는지를 나타내는 확률변수를 생각하면, 이는 일반적으로 관찰되지 않는 값으로, 숨겨진 변수라고 할 수 있다. 이밖에도 다양한 확률 모델에서 숨겨진 변수를 가지는 경우가 많다.

파라미터를 θ, 관찰된 데이터를 x, 숨겨진 변수를 z라고 하면, 확률변수 전체에 대한 완전한 데이터 우도(Complete data likelihood)는 결합확률밀도함수로 다음과 같이 주어진다.

$$P(x,z|\theta)$$

여기서 x는 관찰된 데이터로 상수이고, 파라미터도 정해진 상수로, 결국 $P(x,z|\theta)$는 확률변수 z의 함수로 볼 수 있다.

EM 알고리즘

E-step(Expectation 단계)

EM 알고리즘에서는 관찰된 데이터와 숨겨진 확률변수에 대한 완전한 데이터 우도를 최대화하는 파라미터를 찾는 것을 목적으로 한다. 그런데 숨겨진 확률변수zZ에 대한 데이터는 따로 주어지지 않으므로, 완전한 데이터 우도는 얻을 수 없다. 따라서$P(x,z|\theta)$)를 사용하는 대신, 현재 주어진 파라미터 θ^{i-1}이 주어진 경우에 확률변수 Z에 대한 로그 우도 $\log P(x,z|\theta)$의 기대치를 계산한다. 이를 Q함수로 표현하면 다음과 같다.

$$Q(\theta|\theta^{i-1}) = E_z\left[\log P(x,z|\theta)|x,\theta^{i-1}\right]$$

Q함수에서 x와 θ^{i-1}는 주어진 값이며, 확률변수 z는 기대치를 계산함으로써 값으로 결정되므로, 결국 Q함수는 파라미터 θ의 함수가 된다.

M-step (Maximization 단계)

E-step에서 얻어진 Q함수의 값이 최대가 되는 파라미터 θ의 값을 찾는다. 즉, i번째의 파라미터는 다음과 같이 얻어진다.

$$\theta^i = \arg max\, Q(\theta|\theta^{i-1})$$

수렴 성질

E-step과 M-step을 반복하게 되면 결과적으로 로그우도값은 증가하게 된다. 결국, EM 알고리즘을 통하면 우도함수의 국부 최대값에 수렴하게 된다.

가우시안 혼합 모델의 EM 알고리즘 정리

일반화된 공분산을 가지는 가우시안 혼합 모델의 EM 알고리즘을 정리하면, 다음 파라미터 수정 공식을 수렴할 때까지 반복하는 것이다.

E-step에서는 데이터 x_i가 주어졌을 때, 숨겨진 확률변수의 값 z_i의 기대치, 즉 각 성분으로부터 데이터가 얻어졌을 확률값은 다음과 같이 계산한다. 이때, 파라미터는 현재의 값 $\theta^{i-1} = \left\{(\mu_k^{i-1}, \sum_k^{i-1}, \alpha_k)\right\}_{k=1,\cdots,M}$ 으로 고정되어 있다.

M-step에서는 E-step에서 얻은 값을 이용하여 파라미터를 수정한다.

$$\alpha_k = \frac{1}{N}\sum_{n=1}^{N} P^{i-1}(w_k|x^n)$$

$$\mu_k^i = \frac{\sum_{n=1}^{N} P^{i-1}(w_k|x^n)x^n}{\sum_{n=1}^{N} P^{i-1}(w_k|x_n)}$$

$$\sum_k^i = \frac{\sum_{n=1}^{N} P^{i-1}(w_k|x^n)(x^n-\mu_k^i)(x^n-\mu_k^i)^T}{\sum_{n=1}^{N} P^{i-1}(w_k|x^n)}$$

이 알고리즘을 이용하여 앞에서 본 환형(도넛형) 데이터에 대해 EM 알고리즘을 적용한 결과가 아래 그림에 나타나 있다. 위의 왼쪽에 있는 그림이 임의로 설정된 평균과 공분산을 가지는 각 성분들을 보여주며, E-step과 M-step을 반복해 감에 따라서 평균과 공분산이 변화하여 마지막 300번 반복한 결과 전체 데이터를 잘 표현할 수 있는 가우시안 분포 성분들을 찾아내었음을 확인할 수 있다. 이때, 각 성분들은 서로 다른 일반적인 공분산 행렬을 가진다.

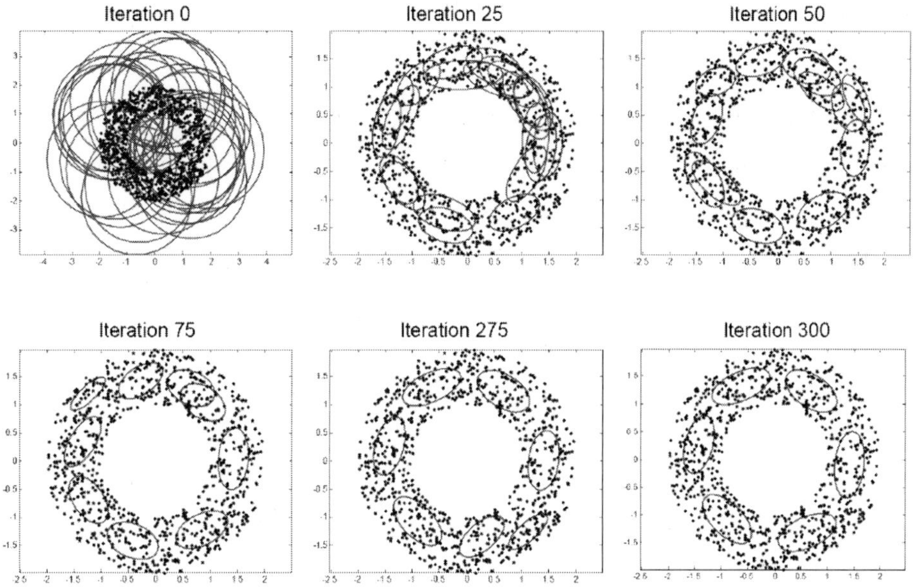

환형 데이터의 EM 알고리즘 적용

CHAPTER 02 비지도학습

④ 커널밀도추정(Kernel Density Estimation, KDE)

앞에서 다룬 가우시안 분포 추정 그리고 가우시안 혼합 모델은 데이터가 가우시안 분포(Gaussian distribution)을 따른다는 가정 하에 데이터의 분포를 찾아가는 방법이었다. 그러나 커널밀도추정(Kernel Density Estimation)은 데이터가 특정 분포를 따르지 않는다는 가정 하에서 밀도를 추정해 나가는 방법이다. 아래 그림에서 가우시안 분포처럼 일정한 분포가 아닌 완전히 다른 분포를 추정해 낸 것을 알 수 있다.

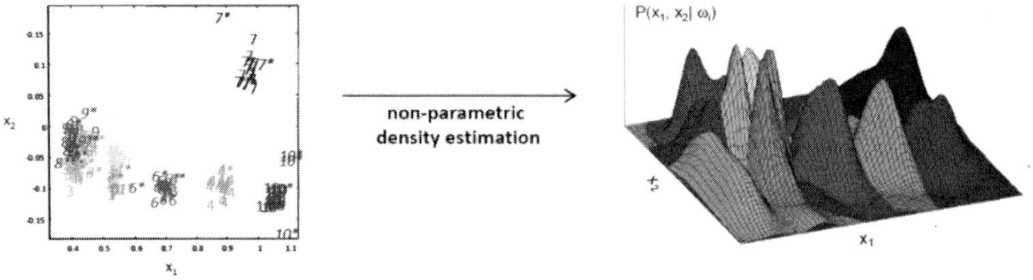

3D 비모수 커널밀도추정

위의 그림은 3D로 나타낸 경우이고, 1D 데이터에 대한 예시는 다음과 같다. 회색 음영 부분이 실제 정답 분포이다. 커널 종류를 바꿔감에 따라서 다른 모양을 추정하는 것도 확인할 수 있다.

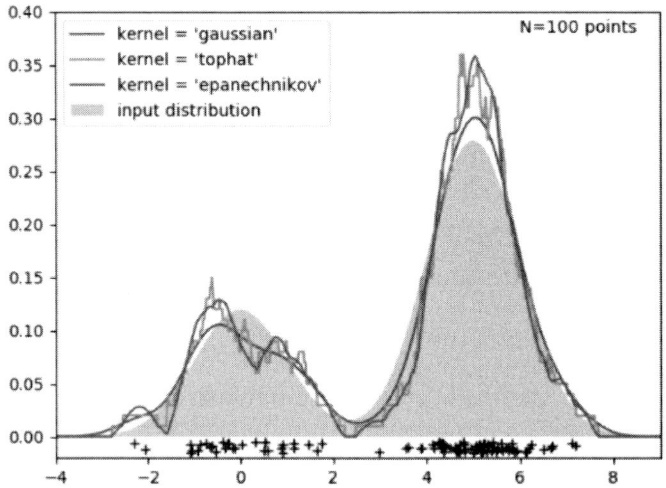

1D 커널밀도추정

밀도추정

데이터란 어떤 변수가 가질 수 있는 다양한 값들 중 하나가 해당 도메인에 구체화된 값이다. 이렇게 정의되어 관측된 데이터들을 통해 그 변수(random variable)가 가지고 있는 본질적인 특성을 파악하고자 하는 것이다. 그러나 하나의 데이터는 변수의 일부분에 불과하기에 전체를 정확히 파악하기 위해선 무한대의 데이터가 필요하다. 왜냐하면 관측 데이터가 많아질수록 실제 값에 가까워지기 때문이다. 이렇게 관측된 데이터들의 분포로부터 원래 변수의 (확률)분포 특성을 추정하고자 하는 것이 밀도추정(Density Estimation)이다.

예를 들어, 다리 밑을 통과하는 차량의 일일 교통량을 파악하는 것이 목적일 경우 이 때의 변수(random variable)는 일일 교통량이 된다. 실제 다리 위에서 매일 차가 몇 대 지나가는지 파악하는 데이터이다. 다리 위의 교통량은 매일 다르게 측정되는 것이 당연하므로 하루 2일 동안 관측한 결과만 가지고 일일 교통량을 정의 할 수 없다. 그러나 데이터를 수개월에서 수년 간 관측하여 쌓이게 되면 일일 교통량이란 변수가 어떤 값의 분포 특성을 갖는지 좀 더 정확히 파악할 수 있다. 또한, 어떤 변수가 가질 수 있는 값 및 그 값을 가질 가능성의 정도를 추정하는 것이 밀도추정(Density Estimation)이다.

밀도(density)는 수학적으로 mass/volume으로 정의되나, 밀도추정(density estimation), 머신러닝, 확률 및 통계 등에서 말하는 밀도(density)는 확률 밀도(probability density)를 의미한다. 확률 밀도에서 확률을 생략하고 흔히 밀도라고도 한다. 어떤 변수 x의 밀도(density)를 추정하는 것은 x의 확률밀도함수(probability density function, pdf)를 추정하는 것과 동일하다. 어떤 변수 x의 확률밀도함수 $f(x)$가 다음과 같다고 하자.

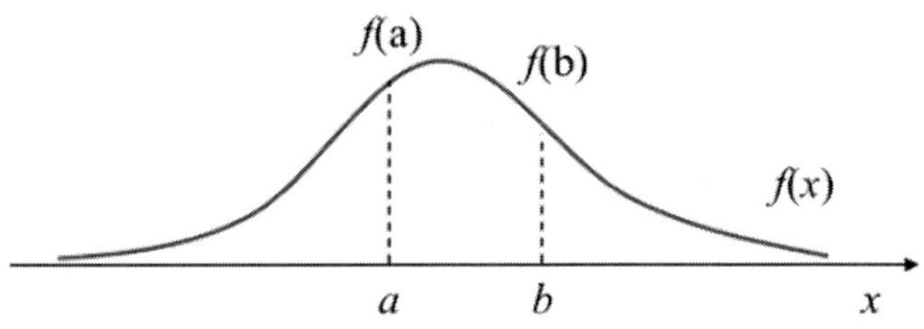

확률밀도함수

이 때, $f(a)$는 $x=a$에서의 확률밀도(probability density), 즉 변수 x가 a라는 값을 가질 때의 상대적인 가능성(relative likelihood)를 나타낸다. 밀도(density)와 확률(probability)를 구분해 보면 위 그림에서 $x=a$일 확률은 0이지만(점), $x=a$에서의 밀도(density)는 $f(a)$로 0이 아니다. x가 a,b 사이의 값을 가질 확률(probability)은 그 구간에서의 확률밀도함수의 적분값(면적)으로 계산된다. 즉, 밀도(density)는 확률밀도함수의 함수값이며, 밀도를 일정 구간에 대해 적분하면 확률이 나온다.

$$P(a \le x \le b) = \int_a^b f(x)dx$$

어떤 변수(random variable)의 확률밀도함수(pdf)를 구할 수 있다면, 그 변수가 가질 수 있는 값의 범위 및 확률분포, 특성을 모두 알 수 있다. 따라서 밀도추정(density estimation)은 확률, 통계, 머신러닝, 파라미터 추정 등에서 가장 핵심적인 요소 중 하나이다.

모수밀도추정과 비모수밀도추정

밀도추정(density estimation)의 방법은 크게 모수(parametric) 방법과 비모수(non-parametric) 방법으로 구분된다. 모수(Parametric) 밀도추정은 미리 확률밀도함수(pdf)에 대한 모델을 정해 놓고 데이터들로부터 모델의 파라미터만 추정하는 방식이다. 예를 들어, 일일 교통량이 가우시안 정규 분포를 따른다고 가정하면, 관측된 데이터들로부터 평균과 분산만 구하면 되기에 밀도 추정은 비교적 간단하게 해결된다. 그러나 현실에서 이렇게 모델이 미리 주어지는 경우가 많지 않으며, 분포의 모델을 미리 안다는 것이 너무 강한 가정이 될 수 있다. 이러한 경우 어떠한 사전 정보나 지식 없이 순수하게 관측된 데이터만으로 확률밀도함수(pdf)를 추정해야 한다. 이렇게 순수 관측 데이터만으로 확률밀도함수(pdf)를 추정하는 것이 비모수밀도추정(non-parametric density estimation)이다.

비모수밀도추정(non-parametric density estimation)의 가장 간단한 형태가 바로 히스토그램(histogram)이다. 관측된 데이터들로부터 히스토그램을 구한 후, 구해진 히스토그램을 정규화하여 확률밀도함수(pdf)로 사용한다.

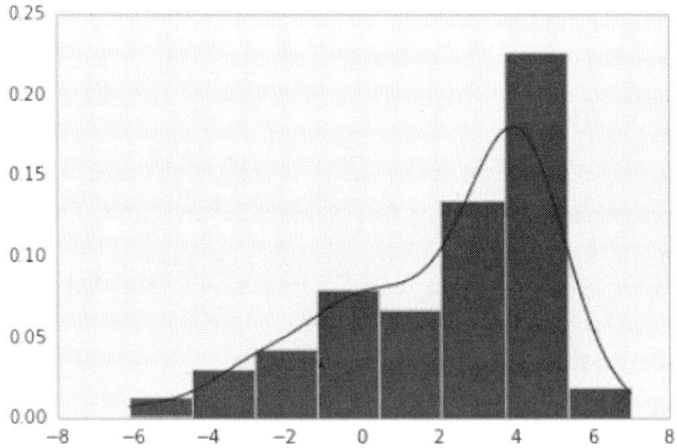

도수분포표에 대한 히스토그램

커널밀도추정 방법

앞의 비모수밀도추정의 가장 단순한 형태가 히스토그램(histogram) 방법이라 했으나, 이는 이진수의 경계에서 불연속성이 나타나고 이진수의 크기 및 시작위치에 따라 히스토그램이 달라지며, 고차원 데이터에는 메모리 문제 등으로 인해 사용하기 힘들다는 점 등의 문제점을 가진다.

커널밀도추정(KDE)은 비모수밀도추정 방법 중 하나로 커널함수(kernel function)를 이용해 히스토그램 방법의 문제점을 개선한 방법이다.

먼저, 커널함수(kernel function)에 대한 이해가 필요하다. 수학적으로 커널함수는 원점을 중심으로 대칭이면서 적분값이 1인 0보다 큰 양수인 함수로 정의된다. Gaussian, Epanechnikov, uniform 함수 등이 대표적인 커널 함수들이다.

$$\int_{-\infty}^{\infty} K(u)du = 1$$

$$K(u) = K(-u),\ K(u) > 0 \ \text{ for } \ all\, u$$

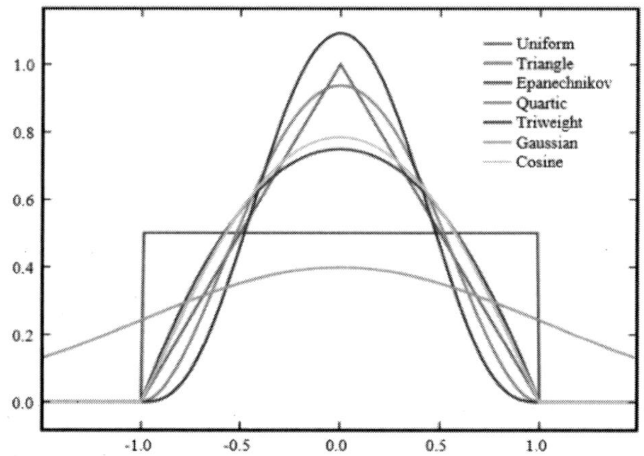

커널 함수들의 종류

x를 변수(random variable) $\{x_1, x_2, \cdots, x_n\}$로 관측된 샘플 데이터, K를 커널 함수라 정의하자. 이 때 커널밀도추정에서는 랜덤 변수 x에 대한 확률밀도함수(pdf)를 다음과 같이 추정한다.

$$\hat{f}_h(x) = \frac{1}{n}\sum_{i=1}^{n} K_h(x - x_i) = \frac{1}{nh}\sum_{i=1}^{n} K\left(\frac{x - x_i}{h}\right)$$

위 식에서 h는 커널함수(kernel function)의 bandwidth 파라미터로써, 커널이 뾰족한 형태(h가 작은 값일 때)인지, 완만한 형태(h가 큰 값일 때)인지를 조절하는 파라미터이다.

직관적으로 이해하면 다음과 같다. 관측된 데이터 각각마다 해당 데이터 값을 중심으로 하는 커널 함수를 생성한다. $K(x - x_i)$

이렇게 만들어진 커널 함수들을 모두 더한 후 전체 데이터 개수로 나눈다.

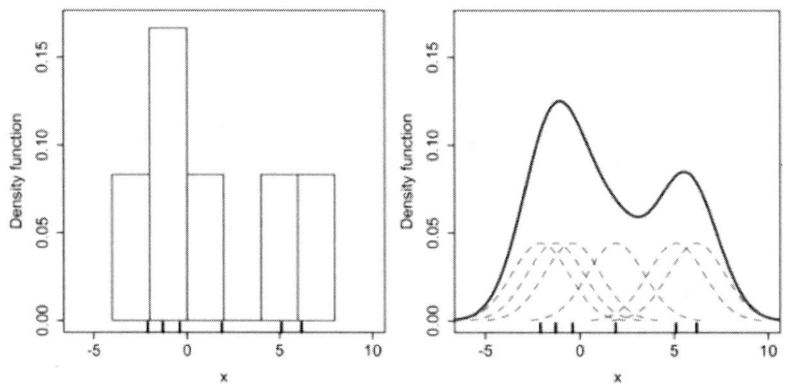

1D 히스토그램과 커널밀도추정의 비교

히스토그램을 이용한 밀도추정 방법과 KDE 방법을 비교하면, 히스토그램 방법은 이산적(discrete)으로 각 데이터에 대응되는 binary 값을 증가시킴으로써 불연속성이 발생한다. 커널 밀도추정(KDE) 방법은 각 데이터를 커널 함수로 대치하여 더함으로써 위 그림의 오른쪽 그래프와 같이 스무딩한 확률밀도함수(pdf)를 얻을 수 있는 장점을 가진다. 즉, KDE를 통해 얻은 확률 밀도함수는 히스토그램 확률밀도함수를 스무딩(smoothing) 한 것으로도 볼 수 있으며, 이 때 스무딩의 정도는 어떤 밴드위스(bandwidth) 값의 커널 함수를 사용했느냐에 따라 달라지게 된다.

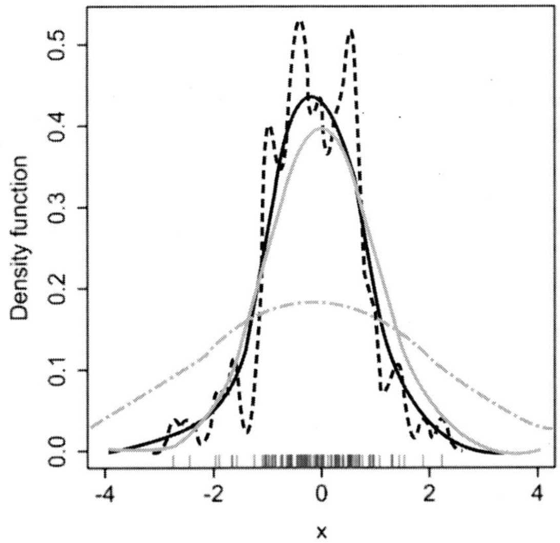

주 : 회색은 실제 밀도, 점선은 h=0.05, 검정색은 0.337

정규분포를 따르는 100개의 랜덤 샘플과 다양한 밴드위스에 대한 커널밀도추정

실제 커널밀도추정을 사용할 때, 중요한 점은 어떤 커널함수를 사용할지와 커널 함수의 밴드위스(bandwidth) 파라미터인 h 값을 어떻게 잡을지가 된다. 일반적으로 가장 최적의 커널함수는 Epanechinikov 커널이며 계산의 편의상 가우시안 커널함수도 많이 사용된다. 가우시안 커널함수를 사용할 경우 최적의 밴드위스 파라미터 값은 아래와 같이 계산된다.

$$h = \left(\frac{4\sigma^5}{3n}\right)^{1/5} \approx 1.06\sigma n^{-1/5}$$

단, n은 샘플 데이터의 개수, σ는 샘플 데이터의 표준편차이다.

차원 축소(Dimension Reduction)

차원 축소란 많은 특성 또는 피처(feature)로 구성된 다차원의 데이터 셋을 차원을 축소하여 새로운 차원의 데이터 셋을 생성하는 것을 말한다. 수백 개 이상의 피처로 구성된 데이터 셋의 경우 상대적으로 적은 차원에서 학습한 모델보다 예측 신뢰도가 떨어지고, 피처가 많을 경우 개별 피처 간 상관관계가 높을 가능성이 커진다. 선형회귀와 같은 선형 모델에서는 입력한 변수들 간의 상관관계가 높을 경우에 이로 인한 다중 공선성 문제로 모델의 예측이 성능되기 때문에 꼭 필요한 과정이다.

주성분분석(Principal Component Analysis, PCA)는 고차원의 데이터를 저차원의 데이터로 축소시키는 차원 축소 방법 중 하나이다. 머신러닝을 할 때 훈련 데이터의 피처가 많은 경우가 있다. 그러나 모든 피처가 결과에 주요한 영향을 끼치는 것은 아니다. 가장 중요한 피처가 있을 것이고, 그다음 중요한 피처가 있을 것이고, 가장 쓸모없는 피처도 있다. 이런 피처 중 가장 중요한 피처 몇 개만을 선택하는 것이 주성분분석이다. 10개의 피처가 있다고 하자. 10개의 피처와 1개의 레이블을 맵핑시키는 그래프를 그리려면 10차원의 그래프가 있어야 한다. 3차원이 넘어가면 우리의 눈으로는 볼 수 없다. 이때 중요한 2개의 피처만 선택해서 그래프를 그린다고 하자. 그러면 2차원의 그래프가 될 것이다. 10개의 피처 중 2개의 피처만 뽑아서 분석하겠다, 즉, 10차원은 2차원으로 축소시킨다는 의미로 주성분분석은 차원축소 방법 중 하나인 것이다.

차원축소를 왜 하는 것일까?

① 시각화(Visualization) : 3차원이 넘어간 시각화는 우리 눈으로 볼 수 없다. 데이터를 시각화하는 과정에서도 유용하다. 컴퓨터가 일반적으로 표현할 수 있는 시각화 과정은 x, y축 그리고 z축까지의 2차원 혹은 3차원의 공간을 표현할 수 있는데, 차원 축소를 3차원 이하로 하게 된다면 시각적으로 데이터를 압축하여 표현하기도 용이하다. 따라서 차원 축소를 통해 시각화를 할 수 있다. 시각화를 통해 데이터 패턴을 쉽게 인지할 수 있다.
② 노이즈 제거(Reduce Noise) : 쓸모없는 피처를 제거함으로써 노이즈를 제거할 수 있다.
③ 메모리 절약(Preserve useful info in low memory) : 학습 데이터의 크기가 줄어들기에 학습에 필요한 처리 능력도 줄일 수 있다. 따라서 쓸모없는 피처를 제거하면 메모리도 절약이 된다.
④ 퍼포먼스 향상 : 불필요한 피처들을 제거해 모델 성능 향상에 기여를 한다.

1 주성분분석(Principal Component Analysis, PCA)

직관적 의미

아래는 총 6명의 학생의 국어 성적이다. 피처가 1개(국어)이므로 1차원(선형)으로 시각화를 할 수 있다.

피처 1개 예시

	학생1	학생2	학생3	학생4	학생5	학생6
국어	10	11	8	3	2	1

피처 1개의 구분

학생 1, 2, 3은 높은 점수대에 위치해 있고, 학생 4, 5, 6은 낮은 점수대에 위치해 있다. 학생 1, 2, 3과 학생 4, 5, 6을 서로 그룹화할 수 있다. 이제 국어, 영어 성적으로 확대하자.

피처 2개 예시

	학생1	학생2	학생3	학생4	학생5	학생6
국어	10	11	8	3	2	1
영어	6	4	5	3	2.8	1

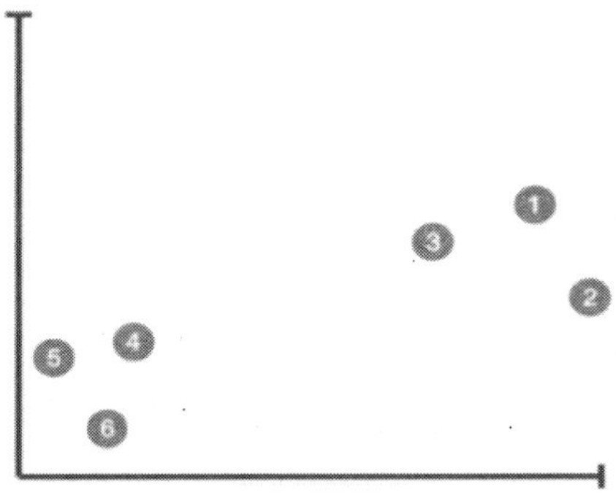

피처 2개의 구분

피처가 2개이므로 2차원 그래프이다. x축은 국어, y축은 영어이다. 역시 학생 1, 2, 3과 학생 4, 5, 6을 서로 그룹화할 수 있다. 차원을 하나 더 늘려보자.

피처 3개 예시

	학생1	학생2	학생3	학생4	학생5	학생6
국어	10	11	8	3	2	1
영어	6	4	5	3	2.8	1
수학	12	9	10	2.5	1.3	2

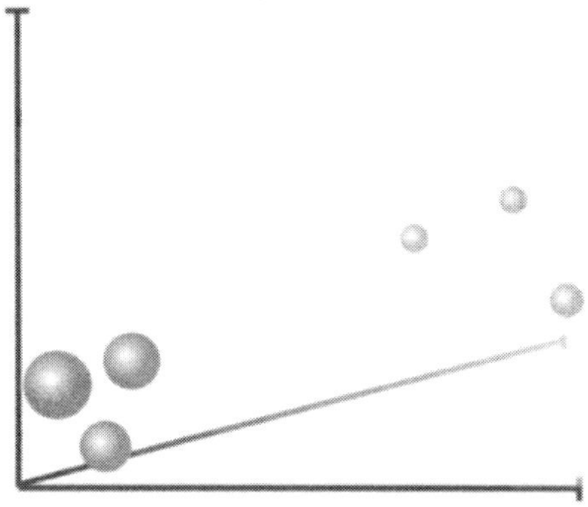

피처 3개의 구분

수학이라는 피처가 하나 더 늘었기 때문에 3차원 그래프가 되었다. 차원을 하나 더 늘려보자.

피처 4개 예시

	학생1	학생2	학생3	학생4	학생5	학생6
국어	10	11	8	3	2	1
영어	6	4	5	3	2.8	1
수학	12	9	10	2.5	1.3	2
과학	5	7	6	2	4	7

4차원 그래프는 그릴 수 없다. 우리의 눈은 3차원까지 밖에 볼 수 없으므로 4차원 그래프는 그릴 수도 볼 수도 없다. 따라서 피처가 4개 이상 일 때 시각화를 할 수 없다. 이를 해결하기 위한 방법이 주성분분석(PCA)이다.

데이터 중심 정하기

앞의 2차원 그래프에서 x축의 중심, y축의 중심(빨간 X)을 각각 구한 뒤 6개의 데이터의 중심(파란 X)을 구한다.

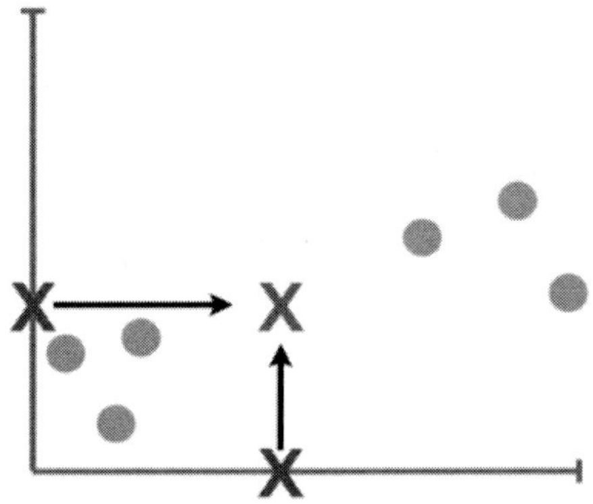

데이터 중심 정하기

데이터 중심을 원점(0,0)으로 이동

데이터의 중심을 원점(0, 0)으로 이동시킨다. 데이터를 이동하더라도 데이터 간 상대 위치에는 변함이 없다.

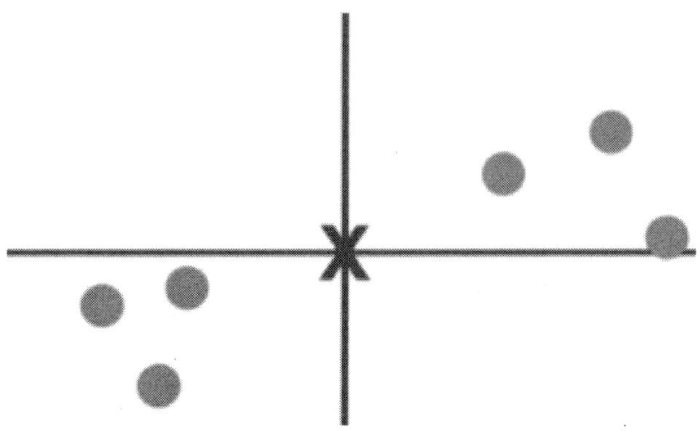

데이터 중심의 원점 이동

무작위(Random)로 원점을 지나는 직선 그리기

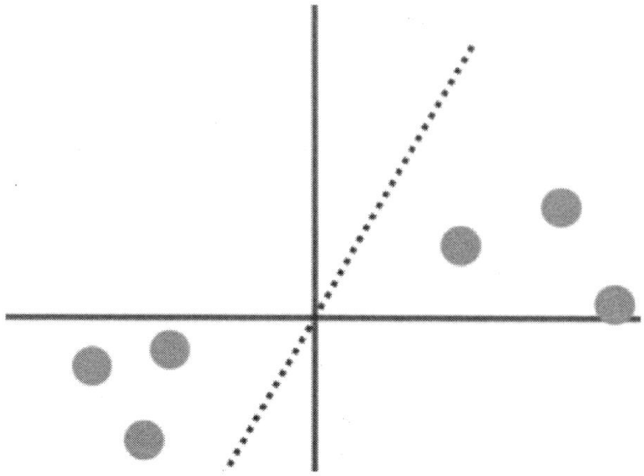

원점을 지나는 직선 그리기

주어진 데이터에 가장 fit 하도록 원점을 지나는 직선을 회전

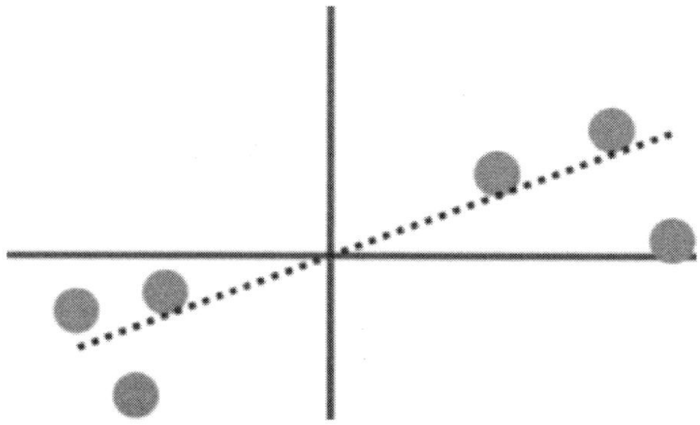

원점을 지나는 직선 회선

이 직선은 6개의 데이터에 가장 fit 한 직선이다. 여기서 직선이 데이터에 fit 하다는 것은 어떻게 판단하는가? 데이터를 직선에 수직이 되게 사영(projection)시킨다. 그런 다음 원점부터 사영된 점까지의 거리를 구한다. 그 거리가 바로 아래의 d_1 이다. 원점으로부터 6개 모든 사영된 점까지의 거리 합이 최대가 되게 하면 된다. 그러면 해당 직선이 데이터에 가장 fit 해진다. 왜 이 거리가 최대가 되면 가장 fit 해지는지 알아보자.

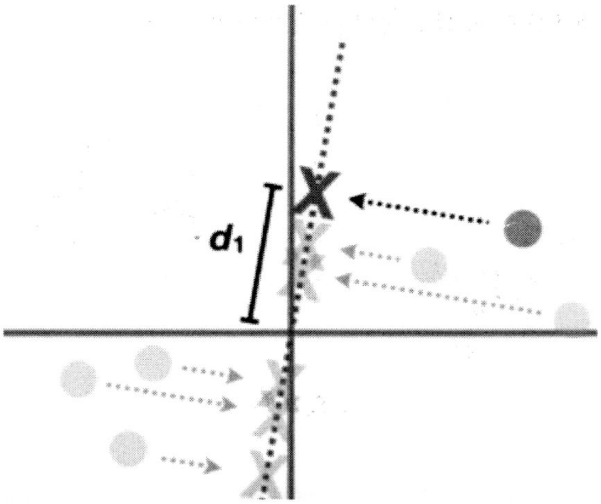

사영

피타고라스의 정리에 의해 $a^2 + b^2 = c^2$이다. 데이터는 고정되어 있는 상태에서 직선을 회전시켜야 한다. 그 말은 a는 동일하게 유지가 되고 c와 b가 바뀌는 것이다. 아래와 같이 직선이 데이터 쪽으로 더 fit 해질수록 c는 커지고 b는 작아진다.

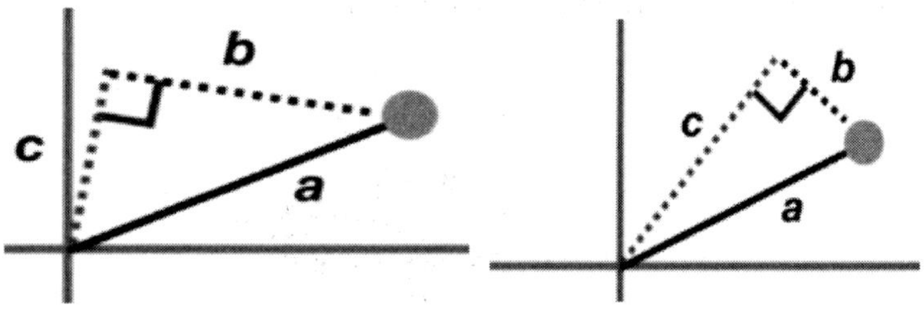

사영의 의미

따라서 직선이 데이터에 fit 해지려면 c가 최대가 되어야 한다는 뜻이다. c는 원점으로부터 데이터를 직선으로 사영한 점까지의 거리이다. 모든 데이터의 c값의 합이 최대가 되면 직선은 데이터에 가장 fit 해지게 된다. 따라서 6개의 거리 제곱의 합은 다음과 같다.

$$d_1^2 + d_2^2 + d_3^2 + d_4^2 + d_5^2 + d_6^2 \text{ : Sum of Squared distance(SS)}$$

원점으로부터 6개의 사영된 점과의 거리의 제곱의 합을 Sum of Squared(SS)라고 한다. 이 SS가 최대가 되면 직선이 데이터에 fit 해진다. SS가 최대라는 것은 분산(variance)이 최대일 때를 뜻한다. 분산이 최대가 되어야 정보의 손실을 최소화할 수 있다.

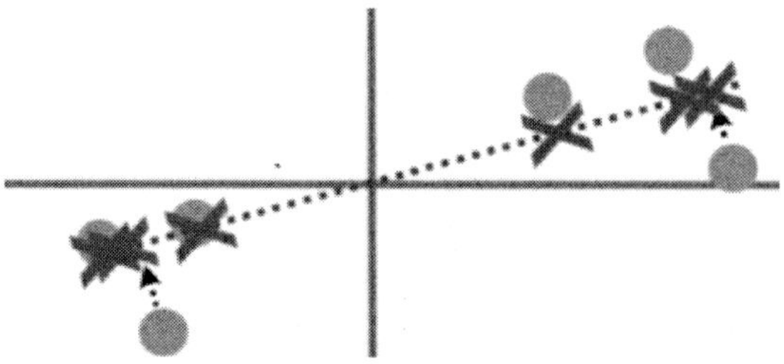

분산의 최소화

이 직선이 SS가 가장 최대일 때이며, 데이터에 가장 fit 한 직선이다. 이 직선을 주성분1(Principal Component, PC1)이라고 한다. 주성분1은 6개의 데이터를 설명하는 가장 중요한 성분이라는 뜻이며, PC1의 기울기는 0.25이다. 즉, x(국어)가 4만큼 이동할 때 y(영어)는 1만큼 이동한다. 데이터는 거의 x(국어) 축을 따라 퍼져있고, y(영어) 축을 따라 조금만 퍼져있다. 국어 4에 영어 1을 믹스해놓은 것이 PC1이다. 이렇듯 피처1과 피처2를 믹스해놓은 것을 선형 결합(Linear Combination)이라고 한다. 다시 정리하면 피처1이 4만큼, 피처2의 1만큼을 선형결합한 PC1이 해당 데이터를 가장 잘 설명하는 요소가 된다.

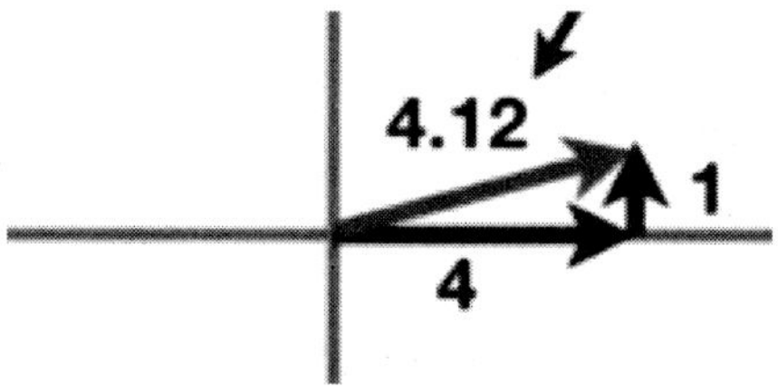

주성분1의 의미

스케일링을 통해 고유벡터(eigenvector) 만들기

피타고라스의 정리에 의해 x가 4이고, y가 1이면 빨간 빗변은 4.12이다. 4.12를 1로 스케일링 해 주어야 한다.

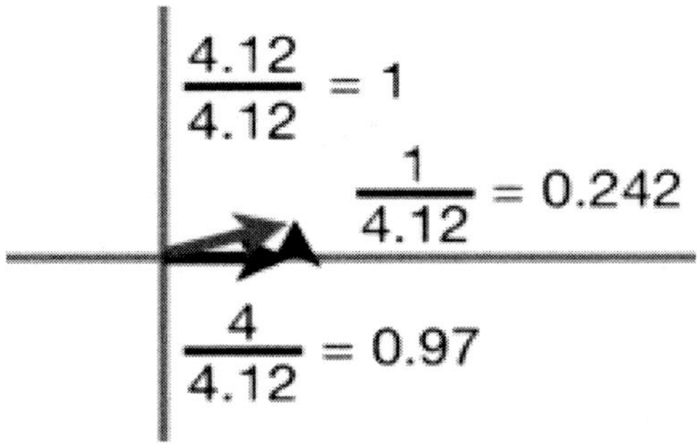

스케일링

스케일링 결과, 0.97만큼의 피처1, 0.242만큼의 피처2를 믹스하면 1만큼의 단위 벡터(unit vector)가 나온다. 이때 빨간색의 크기 1인 단위 벡터(unit vector)를 PC1의 특이벡터(singular vector) 또는 고유벡터(eigenvector)라 한다. 그리고 피처1 0.97, 피처2 0.242의 조합을 적재점수(loading scores)라고 한다. 이는 피처1이 피처2보다 4배 중요하다는 뜻이다. 또한, 주성분1(PC1)의 SS를 주성분1의 고유벡터(eigenvalue for PC1)이라고 한다.

주성분2(PC2)도 동일한 프로세스로 진행

주성분2(PC2)는 간단하다. 원점을 지나며 PC1에 수직인 직선을 그려주면 된다. PC1의 기울기가 0.25이고, 서로 수직인 기울기의 곱은 -1이므로 PC2의 기울기는 -4가 된다.

주성분1과 마찬가지로 스케일링을 먼저 한다. 따라서 주성분2의 적재점수(loading scores)을 구한다. 계산하면 주성분2의 적재점수는 피처1 -0.242, 피처2 0.97이다. 이 말은 주성분1과는 다르게 주성분2에서는 피처2가 피처1보다 4배 중요하다.

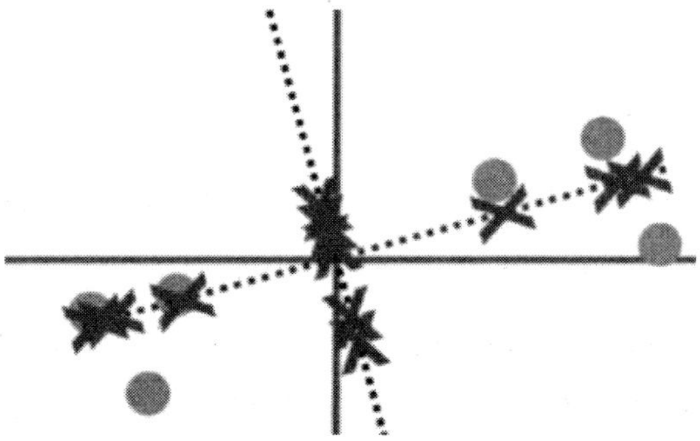

주성분1과 주성분2의 사영

주성분 축 회전

주성분1이 x축에 수평이 되게 데이터를 아래와 같이 회전한다.

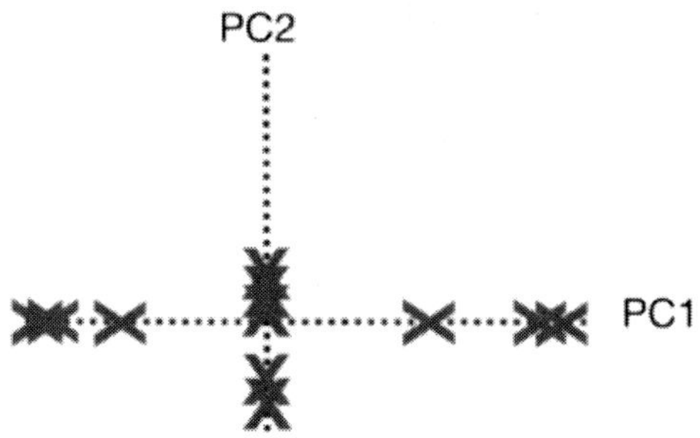

주성분1 축 회전

데이터 복원

원 데이터를 구하기 위해 사영된 점을 활용하며, 6개 모든 점에 대해 동일하게 진행한다.

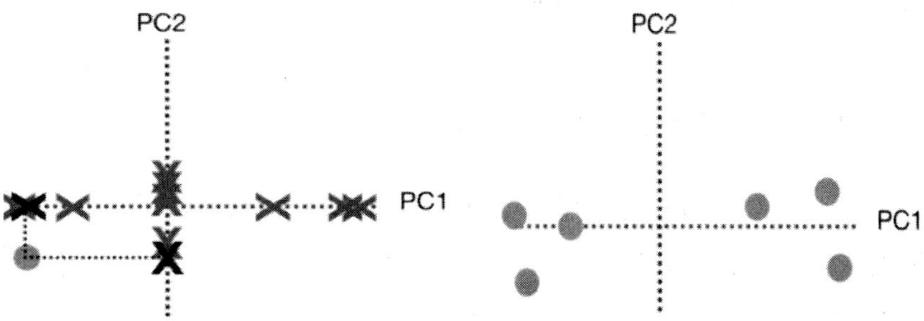

데이터 복원

변동(variation)

이제, 주성분1, 주성분2가 해당 데이터를 얼마나 설명하느냐를 알아보자. SS를 n-1로 나누어 variation을 구할 수 있다. 주성분1의 variation이 15, 주성분2의 variation이 3이라 할 때 전체 variation은 18이다. 주성분1은 15/18 = 0.83 = 83%만큼 데이터를 설명한다. 그 말은 주성분1이 83%만큼 중요하다. 따라서 주성분2의 Variation은 17%이다. 각 주성분의 variation에 대한 그래프를 Scree Plot이라고 한다.

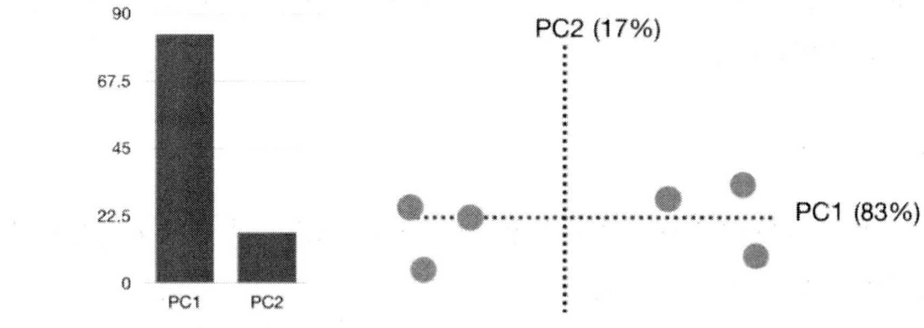

Scree Plot

모델

PCA는 데이터의 분산(variance)을 최대한 보존하면서 서로 직교하는 새 기저(축)를 찾아, 고차원 공간의 표본들을 선형 연관성이 없는 저차원 공간으로 변환하는 차원 축소 기법이다. 이를 그림으로 나타내면 다음과 같다. 3차원 공간에 있는 데이터들이 서로 수직인 두 개의 주성분(PC1, PC2)을 새로운 기저로, 선형변환되었다.

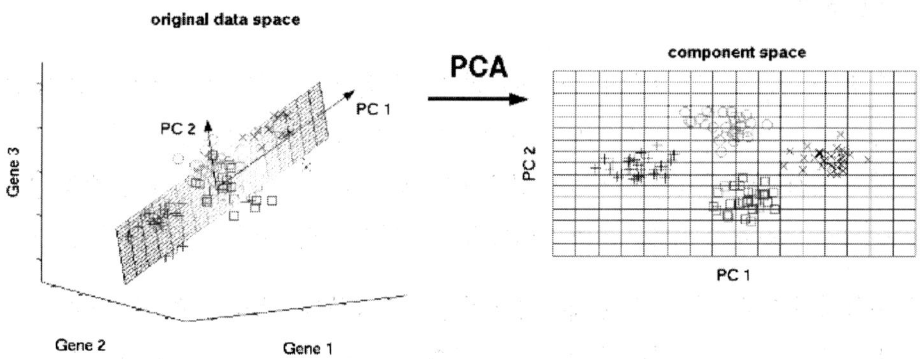

PCA 차원 축소

원 데이터의 분산을 최대화하는 새로운 기저를 찾는 목표를 달성하려면 우선 데이터 행렬 A의 공분산 행렬부터 구해야 한다. centering 작업 이미 수행되어 있다면, 데이터가 각 변수별로 평균이 0으로 맞춰져 있을 때 공분산 행렬은 아래와 같이 구한다.

$$cov(A) = \frac{1}{n-1} AA^T \propto AA^T$$

PCA의 새로운 축을 찾기 위해서는 위 공분산행렬을 아래처럼 고유분해(eigen decomposition)를 수행해야 한다.

$$AA^T = U\Lambda U^T$$

여기서 Λ는 대각성분이 공분산행렬의 고유값이고 나머지 요소는 0인 행렬, U는 열벡터가 공분산행렬의 고유벡터로 이루어진 행렬이다.

여기에서 Λ의 대각성분은 데이터 행렬 A의 각 변수에 해당하는 분산을 의미한다. 원 데이터의 분산을 최대화하는 새로운 기저를 찾는 것이 PCA 목표인 만큼 가장 큰 고유값 몇 개를 고르고, 그에 해당하는 고유벡터를 새로운 기저로 하여 원데이터를 사영(선형변환)해주면 PCA 작업이 완료된다.

예를 들어, 변수가 100개(100차원)인 데이터에 PCA를 적용한 후 가장 큰 고유값 두 개에 해당하는 고유벡터로 원 데이터를 사영시키면 원데이터의 분산을 최대한 보존하면서도 그 차원수를 100차원에서 2차원으로 줄일 수 있게 된다.

일반화된 모델

주성분분석은 여러 개의 변수들이 서로 상관관계가 높을 경우, 이들 변수 간의 관계를 공동요인으로 이용하여 종속변수를 설명하려는 다변량 분석기법이다. 설명변수들이 서로 상관관계를 맺고 있어서 직접적으로 해석하기 어려운 경우, 여러 변수들 간의 구조적 연관관계를 상대적으로 독립적이면서 변수들의 저변구조를 이해하기 위하여 개념상 의미를 부여할 수 있다.[19]

원래 변수들의 개수보다 훨씬 적은 개수의 인자들을 파악하여 이들을 통해 종속변수를 분석하고자 하는 통계적인 방법으로 알려져 있다. 종속변수인 $y_{j,t}$와 $x_{1,t}, x_{2,t}, \cdots, x_{k,t}$의 k개의 설명변수의 관계를 분석하기 위한 일반적인 다중회귀모형은 다음과 같다.

$$y_{j,t} = \beta_{0,j} + \beta_{1,j}x_{1,t} + \beta_{2,j}x_{2,t} + \cdots + \beta_{k,j}x_{k,t} + \epsilon_{j,t}$$

그러나 높은 상관관계를 갖는 변수들을 사용하여 위 식을 추정하면 다중공선성의 문제 등이 발생할 수 있다. 이런 다중공선성 등의 문제를 해결하기 위한 방법 중의 하나는 $x_{1,t}, x_{2,t}, \cdots, x_{k,t}$의 k개의 설명변수의 변량을 가장 잘 설명하는 $p_{1,t}, p_{2,t}, \cdots, p_{m,t}$라는 $m(< k)$개의 주성분으로

19 김상봉(2014), "중소기업의 기술역량지수 산출 방법론에 관한 연구", 기술금융연구, 4(2), 5-38.

축약하여 분석하는 것인데 이를 주성분분석(Principal Component Analysis, PCA)이라 한다.

주성분분석을 통한 변수 축약 과정을 살펴보기 위해 k개의 설명변수가 각각 n개의 관측치를 가진 다음과 같은 행렬 X가 있다고 가정하자.

$$X = \begin{pmatrix} x_{1,1} & x_{2,1} & \cdots & x_{k,1} \\ x_{1,2} & x_{2,2} & \cdots & x_{k,2} \\ x_{1,n} & x_{2,n} & \cdots & x_{k,n} \end{pmatrix}$$

그리고 이들 k개 설명변수들의 선형결합(linear combination)으로 이루어진 변수(요인) $p_{i,t}$ 는 다음과 같이 표현된다.

$$p_{i,t} = \alpha_{i,1}x_{1,t} + \alpha_{i,2}x_{2,t} + \ldots + \alpha_{i,k}x_{k,t}\ ,\ i = 1,2,\ldots m,\ t = 1,2,\ldots,n$$

이를 첫 번째 주성분 벡터(또는 요인)를 P_i로 표시하고 각각 주성분 벡터의 공분산행렬을 표시하면 다음과 같다.

$$P_i = XA_i$$

$$P_i{}'P_{i\,=}\ A_i{}'X'XA_i$$

$$P_i : n \times 1\ , X : n \times k,\ A_i : k \times 1,\ i = 1,2,..,m$$

이 때 첫 번째 주성분 P_1의 변량을 최대화 하는 문제는 다음과 같다.

$$Max\ P_1{}'P_{1\,=}\ A_1{}'X'XA_1$$

$$\text{s.t. } A_1{}'A_1 = 1$$

이것을 풀면 $X'X$가 λ_1이 되는 벡터 A_1을 찾는 문제로 요약할 수 있다.

$Max\ L = A_1{}'X'XA_1 - \lambda_1(A_1{}'A_1 - 1)$로 놓으면

$$\frac{\partial L}{\partial A_1} = 2X'XA_1 - 2\lambda_1 A_1 = 0$$

$$X'X = \lambda_1$$

그리고 A_1을 X에 곱한 A_1X가 X의 변량을 최대로 설명하는 제1주성분 벡터 P_1이 된다. 제1주성분으로 설명되지 않은 변량 중에서 이를 최대화하는 선형결합을 찾아 이를 제2주성분 벡터

P_2로 하며 이를 반복하면서 m개(최대 k개)의 주성분을 구할 수 있다.

$$\begin{pmatrix} P_1 = \alpha_{1,1}X_1 + \cdots + \alpha_{1,k}X_k \\ P_2 = \alpha_{2,1}X_1 + \cdots + \alpha_{2,k}X_k \\ \\ P_m = \alpha_{m,1}X_1 + \cdots + \alpha_{m,k}X_k \end{pmatrix}$$

여기서 $P_i : n \times 1$, $X_i : n \times 1$, $\alpha_{m,k}$: m번째 주성분에서 k번째 설명변수의 가중치이고, 이들 주성분들 간에는 서로 비상관(uncorrelated)관계이므로 다중공선성의 문제가 해소된다. m개의 주성분변수를 설명변수로 하는 추정모형의 추정 결과가 다음과 같다고 가정하자.

$$y_{j,t} = \gamma_{0,j} + \gamma_{1,j}p_{1,t} + \gamma_{2,j}p_{2,t} + \dots + \gamma_{m,j}p_{m,t}$$

그러나 주성분은 원래 변수들의 변량에 대해서만 통계적으로 가장 잘 설명하는 선형결합이므로 추정 결과에서 나오는 계수에 직접적인 의미를 부여하기가 쉽지 않다. 다만, 원래 변수를 그대로 설명변수로 포함한 첫째 방정식이 존재한 것처럼 선형결합 이전의 상태로 환원하면 그 결과에 대한 경제적 해석은 가능하다. 예를 들어, 주성분을 설명변수로 하는 특정산업의 매출액증가율 추정모형을 추정한 결과가 위의 식이라면 여기에 P_i로 나타난 식을 대입하면 다음과 같다.

$$\begin{aligned} y_{j,t} = \gamma_{0,j} &+ \gamma_{1,j}(\alpha_{1,1}x_{1,t} + \alpha_{1,2}x_{2,t} + ... + \alpha_{1,k}x_{k,t}) \\ &+ \gamma_{2,j}(\alpha_{2,1}x_{1,t} + \alpha_{2,2}x_{2,t} + ... + \alpha_{2,k}x_{k,t}) \\ &\quad \vdots \qquad \vdots \qquad\qquad \vdots \\ &+ \gamma_{m,j}(\alpha_{m,1}x_{1,t} + \alpha_{m,2}x_{2,t} + ... + \alpha_{m,k}x_{k,t}) \end{aligned}$$

이를 원래 변수별로 다시 정리하면 다음과 같이 산출된다.

$$\begin{aligned} y_{i,t} = \gamma_{0,j} &+ (\gamma_{1,j}\alpha_{1,1} + \gamma_{2,j}\alpha_{2,1} + ... + \gamma_{m,j}\alpha_{m,1})x_{1,t} \\ &+ (\gamma_{1,j}\alpha_{1,2} + \gamma_{2,j}\alpha_{2,2} + ... + \gamma_{m,j}\alpha_{m,2})x_{2,t} \\ &\quad \vdots \qquad \vdots \qquad\qquad \vdots \\ &+ (\gamma_{1,j}\alpha_{1,k} + \gamma_{2,j}\alpha_{2,k} + ... + \gamma_{m,j}\alpha_{m,k})x_{k,t} \end{aligned}$$

위의 두 식을 비교하면 원래 추정식 계수값을 간접적으로 파악할 수 있으며 분석결과의 경제적 의미도 파악할 수 있다.

주성분분석(Principal Component Analysis, PCA)에서 원 데이터와 추출된 주성분 간 관계를 명확히 보기 위해 유클리디안 좌표축을 회전시키는데 축 간 형성되는 각도에 따라 직교회전(orthogonal rotation)과 사교회전(oblique rotation)으로 구분된다.

직교회전은 추출된 주성분이 상호 독립적이라는 가정 하에, 사각회전은 비독립적이라는 가정 하에 사용한다. 직교회전은 단순 가정에 의해 주성분에 대한 해석이 용이하고 다중공선성(multicollinearity) 문제를 피할 수 있다는 장점을 가진다. 반면, 주성분 간에 상관관계가 클 경우 정보 손실이 커진다는 단점을 가지며 사교회전은 직교회전의 장단점을 반대로 가진다.

사교회전 시, 데이터에 대한 해석은 주로 지표와 주성분 간 부분 상관계수를 나타내는 패턴행렬(pattern matrix)에 따르며 경우에 따라 구조행렬(structure matrix)을 참고하면 된다. 직교회전 시는 두 행렬이 일치한다. 직교회전 방식인 Kaiser 정규화가 있는 배리맥스 회전 방식(Varimax rotation)을 적용하되, 사각회전을 행한 결과도 부수적으로 행할 수 있다.

주성분의 선택 기준으로는 '고유값= 1', '누적 분산 기여율 60%' 또는 '총분산 대비 기여도 10%' 등이 있으며, 시각적으로 분산 기여율을 플롯(scree plot)하여 보조적 판단 도구로 활용하고, Kaiser(1960)의 '고유값= 1', 즉 모든 지표의 고유값의 평균값을 하한치로 주성분을 선택한다. 이 외에 공통성(commonality)과 요인부하량(factor loading)도 고려할 수도 있다. 주성분별 구성 지표수는 본고의 주요 목적 중 하나가 PCA의 분석에서 얻어진 정보를 이용하여 지표별 가중치를 도출하는 것이므로 제약을 두지 않는다.

한편, 척도의 신뢰도 분석을 위하여 내적합치도인 크론바흐 알파(Cronbach's alpha) 계수를 산출한다.

2 선형 판별분석(Linear Discriminant Analysis, LDA)

직관적 의미

선형판별분석(Linear Discriminant Analysis, LDA)은 데이터 분포를 학습해 결정경계(decision boundary)를 만들어 데이터를 분류(classification)하는 모델이다.

LDA는 아래 그림처럼 데이터를 특정 한 축에 사영(projection)한 후에 두 클래스를 잘 구분할 수 있는 직선(linear)을 찾는 것을 목표로 한다.

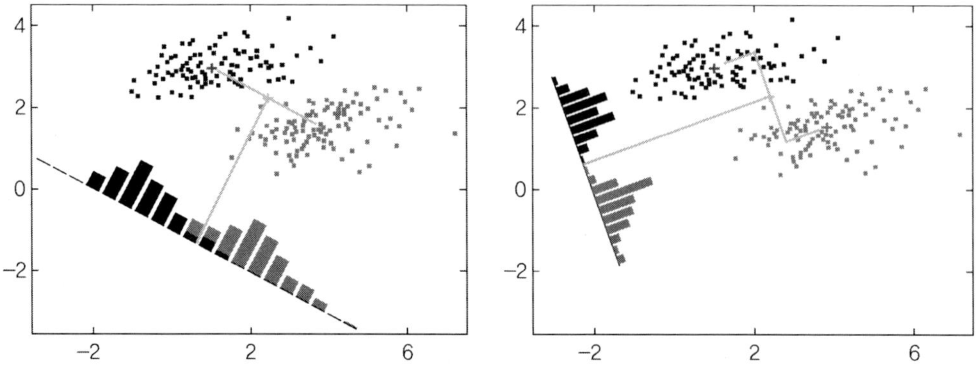

LDA

왼쪽과 오른쪽 축 가운데 분류가 더 잘 됐다고 판단할 수 있는 축은 무엇일까? 직관적으로 오른쪽이 좀 더 나아 보인다. 회색 점과 검정색 점을 분류하는 것을 목표로 했는데, 왼쪽 그림에 나타난 축은 중간에 회색과 검정색 점이 뒤섞여 있기 때문이다. 반대로 오른쪽 그림은 색깔이 서로 다른 점들이 섞이지 않고 비교적 뚜렷하게 구분되고 있는 점을 확인할 수 있다. 녹색 축을 따라 같은 위치에 있는 점들의 빈도를 세어서 히스토그램처럼 그리면 바로 위와 같은 그림이 된다.

그렇다면 두 클래스를 잘 구분할 수 있는 직선은 어떤 성질을 가져야 할까? 사영 후 두 클래스의 중심(평균)이 서로 멀도록, 그 분산이 작도록 해야 한다. 왼쪽 그림을 오른쪽과 비교해서 보면 왼쪽 그림은 사영 후 두 클래스 중심이 가깝고, 분산은 커서 데이터가 서로 잘 분류가 되지 않는 것을 알 수 있다. 반대로 오른쪽 그림은 사영 후 두 클래스 중심이 멀고, 분산은 작아서 분류가 비교적 잘 되고 있다. LDA는 바로 이런 직선을 찾도록 해 준다.

클래스 내부의 분산이 작아진다는 것은 하나의 클래스끼리는 오밀조밀하게 뭉쳐있다는 뜻이다. 클래스 간 분산이 최대가 되고 클래스 내부 분산이 최소가 되면 [(클래스 간 분산) / (클래스 내부 분산)]은 최대가 된다.

다시 말하면 LDA는 특정 공간상에서 클래스 분리를 최대화하는 축을 찾기 위해 클래스 간 분산(between-class scatter)과 클래스 내부 분산(within-class scatter)의 비율을 최대화하는 방식으로 차원을 축소한다. LDA는 투영을 통해 가능한 한 클래스를 멀리 떨어지게 하므로 SVM 같은 다른 분류 알고리즘을 적용하기 전에 차원을 축소시키는 데 사용하면 좋다.

LDA의 개념은 PCA와 상당히 유사하다. PCA가 데이터셋의 분산이 최대인 성분축을 찾는 것이 목표라면, LDA는 클래스를 최적으로 구분할 수 있는 특성 부분 공간을 찾는 것이다. PCA를 통한 전처리가 특성 이미지 인식 작업에 더 뛰어난 분류 결과를 내기도 한다.

PCA는 분산을 최대화하는 주축을 찾기 때문에 데이터의 표현을 남기도록 축소한다. 반면 LDA는 데이터 분할에 적합하도록 최대화하는 주축을 찾아 데이터 최적 분류로 축소한다.

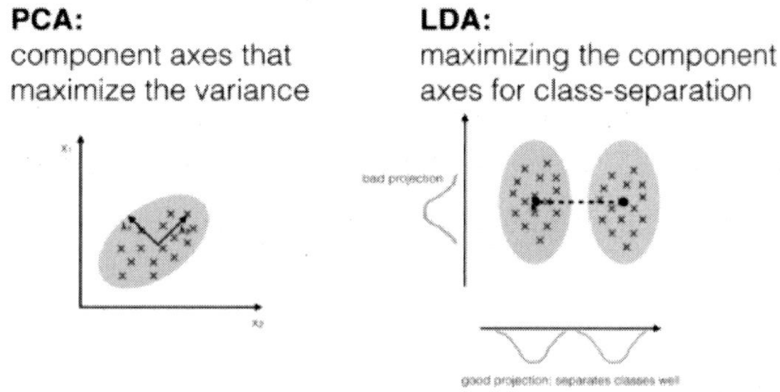

PCA와 LDA

두 개의 클래스 레이블이 있다고 가정하자.

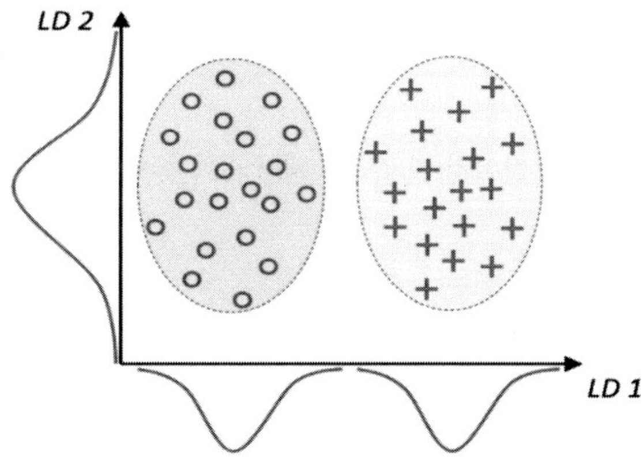

LDA

위 그림에서 x축, LD1에 투영되는 선형 판별 벡터는 두 가지 클래스를 잘 구분해준다. 그러나 y축, LD2로 투영되는 선형 판별 백터는 분산은 잡아내나 클래스 판별 정보가 없어 좋은 선형 판별 벡터는 아니다. LDA는 데이터가 정규분포라고 가정한다. 그리고 클래스는 동일한 공분산 행렬을 갖고 샘플은 서로 통계적으로 독립이라고 가정한다. 하지만 이 가정들이 조금 위반된다고 하더라도 LDA는 차원축소를 잘 수행한다.

모델 및 예시

일반적인 모델

p차원의 입력벡터 x(변수 p개)를 w라는 벡터(축)에 사영시킨 후 생성되는 1차원상의 좌표값(스칼라)를 아래와 같이 y라고 정의하자. 각각 N_1개와 N_2개의 관측치를 갖는 C_1과 C_2 두 클래스에 대해 원래 입력공간(2차원)에서 각 범주의 중심(평균) 벡터도 아래와 같이 m_1, m_2라고 정의하자.

$$\text{선형함수 } y = w^T x,\ x = \{x_1, \cdots, x_p\},\ x_n : d \times 1,\ \ w = d \times 1 \text{이므로 } y : 1 \times 1$$

주성분 분석(PCA)가 데이터를 잘 표현하는 d차원에서 A차원으로 변환했다면, 선형판별분석(LDA)은 클래스간 분산이 최대화 되도록 d차원에서 1차원으로 변환하였다.

$$m_1 = \frac{1}{N_1} \sum_{n \in C_1} x_n$$

$$m_2 = \frac{1}{N_2} \sum_{n \in C_2} x_n$$

사영후 두 범주의 중심이 멀리 떨어져 위치하는 벡터 w를 찾아야 한다. 각 중심과 w와의 관계식은 다음과 같다.

$$m_2 - m_1 = w^T (m_2 - m_1)$$

$$m_k = w^T m_k$$

사영 후 각 범주에 속한 관측치들은 해당 범주 중심에 가까이 있을수록 좋다. 다시 말해 분산이 작아야 한다. 사영 후 분산은 다음과 같다.

$$s_k^2 = \sum_{n \in C_k} (y_n - m_k)^2$$

두 범주의 중심은 최대화하고, 분산은 최소화하여야 한다. 동시에 한꺼번에 하기 위해 두 범주 중심을 분자, 두 범주의 분산을 분모에 넣고 이 식을 최대화한다. 이를 행렬 형태의 목적함수로 나타내면 다음과 같다.

$$J(w) = \frac{(m_1 - m_2)^2}{s_1^2 + s_2^2} = \frac{w^T S_B w}{w^T S_W w}$$

$$S_B = (m_1 - m_2)(m_1 - m_2)^T$$

$$S_W = \sum_{n \in C_1} (x_n - m_1)(x_n - m_1)^T + \sum_{n \in C_2} (x_n - m_2)(x_n - m_2)^T$$

목적함수 $J(w)$은 w에 대해 미분한 값이 0이 되는 지점에서 최대값을 가진다. 아래 식과 같다.

$$(w^T S_B w) S_W w = (w^T S_W w) S_B w$$

그런데 위 식에서 괄호 안은 계산해보면 스칼라가 된다. 각각의 차원수를 고려하면 $(1 \times d)(d \times d)(d \times 1)$이 되기 때문이다. 따라서 위 식 양변을 좌변 괄호안의 스칼라값으로 나누어 약간 정리를 하면 아래와 같은 형태가 된다.

$$S_W w = \lambda S_B w$$

$$S_B^{-1} S_W w = \lambda w$$

이것은 고유값, 고유벡터 구할 때 바로 그 $AX = \lambda X$ 꼴이다. 즉 새로운 축 w는 S_B의 역행렬과 S_W를 내적한 행렬의 고유벡터가 된다.

여기서 S_B와 S_W는 어떻게 구할까? 각각 데이터의 평균과 분산이다. 데이터로부터 구할 수 있다. 이 행렬을 고유값 분해하여 새로운 축 w를 구할 수 있다.

이를 가지고 예측은 어떻게 할까? 새로운 데이터(x')가 주어지면 이를 w와 내적하여 각각의 스코어를 낼 수 있다. 그 스코어가 일정값보다 크면 C_1 클래스, 작으면 C_2 클래스로 분류를 하게 된다.

베이즈 규칙을 이용한 접근

LDA에 대해 베이즈 규칙(Bayes' Rule)을 이용하여 구할 수도 있다. 클래스가 두 개(W_1, W_2) 있다고 가정하자. 이를 그림으로 나타내보면 다음과 같다.

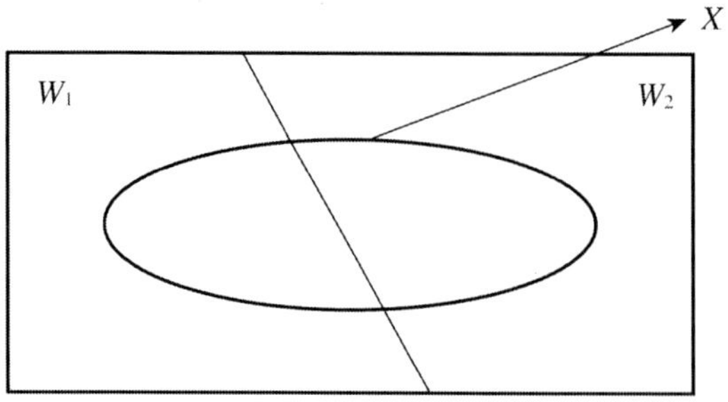

베이즈 규칙을 활용한 LDA

우선 데이터(X)로부터 사전확률 $P(W_1), P(W_2)$를 구한다. 클래스가 W_1인 데이터 개수, W_2인 데이터 개수를 각각 전체 데이터 개수로 나눠주면 된다. 새로운 데이터 x가 주어졌을 때 이게 어떤 클래스에 속하는지 알아야 한다. 이를 지금까지 논의한 내용을 바탕으로 식을 쓰면 다음과 같다.

$$P(W_i|x) = \frac{P(x|W_i)P(W_i)}{P(x)} = \frac{P(x|W_i)P(W_i)}{P(x|W_1)P(W_1) + P(x|W_2)P(W_2)}$$

새로운 데이터 x가 등장하면 LDA 모델은 $P(W_1|x)$와 $P(W_2|x)$를 각각 구한다. 둘 중 전자가 크면 W_1으로, 후자가 크면 W_2로 분류를 하게 되는 방식이다. 사후확률인 $P(W_i|x)$는 새로운 데이터 x가 주어졌을 때(=정답 범주를 모를 때=예측할 때) W_i일 확률, 즉 검증데이터가 특정 범주에 할당하기 위한 스코어를 의미한다. 범주 분류를 위한 확률(스코어)를 내어주는 함수를 판별함수(discriminant function)라고 한다.

LDA의 중요한 가정은 데이터 분포가 다변량 정규분포(multivariate normal distribution)을 따른다는 사실이다. 많은 자연, 사회현상이 정규분포를 따르고 있고 그 예측력 또한 많은 실험을 통해 검증된 연속확률분포이다. 다변량 정규분포의 파라미터는 평균(벡터)와 공분산(행렬)이다. 이 두 파라미터와 정규분포 확률함수로 $P(x|W_i)$를 구할 수 있고, 이를 우리가 이미 알고 있는 사전확률 $P(W_i)$과 함께 계산해 범주를 판별한다는 것이 LDA를 베이지안 관점에서 접근하는 방식의 핵심이다.

이차판별분석(QDE)

선형 판별 분석은 공분산 구조가 많이 상이한 데이터를 잘 다루지 못한다. 그럴 때는 이차판별분석(Quadratic Discriminant Analysis)은 을 이용한다. 즉, 공분산 구조가 다를 때, QDA를 쓴다. LDA는 결정 경계선을 판별 점수와 직교하는 직선으로 본다. 반면, QDA는 결정 경계선이 비선형이기 때문에 서로 다른 공분산 구조를 갖는 데이터들을 분류하기 용이하다. 물론 LDA도, 판별 변수의 제곱을 취함으로서 비선형 결정 경계선을 가질 수는 있다. 다만, 그만큼 더 많은 데이터를 필요로 하는 단점이 있다.

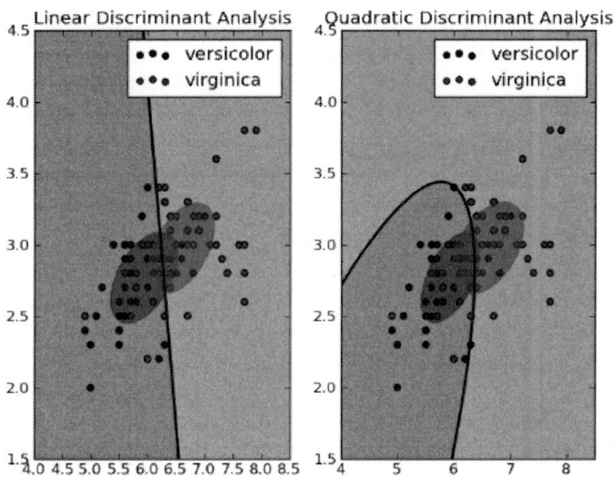

LDE와 QDE

LDA로 두 개 범주를 분류한 부분은 좌측 상단 그림과 같다. 두 번째 접근에서 각 범주의 공분산행렬이 동일하다는 가정을 하고 식을 정리하면 $Ax + b = 0$ 꼴의 선형식이 된다고 설명을 하였다. 실제로 결정경계가 직선임을 시각적으로도 확인할 수 있다. 그런데 공분산이 다르다고 놓고 식을 정리하면 $Ax^2 + Bx + c = 0$ 꼴의 이차함수(Quadratic form)이 된다. 그래서 우측 상단 그림을 보면 결정경계가 비선형인 모양을 볼 수 있다. LDA 또는 QDA 모두 학습데이터의 정보를 압축해 데이터 분류를 위한 결정경계를 만들어낸다는 점에서 본질적으로 동일하다. 학습데이터의 패턴만 가지고도 충분히 좋은 예측모델을 만들어낼 수 있다.

3 특이값 분해(Singular Value Decomposition, SVD)

모델

특이값 분해는 $m \times n$크기의 데이터 행렬 A를 아래와 같이 분해하는 것을 말한다.

$$A = U\Sigma V^T$$

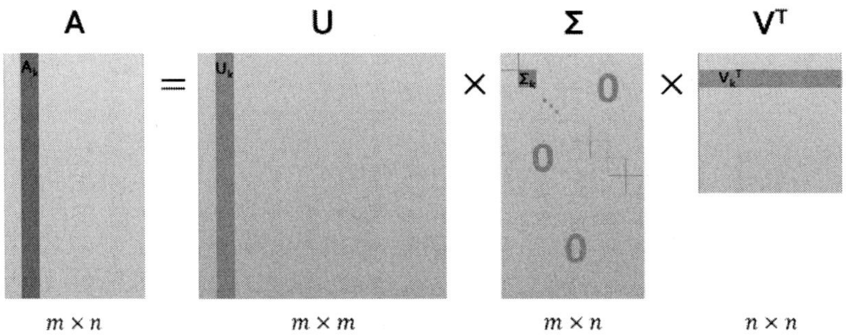

행렬의 의미

행렬 U와 V에 속한 열벡터는 특이벡터(singular vector)로 불리며, 모든 특이벡터는 서로 직교하는 성질을 가진다.

$$U = [u_1 \ \ u_2 \ \ \cdots \ \ u_m]$$

$$V = [v_1 \ \ v_2 \ \ \cdots \ \ v_n]$$

$$u_k = \begin{bmatrix} u_{k1} \\ u_{k2} \\ \cdots \\ u_{km} \end{bmatrix} \text{이고 } v_k = \begin{bmatrix} v_{k1} \\ v_{k2} \\ \cdots \\ v_{kn} \end{bmatrix}$$

$$u_k^T u_k = 1, \ \ U^T U = I$$

$$v_k^T v_k = 1, \ \ V^T V = I$$

행렬 Σ의 특이값은 모두 0보다 크거나 같으며 내림차순으로 정렬되어 있다. 행렬 Σ의 k번째 대각원소에 해당하는 특이값 Σ_k는 행렬 AA^T의 k번째 고유값에 제곱근을 취한 값과 같다.

$$\Sigma_k = \sqrt{\lambda_k}$$

그러면 특이값 분해를 주성분 분석과 비교해보기 위해 행렬 A를 제곱하여 정리하면 다음과 같다.

$$AA^T = U\Sigma V^T (U\Sigma V^T)^T = U\Sigma V^T V\Sigma U^T = U\Sigma^2 U^T = U\Sigma U^T$$

여기서 대각성분이 행렬 A의 특이값이고 나머지 성분이 0인 행렬 Σ에 주의할 필요가 있다. Σ는 대각행렬(diagonal matrix)인데, 대각행렬의 거듭제곱은 대각원소들만 거듭제곱을 해준 결과와 같다.

따라서 Σ의 제곱은 각 대각원소, 즉 행렬 A의 특이값들을 제곱해준 값과 같다. 그런데 행렬 A의 특이값은 AA^T의 고유값에 제곱근을 취한 값과 동일하므로, Σ을 제곱한 행렬은 행렬 AA^T의 고유값으로 이뤄진 행렬 A가 된다. 따라서 이는 정확히 주성분분석의 결과와 같다.

변형

thin SVD

thin SVD는 Σ 행렬의 아랫부분(비대각 파트, 모두 0)과 U에서 여기에 해당하는 부분을 모두 제거한다. 이렇게 U와 Σ를 줄여도 $U_s \Sigma_s V^T$로 A를 원복할 수 있다.

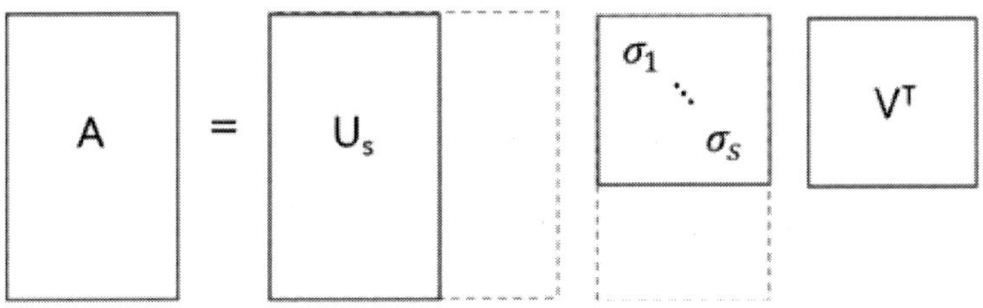

this SVD

compact SVD

compact SVD는 Σ 행렬에서 비대각원소뿐 아니라 대각원소(특이값)가 0인 부분도 모두 제거한 형태이다. 여기에 대응하는 U와 V의 요소 또한 제거한다. 다시 말해 특이값이 양수인 부분만 골라낸다. 이렇게 U와 Σ, V를 줄여도 $U_r \Sigma_r V_r^T$로 A를 원래대로 복원할 수 있다.

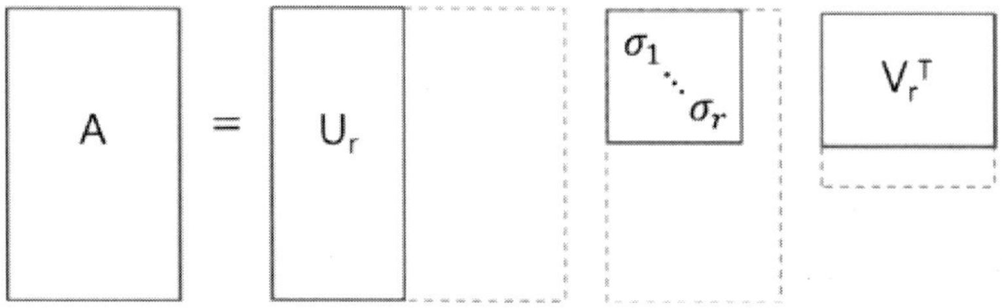

compact SVD

truncated SVD

truncated SVD는 Σ 행렬의 대각원소(특이값) 가운데 상위 t개만 골라낸 형태이다. 이렇게 하면 행렬 A를 복원할 수 없게 되지만, 데이터 정보를 상당히 압축했음에도 행렬 A를 근사할 수 있다. 이후의 잠재의미분석(LSA)도 바로 이 방법을 사용한다.

예시

SVD 예시는 다음과 같다.

$$A = U\Sigma V^T$$

$$\begin{bmatrix} 2 & 3 \\ 1 & 4 \\ 0 & 0 \\ 0 & 0 \end{bmatrix} = \begin{bmatrix} 0.82 & -0.58 & 0 & 0 \\ 0.58 & 0.82 & 0 & 0 \\ 0 & 0 & 1 & 0 \\ 0 & 0 & 0 & 1 \end{bmatrix} \begin{bmatrix} 5.47 & 0 & 0 & 0 \\ 0 & 0.37 & 0 & 0 \\ 0 & 0 & 0 & 0 \\ 0 & 0 & 0 & 0 \end{bmatrix} \begin{bmatrix} 0.40 & 0.91 \\ -0.91 & 0.40 \end{bmatrix}$$

truncated SVD 예시는 다음과 같다.

$$A' = U_1 \Sigma_1 V_1^T$$

$$\begin{bmatrix} 1.79 & 4.08 \\ 1.27 & 2.89 \\ 0 & 0 \\ 0 & 0 \end{bmatrix} = \begin{bmatrix} 0.82 \\ 0.58 \\ 0 \\ 0 \end{bmatrix} [5.47] [0.40 \; 0.91]$$

4 잠재의미분석(Latent Sematic Analysis, LSA)

직관적 의미

예를 들어, 다음과 같은 문서들이 있다고 하면, 우리는 이를 토대로 단어-문서행렬 A를 만들 수 있다.

doc1 : 나,는,학교,에,가,ㄴ,다
doc2 : 학교,에,가,는,영희
doc3 : 나,는,영희,는,좋,다

■ 단어 조합

-	doc1	doc2	doc3
나	1	0	0
는	1	1	2
학교	1	1	0
에	1	1	0
가	1	1	0
ㄴ	1	0	0
다	1	0	1
영희	0	1	1
좋	0	0	1

잠재의미분석이란 위와 같은 단어-문서행렬(Word-Document Matrix), 단어-문맥행렬(window based co-occurrence matrix) 등 입력 데이터에 특이값 분해를 수행하여, 데이터의 차원수를 줄여 계산 효율성을 키우는 한편 행간에 숨어있는(latent) 의미를 이끌어내기 위한 방법론이다. 대략적인 개념은 다음 그림과 같다.

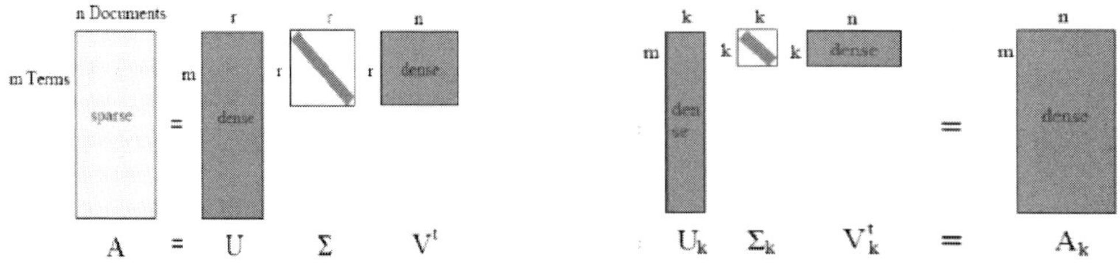

LSA 개념과 행렬

차원축소의 효과가 도드라져 보이진 않지만, 데이터가 클 경우 그 효과가 드라마틱하다. 실제로 네이버, 카카오 등 현업에서도 이러한 방법론을 많이 쓰고 있다. 잠재의미분석은 이외에도 많은 장점이 한다. Deerwester et al.(1990)[20]과 Landauer and Dumais(1997)[21]은 이 기법을 적용하면 단어와 문맥 간의 내재적인 의미(latent/hidden meaning)을 효과적으로 보존할 수 있게 되므로, 결과적으로 문서 간 유사도 측정 등 모델의 성능 향상에 도움을 줄 수 한다. Rapp(2003)은 입력 데이터의 노이즈 제거, Vozalis and Margaritis(2003)은 입력데이터의 sparsity를 줄이게 돼 그 효과가 좋다. 잠재의미분석은 입력데이터의 크기가 $m \times n$이고 문서당 평균 단어수가 c일 경우 계산복잡도가 $O(mnc)$이어서 그다지 무거운 알고리즘은 아니다. 하지만 새로운 문서나 단어가 추가되면 아예 처음부터 작업을 새로 시작해야 한다. 이 때문에 최근에는 Word2Vec 등 뉴럴네트워크 기반의 representation 방법론도 각광을 받고 있다.

모델

n개의 문서를 m개의 단어로 표현된 입력데이터 행렬 A가 주어졌다고 하자. A의 0보다 큰 고유값의 개수를 r이라고 할 때, r보다 작은 k를 연구자가 임의로 설정하고 Σ_k를 만든다. 이후 U와 V 행렬에서 여기에 대응하는 부분만 남겨 U_k와 V_k를 만든다. 이렇게 되면 A와 비슷한 A_k 행렬을 구축할 수 있다.

$$A_k = U_k \Sigma_k V_k^T$$

20 Deerwester, S., Dumais, S. T., Furnas, G. W., Landauer, T. K., and Harshman, R.(1990), "Indexing by Latent SemanticAnalysis", *Journal of the American Society for Information Science*, 41(6), 391-407.

21 Landauer, T. K., and Dumais, S. T. (1997), "A Solution to Plato's Problem: The Latent Semantic Analysis Theory of Acquisition, Induction, and Representation of Knowledge", *Psychological Review*, 104(2), 211-240.

위 식 양변에 U_k의 전치행렬을 곱해준 것을 X_1, V_k를 곱해준 것을 X_2라고 두자. 그러면 X_1의 경우 n개의 문서는 원래 단어수 m보다 훨씬 작은 k개 변수로 표현된 결과가 된다. X_2는 m개의 단어가 원래 문서 수 n보다 작은 k개 변수로 표현한 결과이다. 이는 주성분 분석에서의 차원축소 효과와 비슷한 것으로 이해하면 좋다.

$$U_k^T A_k = U_k^T U_k \Sigma_k V_k^T = I\Sigma_k V_k^T = \Sigma_k V_k^T = X_1$$

$$A_k V_k = U_k \Sigma_k V_k^T V_k \equiv U_k \Sigma_k^T I = U_k V_k^T = X_2$$

예시

예로 든 단어-문서행렬 A를 가지고 잠재의미분석을 수행하자. A에 SVD를 수행하면 아래와 같이 쓸 수 있다.

$$A = U\Sigma V^T$$

$$\begin{bmatrix} 1\,0\,0 \\ 1\,1\,2 \\ 1\,1\,0 \\ 1\,1\,0 \\ 1\,1\,0 \\ 1\,0\,0 \\ 1\,0\,1 \\ 0\,1\,1 \\ 0\,0\,1 \end{bmatrix} = \begin{bmatrix} -0.17 & 0.27 & -0.40 \\ -0.63 & -0.41 & -0.03 \\ -0.32 & 0.37 & 0.21 \\ -0.32 & 0.37 & 0.21 \\ -0.32 & 0.37 & 0.21 \\ -0.17 & 0.27 & -0.40 \\ -0.33 & -0.12 & -0.52 \\ -0.30 & -0.29 & 0.49 \\ -0.15 & -0.39 & -0.13 \end{bmatrix} \begin{bmatrix} 3.61 & 0 & 0 \\ 0 & 2.04 & 0 \\ 0 & 0 & 1.34 \end{bmatrix} \begin{bmatrix} -0.63 & -0.53 & -0.57 \\ 0.56 & 0.204 & -0.80 \\ -0.54 & 0.83 & -0.17 \end{bmatrix}$$

그럼 Σ 행렬의 특이값 가운데 상위 2개(3.61과 2.04)만 남기고 나머지를 제거하는 방식으로 truncated SVD를 수행한다.

$$A' = U_2 \Sigma_2 V_2^T$$

$$\begin{bmatrix} 0.71 & 0.44 & -0.09 \\ 0.97 & 1.04 & 1.99 \\ 1.15 & 0.76 & 0.04 \\ 1.15 & 0.76 & 0.04 \\ 1.15 & 0.76 & 0.04 \\ 0.71 & 0.45 & -0.09 \\ 0.62 & 0.58 & 0.88 \\ 0.36 & 0.45 & 1.11 \\ -0.09 & 0.14 & 0.97 \end{bmatrix} = \begin{bmatrix} -0.17 & 0.27 \\ -0.63 & -0.41 \\ -0.32 & 0.37 \\ -0.32 & 0.37 \\ -0.32 & 0.37 \\ -0.17 & 0.27 \\ -0.33 & -0.12 \\ -0.30 & -0.29 \\ -0.15 & -0.39 \end{bmatrix} \begin{bmatrix} 3.61 & 0 \\ 0 & 2.04 \end{bmatrix} \begin{bmatrix} -0.63 & -0.53 & -0.57 \\ 0.56 & 0.204 & -0.80 \end{bmatrix}$$

그러나 A'가 원데이터 행렬 A에 제대로 근사한 것인지 알기 어렵다. A'의 각 요소값을 반올림해서 원 행렬 A와 비교해 보자. 6행과 7행의 요소값이 조금 다를 뿐 거의 유사한 것을 확인할 수 있다.

$$\partial(A') = \begin{bmatrix} 1\,0\,0 \\ 1\,1\,2 \\ 1\,1\,0 \\ 1\,1\,0 \\ 1\,1\,0 \\ 1\,0\,0 \\ 1\,1\,1 \\ 0\,0\,1 \\ 0\,0\,1 \end{bmatrix}, A = \begin{bmatrix} 1\,0\,0 \\ 1\,1\,2 \\ 1\,1\,0 \\ 1\,1\,0 \\ 1\,1\,0 \\ 1\,0\,0 \\ 1\,0\,1 \\ 0\,1\,1 \\ 0\,0\,1 \end{bmatrix}$$

그럼 $A = U_2 \Sigma_2 V_2^T$ 양변의 맨 앞에 U_2의 전치행렬을 각각 곱하고, 그 결과를 X_1이라고 두면 다음과 같다.

$$\begin{bmatrix} -2.28 & -1.90 & -2.07 \\ 1.14 & 0.42 & -1.64 \end{bmatrix}$$

원데이터인 A와 SVD 결과인 X_1의 열(column)은 문서(문장)를 의미한다. 단어-문맥행렬 A에서 각 문서들은 9개 단어(변수)들로 표현됐으나 X_1에서는 단 두 개의 변수들만으로도 표현이 가능해졌다. 이렇게 만든 X_1에 다양한 데이터마이닝 기법을 적용해 여러 가지 문제를 풀게 된다.

자, 이제는 반대로 $A' = U_2 \Sigma_2 V_2^T$ 양변의 맨 뒤에 V_2를 각각 곱하여, 그 결과를 X_2라고 두면 다음과 같다.

$$X_2 = \begin{bmatrix} -0.63 & 0.56 \\ -2.30 & -0.84 \\ -1.16 & 0.76 \\ -1.16 & 0.76 \\ -1.16 & 0.76 \\ -0.63 & 0.56 \\ -1.20 & -0.24 \\ -1.10 & -0.60 \\ -0.57 & -0.80 \end{bmatrix}$$

원데이터인 A와 SVD 결과인 X_2의 행(row)은 단어를 의미한다. 단어-문맥행렬 A에서 각 단어들은 3개 문서(변수)들로 표현됐으나, X_2에서 단 두 개의 변수들만으로도 표현이 가능해졌다. 이렇게 만든 X_2에 마찬가지로 다양한 데이터마이닝 기법을 적용해 여러 가지 문제를 풀게 된다.

⑤ 비음수행렬분해(Non-negative Matrix Factorization, NMF)

➔ 직관적 의미

NMF(Non-negative Matrix Factorization)는 유용한 특성을 뽑아내기 위한 비지도학습 알고리즘이다. 이 알고리즘은 PCA와 비슷하고 차원 축소에도 사용할 수 있다.

PCA에서 데이터의 분산이 가장 크고 수직인 성분이라면, NMF에서는 음수가 아닌 성분과 계수 값을 찾는다. 즉, 주성분과 계수가 모두 0보다 크거나 같아야 한다. 이 방식은 음수가 아닌 특성을 가진 데이터에만 적용할 수 있다.

음수 아닌 가중치 합으로 데이터를 분해하는 기능은 여러 사람의 목소리가 담긴 오디오 트랙이나 여러 악기로 이뤄진 음악처럼 독립된 소스를 추가하여 만들어진 데이터에 특히 유용하다. 이럴 때 NMF는 섞여 있는 데이터에서 원본 성분을 구분할 수 있다. 음수로 된 성분이나 계수가 만드는 상쇄 효과를 이해하기 어려운 PCA보다 대체로 NMF의 주성분이 해석하기 쉽다.

➔ 모델과 예시

음수가 아닌 특성 행렬을 비음수 행렬 분해(non-negative matrix factorization NMF) 를 사용하여 특성 행렬의 차원을 축소한다. NMF는 선형 차원 축소를 위한 비지도학습 기법으로 샘플과 특성 사이에 잠재되어 있는 관계를 표현하는 행렬로

특성행렬(characteristic matrix)을 분해한다. 행렬 곱셈에서 행렬은 결과 행렬보다 훨씬 적은 차원을 가지기 때문에 NMF가 차원을 축소할 수 있다. 여기서 특성행렬이란 $A-\lambda I$를 말한다.

원하는 특성 개수 r이 주어지면 다음과 같다.

$$V \approx WH$$

V는 $n \times d$ 크기의 특성 행렬이며, n개의 데이터, d개의 특성을 나타낸다. W는 $n \times r$이고 H는 $r \times d$ 행렬이다. r값을 조절하여 필요한 차원 축소의 양을 정할 수 있다. 특성행렬이 음수를 포함할 수 없다.

여기서 W, H로 분해한다.

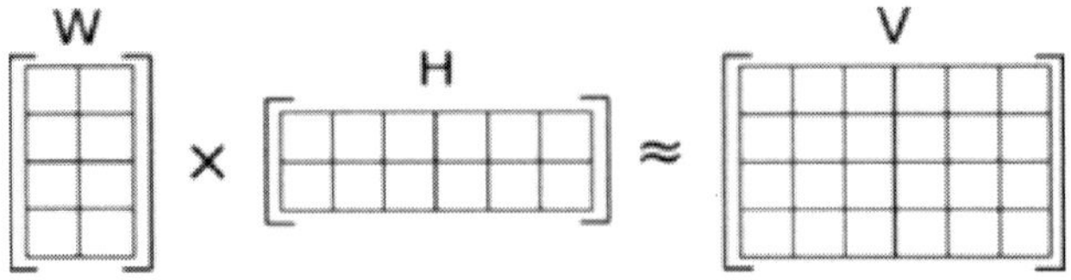

행렬분해

W의 각 열이 특성이 된다. 만약 열 길이가 2라면 특성은 f1과 f2가 존재한다. W의 각 행은 V의 같은 행이 특성에 얼마나 적합한 지를 나타낸다. 즉, 특성에 대한 가중치를 나타낸다.

예를 들어, 온라인에서 기사 주제를 찾는다고 하자.

	특성1	특성2	특성3
기사1			
기사2		W	
기사3			
기사4			

×

	단어1	단어2	…	단어n
특성1				
특성2			H	
특성3				

=

	단어1	단어2	…	단어n
기사1				
기사2			V	
기사3				
기사4				

기사 주제 찾기 예시

여기서 가중치 행렬은 각 특성이 기사에 얼마나 적합한지를 나타내며, 각 열에서 값이 높은 기사 n개가 해당 특성을 갖는 기사이며, 각 행에서 값이 높은 특성 n개가 기사를 잘 반영하는 특성을 나타낸다.

특성 행렬은 각 단어가 특성에 중요한 정도를 나타내며 각 행에서 값이 높은 단어 상위 n개가 해당 특성을 대표하는 단어가 된다. 즉, 주제가 된다. 따라서 특성의 개수 선택이 분류에 영향을 미친다.

⑥ 최소 절대계수 축소 변수 선택법(LASSO)

직관적 의미

최소 절대계수 축소 변수 선택법(Least Absolute Shrinkage and Selection Operator, LASSO)는 회귀모형에서 차원을 축소한다. 기존의 선형회귀에서는 적절한 가중치(설명변수의 계수)와 편향(1차 함수 절편)을 찾아내는 것이다. LASSO는 추가 제약 조건을 준다. 평균 제곱 오차(Mean Squared Error, MSE)가 최소가 되게 하는 가중치와 편향을 찾는데 동시에 가중치들의 절대값들의 합, 즉 가중치의 절대값들이 최소(기울기가 작아지도록)가 되게 해야 한다. 다시 말해서 가중치의 모든 원소가 0이 되거나 0에 가깝게 되게 해야 한다.

모델

Tibshirani(1996)[22]이 제시한 최소절대계수축소변수선택법 또는 라소방법(Least Absolute Shrinkage and Selection Operator, LASSO)이다. 회귀계수들에 제약조건 $\sum|\beta_j| \le t$을 주어 계수 추정치들의 크기를 축소시키는 동시에 변수선택을 하는 방법이다.[23]

최소 절대계수 축소 변수 선택법 또는 라소방법(LASSO)에 의한 회귀계수 추정$(\hat{\alpha},\hat{\beta})$은 다음을 만족한다.

$$\arg\min\{\sum_{i=1}^{N}(y_i-\alpha-\sum_j \beta_j x_{ij})^2\}$$
$$subject\ to\ \sum_j|\beta_j| \leqq t$$

여기서 $t(\geq 0)$는 회귀계수의 축소 정도를 조절하는 조정모수(tuning parameter)이다. 독립변수 x_{ij}는 평균이 0, 분산이 1로 표준화(standardization)되었다고 가정하면, 모든 t에 대해서 다음을 만족한다.

22 Tibshirani, R.(1996), "Regression Shrinkage and Selection via the Lasso", *Journal of the Royal Statistical Society*, 58(1), 267-288.

23 김시언 · 김상봉(2013), "카드이용이 세수확보에 미치는 영향", *신용카드리뷰*, 7(2), 19-36.

$$\frac{\partial\left[\sum_{i=1}^{N}(y_i-\alpha-\sum_{j=1}^{P}\beta_j x_{ij})^2\right]}{\partial\alpha}\Big|_{\alpha=\hat{\alpha}}=-2\sum_{i=1}^{N}(y_i-\alpha-\sum_{j=1}^{P}\beta_j x_{ij})\Big|_{\alpha=\hat{\alpha}}$$
$$=-2\sum_{i=1}^{N}(y_i-\alpha-\sum_{j=1}^{P}\beta_j x_{ij})$$
$$=0$$

모든 j에 대해서 $\sum_{j=1}^{N}x_{ij}=0$이므로, $\hat{\alpha}$은 다음과 같다.

$$\hat{\alpha}=\frac{1}{N}\sum_{i=1}^{N}y_i-\frac{1}{N}\sum_{j=1}^{P}\hat{\beta}_j\left(\sum_{i=1}^{N}x_{ij}\right)$$
$$=\frac{1}{N}\sum_{i=1}^{N}y_i$$

여기서 $\bar{y}=0$을 가정하면 α는 생략할 수 있다. 따라서 LASSO에 의한 회귀계수 추정은 다음을 만족하는 $\hat{\beta}$를 추정한다.

$$\arg\min\{\sum_{i=1}^{N}(y_i-\sum_{j}\beta_j x_{ij})^2\}$$
$$subject\ to\ \sum_{j}|\beta_j|\leq t$$

이러한 최소절대계수축소변수선택법 또는 라소방법의 제약조건을 L1-제약조건(L1-constraint)이라고 하고, 제약조건의 특성상 t가 감소함에 따라 중요하지 않은 변수들의 회귀계수들부터 차례로 0을 만들게 된다. 조정모수 t가 충분히 커지면 계수에 대한 아무런 제약을 주지 않게 되므로 일반적인 회귀모형과 같은 결과를 나타낸다.

03 CHAPTER

비즈니스 의사결정을 위한 **인공지능이론**

지도학습

_ 생성 모델

_ 판별 모델

03 CHAPTER 지도학습

생성 모델

앞에서 생성 모델이란 데이터 X가 생성되는 과정을 두 개의 확률모형, 즉 $P(X)$, $P(X|Y)$으로 정의하고, 베이즈 정리를 사용해 $P(Y|X)$를 간접적으로 도출하는 모델이라고 하였다.

1 시퀀스

마코프 결정 과정(Markov Decision Process, MDP)

마코프 과정의 의미와 성질 및 상태전이확률 행렬

마코프 과정(Markov process)은 의사결정 과정을 모델링하는 수학적인 틀을 제공한다. 이 때 의사결정의 결과는 의사결정자의 결정에도 좌우되지만, 어느 정도 임의적으로 주어진다. 마코프 결정 과정은 동적 계획법과 강화학습 등의 방법으로 푸는 넓은 범위의 최적화 문제에 유용한 도구로 활용되며, 로봇 공학, 제어 자동화, 경제학, 제조업 등의 영역에서 폭넓게 사용되고 있다. MDP는 의사결정 과정을 확률과 그래프를 이용하여 모델링한 것으로써, "시간 t에서의 상태는 $t-1$에서의 상태에만 영향을 받는다"는 first-order Markov assumption을 기반으로 고안되었다.

마코프 프로세스는 다음과 같은 정의를 갖다. 확률론에서 마코프 연쇄(Markov chain)는 메모리를 갖지 않는 이산 시간 확률 과정이다. 또한, 연속으로 나타나는 경우가 마코프 과정(Markov process)이다.

우선 확률 과정(stochastic process)는 시간이 진행됨에 따라 상태가 확률적으로 변화하는 과정을 의미한다. 확률론적으로 접근하면, 어떠한 확률 분포를 따르는 확률변수(random variable)가 이산적(discrete)인 시간 간격(time interval)마다 값을 생성해내는 것을 의미한다. 이때 시간 간격(time interval)이 이산적(discrete)이고, 현재의 상태(state)가 이전 상태(state)에만 영향을 받는 확률 과정이 바로 마코프 과정(Markov process)이다.

가. 마코프 가정 또는 성질(Markov assumption or property)

다른 확률 과정과 다르게 마코프 가정(Markov assumption) 또는 성질(Markov property)이란 어떤 시간에 특정 상태(state)에 도달하든, 그 이전에 어떤 상태를 거쳐 왔든 다음 상태로 갈 확률은 항상 같다는 성질이다. 이 때문에 무기억 성질(memoryless property)이라고도 부르기도 한다.

$$P(S_{t+1} = s' | S_0, S_1, \cdots, S_{t-1}, S_t) = P(S_{t+1} = s' | S_t)$$

0부터 시간 t까지 여러 상태(state)를 거쳐 오고, 시간 $t+1$에 s'라는 상태에 도달할 확률(좌변)이 바로 직전 시간 t의 상태에서 상태 s'로 올 확률이 같다. 0부터 시간 $t-1$까지의 정보는 이미 시간 t의 상태가 가지고 있다는 가정이 전제되어 있다.

다음 그림은 학생의 일과에 대한 마코프 연쇄(Markov chain)이다. 한 상태(state)에서 다른 상태로 이동할 확률의 합은 1을 유지한 상태로 여러 상태들이 연쇄적으로 이어져있다. 위 그래프에서 'sleep' 상태는 모양이 조금 다른데 이를 최종상태(terminal state)라고 부른다. sleep 상태에 빠지게 되면 다시 다른 상태로의 이동이 없는 마지막 상태가 되기 때문이다. 이렇게 무한대의 시간이 지나고 나면 최종상태(terminal state)로 수렴하는 것을 안정적 분포(stationary distribution)라고 부른다.

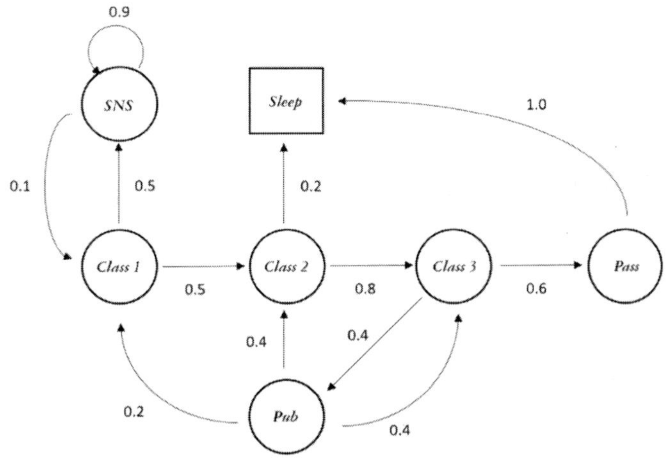

학생의 마코프 연쇄

나. 상태전이확률 행렬(state transition probability matrix)

상태(state)들 간에 이동하는 것을 전이(transition)이라고 하는데, 이를 확률로 표현하게 된다. 이를 상태전이확률(state transition probability)라고 하고 수식은 다음과 같이 표현한다.

$$P_{ss'} = P(S_{t+1} = s' | S_t = s)$$

앞의 전이확률을 행렬의 형태로 나타내면 상태전이확률 행렬이 된다.

$$\mathcal{P} = \begin{array}{c} \\ Class\ 1 \\ Class\ 2 \\ Class\ 3 \\ SNS \\ Pass \\ Pub \\ Sleep \end{array} \begin{array}{c} \begin{array}{ccccccc} Class\ 1 & Class\ 2 & Class\ 3 & SNS & Pass & Pub & Sleep \end{array} \\ \begin{pmatrix} & 0.5 & & 0.5 & & & \\ & & 0.8 & & & & 0.2 \\ & & & & 0.6 & 0.4 & \\ 0.1 & & & 0.9 & & & \\ & & & & & & 1 \\ 0.2 & 0.4 & 0.4 & & & & \\ & & & & & & 1 \end{pmatrix} \end{array}$$

상태전이확률 행렬

마코프 보상 과정(Markov Reward Process, MRP)

가. 보상(Reward)

마코프 과정에 보상(reward)의 개념을 추가한 것이 Markov Reward Process(MRP)이다. 마코프 과정에서는 각 상태(state)별 전이확률이 주어져 있을 뿐, 상태(state)에서 다음 상태로 가는 것이 얼마나 가치가 있는지는 알 수 없다. 이를 정량화하기 위해 도입한 개념이 보상(reward)이다. 앞의 예에서 마코프 과정에 보상을 추가하자.

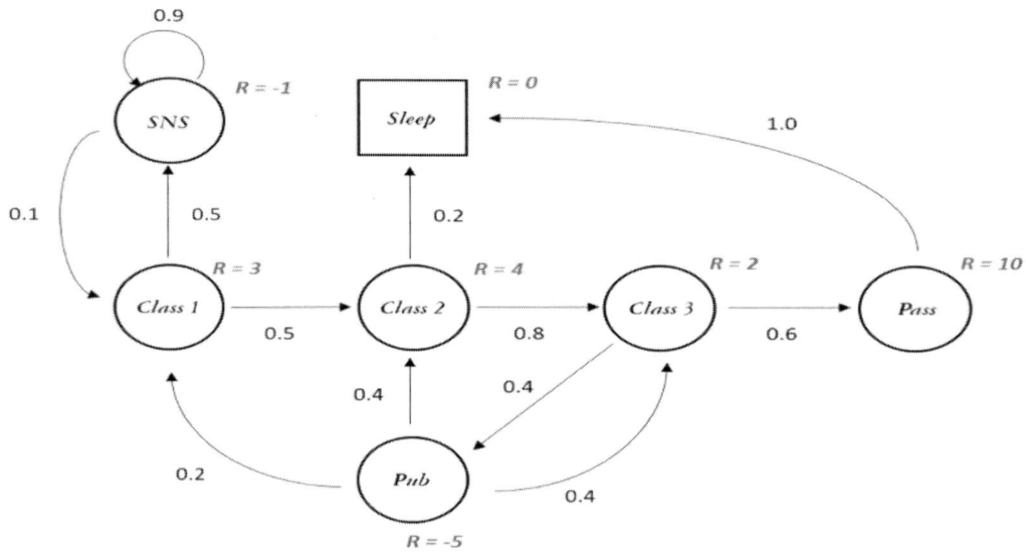

마코프 과정에 보상(reward)을 추가한 경우

이렇게 각 상태별로 보상의 개념이 적용되어 어떠한 상태가 어떠한 가치를 가지게 되는지 보여 준다. 이렇게 되면, 상태를 받아 보상의 기댓값으로 맵핑(mapping)하는 함수를 R_s라고 할 때, 다음과 같이 수식으로 표현할 수 있다.

$$R_s = E[r_{t+1} | S_t = s]$$

또한, 바로 다음시간 $t+1$에 얻을 수 있는 보상이기 때문에 즉각적 보상(immediate reward)이라고 한다.

나. 할인인자(Discount Factor)

그러나 상태의 정확한 가치를 구하기 위해서 어느 시점에서 보상을 얻느냐도 중요한 관점이다. 즉, 특정 상태에 당장 도달해서 지금 보상을 얻을 것이냐? 아니면 나중에 도달해서 보상을 얻을 것이냐?에 대한 가치판단이 필요하다. 이 가치판단이 필요한 이유를 두 가지 상황에서 생각해 보자.

① 어떤 에이전트(agent)가 시간 간격(time interval) 마다 보상을 0.1씩 얻도록 상태가 변하는 것과 1씩 얻도록 변하는 것에 대해 시간이 무한대일 때 어떤 것이 가치가 높다고 판단할 수 있을까?

② 보상이 0인 상태를 반복하다가 마지막 상태에서 보상을 1 받고 끝났다. 그러나 시작 상태에서 1을 받고 마지막 상태까지 보상을 계속 0으로 받는다면, 이 둘 중 어떤 것을 더 가치있다고 해야 할까?

실생활에서 우리가 은행에 돈을 넣어두면 이자가 붙게 되는데 이 이자는 현재가치와 미래가치의 가치판단을 하게 해주는 척도이다. 현재가치와 미래가치는 그럼 어떤 것이 높을까?

(현재가치)에 (이자 : 현재가치×이자율)를 더하면 (미래가치)가 된다. 그렇다면 (현재가치) $<$ (미래가치) 일까? 이때 시간의 개념이 필요하다다. (현재가치)는 시간t이고 (미래가치)는 시간t보다 더 미래의 시간이다. 미래가치는 시간t으로부터 충분히 시간이 지나고, 그에 따른 이자가 붙어야지만 현재가치와 동일해진다. 즉, 미래가치를 현재 시점으로 보면, 현재가치보다 적다. 이를 수식적으로 반영한 것이 할인인자(discounting factor), γ이다. 보통 γ는 0과 1사이의 값으로 하여 미래가치를 현재 시점에서의 가치로 변환한다.

다. 총보상(Return)

즉각적 보상(immediate reward)뿐만 아니라, 먼 미래에 얻을 수 있는 총보상(total reward)에 대해 고려할 수 있게 된다. 이를 총보상(return)이라고 하고 다음과 같다.

$$G_t = R_{t+1} + \gamma R_{t+2} + \cdots = \sum_{k=0}^{\infty} \gamma^k R_{t+k+1}$$

여기서 R은 위에서 언급한 즉각적 보상(immediate reward)들이다. 총보상은 각 시점에서의 즉각적 보상들을 현재가치로 환산하여 합한 것이라고 생각하면 된다.

CHAPTER 03 지도학습

라. MRP의 가치함수(Value Function of MRP)

이제 MRP에서 상태의 가치를 표현할 수 있는 모든 요소가 나왔다. 상태의 가치를 표현하는 함수를 가치함수(value function)이라고 하며, 어떠한 상태에서 미래에 얻을 수 있는 모든 보상을 더한 것의 기대치(expectation)이다. 다음과 같이 표현할 수 있다.

$$V(s) = E[G_t | S_t = s]$$

상태 s에서 이동 가능한 상태들의 시나리오들을 따라 그 상태들의 보상(reward)에 할인인자(discounting factor)를 적용하여 모두 더한 값이 상태 s에서의 가치 $V(s)$가 된다. 즉, 이동가능한 시나리오들마다 총보상 값이 생기게 되고, 모든 시나리오에서의 총보상 값의 기대치(expectation)이 $V(s)$라고 생각하시면 된다. 따라서 총보상 값은 시나리오에 따라 여러 개가 나올 수 있지만, 가능한 모든 시나리오에 대해 기대하는 값인 $V(s)$는 해당 상태에서 하나 존재하게 된다.

마코프의사결정 과정(MDP)

마코프 과정에서 보상(reward)을 추가한 것이 MRP라면, MDP는 MRP에 행동(action)라는 개념이 추가되며 정책(policy)이라는 개념이 등장한다.

가. 행동(action)

행동(action)는 앞에서 상태가 변한다는 것은 전이확률(transition probability)에 따라 임의로 변했다면, MDP에서는 가치(value)를 환경(environment) 관점에서 행동을 함으로써 상태(state)가 변하게 된다.

행동(action)

앞에서 행동(action)의 주체는 에이전트(agent)였다. 이전의 마코프 과정, MRP에서는 가치를 환경 관점에서 매겼다면, 행동을 함으로써 에이전트의 관점에서 가치를 평가하게 된다. 즉, 에이전트가 행동을 취함에 따라 상태를 변화시킬 수 있다. 따라서 이제 상태에 대한 가치뿐만 아니라 에이전트가 하는 행동에 대해서도 가치를 측정해야 한다.

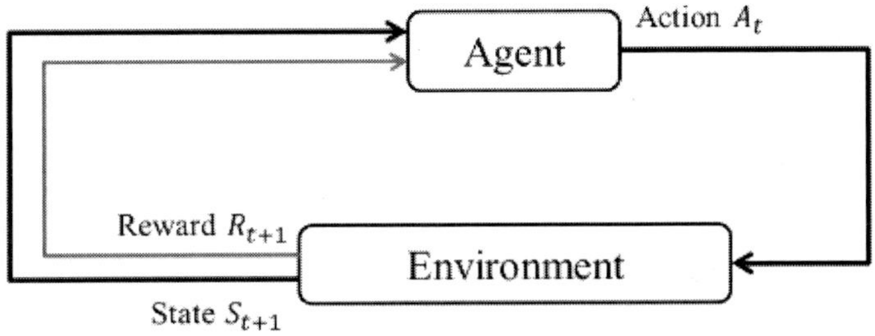

MDP의 동작

나. 정책(Policy)

정책(policy)이란 상태에서 행동을 맵핑(mapping)하는 함수라고 생각하면 된다. 즉, 해당 상태에서 어떤 행동을 할 지를 정하는 것이 정책이다. 수식으로는 다음과 같이 상태 s에서 행동 a를 수행할 확률로 정의된다.

$$\pi(a|s) = P(A_t = a|S_t = s)$$

강화학습의 목적은 총보상(return)을 최대화하는 정책(policy)을 찾는 것이다. 상태에 도달할 때마다 총보상을 최대화하는 행동을 선택하는 함수를 찾는 것이라고 할 수 있다.

다. 정책(Policy) vs. 전이행렬(Transition Matrix)

정책은 상태 s에서 행동 a를 취할 확률이라 하였다. 그런데 비슷한 개념을 앞에서 다루었는데, 상태 s에서 다음 상태 s'로 전이할 확률을 전이확률(transition probability)라고 하였다. 앞에서 전이확률(transition probability)이 MDP에서 행동(action)이란 개념이 추가되어 다음과 같이 쓸 수 있다.

$$P_{ss'} = P(S_{t+1} = s'|S_t = s) \rightarrow P_{ss'}^{a} = P(S_{t+1} = s'|S_t = s, A_t = a)$$

이제 정책(policy)과 전이확률을 다음과 같이 구분할 수 있다.

① 정책 : 상태 s에서 행동 a를 할 확률

② 전이확률 : 상태 s에서 행동 a를 해서 상태 s'로 전이할 확률

전이확률은 상태 s에서 정책에 의해 행동 a까지 한 뒤에 그 결과로 상태 s'로 변할 확률이라고 이해하면 된다. 또한, 보상도 이제는 상태의 변화가 행동에 따라 달라지므로, 다음과 같이 행동 a를 추가한 함수가 된다.

$$R_s^a = E[r_{t+1} | S_t = s, A_t = a]$$

라. MDP의 가치함수(Value Function of MDP)

MDP에서 가치(value)에 대해 살펴보자. MRP에서 상태들에 대한 가치만 판단했는데, 이제 새롭게 추가된 에이전트의 행동에 대해서도 가치를 판단할 수 있다. 각각의 가치함수(value function)들을 보기 이전에, MDP의 과정을 살펴보자. 아래 그림에서 $V_\pi(s)$는 상태가치함수(state-value function)를, $Q_\pi(s,a)$는 행동가치함수(action-value function)를 말한다.

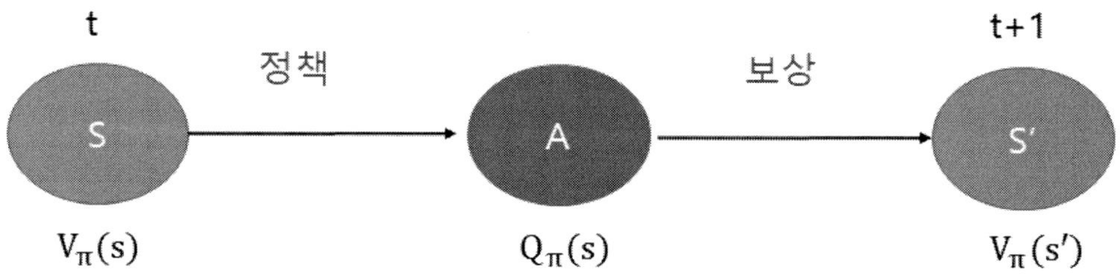

MDP

① 시점t에 상태 s에 놓인 에이전트가 정책에 따라 행동 a를 수행한다.
② 상태 s에서 행동 a를 수행하면 보상을 받는다.
③ 그리고 전이확률에 따라 상태 s'로 전이한다.

여기서 MDP에서 상태가치함수(state-value function)은 상태에서 선택하는 정책에 따라 그 행동이 달라지고, 이후 상태가 달라지기 때문에 정책에 영향을 받는다. 따라서 상태가치함수(state-value function)을 다음과 같이 π를 더하여 쓸 수 있다.

$$V_\pi(s) = E_\pi[G_t | S_t = s]$$

MDP에서 상태 s의 가치는 해당 상태에서 정책에 얻게 되는 총보상을 나타낸다.

마찬가지로 에이전트가 하는 행동에 대해서도 다음과 같이 가치를 판단할 수 있다.

$$Q_\pi(s,a) = E_\pi[G_t | S_t = s, A_t = a]$$

MDP에서 행동 a의 가치는 상태 s에서 정책에 따라 행동을 취했을 때, 얻게 되는 보상들의 총합을 나타낸다.

상태의 가치는 그 상태에서 선택하는 정책에 따라 취하게 되는 행동의 행동가치함수(action-value function)으로 판단할 수 있고, 행동의 가치는 그 다음에 전이가능 상태들의 가치로 판단할 수 있다.

벨만방정식(Bellman equation)

상태가치함수(state-value function)와 행동가치함수(action-value function)들의 관계로 현재 상태/행동과 다음 상태/행동과의 관계식이 만들어지는데 이를 벨만방정식(Bellman equation)이라고 한다. 강화학습은 이런 벨만방정식(Bellman equation)을 푸는 과정이라고 볼 수 있다.

벨만방정식(Bellman equation)은 기대(expectation)과 최적(optimality), 두 가지 종류가 있는데 먼저 기대방정식(expectation equation)부터 살펴보자. MDP에서의 두 가지 가치함수(value function)에 따라 각각 벨만방정식(Bellman equation)이 형성된다.

가. 상태가치함수(state-value function)

MDP의 상태가치함수(state-value function)의 정의는 다음과 같다.

$$V_\pi(s) = E_\pi[G_t | S_t = s]$$

$G_t = R_{t+1} + \gamma R_{t+2} + \gamma^2 R_{t+3} + \cdots$ 의 관계식에 따라 다음과 같다.

$$\begin{aligned} V_\pi(s) &= E_\pi[G_t | S_t = s] \\ &= E_\pi[R_{t+1} + \gamma R_{t+2} + \gamma^2 R_{t+3} + \cdots | S_t = s] \\ &= E_\pi[R_{t+1} + \gamma R_{t+2} + \gamma^2 R_{t+3} + \cdots | S_t = s] \\ &= E_\pi[R_{t+1} + \gamma(G_{t+1}) | S_t = s] \\ &= E_\pi[R_{t+1} + V(S_{t+1}) | S_t = s] \end{aligned}$$

여기서 R_{t+1}은 시점$t+1$에 받는 보상, 즉, 즉각적 보상(immediate reward)이며 $\gamma V(S_{t+1})$는 미래보상(future reward)의 할인인자가 곱해진 것이다. 주목해야할 것은 현재 시점 t의 상태가치함수(state-value function)이 바로 다음 시점 $t+1$의 상태가치함수(state-value function)로 표현되었다.

그러나 위 식으로는 실제로 구현하는 것이 어렵기 때문에, 직접 구현하기 위해 조금 더 이용가능한 형태로의 변형이 필요하다. 이는 위 관계식을 MDP 상에서 각 요소들의 관계에 대해 생각해 보면 가능하다.

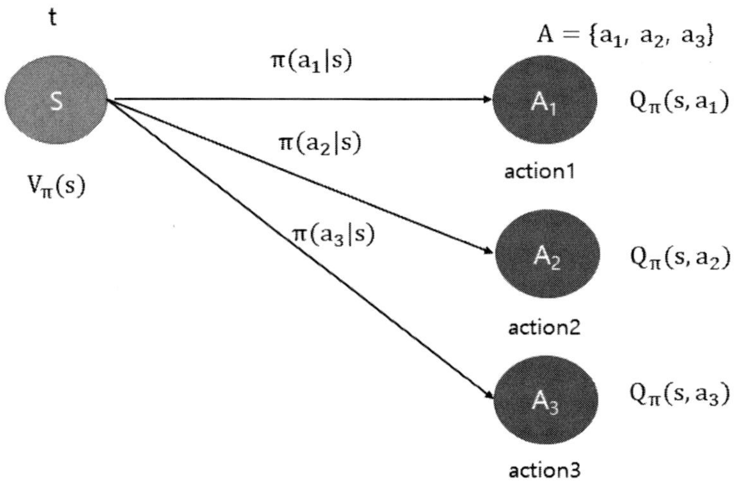

상태가치함수

여기서 정책(policy)은 맵핑(mapping) 함수로 $s \rightarrow a$이고 $V_\pi(s) = \sum_{a \in A} \pi(a|s) \cdot Q_\pi(s,a)$

현재 시점 상태 t에서 가능한 행동들이 a_1, a_2, a_3 세 가지가 있다고 가정하자. 그러면 에이전트(agent)가 선택한 당시의 정책에 따라 행동을 할 확률이 정해지고, 그 때의 행동가치함수를 얻을 수 있다. 따라서 상태가치함수의 기대(expectation)를 각 행동을 할 확률과 그 행동의 가치함수을 곱한 것의 합으로 표현할 수 있다. 이런 형태라면 기대를 계산가능한 형태로 표현하였다고 할 수 있다. 그러나 이 형태로는 다음 상태가치함수(state-value function)과의 관계가 눈에 들어오지 않는다. 따라서 Q-function(상태가치함수)에 대해서 조금 더 식을 전개한다. 아래와 같이 행동가치함수이 표현될 수 있다.

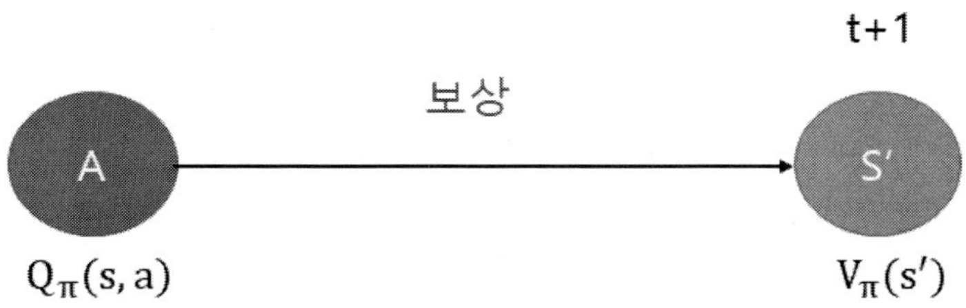

행동가치함수

여기서 전이확률은 맵핑(mapping) 함수이며 $s,a \rightarrow s'$

$Q_\pi(s,a) = R_s^a + \gamma \times \sum_{s' \in S} P_{ss'}^a \times V_\pi(s')$이다.

상태 s에서 행동 a를 했을 때의 그 행동에 대한 가치는 두 가지의 요소로 구성되어 있다. 상태 s에서 행동 a를 했을 때의 보상과 그 다음 상태의 가치함수이다. 그런데 이 중 이 다음 상태가치 함수 $V_\pi(s')$는 시점$t+1$에서의 가치함수이므로 할인인자를 적용해야 한다. 또한, 결정적이지 않다면, 현재(t) 상태 s에서 다음($t+1$) 상태 s'으로 전이될 확률도 적용해야 한다. 따라서 위와 같은 식이 도출된다. 상태가치함수와 행동가치함수 형태를 묶으면 다음과 같다.

$$V_\pi(s) = \sum_{a \in A} \pi(a|s)\left(R_s^a + \gamma \sum_{s' \in S} P_{ss'}^a \ V_\pi(s')\right)$$

이제 $V_\pi(s')$과 $V_\pi(s)$의 관계로 나타난다.

나. 행동가치함수(action-value function)

행동가치함수의 $V_\pi(s')$을 상태가치함수의 형태로 바꾸면 다음과 같다.

$$Q_\pi(s,a) = R_s^a + \gamma \sum_{s' \in S} P_{ss'}^a \sum_{a' \in A} \pi(a'|s') Q_\pi(s',a')$$

이렇게 상태, 행동가치함수(action-value function)의 벨만기대방정식(Bellman expectation equation)을 계산가능한 형태로 변형하고, 다시 현재와 바로 다음 상태/행동 간의 관계가 드러나도록 정리를 하여 아래와 같은 식을 얻는다.

$$V_\pi(s) = \sum_{a \in A} \pi(a|s)\left(R_s^a + \gamma \sum_{s' \in S} P_{ss'}^a \ V_\pi(s')\right)$$

CHAPTER 03 지도학습

$$Q_\pi(s,a) = R_s^a + \gamma \sum_{s' \in S} P_{ss'}^a \sum_{a' \in A} \pi(a'|s') Q_\pi(s',a')$$

여기서 잠시 벨만방정식(Bellman equation)이 어떤 것인지 조금 위에서 바라보기 위해 강화학습의 과정을 다시 살펴보자.

① 처음 에이전트(agent)가 경험하는 상태 s나 행동에 대한 값들은 모두 의미없는 값들이다(0 혹은 random number).
② 그리고 최적의 정책도 모른 상태로 무작위적(random) 요소를 가미하여 이것저것 행동을 선택한다.
③ 그런 과정에서 환경(environment)과 상호작용을 하면서 얻은 보상과 상태에 대한 정보들을 통해서 어떤 상태에서 어떤 행동을 하는 것이 좋은지(최대의 보상을 얻을 수 있는지)를 판단한다.
④ 이때 이를 판단하는 수단이 상태가치함수와 행동가치함수이고, 이것을 벨만방정식(Bellman equation)을 가지고 업데이트하며 점점 높은 보상을 얻을 수 있는 상태를 찾아가고 행동을 하도록 학습한다.
⑤ 이러한 과정 속에서 최대의 보상을 갖는 행동들을 선택하게 되는 최적정책(optimal policy)을 찾는다.

벨만기대방정식(Bellman expectation equation)이 갖는 의미는 처음에 초기화된 값을 계속해서 다음 가치함수의 값들을 가지고 업데이트하며 참인 가치함수(true value function)로 다가가는 것이다. 우리가 동전을 던져서 앞면이 나올 확률이 1/2이라고 어떻게 알았을까? 동전이 나타낼 수 있는 상태가 앞면, 뒷면 2가지가 있어서 1/2로 생각할 수 있다. 하지만 1/(나올 수 있는 상태)이라는 것을 처음 발견할 때를 생각하면, 직접 무한 번에 가까운 횟수를 던지며 경험적으로 증명하며 깨우칠 수 밖에 없다. 즉, 우리가 강화학습을 할 때는 초기값(0 또는 무작위 숫자)을 여러 과정을 반복하며 얻은 정보들로 업데이트하여 참 값을 얻도록 디자인되어 있다. 그리고 이렇게 반복적으로 얻은 값이 가장 클 때, 이를 벨만최적방정식(Bellman optimality equation)이라고 부른다.

다. 벨만최적방정식(Bellman optimality equation)

강화학습에서 우리가 추구하고자 하는 목표는 가치함수의 참 값을 찾는 것이 아닌 최대의 보상을 얻는 정책을 찾는 것이다. 그래서 우리는 이왕이면 가장 큰 참 값을 찾아야 한다. 우리는 어떠한 목표를 이루었을 때, 최적의 상태라고 부른다. 그래서 최적(optimal)이라는 말이 붙여진 단어라면 어떤 목적을 달성된 상태라고 생각할 수 있다. 그래서 강화학습의 목표에 따라 찾아진 정책을 우리는 최적정책(optimal policy)이라고 부른다. 이러한 최적정책을 따르는 벨만방정식(Bellman equation)이 바로 벨만최적방정식(Bellman optimality equation)이다.

최적가치함수(optimal value function)란 최대의 보상을 갖는 가치함수이라고 할 수 있다. 따라서 우리는 다음과 같이 2개의 가치함수의 최적(optimality)울 구할 수 있다.

$$V^*(s) = \max_\pi V_\pi(s)$$
$$Q^*(s,a) = \max_\pi \ Q_\pi(s,a)$$

이 중에서 함수 q에 대한 최적가치함수(optimal value function)를 구할 수 있다면, 주어진 상태에서 q 값이 가장 높은 행동을 선택할 수 있게 되고, 따라서 최적정책(optimal policy)을 구할 수 있게 된다. 이렇게 선택된 최적정책은 다음과 같이 수식으로 쓸 수 있다.

$$\pi^*(a|s) = \begin{cases} 1 & \text{if} a = \text{arg}max_a \ \ Q^*(s,a) \\ 0 & otherwise \end{cases}$$

즉, 함수 Q^*를 최대로 하는 행동만 취하겠다는 의미이다. 이렇듯 $Q^*(s,a)$을 찾게 되면 최적정책을 구할 수 있게 된다.

벨만최적방정식(Bellman optimality equation)은 위 두 최적가치함수의 관계를 나타낸다.

$$\begin{aligned} V^*(s) &= \max_\pi V_\pi(s) = \max_a \ Q_\pi(s,a) = \max_a\left(R_s^a + \gamma \sum_{s' \in S} P_{ss'}^a \ V_\pi(s')\right) \\ &= \max_a \ R_s^a + \gamma \sum_{s' \in S} P_{ss'}^a \ V^*(s') \end{aligned}$$

$$\begin{aligned} Q^*(s,a) &= \max_\pi \ Q_\pi(s,a) = \max_\pi\left(R_s^a + \gamma \sum_{s' \in S} P_{ss'}^a \ V_\pi(s')\right) \\ &= R_s^a + \gamma \sum_{s' \in S} P_{ss'}^a \ V^*(s') \end{aligned}$$

강화학습에서는 모델을 몰라도 시행착오(trial and error)를 통해 학습할 수 있게 디자인되어 있다. 여기서 모델이란 주어지는 보상과 상태전이확률(state transition probability)울 말하는데, 이 말에 의하면 강화학습에서 벨만방정식(Bellman equation)을 풀 수 없게 된다. 벨만방정식(Bellman equation)을 풀기 위해서 모델을 안다는 전제가 있어야하는데 이를 전제하고 푸는 것이 바로 동적 프로그래밍(Dynamic Programming)이다.

동적 프로그래밍(Dynamic Programming, DP)

강화학습은 시간에 따라 단계별로 행동을 취하는 문제를 MDP로 정의하여 푸는 방법 중에 하나인데, DP도 마찬가지이다. 차이점은 DP는 모델(environment)의 보상, 상태전이확률을 알아야 하는 Model-based 방법인데 반해, 강화학습은 모델을 몰라도(Model-free) 풀 수 있는 방법이다. 전자를 Planning이라고 부르며, 후자를 Learning이라고 말한다. 즉, DP는 Planning의 방법으로써 환경의 모델을 안다는 전제 하에 벨만방정식(Bellman equation)을 푸는 것을 말한다. 이러한 DP를 보완한 것이 강화학습이다.

DP는 환경(environment)의 모델을 완벽히 알고 푸는 알고리즘이다. DP는 강화학습보다 먼저 벨만방정식(Bellman equation)을 푸는 알고리즘이다. Dynamic은 동적이라는 뜻으로, 시간에 따라는 변하는 대상을 다루고 있음을 나타내고, Programming은 여러 프로세스로 나누어 Planning한다는 뜻이다. 단어로부터 알 수 있듯이, DP의 개념은 큰 순차적인 행동 결정 문제를 작은 프로세스들로 나누어 푸는데, 푸는 대상이 시간에 따라 변하는 대상인 것이다. 예를 들어, 우리는 1부터 100까지 더하는 문제를 한꺼번에 세로로 쓰고 일의 자리, 십의 자리, 백의 자리를 따져가며 계산하는 것이 아니라 다음과 같이 순차적으로 작게 풀어나갈 수 있다.

```
       1
       2
       3          1+2    = 3      (1+2)
       4          3+3    = 6      (1+2+3)
       +          6+4    = 10     (1+2+3+4)
      ...          ...             ...
             4950 + 100  = 5050   (1+2+3+... +100)

      99
 +)  100
 -------
```

동적 프로그래밍의 컨셉

DP는 예측(prediction)과 제어(control)의 두 단계로 나누어진다. 그리고 현재 진행하는 정책에 따라 가치함수를 구하고(prediction), 이를 토대로 정책을 최적으로 제어하는(control) 흐름으로 진행된다. 이때, 예측의 과정이 정책평가(policy evaluation)이고, 제어(control)의 과정이 정책개선(policy improvement)이다. DP는 각 과정에서 사용하는 벨만방정식(Bellman equation)에 따라 2가지 종류로 나뉘게 되는데 벨만기대방정식(Bellman expectation equation)을 사용하는 정책반복(policy iteration)과 벨만최적방정식(Bellman optimality equation)을 사용하는 값반복(value iteration)이다.

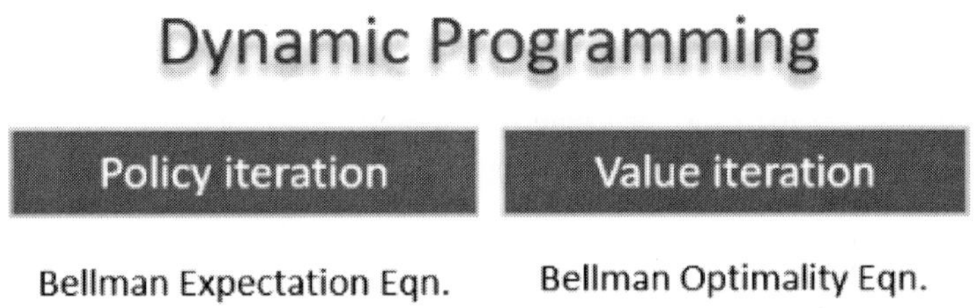

DP의 종류

가. 정책반복(policy iteration) : 정책평가(policy evaluation)

다음과 같이 상태1, 2, 3이 주어져 있다고 하자. 이 상태들은 MDP로 정의되어 있다. 그리고 각 상태를 통해서 가치함수들이 존재한다.

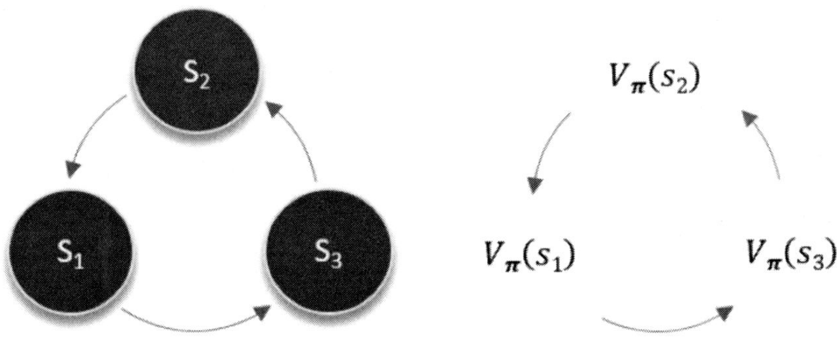

DP 상태(state), 가치함수(value function) 예시

우리가 찾고자 하는 것은 각 상태들의 참인 가치함수(true value function) $V_\pi(s)$이다. 참인 가치함수(true value function)는 처음의 정책이 무작위 정책(random policy)이기 때문에 반드시 이를 판단하고 발전시켜야 하는데, 현재 따르는 정책이 옳은지 또는 틀리는지를 판단하기 위해서 사용하는데, 처음 구한 상태의 가치함수은 진짜 가치함수가 아니다. 현재의 정책대로 각 상

태별로 중요도의 경중이 존재하게 되는데 이를 에이전트(agent)는 알 길이 없다. 그래서 몇 번이고 이 상태와 저 상태를 왔다 갔다 하면서 가치함수을 계속해서 업데이트를 시켜 최종적으로 중요한지 안한지를 판단할 수 있는 참인 가치함수를 찾는 것이다. 하지만 이 참값(true value)을 처음부터 구하기가 매우 어렵기 때문에, 아래와 같이 반복(iteration)하며 점점 참값에 다가가자는 것이 DP의 아이디어이다.

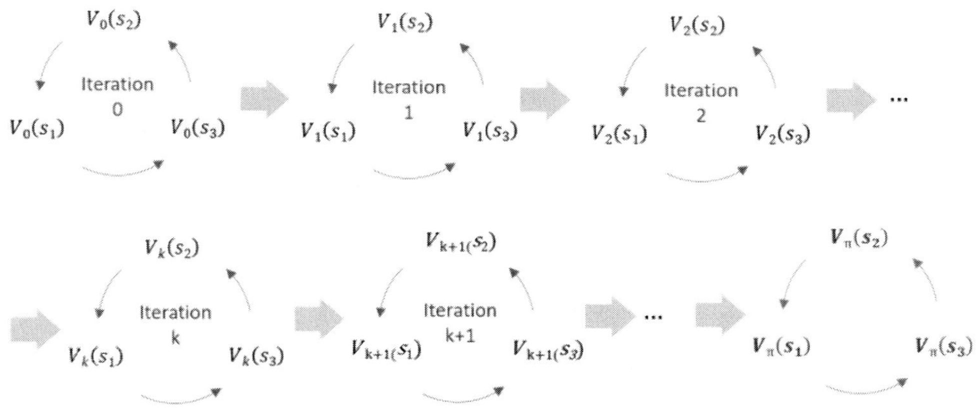

참인 가치함수를 찾기 위한 반복(iteration)

이 때, 하나의 반복에서는 우리가 알고 있는 모델을 이용해서 전체 상태의 가치함를 모두 구한다. 이렇게 되면 무한히 반복되면 전체 상태의 진짜 정보를 알게 되고 확실히 가야할 상태도 알 수 있게 된다. 이렇게 참인 가치함수(true value function)를 구하기 위해 반복하는 것을 정책평가(policy evaluation)라고 한다. 이때, 정책반복(policy iteration)을 사용하는 가치함수를 구하는 식은 계산가능한 형태의 벨만기대방정식(Bellman expectation equation)이다.

$$V_{k+1}(s) = \sum_{a \in A} \pi(a|s) \Big(R_s^a) + \gamma \sum_{s \in S} P_{ss'}^a \; V_k(s') \Big)$$

여기서 앞과 다른 점은 반복 k가 더해진 것뿐이다. 현재 상태s의 $(k+1)$번째 가치함수)은 s에서 이동 가능한 s'에 대해서 k번째에서 구해놓은 상태(state) s'의 가치함수를 이용한다는 것이다. 이렇게 다음 상태가치함수(next-state-value function)로 현재가치함수(present-state-value function)를 구하는 것을 backup이라고 한다. backup을 진행하는 단계에 따라 1단계 백업(one-step backup)과 다단계 백업(multi-step backup)이 있고, 구하는 상태의 종류에 따라 full-width backup과 sample backup이 있다. DP는 가치함수를 구할 때 바로 다음 step의 상태(state) 가치함수를 이용하기에 one-step backup이고, 현재 s에서 가능한 모든 s'들의 가치함수를 구하기 때문에 Full-width backup이다. 그러면 실제 grid-world에서 예제를 살펴보자.

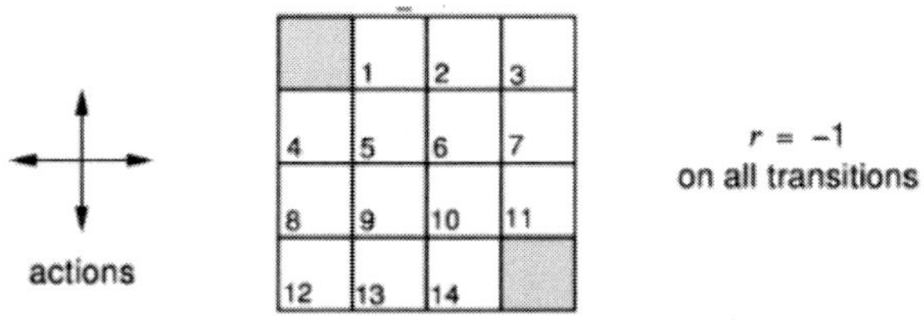

- Undiscounted episodic MDP ($\gamma = 1$)
- Nonterminal states 1, ..., 14
- One terminal state (shown twice as shaded squares)
- Actions leading out of the grid leave state unchanged
- Reward is −1 until the terminal state is reached
- Agent follows uniform random policy

grid-world의 정책평가 예시

$$\pi(n|\ \bullet\ ) = \pi(e|\ \bullet\ ) = \pi(s|\ \bullet\ ) = \pi(w|\ \bullet\ ) = 0.25$$

4×4의 회색 표시된 상태가 종료상태(terminal state)인 grid-world이다. 행동은 상하좌우 4가지이고, 제일 바깥쪽 상태에서 gird-world를 초월하는 행동을 취할 경우, 제자리로 다시 돌아온다. 결정적인 환경으로 가정하여 상태전이확률(state transition probability)운 1이라고 생각하자. 보상은 time-step에 따라 -1을 받고 따라 보상)을 최대로 받아야 하는 에이전트(agent)는 최단거리로 종료상태(terminal state)로 가는 것을 학습할 것이다. 처음 에이전트(agent)가 택하는 정책은 상하좌우를 모두 같은 확률로 가는 uniform random policy이다. 그럼 에이전트(agent)가 이 정책을 택했을 경우에 가치함수를 구하자.

CHAPTER 03 지도학습

k = 0

0	0	0	0
0	0	0	0
0	0	0	0
0	0	0	0

0	0	0	0
0	0	0	0
0	0	0	0
0	0	0	0

at (1,2) state

Up $V_1(s) = 0.25 \times (-1 + 0)$
Down $V_1(s) = 0.25 \times (-1 + 0)$
Left $V_1(s) = 0.25 \times (-1 + 0)$
Right $V_1(s) = 0.25 \times (-1 + 0)$

$\therefore V_1(s) = 4 \times 0.25 \times (-1) = \mathbf{-1}$

iteration=0에서의 policy evaluation

iteration=0이다. 왼쪽 표와 같이 초기 가치함수(value function)들은 모두 0이다. 그렇다면 (1,2) 상태에서 현재의 V_0(현재는 0)를 위와 같이 한 단계씩 이동 가능한 모든 다음 상태 s'의 가치함수로 다음 iteration의 가치함수(V_1) 을 구하여 업데이트할 수 있다. 계산식에 어떤 가치함수를 사용하는지 색을 칠하였다.

k = 1

0	-1	-1	-1
-1	-1	-1	-1
-1	-1	-1	-1
-1	-1	-1	0

0	-1	-1	-1
-1	-1	-1	-1
-1	-1	-1	-1
-1	-1	-1	0

at (1,2) state

Up $V_2(s) = 0.25 \times (-1 + -1)$
Down $V_2(s) = 0.25 \times (-1 + -1)$
Left $V_2(s) = 0.25 \times (-1 + 0)$
Right $V_2(s) = 0.25 \times (-1 + -1)$

$\therefore V_2(s) = 3 \times 0.25 \times (-2) + 0.25 \times (-1) = \mathbf{-1.75}$

0	-1	-1	-1
-1	-1	-1	-1
-1	-1	-1	-1
-1	-1	-1	0

at (1,3) state

Up $V_2(s) = 0.25 \times (-1 + -1)$
Down $V_2(s) = 0.25 \times (-1 + -1)$
Left $V_2(s) = 0.25 \times (-1 + -1)$
Right $V_2(s) = 0.25 \times (-1 + -1)$

$\therefore V_2(s) = 4 \times 0.25 \times (-2) = \mathbf{-2}$

iteration=1에서의 policy evaluation

위와 같이 모두 계산하면 첫 번째 iteration 결과 업데이트된 가치함수들이 왼쪽과 같이 도출된다. 이제 마찬가지의 방법으로 (1,2) 상태) 그리고 이번에는 (1,3) 상태까지 계산한 결과이다. 그렇게 반복하면 최종적으로 다음의 평가 결과를 얻는다.

0	-1.75	-2	-2
-1.75	-2	-2	-1
-1	-2	-2	-1.75
-1	-1	-1.75	0

k = 2

0	-2.438	-2.938	-3
-2.438	-2.938	-3	-2.938
-2.938	-3	-2.938	-2.438
-3	-2.938	-2.438	0

k = 3

…

0	-14.	-20.	-22.
-14.	-18.	-20.	-20.
-20.	-20.	-18.	-14.
-22.	-20.	-14.	0

k = ∞

정책반복(policy iteration)에서 정책평가

이렇게 iteration을 반복해서 해당 정책에 대한 참인 가치함수(true value function)를 구하는 과정이 정책평가이다. 하지만, 우리는 어떨 때 참값(true value)라고 판단을 해야 할까? 그리고 만약 간단한 환경이 아니라면, 모든 가치함수을 구하는 것이 과연 빠르고 정확하게 계산할 수 있을까? 전자의 질문에서 고민해야 할 문제지만, 일정 iteration이 지나고부터는 값이 어느 정도 수렴한 다는 것을 알 수 있기 때문에 적당한 시점에서 참값라고 판단할 수 있을 것 같다. 후자의 질문에 대해서 생각해보면 복잡한 실제 환경 속에서 DP의 계산량은 엄청 많다는 것과 모델을 알고 있어야 만이 풀 수 있다. 따라서 이 부분이 DP의 한계점이고 이를 보완한 것이 강화학습이다.

나. 정책개선(policy improvement)

iteration을 반복하며 참인 가치함수(true value function)를 찾았으면 이 정책을 따르는 것이 좋은지 안 좋은지를 판단하고 정책을 업데이트해야 한다. 이를 통해서 우리는 현재의 정책보다 더 나은 정책을 따르게 되고 점점 최적정책에 가까워 질 것이다. 이 과정을 정책개선(policy improvement)라고 한다. 정책을 개선하는 방법이 정해져 있는 것은 아니지만, 여기서는 가장 널리 알려진 방법인 탐욕적 정책개선(greedy policy improvement)을 다룬다. 탐욕적 정책개선은 말 그대로 가치가 가장 높은 상태를 가겠다, 즉 max값만을 선택하겠다는 것이다. 정책평가에서 상태가치함수를 이용하여 모든 상태들에 대해 가치값을 구해놓았다면, 이제는 정책에 따른 행동을 취해야 한다. 현재의 행동은 무작위 정책(random policy)에 따라 무작위적으로 행동을 취하는데, 우리는 탐욕적 정책개선의 방법에 따라 현재 상태에서 갈 수 있는 상태 중 가장 높은 곳으로 이동하는 행동을 취해야 한다. 이러한 행동을 정량화하여 선택하는 기준을 만드는 것이 아래의 상태행동가치함수 또는 행동가치함수(q-function)이다.

$$Q_\pi = R_s^a + \gamma \sum_{s \in S} P_{ss'}^a \ V(s')$$

정책평가(policy evaluation)에서는 상태의 가치함수를 iterative하게 계산하여 모든 상태들에 대한 참값(true value)을 도출하는 과정이라면, 정책개선(policy improvement)에서는 도출된 상태가치들을 토대로 현재의 정책과 행동가치함수(action-value function)을 이용하여 더 좋은 행동을 선택하는 정책으로 만드는 과정이다. 그리고 이 Q-function의 max값만을 취하는 것이 바로 탐욕적 정책개선이다. 그러면 앞선 결과를 바탕으로 탐욕적 정책개선을 적용하자.

0	-14.	-20.	-22.
-14.	-18.	-20.	-20.
-20.	-20.	-18.	-14.
-22.	-20.	-14.	0

True value func.

	1	2	3
4	5	6	7
8	9	10	11
12	13	14	

State #

참인 가치함수(true value function)와 상태 수

왼쪽은 정책평가(policy evaluation) 결과 얻은 참인 가치함수(true value function)들이고, 오른쪽은 non-terminal 상태를 numbering한 것이다. 이제 상태 1과 상태 5에 대해 q-function을 구하자.

at state 1

0	-14.	-20.	-22.
-14.	-18.	-20.	-20.
-20.	-20.	-18.	-14.
-22.	-20.	-14.	0

True value func.

Up $q_\pi(1, 0) = -1 + (-14)$
Down $q_\pi(1, 1) = -1 + (-18)$
Left $q_\pi(1, 2) = -1 + (0)$
Right $q_\pi(1, 3) = -1 + (-20)$

$\therefore \max q_\pi(1, a) = q_\pi(1, \textbf{\textit{Left}})$

at state 5

0	-14.	-20.	-22.
-14.	-18.	-20.	-20.
-20.	-20.	-18.	-14.
-22.	-20.	-14.	0

True value func.

Up $q_\pi(5, 0) = -1 + (-14)$
Down $q_\pi(5, 1) = -1 + (-20)$
Left $q_\pi(5, 2) = -1 + (-14)$
Right $q_\pi(5, 3) = -1 + (-20)$

$\therefore \max q_\pi(5, a) = q_\pi(5, \textbf{\textit{Up}})$ or $q_\pi(5, \textbf{\textit{Left}})$

탐욕적 정책개선

상태별로 취할 수 있는 행동에 대해 각각 Q-function값이 구해지고 탐욕적 정책개선을 통해 선택된 행동들이다. 그리고 모든 상태에 대해 이를 적용하면 다음과 같다.

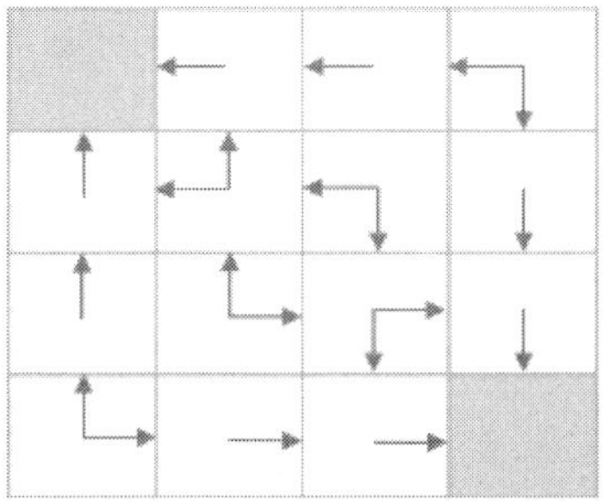

The result of GPI

탐욕적 정책개선 결과

이 예제는 grid world가 매우 단순하고 계산이 간단한 조건이기 때문에 정책평가와 정책개선(policy improvement)을 한 번씩만 해도 최적정책(optimal policy)을 찾게 된다. 하지만 보통의 경우에는 이를 반복적으로 계산해야 최적으로 다가간다. 그래서 정책 "iteration"이라고 부르는 이유이다.

다. 값반복(value iteration)

정책반복(policy iteration)과 구분되는 값반복(value iteration)은 벨만최적방정식(Bellman optimality equation)을 이용하는 것인데, 이를 이용하면 평가를 한번만 진행하게 된다. 즉, 평가는 수많은 부분 iteration으로 이루어져 있다면, 전체 iteration중에 한 번이다. 평가 과정에서 이동가능한 상태 s'들에 대해 모든 가치함수들을 더하여 도출했지만, 이중에 max값을 취해서 탐욕적으로 가치함수를 구해서 improve 버리자는 것이 값반복(value iteration)의 아이디어이다. 그래서 행동)을 취할 확률을 곱해서 합하는 대신에 극대값을 취하는 아래의 최적가치함수(optimal value function)식을 사용한다.

$$V_{k+1}(s) = \mathrm{max}_{a \in A}\left(R_s^a + \gamma \sum_{s \in S} P_{ss'}^{a V_k}(s)\right)$$

grid world 예제에 값반복을 적용하자.

CHAPTER 03 지도학습

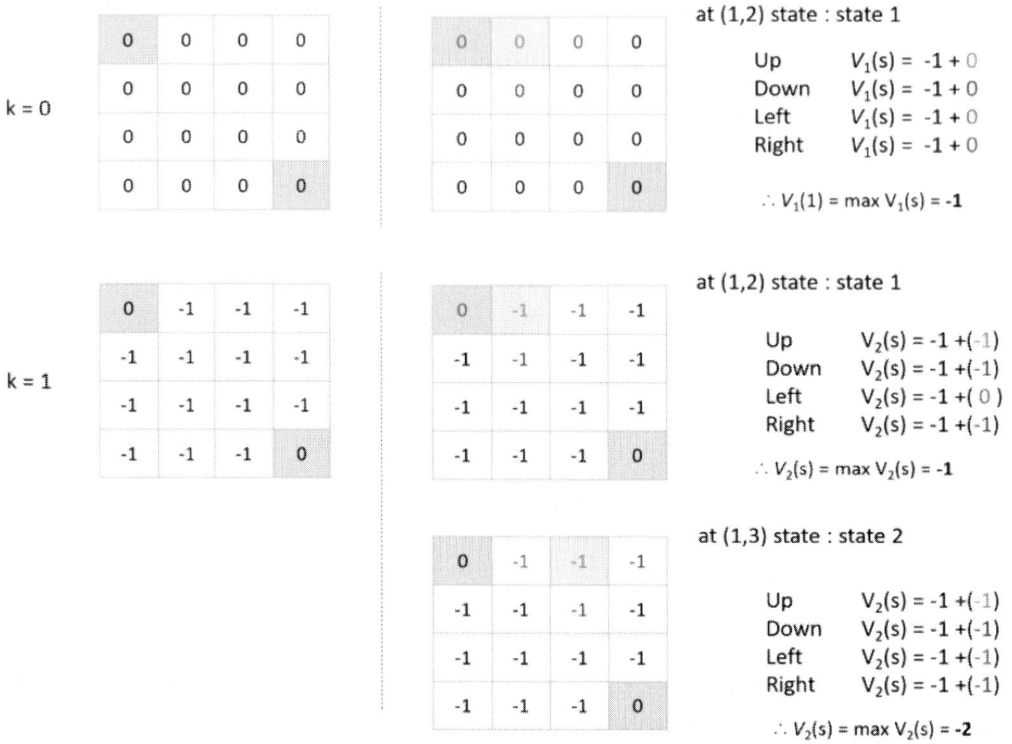

값반복에서 정책평가 반복 0,1

정책반복(policy iteration)과 값반복(value iteration)의 눈에 띄는 차이점은 정책개선이 없다는 것이다. 정책반복의 경우에는 정책에 따라 가치함수가 확률적으로 주어지게 된다. 따라서 기대값으로 가치함수를 구해야만 하고 벨만기대방정식(Bellman expectation equation)을 이용하게 된다. 하지만 이와 달리 값반복(value iteration)의 경우에는 현재 정책이 최적이라는 것을 전제해서 가치함수의 max를 취하기 때문에 결정적 행동이 된다. 최적정책에서는 $a = \mathrm{arg}max \quad Q\times(s,a)$일 때 $\pi^*(a|s) = 1$이기 때문이다. 따라서 값반복에서는 이미 가치함수의 참값을 찾는 정책평가에 최적정책으로의 개선이 내재되어 있다. 따라서 정책평가 과정만으로도 최적정책으로 다가갈 수 있다. 정책평가도 결국 여러 iteration을 진행하기에 정책도 그 만큼 업데이트된다.

이렇게 동적 프로그래밍(dynamic programming)의 두 가지 iteration방법을 알아보았다. 하지만, 방대한 계산을 요하며 model을 알아야하는 점이 실제 문제를 푸는데 있어서 많은 제약이 따릅니다. 따라서 이를 보완하여 full-width backup을 하는 것 대신, trial and error를 겪으며 sample backup을 하자는 것이 강화학습이다.

은닉마코프모델(Hidden Markov Model, HMM)

의미

은닉마코프모델은 순차적인 데이터를 다루는 데 강점을 가지고 있기 때문에, 개체명 인식, 포스태깅 등 단어의 연쇄로 나타나는 언어구조 처리에 과거 많은 주목을 받았던 기법입이다.

은닉마코프모델은 마코프 연쇄(Markov chain)를 전제로 한 모델이다. 마코프 연쇄란 마코프 성질(Markov property)을 지닌 이산확률과정(discrete-time stochastic process)을 말한다. 마코프 연쇄는 러시아 수학자 마코프가 1913년경에 러시아어 문헌에 나오는 글자들의 순서에 관한 모델을 구축하기 위해 제안된 개념이다. 요약하면, 한 상태(state)의 확률은 단지 그 이전 상태에만 의존한다는 것이 마코프 연쇄의 핵심이다. 즉, 한 상태에서 다른 상태로의 전이(transition)는 그동안 상태 전이에 대한 긴 이력(history)을 필요로 하지 않고 바로 직전 상태에서의 전이로 추정할 수 있다. 마코프 연쇄는 다음과 같이 풀어쓸 수 있다.

$$P(s_i|s_1, s_2, \cdots, s_{t-1}) = P(s_i|s_{t-1})$$

날씨를 마코프 연쇄로 모델링한 예시는 다음과 같다. 아래 마코프 연쇄에서 각 노드는 상태, 엣지는 전이를 말한다. 엣지 위에 작게 써 있는 a_{ij}는 i번째 상태에서 j번째 상태로 전이할 확률을 나타낸다. 각 노드별로 전이확률의 합은 1이다. 예를 들어, $(a_{01} + a_{01} + a_{03} = 1)$ 상태에는 일반적인 종류의 상태(예를 들어, HOT, COLD, WARM) 이외에 시작(start)과 끝(end) 상태도 있다.

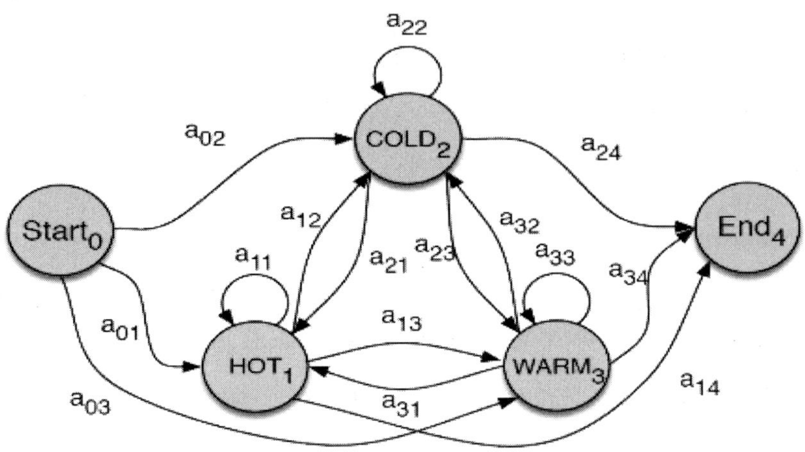

마코프 연쇄 예시

모델 및 예시

가. 은닉마코프모델 의미

은닉마코프모델은 각 상태가 마코프체인을 따르되 은닉(hidden)되어 있다고 가정한다. 예를 들어, 당신이 100년 전 기후를 연구하는 학자인데, 주어진 정보는 당시 아이스크림 소비 기록뿐이라고 하자. 이 정보만으로 당시 날씨가 더웠는지, 추웠는지, 따뜻했는지를 알고 싶은 것이다. 우리는 아이스크림 소비 기록의 연쇄를 관찰할 수 있지만, 해당 날짜의 날씨가 무엇인지는 직접적으로 관측하기 어렵다. 은닉마코프모델은 이처럼 관측치 뒤에 은닉되어 있는 상태(state)를 추정한다. 날씨를 예시로 은닉마코프모델을 도식화한 그림은 다음과 같다.[24]

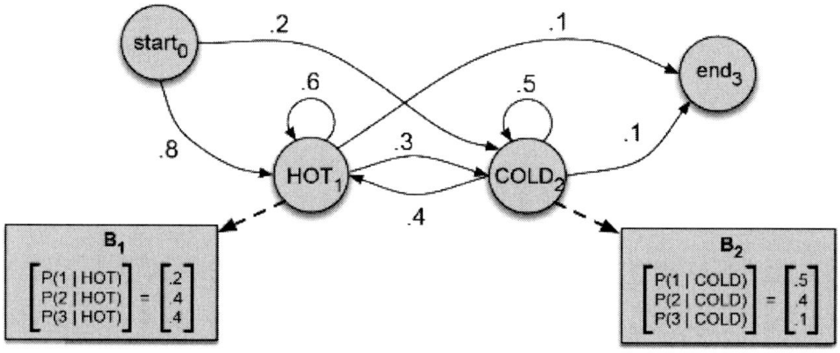

은닉마코프모델 예시

위 그림에서 B_1은 날씨가 더울 때 아이스크림을 1개 소비할 확률이 0.2, 2개 또는 3개 먹을 확률은 각각 0.4라는 걸 나타낸다. B_1은 날씨가 더울 때라는 조건부확률이므로 HOT이라는 은닉 상태와 연관이 있다. B_2는 방출확률(emission probability)이라고도 불린다. 은닉된 상태로부터 관측치가 튀어나올 확률이라는 의미에서 이런 이름이 붙었다.

나. 우도(likelihood)

우도(likelihood)를 계산하자. 우도는 모델 λ가 주어졌을 때 관측치 O가 나타날 확률 $P(O|\lambda)$을 가리킨다. 바꿔 말해 모델 λ에서 관측치 하나를 뽑았는데 그 관측치가 O일 확률이다. 이렇게 관측된 O가 아이스크림 [3개, 1개, 3개]라고 하자. 그럼 모델 λ가 위의 그림이라고 할 때 이 O가 뽑힐 확률은 얼마일까? 이것을 계산하는 것이다.

24 Jurafsky, D. and Martin, J. H.(2020), Speech and Language Processing, 3rd ed. draft.

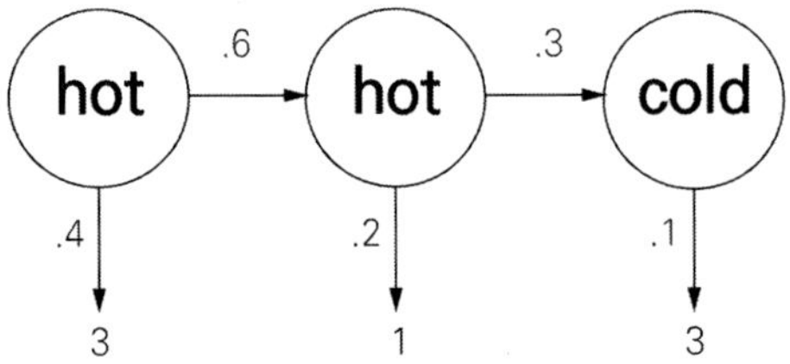

아이스크림 예시

둘째 날짜를 중심으로 보자. 모델 λ를 보면 날씨가 더울 때(hot) 아이스크림을 1개 먹을 확률은 0.2이다. 그런데 둘째 날이 전날에 이어 계속 더울 확률은 0.6이므로 이를 곱해주어야 둘째 날의 상태 확률를 계산할 수 있다. 여기에서 마코프 연쇄를 따른다고 가정하므로 상태확률을 계산할 때는 직전 상태만을 고려한다. 위 그림을 식으로 나타내면 다음과 같다.

$$\begin{aligned} P(3\ 1\ 3, hot\ \ hot\ \ cold) &= P(hot|start)\times P(hot|hot)\times P(cold|hot) \\ &\quad \times P(3|hot)\times P(1|hot)\times P(3|cold) \\ &= 0.8\times 0.6\times 0.3 \\ &\quad \times 0.4\times 0.2\times 0.1 \end{aligned}$$

각 날짜별로 날씨가 더울 수도 있고 추울 수도 있다. 따라서 2^3가지의 경우의 수가 존재한다. 아래 표와 같다.

■ 경우의 수

상태1	상태2	상태3
cold	cold	cold
cold	cold	hot
cold	hot	cold
hot	cold	cold
hot	hot	cold
cold	hot	hot
hot	cold	hot
hot	hot	hot

따라서 관측치 [3, 1, 3]에 대한 최종적인 우도는 다음과 같다.

	학생1	학생2	학생3	학생4	학생5	학생6
국어	10	11	8	3	2	1
영어	6	4	5	3	2.8	1
수학	12	9	10	2.5	1.3	2
과학	5	7	6	2	4	7

$$\begin{aligned} P(3\ \ 1\ \ 3) = & P(3\ \ 1\ \ 3, cold\ \ cold\ \ cold) + \\ & P(3\ \ 1\ \ 3, cold\ \ cold\ \ hot) \\ & P(3\ \ 1\ \ 3, hot\ \ hot\ \ hot) \end{aligned}$$

여기서 notation을 정리하자.

$Q = q_0, q_1, \cdots, q_n, q_F$은 상태(state)의 집합(set)이고, q_0는 시작상태, q_F는 종료상태, n은 상태의 수를 나타낸다.

A는 전이확률$(n \times n)$이며 a_{ij}는 i번째 상태에서 j번째 상태로 전이할 확률로 $\sum_{j=1}^{n} a_{ij} = 1$

$B = b_i(o_t)$로 i번째 관측치 o_t가 나타날 방출확률이다.

$O = [o_1, o_2, \cdots, o_t, \cdots, o_T]$로 길이가 T인 관측치의 시퀀스이다.

$\alpha_t(j) = P(o_1, o_2, \cdots, o_t, q_t = j|\lambda)$로 모델 λ가 주어졌을 때 j번째 상태와 $o_1, \cdots, o_t$가 나타날 확률로 전방확률(forward probability)이다.

$\beta_t(j) = P(o_{t+1}, o_{t+2}, \cdots, o_T, q_t = j|\lambda)$로 모델 λ가 주어졌을 때 j번째 상태와 $o_{t+1}, \cdots, o_T$가 나타날 확률로 후방확률(backward probability)이다.

위에서 전이확률은 다음과 같다.

전이확률

	start	HOT	COLD	end
start	0	0.8	0.2	0
HOT	0	0.6	0.3	0.1
COLD	0	0.4	0.5	0.1
end	0	0	0	0

방출확률

	HOT	COLD
1	0.2	0.5
2	0.4	0.4
3	0.4	0.1

다. 우도계산 : 전방확률(forward probability)

지금까지 은닉마코프모델의 우도(방출확률)를 계산하는 예시를 보았다. 이제 전체 데이터에 대해 확대하자. 그런데 여기 문제가 하나 있다. 예시에서도 보듯이 계산해야 할 경우의 수가 정말 많다. 가령 N개의 은닉상태가 있고 관측치 길이가 T라면 우도 계산시 고려해야 할 가짓수가 N^T개나 된다. 이러한 비효율성을 완화하기 위해 동적 프로그래밍(dynamic programming) 기법을 쓴다. DP는 중복되는 계산을 저장해 두었다가 푸는 것이 핵심 원리이다. 다음 그림을 보자.

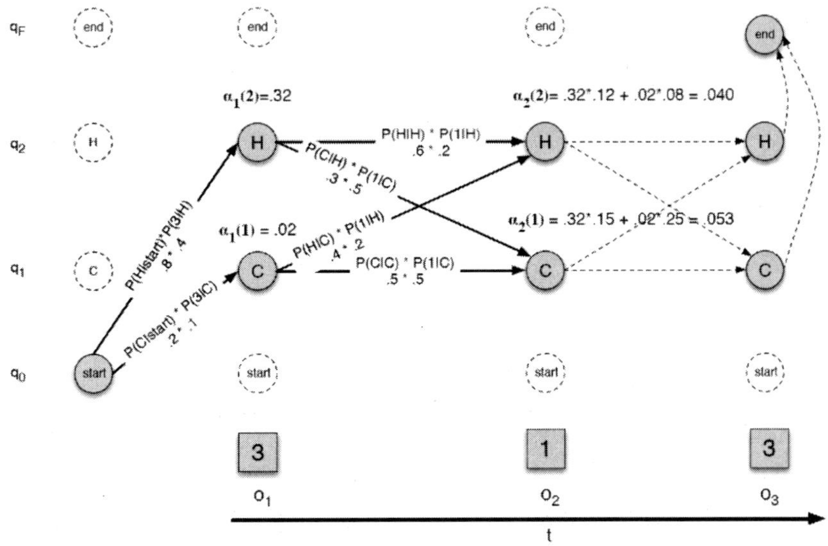

DP의 예

예를 들어, 아이스크림 3개(o_1)와 1개(o_2)가 연속으로 관측됐고 두 번째 시점($t=2$)의 날씨가 추웠을(q_1) 확률은 $\alpha_2(1)$이다. 마찬가지로 아이스크림 3개(o_1)가 관측됐고 첫 번째 시점($t=1$)의 날씨가 추웠을(q_1) 확률은 $\alpha_1(1)$이다. 또한 아이스크림 3개(o_1)가 관측됐고 첫 번째 시점($t=1$)의 날씨가 더웠을(s_2) 확률은 $\alpha_1(2)$이다. 각각을 구하는 식은 다음과 같다.

$$
\begin{aligned}
\alpha_1(1) &= P(cold|start) \times P(3|cold) \\
\alpha_1(2) &= P(hot|start) \times P(3|hot) \\
\alpha_2(1) &= \alpha_1(1) \times P(cold|cold) \times P(1|cold) \\
&\quad + \alpha_1(2) \times P(cold|hot) \times P(1|cold)
\end{aligned}
$$

forward algorithm의 핵심 아이디어는 다음과 같다. 중복되는 계산은 그 결과를 어딘가에 저장해 두었다가 필요할 때마다 불러서 쓰는 것이다. 위 그림과 수식에서 $\alpha_2(1)$를 구할 때 직전 단계의 계산 결과인 $\alpha_1(1)$, $\alpha_1(2)$을 활용하게 된다. 이해를 돕기 위한 예시이므로 지금은 계산량 감소가 커 보이지는 않지만 데이터가 조금만 커져도 그 효율성은 명백해진다. j번째 상태에서 $o_{1,} \cdots, o_t$가 나타날 전방확률 α는 다음과 같이 정의된다.

$$\alpha_t(j) = \sum_{i=1}^{n} \alpha_{t-1}(i) \times a_{ij} \times b_j(o_t)$$

$\alpha_t(j)$는 j번째 상태와 t개의 관측치 시퀀스가 나타날 수 있는, 가능한 경우의 수가 모두 고려되어 합쳐진 확률이다. 예를 들어, 위 그림에서 $\alpha_3(2)$의 경우 세번째 시점에 HOT이 되려는데 가능한 경로는 [H, H, H], [H, C, H], [C, H, H], [C, C, H]이다. 따라서 전방확률을 관측치 시퀀스 끝까지 계산하면 앞서 계산한 우도와 동치가 된다.

$$
\begin{aligned}
&P(O|\lambda) = P(o_1, o_2, \cdots, o_T|\lambda) \\
&\qquad P(o_1, o_2, \cdots, o_T, q_t = q_F|\lambda) = \alpha_T(q_F)
\end{aligned}
$$

라. 디코딩(Decoding) : 비터비 알고리즘(Viterbi Algorithm)

우리의 두 번째 관심은 모델 λ와 관측치 시퀀스 O가 주어졌을 때 가장 확률이 높은 은닉상태의 시퀀스 Q를 찾는 것이다. 이를 디코딩(decoding)이라고 한다. 포스태깅 문제로 예를 들면 단어의 연쇄를 가지고 품사 태그의 시퀀스를 찾는 것이다. 우리가 은닉마코프모델을 만드는 근본 목적에 닿아 있는 문제가 된다. 은닉마코프모델의 디코딩 과정엔 비터비 알고리즘(Viterbi

Algorithm)이 주로 쓰인다.

비터비 알고리즘의 계산 대상인 비터비 확률(Viterbi Probability) v는 다음과 같이 정의된다. $v_t(j)$는 t번째 시점의 j번째 은닉상태의 비터비 확률을 가리킨다.

$$v_t(j) = \max_n^i \ [v_{t-1}(i) \times a_{ij} \times b_j(o_t)]$$

자세히 보면 forward algorithm에서 구하는 전방확률 α와 디코딩 과정에서 구하는 비터비 확률 v를 계산하는 과정이 거의 유사한 것을 확인할 수 있다. forward algorithm은 각 상태에서의 α를 구하기 위해 가능한 모든 경우의 수를 고려해 그 확률들을 더해줬다면(sum), 디코딩은 그 확률들 가운데 최대값(max)에 관심이 있다. 디코딩 과정을 설명한 예시 그림은 다음과 같다.

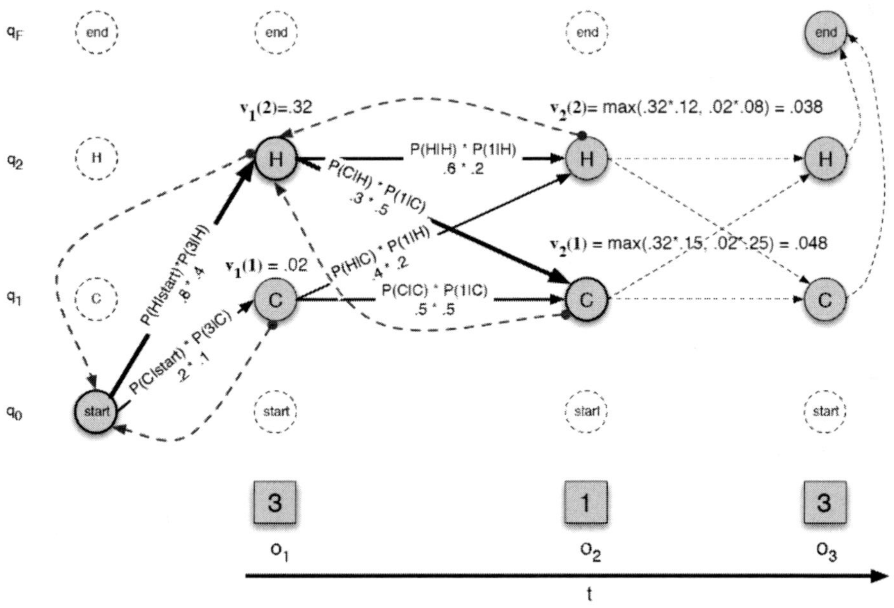

디코딩

각 상태에서의 비터비 확률 v를 구하는 식은 다음과 같다. 전방확률을 계산하는 과정과 비교해서 보면 그 공통점(각 상태에서의 전이확률과 방출확률 간 누적 곱)과 차이점(sum vs max)을 분명하게 알 수 있다. 비터비 확률 역시 직전 단계의 계산 결과를 활용하는 다이내믹 프로그래밍 기법을 쓴다.

$$v_1(1) = \max[P(cold|start) \times P(3|cold)]$$
$$= P(cold|start) \times P(3|cold)$$
$$v_1(2) = \max[P(hot|start) \times P(3|hot)]$$
$$= P(hot|start) \times P(3|hot)$$
$$\alpha_2(1) = \max[v_1(1) \times P(cold|cold) \times P(1|cold), v_1(2) \times P(cold|hot) \times P(1|cold)]$$

forward algorithm과 비터비 알고리즘 사이에 가장 큰 차이점은 비터비에 역추적(backtracking) 과정이 있다는 점이다. 디코딩의 목적은 비터비 확률이 얼마인지보다 최적 상태열이 무엇인지에 관심이 있으므로 당연하다. 위 그림에서 파란색 점선으로 된 역방향 화살표가 바로 역추적을 나타내고 있다.

예를 들어, 2번째 시점 2번째 상태 q_2(=HOT)의 backtrace $b_{t_2}(2)$는 q_2이다. q_2를 거쳐서 온 우도값(0.32×0.12)이 q_1보다 크기 때문이다. 2번째 시점의 1번째 상태 q_1(=COLD)의 backtrace $b_{t_2}(1)$는 q_2이다. 최적상태열은 이렇게 구한 backtrace들이 리스트에 저장된 결과이다. 예를 들어, 위 그림에서 아이스크림 [3개, 1개]가 관측됐을 때 가장 확률이 높은 은닉상태의 시퀀스는 [HOT, COLD]가 되는 것이다.

t번째 시점 j번째 상태의 backtrace는 다음과 같이 정의된다.

$$b_{t_i}(j) = \mathrm{arg}max_{i=1}^{n}[v_{t-1}(i) \times a_{ij} \times b_j(o_t)]$$

모델 학습을 위한 사전 지식

은닉마코프모델의 본격적인 학습에 앞서 학습 과정을 유도하는 데 필요한 용어와 개념 몇 가지 살펴보자.

가. 전방확률과 후방확률

은닉마코프모델의 파라미터 학습을 위해서는 후방확률 β 개념을 먼저 짚고 넘어가야 한다. 전방확률 α와 반대 방향으로 계산한 것이 후방확률이다. 그 식은 각각 다음과 같다.

$$\alpha_t(j) = \sum_{i=1}^{n} \alpha_{t-1}(i) \times a_{ij} \times b_j(o_t)$$

$$\beta_t(j) = \sum_{j=1}^{n} a_{ij} \times b_j(o_{t+1}) \times \beta_{t+1}(j)$$

우선 전방확률 α를 먼저 보자. $\alpha_3(4)$는 다음과 같이 구한다.

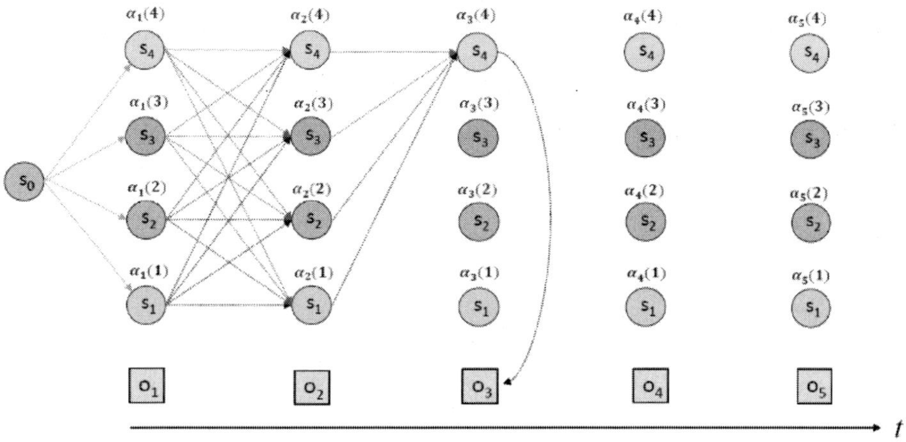

전방확률 산출

$$\alpha_3(4) = \sum_{i=1}^{4} \alpha_2(i) \times a_{i4} \times b_4(o_3)$$

이번엔 후방확률 β를 보자. 위와 같은 위치의 후방확률 $\beta_3(4)$는 다음과 같이 구한다.

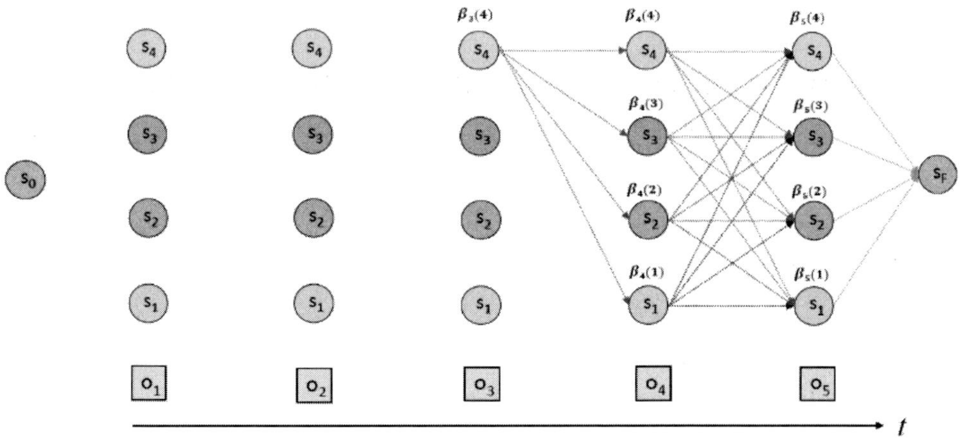

후방확률 산출

$$\beta_3(4) = \sum_{j=1}^{4} a_{4j} \times b_j(o_4) \times \beta_4(j)$$

따라서 $\alpha_3(4)$와 $\beta_3(4)$를 곱하면 3번째 시점에 4번째 상태일 확률이라는 의미를 가지게 된다. 바꿔 말해 $\alpha_3(4) \times \beta_3(4)$는 3번째 시점에 4번째 상태를 지나는 모든 경로에 해당하는 확률의 합을 가리킨다. 이를 도식적으로 나타내면 다음과 같다.

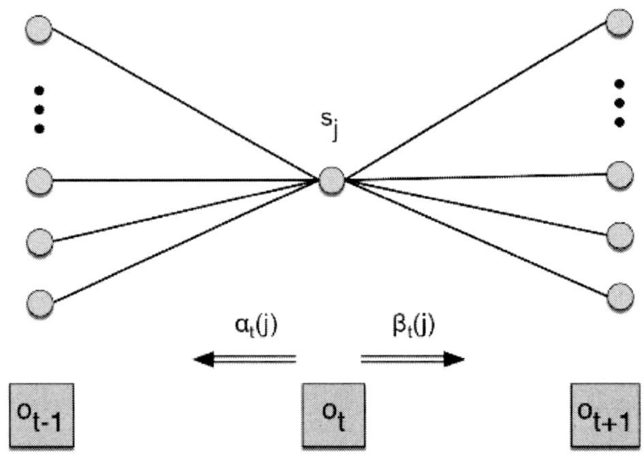

전방과 후방확률 산출

$$\alpha_t(j) \times \beta_t(j) = P(q_t = j, O|\lambda)$$

따라서 특정 시점 t의 전방확률과 후방확률을 곱한 값을 모든 상태에 대해 더해 주면 앞서 계산한 우도와 동치가 된다. 후방확률을 관측치 시퀀스 맨 끝부터 처음까지 계산하면 이 또한 앞서 계산한 우도와 같다.

$$\begin{aligned} P(O|\lambda) &= P(o_1, o_2, \cdots, o_T|\lambda) \\ &= P(o_1, o_2, \cdots, o_T, q_t = q_0|\lambda) = \beta_0(q_0) \\ &= \sum_{s=1}^{n} \alpha_t(s) \times \beta_t(s) \end{aligned}$$

나. 베이즈 정리

베이즈 정리에 의해 다음과 같은 식이 성립한다.

$$P(X|Y,Z)=\frac{P(X,Y,Z)}{P(Y,Z)}=\frac{P(X,Y)/P(Z)}{P(Y,Z)/P(Z)}=\frac{P(X,Y|Z)}{P(Y|Z)}$$

다. 방출확률 업데이트와 γ

방출확률 b를 업데이트하기 위해 γ 개념을 살펴보자. t시점에 j번째 상태일 확률 $\gamma_t(j)$는 다음과 같이 정의된다. 이는 이미 정의된 식과 베이즈 정리에 의해 다음과 같이 다시 쓸 수 있다.

$$\begin{aligned}\gamma_t(j) &= P(q_t=j|O,\lambda)\\ &= \frac{P(q_t=j,O|\lambda)}{P(O|\lambda)}\\ &= \frac{\alpha_t(j)\times\beta_t(j)}{\sum_{s=1}^{n}\alpha_t(s)\times\beta_t(s)}\end{aligned}$$

j번째 상태에서 관측치 v_k가 나타날 방출확률 $\hat{b_j}(v_k)$는 다음과 같이 정의된다.

$$\hat{b_j}(v_k)=\frac{\sum_{t=1,s.t.o_t=v_k}^{T}\gamma_t(j)}{\sum_{t=1}^{T}\gamma_t(j)}$$

위 식의 의미를 해석하면 다음과 같다. 방출확률 $\hat{b_j}(v_k)$의 분모는 j번째 상태가 나타날 확률이다. 분자는 j번째 상태이면서 그 때 관측치(o_t)가 v_k일 확률이다. v_k가 나타나지 않는 γ는 0으로 무시하였다. 분모와 분자 모두에 시그마가 적용된 이유는 방출확률은 시점 t와는 무관한 값이기 때문이다. 어떤 시점이든 j번째 상태가 나타날 확률 γ가 존재하므로 T개 관측치 시퀀스 전체에 걸쳐 모든 시점에 대해 γ를 더해주었다.

라. 전이확률 업데이트와 ξ

전이확률 a를 업데이트하기 위해 ξ의 개념을 살펴보자. t시점에 i번째 상태이고 $t+1$ 시점에 j번째 상태일 확률 ξ는 다음과 같이 정의된다. 이 또한 베이즈 정리에 의해 다음과 같이 다시 쓸 수 있다.

$$\begin{aligned}\xi_t(i,j) &= P(q_t=i,q_{t+1}=j|O,\lambda)\\ &= \frac{P(q_t=i,q_{t+1}=jO|\lambda)}{P(O|\lambda)}\end{aligned}$$

위 식에서 분자 부분을 이해하기 위해 다음 그림을 보자. t시점에 i번째 상태이고 $t+1$시점에 j번째 상태인 경우를 도식화한 것이다.

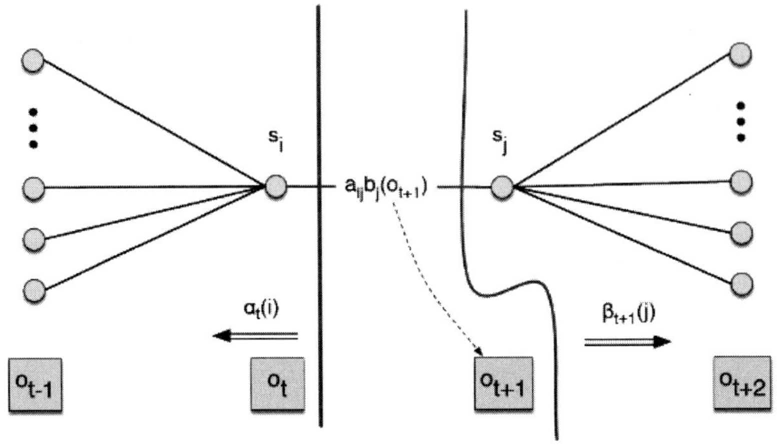

전이확률 업데이트와 ξ

지금까지의 정의로 볼 때 $\alpha_t(i)$는 i번째 상태 좌측의 모든 path에 해당하는 확률의 합이다. $\beta_{t+1}(j)$는 j번째 상태 우측의 모든 path에 해당하는 확률의 합이다. 그런데 이 두 가지 곱만으로는 i번째 상태와 j번째 상태를 이어주는 path가 존재하지 않는다. 이를 연결해 주어야 한다. i번째 상태에서 j번째 상태로 전이할 확률a_{ij}, j번째 상태에서 관측치 o_{t+1}를 관측할 방출확률 $b_j(o_{t+1})$까지 곱해주어야 한다.

따라서 t시점에 i번째 상태이고 $t+1$시점에 j번째 상태일 확률 ξ은 다음과 같이 다시 쓸 수 있다.

$$\begin{aligned}\xi_t(i,j) &= P(q_t = i, q_{t+1} = j \mid O, \lambda)\\ &= \frac{P(q_t = i, q_{t+1} = j O \mid \lambda)}{P(O \mid \lambda)}\\ &= \frac{\alpha_t \times a_{ij} \times b_j(o_{t+1}) \times \beta_{t+1}(j)}{\sum_{s=1}^{n} \alpha_t(s) \times \beta_t(s)}\end{aligned}$$

i번째 상태에서 j번째 상태로 전이할 확률 $\widehat{a_{ij}}$는 다음과 같이 정의된다.

$$\widehat{a_{ij}} = \frac{\sum_{t=1}^{T-1} \xi_t(i,j)}{\sum_{t=1}^{T-1}\sum_{k=1}^{N} \xi_t(i,k)}$$

위 식에서 분모는 i번째 상태에서 전이할 수 있는 모든 path들의 확률들을 더한 값이다. 분자는 i번째 상태에서 j번째 상태로 전이할 확률을 가리킨다. 분모와 분자 모두에 $\sum_{t=1}^{T-1}$가 적용된 이유는 방출확률은 시점 t와는 무관한 값이기 때문이다. 어떤 시점이든 i번째 상태에서 다른 상태로 전이할 확률 ξ_t가 존재하므로 관측치 시퀀스 전체에 걸쳐 모든 시점에 대해 ξ_t를 더해주는 것이다. 다만 시퀀스 마지막 T번째 시점에선 종료상태로 전이될 확률이 1이 되므로 t에 대해 1에서 $T-1$까지 더해준다.

위 식을 그림으로 도식화하면 다음과 같다. 위 식 분모는 굵은 적색 점선 화살표, 분자는 검은색 화살표이다.

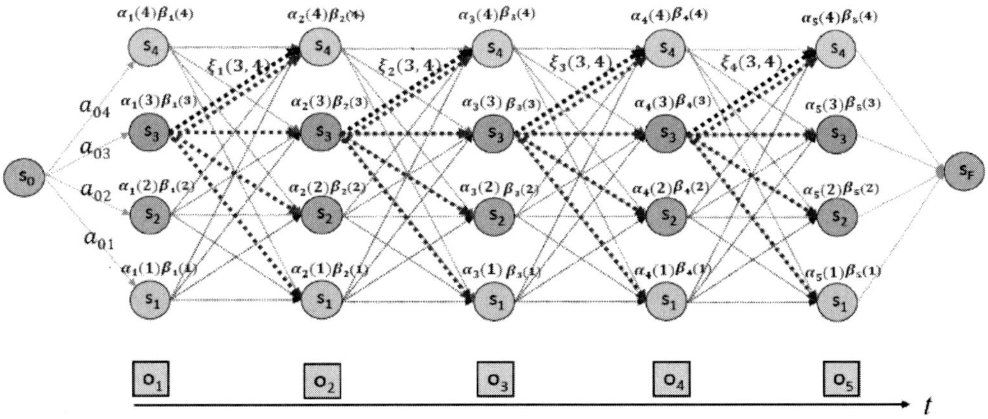

전이확률

마. 훈련(Training) : EM 알고리즘

은닉마코프모델의 파라미터는 전이확률 A와 방출확률 B이다. 그런데 이 두 파라미터를 동시에 추정하기는 어렵다. 지금까지 설명한 날씨 예제를 기준으로 하면, 우리가 관측가능한 것은 아이스크림의 개수뿐이고 궁극적으로 알고 싶은 날씨는 숨겨져 있다. 따라서 HOT에서 COLD로 전이할 확률은 물론 날씨가 더울 때 아이스크림을 1개 먹을 방출확률 따위를 모두 한 번에 알 수 없다. 이럴 때 주로 사용되는 것이 EM 알고리즘이다. 은닉마코프모델에서는 이를 바움-웰치 알고리즘 또는 Forward, Backward Algorithm이라고도 부른다.

① E-step : 모델 파라미터 λ, 즉 전이확률 A, 방출확률 B를 고정시킨 상태에서 관측치 O를 바탕으로 전방확률 α와 후방확률 β를 업데이트한다. 이 α와 β를 바탕으로 γ와 ξ를 각각 계산한다.

② M-step : E-step에서 구한 γ와 ξ를 바탕으로 모델 파라미터 A, B를 업데이트한다.

pesudo code : EM 알고리즘의 유사코드는 다음과 같다. 단 아래 코드에서 γ,ξ의 분모는 표기가 다를 뿐 해당 관측치의 우도를 나타낸다.

function FORWARD-BACKWARD(*observations* of len *T*, *output vocabulary V*, *hidden state set Q*) **returns** *HMM=(A,B)*

initialize *A* and *B*
iterate until convergence
E-step

$$\gamma_t(j) = \frac{\alpha_t(j)\beta_t(j)}{\alpha_T(q_F)} \quad \forall\, t \text{ and } j$$

$$\xi_t(i,j) = \frac{\alpha_t(i)a_{ij}b_j(o_{t+1})\beta_{t+1}(j)}{\alpha_T(q_F)} \quad \forall\, t,\ i, \text{ and } j$$

M-step

$$\hat{a}_{ij} = \frac{\sum_{t=1}^{T-1} \xi_t(i,j)}{\sum_{t=1}^{T-1} \sum_{k=1}^{N} \xi_t(i,k)}$$

$$\hat{b}_j(v_k) = \frac{\sum_{t=1\, s.t.\, O_t=v_k}^{T} \gamma_t(j)}{\sum_{t=1}^{T} \gamma_t(j)}$$

return *A*, *B*

pesudo code

최대엔트로피마코프모델(Maximum Entropy Markov Model, MEMM)

의미

MEMM은 이름 그대로 최대엔트로피모델과 은닉마코프모델(Hidden Markov Models)을 결합한 모델이다.

모델 및 예시

가. 은닉마코프모델

은닉마코프모델은 각 상태(state)가 이전 상태에만 의존하는 마코프체인(Markov chain)을 따르되 은닉(hidden)되어 있다고 가정한다. 은닉마코프모델에서는 관측치를 토대로, 관측치 뒤에 은닉되어 있는 상태를 추정한다. 아래 그림은 단어가 관측치이고, 품사 정보가 은닉 상태인 은닉마코프모델을 도식화한 것이다.

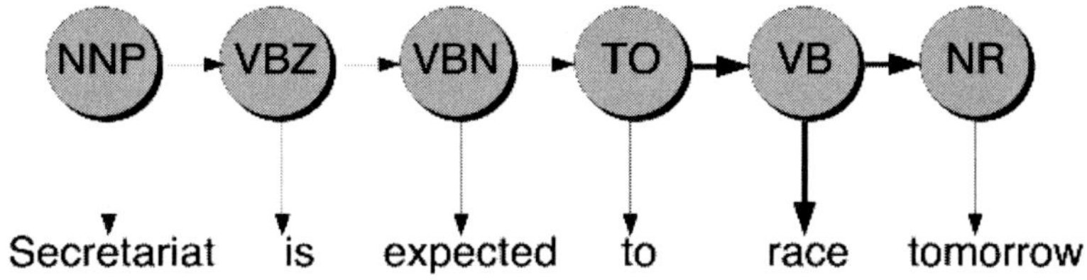

은닉마코프모델

은닉마코프모델은 본질적으로 시퀀스 분류기이다. 직전 상태에서 현재 상태로의 전이확률(transition probability)과 현재 상태에서 관측치를 관측할 확률인 방출확률(emission probability)를 토대로, 관측된 단어 시퀀스 W가 주어졌을 때 가장 확률이 높은 은닉 상태(품사)의 시퀀스 T를 찾기 때문이다. 이를 식으로 나타내면 다음과 같다. $P(T)$는 전이확률, $P(W|T)$는 방출확률이다.

$$
\begin{aligned}
\hat{T} &= \text{arg}max_T \ P(T|W) \\
&= \text{arg}max_T \ P(W|T) \cdot P(T) \\
&= \text{arg}max_T \ \prod_i P(W_i|T_i) \prod_i P(T_i|T_{i-1})
\end{aligned}
$$

은닉마코프모델은 시퀀스 추정에 전이확률과 방출확률 정보만을 활용하므로, 문맥의 다양한 피처(feature)들을 활용할 수 없다는 단점이 있다.

나. 최대엔트로피모델

이번엔 최대엔트로피모델을 살펴보자. 자연언어처리 분야에서는 다항로짓 회귀(multinominal

logistic regression)를 최대엔트로피모델이라 부른다. 단어 w가 주어졌을 때 범주(예 : 품사) t가 나타날 확률은 다음과 같다.

$$P(t|w) = \frac{\exp\left(w_t^T f(w)\right)}{\sum_{t' \in T} \exp\left(w_{t'}^T f(w)\right)}$$

위 식에서 벡터 f는 단어 w에 해당하는 피처(feature)들의 모음이다. 예를 들어, 자질 벡터의 첫째 요소는 '직전 단어가 명사이면 1, 그렇지 않으면 0', 두번째 요소는 '현재 단어가 동사이면 1, 아니면 0'… 이런 식으로 f의 요소값들을 구성한다. 범주 t에 대응하는 가중치 벡터 w_t는 다항로짓 모델의 회귀계수를 가리킨다.

최대엔트로피모델은 피처벡터 f를 매우 유연하게 설정할 수 있어 연구자의 언어학적 배경 지식을 모델링에 적극 활용할 수 있다는 장점이 있다. 그러나 최대엔트로피모델은 은닉마코프모델처럼 시퀀스 분류기(sequence classifier)가 아니라는 단점이 있다. 시퀀스가 아닌 단일 관측치(single observation)에 대해서만 예측이 가능하다.

다. 최대엔트로피마코프모델

MEMM은 최대엔트로피모델의 유연한 자질 활용 능력을 바탕으로 시퀀스 분류를 가능하게 하는 모델이다. MEMM을 도식화한 그림은 다음과 같다. 그림에 나와 있는 것처럼 은닉 상태는 마코프체인을 따른다고 가정하되, 시퀀스 예측에 첫글자, 분사형 등 다양한 자질을 활용하는 방식이다.

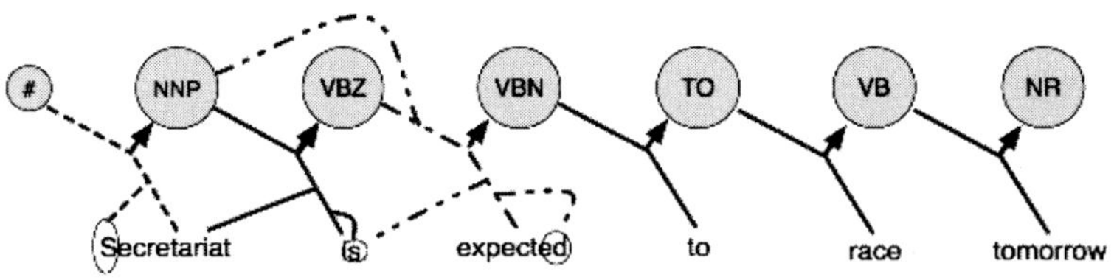

최대엔트로피마코프모델

MEMM이 최적 상태 시퀀스를 예측하는 걸 수식으로 나타내면 다음과 같다. i번째 단어의 피처(feature)과 직전 은닉상태(품사)를 바탕으로 가장 확률이 높은 현재 은닉상태(품사)를 반환하는 것이다.

$$\hat{T} = \text{arg}max_T \ P(T|W)$$
$$= \text{arg}max_T \ \prod_i P(T_i | W_i, T_{i-1})$$

이 때 $P(T_i | W_i, T_{i-1})$는 최대엔트로피 모델을 가리키고, 이를 식으로 적으면 다음과 같다. 아래 식에서 f번째 단어 w_i와 $i-1$번째 은닉상태(품사)에 해당하는 피처벡터이다.

$$P(T_i | W_i, T_{i-1}) = \frac{\exp\left(w_t^T f(W_i, T_{i-1})\right)}{\sum_{t' \in T} \exp\left(w_{t'}^T f(W_i, T_{i-1})\right)}$$

라. 비터비 알고리즘

앞에서 나온 비터비 알고리즘을 활용한다.

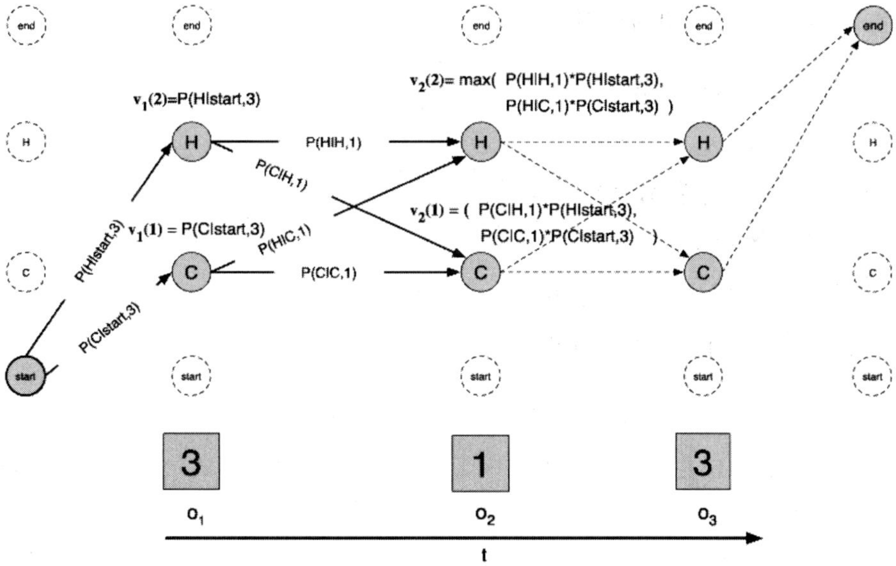

비터비 알고리즘

마. 파라미터 추정

MEMM의 학습은 최대엔트로피모델의 가중치 벡터를 추정하는 과정이다. 다양한 방식이 있지만 iterative scaling algorithm를 많이 쓴다.

마코프랜덤필드(Markov Random Field, MRF)

직관적 의미

마코프랜덤필드(Markov Random Field, MRF) 이해의 핵심은 확률 이론에서 확률론적 과정의 확고한 토대를 가지고 있다. 확률적 프로세스는 환율 시장에서 통화 변동을 예측하는 것과 같이 연속적으로 프로세스에서 발생할 수 있는 일련의 무작위 가능성을 나타낸다. 그러나 MRF를 사용하면 시간이 2 차원 이상을 차지하는 공간으로 대체되고 물리학, 사회학, 컴퓨터 비전 작업, 머신 러닝 및 경제학에서 임의의 가능성을 예측할 수 있는 더 넓은 응용 프로그램을 제공한다.

과학, 경제 및 정보 기술을 포함한 여러 분야에서 무작위 가능성과 확률을 예측하는 것이 점점 중요해지고 있다. 무작위 가능성을 완벽하게 이해하고 설명함으로써 과학자와 연구원은 다양한 강도의 허리케인으로 인한 경제적 손실을 예측하고 모델링하는 것과 같이, 보다 정확한 확률로 연구 및 모델을 보다 신속하게 발전시킬 수 있다. 확률적 프로세스를 사용하여 연구원은 여러 가능성을 예측하고 주어진 작업에서 가장 가능성이 높은 것을 결정할 수 있다.

미래 확률론적 프로세스가 현재 상태를 기준으로 과거에 의존하지 않는 경우, 메모리가 없는 속성으로 정의되는 Markov 속성이 있다고 하며, 메모리가 없기 때문에 현재 상태에서 임의로 반응 할 수 있다. 마코프 가정은 속성이 그러한 상태를 유지한다고 가정할 때 확률적 프로세스에 할당된 용어이다. 그런 다음 프로세스를 Markovian 또는 Markov 성질 이라고 한다. 그러나 MRF는 시간을 지정하는 것이 아니라 시간이 아니라 바로 인접한 위치를 기준으로 값을 도출하는 특성을 나타낸다. 대부분의 연구원은 무방향 그래프 모델을 사용하여 MRF를 나타낸다.

예를 들어, 허리케인이 상륙 할 때 허리케인이 어떻게 작용하고 얼마나 많은 파괴가 발생하는지는 육지를 만들 때 발생하는 것과 직접 관련이 있다. 허리케인은 과거의 파괴에 대한 기억은 없지만 즉각적인 환경 요인에 따라 반응한다. 과학자들은 MRF 이론을 사용하여 허리케인이 비슷한 지리적 상황에서 어떻게 반응했는지에 근거하여 경제 파괴의 잠재적 무작위 가능성을 그래프로 표시 할 수 있다.

MRF를 사용하는 것은 다양한 상황에서 유용할 수 있다. 기계 학습은 또 다른 응용 프로그램이며 숨겨진 패턴을 찾는 데 특히 유용 할 수 있다. 가격 책정 및 제품 설계는 이론을 사용하면 도움이 될 수 있다.

MRF는 Bayesian Modeling을 통해서 이미지를 분석하는데 사용되는 방법으로, 한 부분의 데이터를 알기 위해 전체의 데이터를 보고 판단하는 것이 아니라, 이웃하고 있는 데이터들과의 관계를 통해서 판단한다.

이미지복원(image restoration, noise가 있는 이미지에서 noise 제거), 텍스처분석(texture analysis), 이미지분할(image segmentation), 이미지레이블정의(image labeling), 모서리검출(edge detection), 물체인식(object recognition)에서 많이 쓰인다.

모델

1차 마코프 연쇄(Markov chain)는 한 상태에서 다른 상태로 변할 확률이 현재의 상태에만 의존하는 모델이다. 여기서 가정은 시간 t에서 어떤 사건이 관측될 확률은 시간 $t-1$에서의 관측 결과인 o_{t-1}에만 의존한다. 예를 들어, 1일전(o_{t-1}), 2일전(o_{t-2}), 3일전(o_{t-3})일 때 o_t에 대한 조건부 확률은 $P(o_t|o_{t-1},o_{t-2},\cdots,o_1)$이다. 이러한 경우 다음이 성립한다.

$$P(o_t|o_{t-1},o_{t-2},\cdots,o_1) = P(o_t|o_{t-1})$$

마코프 가정을 사용하여 어떤 열 $\{x_1,x_2,\cdots,x_i\}$이 관측될 확률은 과거와 현재의 관측결과의 결합확률(joint probability)로 표시된다.

$$P(x_1,x_2,\cdots,x_i)= \prod_{i=1}^{T} P(x_t|parent(x_i))$$

마코프 가정은 확보해야 하는 데이터 수에 결정적인 영향을 미친다.

d를 센서를 통해 받아들인 데이터라고 하고, $u=u_1,u_2,\cdots,u_t$를 원본 상태들의 집합이라고 할 때, 베이지안 모델은 다음과 같이 정의될 수 있다.

$P(u)$는 원본 상태들의 집합 중 원소가 될 확률

$P(d|u)$는 노이즈 또는 u와 d 사이에 시간에 대해 무수히 많은 확률변수를 다루는 과정인 확률과정(stochastic process)를 나타낸다. 따라서 u가 주어지면 구할 수 있다.

$P(u|d)$는 측정한 데이터를 기준으로 원본 상태로 추정하고자 할 때의 확률로 최종적으로 구하고자 하는 확률이다.

$$P(u|d) = \frac{P(d|u)P(u)}{P(d)}, \quad P(d) = \sum_u P(d|u)$$

랜덤필드(Random Field)는 집합 S에서 무작위적인 값을 가지는 u의 집합이다. 마코프랜덤필드는 마코프 성질을 만족하는 랜덤필드인데 다음을 만족해야 한다.

$For\ all\ u,\ P(u) > 0$, 모든 u에 대해 확률은 0보다 커야 한다.

$P(u_i|u) = P(u_i|N_i)$

여기서 N_i는 u_i의 이웃하는 데이터 집합이다. 랜덤필드에서 이웃 데이터에 영향을 미친다. 현재 상태는 바로 이전 상태에만 영향을 받는다.

여기서 $P(u)$를 계산하는 것은 매우 어렵다. 따라서 깁스 분포(Gibbs distribution)를 이용한다.

깁스 분포는 상태 x에서 시스템 X의 확률을 $P(X=x) = \frac{1}{Z(\beta)}\exp(-\beta E(x))$로 계산한다. 여기서 $E(x)$는 상태 공간에서 실수로의 함수이다. 또한, x의 에너지로 해석된다. β는 파라미터이다. 정규화 상수인 $Z(\beta)$는 분배 함수(partition function)이다.

깁스 분포를 따르는 $P(u) = \frac{1}{Z}\exp\left(-\frac{E(u)}{T}\right),\ Z = \sum_u \exp\left(-\frac{E(u)}{T}\right)$ 이다. $E(u)$는 에너지 함수(energy function)이고 전체 필드의 에너지(evaluation value)를 나타낸다. 에너지 함수는 모든 가능한 클릭(clique)에서의 부분에너지의 합이다.

$$E(u) = \sum_{q \in C} V_q(u)$$

T는 temperature의 약자이며, 1로 가정한다.

에너지함수는 응용과 목적에 따라 적절하게 정의한다.

$$energy(y;\theta,data) = \sum_i \psi_1(y_t;\theta,data) + \sum_{i,j \in edge} \psi_2(y_i, y_j;\theta,data)$$

우변 첫째 항은 각 픽셀에 대한 레이블을 부여하는 비용이고, 둘째 항은 연결된 픽셀에 한 쌍의 레이블을 부여하는 비용이 된다.

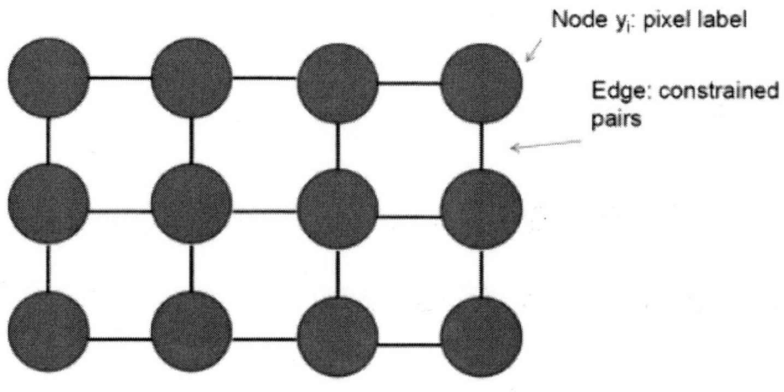

MRF에서 에너지 함수

예시

클릭은 모든 노드 쌍이 에지를 가지는 완전 부분 그래프(complete sub-graph)이다. 아래 왼쪽 그림은 G_1, 오른쪽 그림은 $G_2\,(4\times4)$이다. 극대 클릭(maximal clique)은 노드를 추가하면 더는 완전 그래프를 유지하지 못하는 클릭을 말한다. 좌측 그림에서는 $\{a,b,c\}$, $\{b,d\}$, $\{d,e\}$라는 3개의 극대 클릭을 가진다. $\{a,b,c\}$를 예로 들면, 여기에 d를 추가할 경우 더 이상 클릭이 아니므로 이는 극대 클릭이다. 우측에서는 x_1, x_2 등 이웃한 2개 노드 모두가 극대 클릭이 된다.

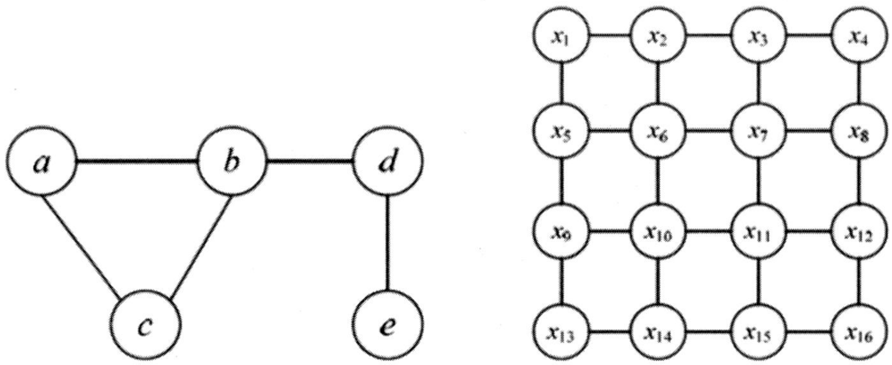

마코프랜덤필드 예제

클릭 q는 $\psi(q)$라는 포텐셜(potential)을 가진다.

$$\psi(q) = \exp(-\,energy(q))$$

마코프랜덤필드 확률분포는 다음과 같다.

$$\widetilde{P}(x) = \prod_{q \in G} \psi(q)$$

G는 마코프 랜덤필드, q는 클릭, x는 확률벡터로 위 그림의 왼쪽의 경우 $x = (a,b,c,d,e)^T$이다.

그런데 $\sum_x \widetilde{P}(x) = 1$이라는 보장이 없으므로 분배 함수 Z로 나누어 정규화한다. 이를 깁스 분포라고 한다.

이제 에너지 함수를 다음과 같이 정의하자. 확률변수 5개는 모두 0 또는 1을 가지는 이진변수라고 하자.

$$energy(q) = \begin{cases} 0, & q\text{의 모든 노드가 같은 값을 가짐} \\ 1, & \text{그렇지 않음} \end{cases}$$

앞의 좌측 그림을 가지고 포텐셜을 계산하자. 클릭 $\{a,b,c\}$, $\{b,d\}$, $\{d,e\}$의 $energy$와 ψ는 다음과 같다.

$$energy(\{a,b,c\}) = 0,\ energy(\{b,d\}) = 1,\ energy(\{d,e\}) = 0$$
$$\psi(\{a,b,c\}) = 1,\ \psi(\{b,d\}) = 0.3679,\ \psi(\{d,e\}) = 1$$

따라서 $\widetilde{P}(x = (1,1,1,0,0)^T) = \psi(\{a,b,c\}\psi(\{b,d\})\psi(\{d,e\}) = 0.3679$

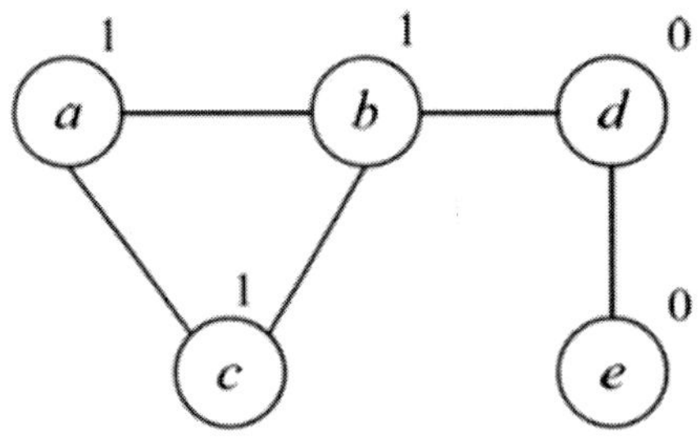

이진 확률변수의 예제 상태(총 $2^5 = 32$개의 상태가 있음)

상태	$\psi(\{a,b,c\})$	$\psi(\{b,d\})$	$\psi(\{d,e\})$	P	상태	$\psi(\{a,b,c\})$	$\psi(\{b,d\})$	$\psi(\{d,e\})$	P
(0,0,0,0,0)	1	1	1	1.000	(1,0,0,0,0)	0.3679	1	1	0.3679
(0,0,0,0,1)	1	1	0.3679	0.3679	(1,0,0,0,1)	0.3679	1	0.3679	0.1353
(0,0,0,1,0)	1	0.3679	0.3679	0.1353	(1,0,0,1,0)	0.3679	0.3679	0.3679	0.0498
(0,0,0,1,1)	1	0.3679	1	0.3679	(1,0,0,1,1)	0.3679	0.3679	1	0.1353
(0,0,1,0,0)	0.3679	0.3679	1	0.1353	(1,0,1,0,0)	0.3679	0.3679	1	0.1353
(0,0,1,0,1)	0.3679	0.3679	0.3679	0.0498	(1,0,1,0,1)	0.3679	0.3679	0.3679	0.0498
(0,0,1,1,0)	0.3679	1	0.3679	0.1353	(1,0,1,1,0)	0.3679	1	0.3679	0.1353
(0,0,1,1,1)	0.3679	1	1	0.3679	(1,0,1,1,1)	0.3679	1	1	0.3679
(0,1,0,0,0)	0.3679	1	1	0.3679	(1,1,0,0,0)	0.3679	1	1	0.3679
(0,1,0,0,1)	0.3679	1	0.3679	0.1353	(1,1,0,0,1)	0.3679	1	0.3679	0.1353
(0,1,0,1,0)	0.3679	0.3679	0.3679	0.0498	(1,1,0,1,0)	0.3679	0.3679	0.3679	0.0498
(0,1,0,1,1)	0.3679	0.3679	1	0.1353	(1,1,0,1,1)	0.3679	0.3679	1	0.1353
(0,1,1,0,0)	0.3679	0.3679	1	0.1353	(1,1,1,0,0)	1	0.3679	1	0.3679
(0,1,1,0,1)	0.3679	0.3679	0.3679	0.0498	(1,1,1,0,1)	1	0.3679	0.3679	0.1353
(0,1,1,1,0)	0.3679	1	0.3679	0.1353	(1,1,1,1,0)	1	1	0.3679	0.3679
(0,1,1,1,1)	0.3679	1	1	0.3679	(1,1,1,1,1)	1	1	1	1.000

마코프랜덤필드의 확률분포를 계산하는 과정

분할함수 Z는 32개의 값을 모두 더해 $Z = 7.872$가 된다. $\widetilde{P}$를 Z로 나누면 확률분포가 된다. 예를 들어, $P(x = (1,1,1,0,0)^T) = \dfrac{0.3679}{7.782} = 0.0467$,

$$P(x = (0,0,1,0,1)^T) = \frac{0.0498}{7.782} = 0.0063,\ P(x = (0,0,0,0,0)^T) = \frac{1.0}{7.782} = 0.127$$

이처럼 클릭 단위로 분해하여 포텐셜을 계산할 수 있고, 포텐셜을 모두 곱하면 계산이 끝난다. 그러나 $\widetilde{P}(x)$는 정규화 되어있지 않아서 확률로 사용할 수 없고, 정규화를 위해 Z를 구해야 한다. n개의 확률변수마다 k개의 값을 가지면 k^n 개의 상태가 있는데, 모두 계산하려면 차원의 저주가 발생한다. 따라서 보통 정확한 분할함수를 구할 수 없어 추정치를 대신 사용한다.

마코프랜덤필드의 목적은 확률을 최대화하는 상태를 찾는 것이다.

$$\hat{x} = \mathrm{arg}max_x \ \ P(x)$$

CHAPTER 03 지도학습

조건부랜덤필드(Conditional Random Field, CRF)

직관적 의미

조건부랜덤필드 (Y, X)는 방향이 없는(undirected) 그래프 $G(V, E)$ 또는 마코프 랜덤 필드로 간주할 수 있다. 만약, 입력 시퀀스에서 조건부 독립을 가정할 수 있다면, 이론적으로 그래프의 구조는 여러 가지 형태를 나타낼 수 있다. 하지만 응용에서는 일반적으로 Y에 해당되는 노드는 간단한 체인(chain)의 형태를 나타내는 경우가 많다.

조건부랜덤필드는 은닉마코프모델(Hidden Markov Model, HMM)에 비하여 변수 독립성 조건이 필요 없는 장점이 한다. 또한 조건부 랜덤 필드는 최대엔트로피마코프모델(Maximum Entropy Markov Model, MEMM)에 비하여 변수 바이어스(bias)가 없는 장점이 있다.

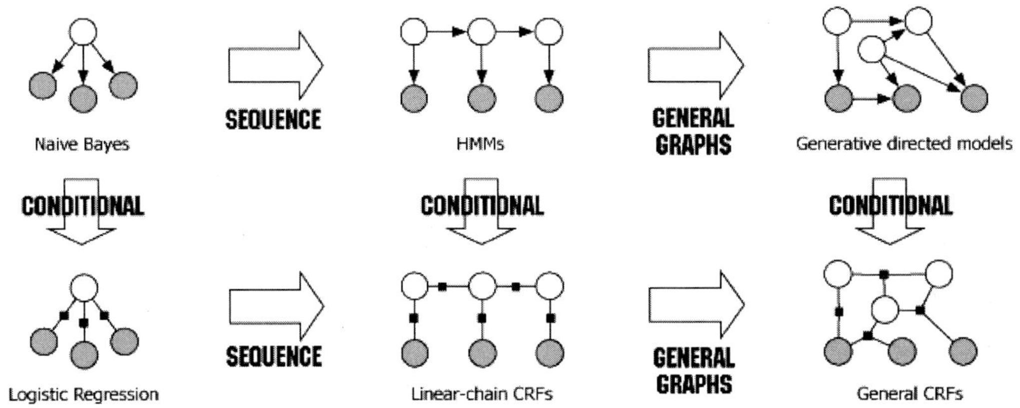

조건부랜덤필드와 다른 모델과의 관계

적용 분야는 문서 처리, 자연 언어처리, 음성 처리, 영상처리, 동작 인식, 바이오 공학, XML 처리 등에 이르기까지 매우 광범위하다. 문서 처리의 경우에는 이미 여러 응용에서 좋은 효과를 낸 것으로 보고되었다. 정보 검색, 질의-응답, 문서에 포함된 테이블 인식과 추출, 의견 검색(opinion mining), 바이오 공학 문서에서 이름객체의 인식과 추출(named entity recognition), 영어 문장의 파싱(parsing), 데이터베이스 필드 구성을 위한 정보 추출, 필기체와 필기체 구성의 인식 등의 분야에 적용되었다.

이 밖에 베이지안(Bayesian) 네트워크 구축, 단백질 구조 분석, 형태소 분석과 태깅, XML 문서

처리, 그리고 전자우편과 웹 문서 처리에 의한 사회 네트워크의 구성에도 적용되었다. 영상 처리의 경우에는 단절된 에지 연결, 객체와 배경의 분리 등의 문제에도 적용되었다. 음성의 경우는 음절의 분리, 음성 높이의 인식 등에 적용되었다.

모델 및 예시

가. 기본 구조

CRF를 그래피컬하게 나타낸 그림은 다음과 같다. 입력벡터 x의 위치에 상관없이 모두 활용하기 때문에 매우 유연한 구조이다.

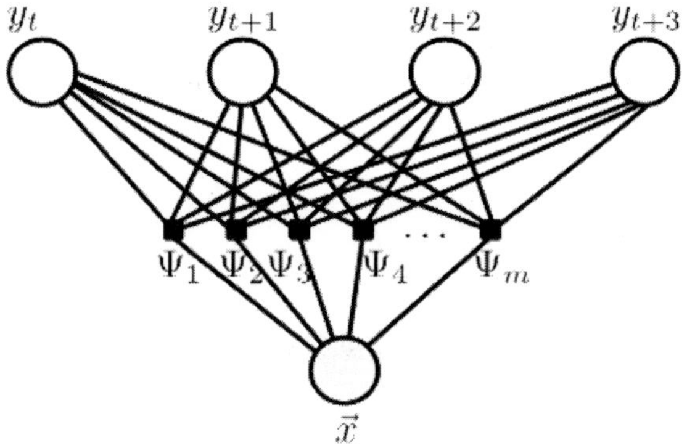

CRF 기본 구조

예를 들어, 단어들과 같은 입력 시퀀스 벡터 x가 주어졌을 때 품사와 같은 레이블 시퀀스 벡터 y가 나타날 확률은 다음과 같이 정의된다. 최대엔트로피모델(MEMM) 또는 로짓회귀 회귀와 완전히 같지만, 최대엔트로피가 하나의 관측치(single observation)를 분류하는 모델이라면, CRF는 sequential classifier라는 점이 다르다.

$$p_\lambda(y|x) = \frac{1}{Z_\lambda(x)} \exp\left(\sum_{j=1}^{n}\sum_{i=1}^{m} \lambda_i f_i(y_{j-1}, y_i, x, j)\right)$$

나. 피처함수(feature function)

CRF는 최대엔트로피모델이나 최대엔트로피마코프모델처럼 피처(feature)를 연구자가 유연하게 설정할 수 있다.

다. 레이블 편의(label bias) 문제와 극복 방안

CRF는 레이블 편의 문제를 극복하기 위해 제안된 기법이다. 레이블 편의란 낮은 수의 상태들의 선호가 다른 것으로 전이되는 현상이다. 예를 들어, 다음과 같다.

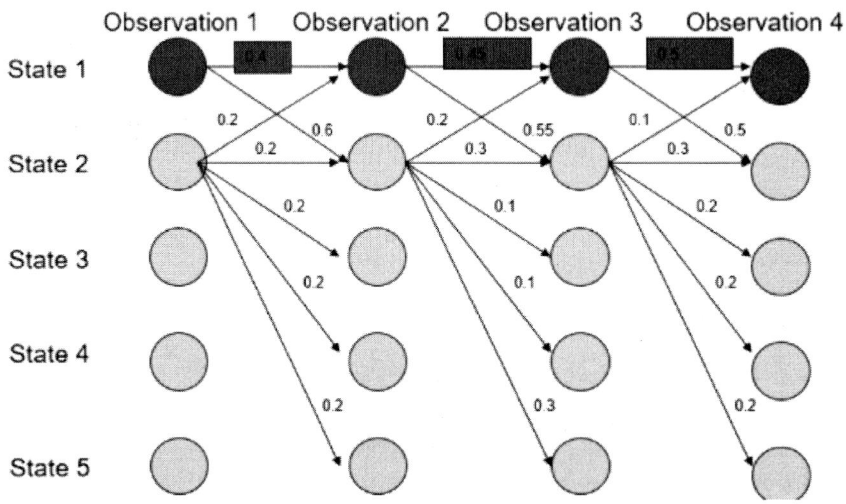

레이블 편의

이를 해결하기 위해 확률값을 구할 때 global normalize를 하게 된다. 그러나 가능한 모든 조합의 레이블 시퀀스에 대한 확률을 구해야 한다. 예를 들어, 품사 종류가 명사(NN), 동사(VB) 등 다섯 가지이고, 시퀀스 길이가 5(개 단어)라면, $5^5 = 3125$가지의 경우의 수를 고려해야 한다.

CRF에서 가장 계산량이 많은 부분이 바로 Z를 구하는 부분이다. 실제로 동적 프로그래밍(dynamic programming) 등 최적화 기법을 이용한다.

라. 파라미터 추정 : 최대우도추정

CRF의 파라미터는 로짓회귀의 파라미터를 추정하는 방식과 같이 최대우도추정법(Maximum Likelihood Estimation)으로 구한다. CRF의 로그 우도함수는 다음과 같다. 식의 첫 줄 두번째 항은 과적합(overfitting) 방지를 위한 정규화(regularization) 항이다.

$$L(T)=\sum_{(x,y)\in T}\left[\log\left(\frac{\exp\left(\sum_{j=1}^{n}\sum_{i=1}^{m}\lambda_i f_i(y_{j-1},y_j,x,j)\right)}{\sum_{y'\in Y}\exp\left(\sum_{j=1}^{n}\sum_{i=1}^{m}\lambda_i f_i(y'_{j-1},y'_j,x,j)\right)}\right)\right]-\sum_{i=1}^{m}\frac{\lambda_i^2}{2\sigma^2}$$

$$=\sum_{(x,y)\in T}\left[\left(\sum_{j=1}^{n}\sum_{i=1}^{m}\lambda_i f_i(y_{j-1},y_j x,j)\right)-\log\sum_{y'\in Y}\exp\left(\sum_{j=1}^{n}\sum_{i=1}^{m}\lambda_i f_i(y'_{j-1},y'_j,x,j)\right)\right]-\sum_{i=1}^{m}\frac{\lambda_i^2}{2\sigma^2}$$

$$=\sum_{(x,y)\in T}\sum_{j=1}^{n}\sum_{i=1}^{m}\lambda_i f_i(y_{j-1},y_j x,j)-\log\sum_{y'\in Y}\exp\left(\sum_{j=1}^{n}\sum_{i=1}^{m}\lambda_i f_i(y'_{j-1},y'_j,x,j)\right)\Bigg]-\sum_{i=1}^{m}\frac{\lambda_i^2}{2\sigma^2}$$

위 로그 우도함수는 파라미터 λ로 편미분한 값이 0인 지점에서 최대값을 가진다. $Z_\lambda(x)=\sum_{y'\in Y}\exp\left(\sum_{j=1}^{n}\sum_{i=1}^{m}\lambda_i f_i(y'_{j-1},y'_j,x,j)\right)$이고, 위의 식을각 항으로 3등분해서 각각 λ에 대해 편미분한 결과는 다음과 같다. 우선 첫항을 편미분한 결과이다. 이는 데이터의 empirical distribution으로 해석할 수 있다.

$$\frac{\partial}{\partial\lambda_k}=\sum_{(x,y)\in T}\sum_{j=1}^{n}\sum_{i=1}^{m}\lambda_i f_i(y_{j-1},y_j x,j)=\sum_{(x,y)\in T}\sum_{j=1}f_k(y_{j-1},y_j,x,j)$$

두 번째항을 λ에 대해 편미분한 결과는 다음과 같다.

$$\frac{\partial}{\partial\lambda_k}\sum_{(x,y)\in T}\log Z_\lambda(x)=\sum_{(x,y)\in T}\frac{1}{Z_\lambda(x)}\frac{\partial Z_\lambda(x)}{\partial\lambda_k}$$

$$=\sum_{(x,y)\in T}\frac{1}{Z_\lambda(x)}\sum_{y'\in Y}\exp\left(\sum_{j=1}^{n}\sum_{i=1}^{m}\lambda_i f_i(y'_{j-1},y'_j,x,j)\right)\sum_{j=1}^{n}f_k(y'_{j-1},y'_j x,j)$$

$$=\sum_{(x,y)\in T}\sum_{y'\in Y}\frac{1}{Z_\lambda(x)}\exp\left(\sum_{j=1}^{n}\sum_{i=1}^{m}\lambda_i f_i(y'_{j-1},y'_j,x,j)\right)\sum_{j=1}^{n}f_k(y'_{j-1},y'_j x,j)$$

$$=\sum_{(x,y)\in T}\sum_{y'\in Y}p_\lambda(y'|x)\sum_{j=1}^{n}f_k(y'_{j-1},y'_j x,j)$$

마지막 항은 다음과 같다.

$$\frac{\partial}{\partial\lambda_k}\left(-\sum_{i=1}^{m}\frac{\lambda_k^2}{2\sigma^2}\right)=-\frac{2\lambda_k}{2\sigma^2}=-\frac{\lambda_k}{\sigma^2}$$

첫항은 데이터의 empirical distribution으로 해석할 수 있으며 다음과 같이 나타낼 수 있다.

$$\widetilde{E}(f_i) = \sum_{(x,y)\in T}\sum_{j=1}^{n} f_i(y_{j-1}, j_j, x, j)$$

둘째항은 모델이 내놓는 distribution으로 해석할 수 있다.

$$E(f_i) = \sum_{(x,y)\in T}\sum_{y'\in Y} p_\lambda(y'|x)\sum_{j=1}^{n} f_k(y'_{j-1}, y'_j x, j)$$

로그우도 함수에 대한 편미분 식을 다시 적으면 다음과 같다. 첫째항과 둘째항이 가 비슷할수록 로그우도 함수의 도함수가 작아진다. 데이터의 분포와 모델의 분포가 비슷할수록, 즉 모델이 데이터의 분포를 잘 모사할수록 학습이 잘 되었다는 의미가 된다.

$$\frac{\partial L(T)}{\partial \lambda_k} = \widetilde{E}(f_k) - E(f_k) - \frac{\lambda_k}{\sigma^2}$$

파라미터 λ를 랜덤 초기화한 뒤 이제까지 구한 로그우도 함수가 커지는 방향(그래디언트)로 파라미터를 조금씩 업데이트해 주면 된다(gradient ascent).

마. 비터비 알고리즘

시퀀스 분류를 하기 위해 여기까지 왔다. CRF가 최적 상태열을 추론(inference)하는 기법인 비터비 알고리즘은 다음과 같이 동작한다.

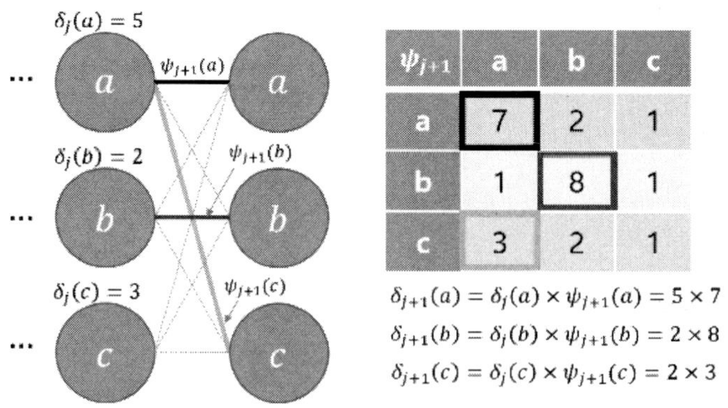

추론 과정

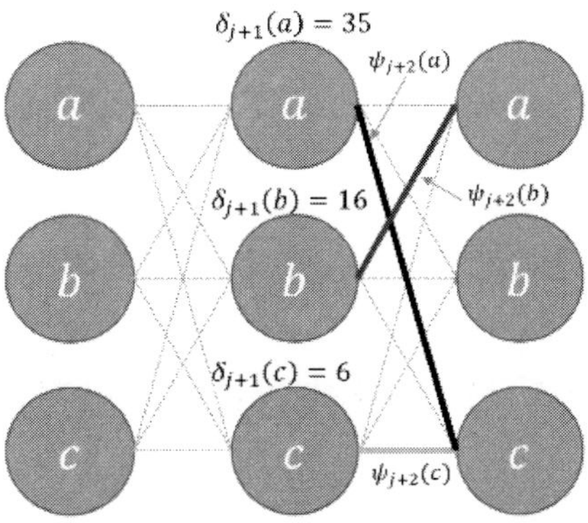

ψ_{j+2}	a	b	c
a	1	3	4
b	3	1	2
c	1	1	2

$$\delta_{j+2}(a) = \delta_j(a) \times \psi_{j+2}(a) = 35 \times 4$$
$$\delta_{j+2}(b) = \delta_j(b) \times \psi_{j+2}(b) = 16 \times 3$$
$$\delta_{j+2}(c) = \delta_j(c) \times \psi_{j+2}(c) = 6 \times 2$$

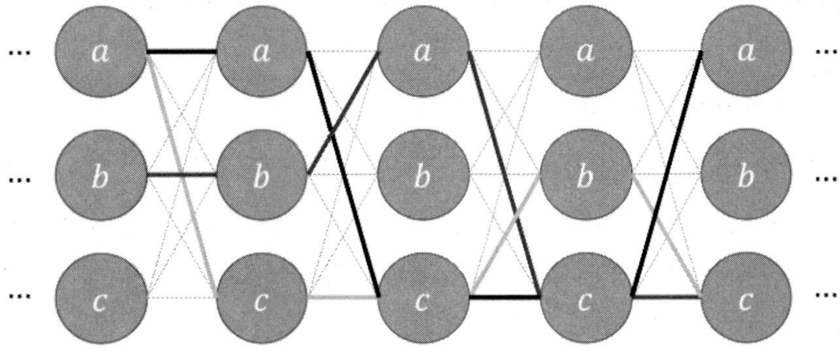

마지막으로 backtrace 과정이다.

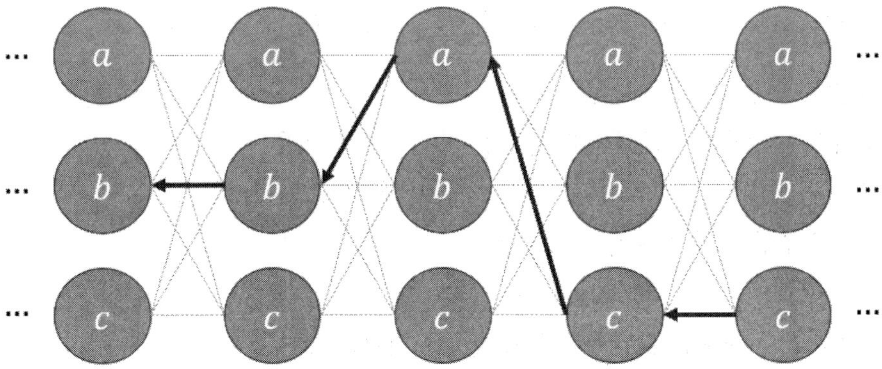

backtrace

CHAPTER 03 지도학습

3 랜덤

나이브 베이즈(Naive Bayes)

직관적 의미

나이브 베이즈(Naive Bayes) 알고리즘은 텍스트나 문서 등을 분류하는데 있어 간단한 방법으로 머신러닝 외에도 널리 쓰이는 방법이다.[25]

모든 피처(feature)들에 대하여 중요도를 동등하게 처리하거나, 그 특징들이 서로 독립적이라고 가정하므로 "Naive"라는 이름이 붙었는데, 현실의 문제들은 그러한 특징들의 중요도가 동등하지도 않고 서로 독립적인 경우가 거의 없다.

예를 들어, 문자 Spam을 분류하는데 특징들 중 메시지를 보낸 사람과 특정 단어가 있다면, 그 중요도가 동등하지 않다. 즉, 메시지 내용의 특정 단어보다 보낸 사람이 누구냐에 따라 Spam 분류 기준의 더 중요한 단서가 된다. 마찬가지로 제목과 내용이 서로 독립적일 수도 없다. 왜냐하면 너무도 당연히 제목은 내용을 포괄적으로 표현한 것이기 때문이다.

이러한 한계들이 있음에도 불구하고 나이브 베이즈(Naive Bayes) 분류 알고리즘은 상당히 쓸 만하다. 특징들 간에 독립적인 것을 가정함에도 불구하고 상당히 잘 맞다. 정확도 및 다양한 종류의 문제들에 대한 대처 범위가 넓다.

나이브 베이즈(Naive Bayes) 알고리즘의 장점은 다음과 같다.

① 간단하고 빠르면서도 효과가 좋음
② 노이즈가 많거나 유실 데이터가 많은 경우에도 잘 적용됨
③ 훈련 데이터가 많이 필요하지 않으며 많은 경우에도 물론 잘 적용됨
④ 예측을 위한 추정 확률을 얻기 쉬움

나이브 베이즈(Naive Bayes) 알고리즘의 단점은 다음과 같다.

① 동등하게 중요하고 독립적인 특징의 빈번한 오류 가정에 대하여 의존성이 높음
② 수치 데이터 종류가 많은 것에는 적합하지 않음
③예측한 분류보다 추정 확률의 신뢰성이 떨어짐

---

25 Jurafsky, D. and Martin, J. H.(2020), Speech and Language Processing, 3rd ed. draft.

모델

가. 나이브 베이즈(Naive Bayes) 모델

문서 이진분류 문제를 예로 들어보자. 여기서 풀려는 문제는 문서 d가 주어졌을 때 범주 c_1 또는 c_2로 분류하는 것이다. 지금까지 설명한 베이즈 법칙을 다시 쓰면 다음과 같다.

$$P(c_1|d) = \frac{P(c_1,d)}{P(d)} = \frac{\frac{P(c_1,d)}{P(c_1)} \cdot P(c_1)}{P(d)} = \frac{P(d|c_1)P(c_1)}{P(d)}$$

$$P(c_2|d) = \frac{P(d|c_2)P(c_2)}{P(d)}$$

여기서 $P(c_i)$는 사전확률(prior)이다. 범주 c_1인 문서 개수를 전체 문서 개수로 나눈 비율을 뜻한다. $P(d|c_i)$는 우도(likelihood)이며, $P(c_i|d)$는 사후확률(posterior)이다. 문서 d가 주어졌을 때 해당 문서가 범주 c_i일 확률, 즉 우리가 알고 싶은 값이다.

베이즈 모델은 $\frac{P(c_1|d)}{P(d)}$와 $\frac{P(c_2|d)}{P(d)}$를 비교해 큰 쪽으로 범주를 할당한다. 그런데 여기에서 $P(d)$는 겹치므로 계산을 아예 생략할 수 있다. 따라서 위 베이즈 공식을 아래와 같이 다시 쓸 수 있다.

$$P(c_i|d) \propto P(d|c_i)P(c_i)$$

만약 문서 범주 비율, 즉 사전확률 $P(c_1)$과 $P(c_2)$가 0.5로 서로 같다면 사전확률 계산도 생략 가능하다.

$$P(c_i|d) \propto P(d|c_i)$$

이번엔 문서 d가 단어 w_1, w_2로 구성돼 있다고 하자.

$$\begin{aligned} P(c_i|d) &= P(c_i|w_i,w_2) \\ &\propto P(c_i|w_i,w_2|c_i)P(c_i) \\ &\propto P(c_i|w_i,w_2|c_i) \end{aligned}$$

나이브 베이즈 분류기(classifier)는 각 단어가 독립(independent)임을 가정하는데, 모델 이름에 나이브라는 말이 붙은 이유이기도 하다. 이에 따라 식을 다시 쓸 수 있다.

$$P(w_1, w_2) = P(w_1) \cdot P(w_2)$$

$$P(w_1, w_2 | c_i) = P(w_1 | c_i) \cdot P(w_2 | c_i)$$

나. Bag-of-Words representation

각 단어가 독립임을 가정하는 나이브 베이즈 분류기는 문서 표현(representation) 방식 중 가장 간단한 기법인 Bag-of-Words와 본질적으로 같은 접근을 취한다. 나이브 베이즈 분류기는 범주가 주어졌을 때 각 단어가 나타날 확률(우도)의 연쇄적인 곱으로 계산을 하는데, a 다음에 b를 곱하든 그 반대로 곱하든 결과가 같다.

Bag-of-Words도 나이브 베이즈 모델처럼 단어의 등장 순서를 무시한다. 그저 문서 내 빈도만을 따져서 문서를 표현한다. 문서를 어떤 가방(bag) 안에 넣고 이를 뒤섞는다는 느낌 정도로 이해하면 직관적이다. 아래 그림은 영화 리뷰를 Bag-of-Words 방식의 representation으로 바꾸는 걸 도식화하였다.

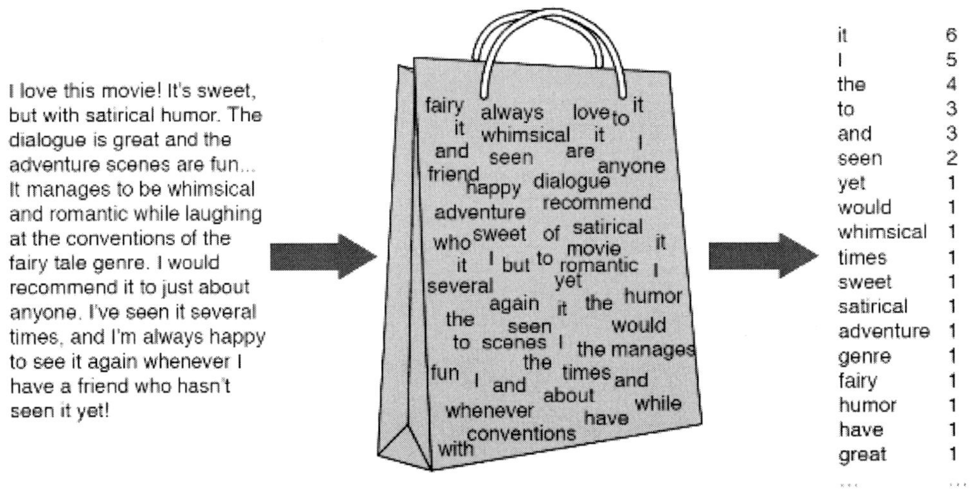

Bag-of-Words

다. unigram model

나이브 베이즈 분류기는 언어모델(language Model)의 유니그램(unigram) 모델과도 접점이 많다. 유니그램 모델은 도메인(domain)별로 각 단어의 등장확률을 구해놓은 다음 표와 같은 형태이다.

w	P(w|+)	P(w|-)
I	0.1	0.2
love	0.1	0.001
this	0.01	0.01
fun	0.05	0.005
film	0.1	0.1
...	...	...

unigram model

임의의 문자열이 주어졌을 때 유니그램 모델은 단어별 등장 확률을 반복적으로 곱해 해당 문자열이 나타날 확률을 계산한다. 나이브 베이즈 모델과 비교해 생각해볼 때 사전확률을 제외하면 그 과정이 동일하다.

예시

가. 예시1

다음과 같은 말뭉치가 주어졌다고 하자.

	Cat	Documents
Training	-	just plain boring
	-	entirely predictable and lacks energy
	-	no surprises and very few laughs
	+	very powerful
	+	the most fun film of the summer
Test	?	predictable with no fun

말뭉치 예시

사전확률부터 구하자. 학습데이터 전체 5건의 문서 가운데 3개가 부정(−), 2개가 긍정(+)이므로 다음과 같다.

$$P(-)=\frac{3}{5},\ P(+)=\frac{2}{5}$$

이번엔 우도를 구하자. 우선 학습데이터 문서 가운데 부정 범주의 전체 단어수는 14개이다. 이 가운데 각 단어가 몇 개 있는지 세어서 각각의 우도를 구한다. 다음과 같다.

$$P(predictable|-) = \frac{1}{14}$$

$$P(no|-) = \frac{1}{14}$$

$$P(fun|+) = \frac{1}{9}$$

이번엔 검증데이터 문서를 예측할 차례이다. 각 범주에 해당하는 사전확률과 우도의 곱(아래 식)을 비교해 큰 쪽으로 분류하는 방식이다.

$$P(-) \times P(predictable|-) \times P(no|-) \times P(fun|-)$$
$$P(+) \times P(predictable|+) \times P(no|+) \times P(fun|+)$$

그런데 실제 계산을 해보면 둘 모두 0이다. 우도 값 가운데 0이 되는 값이 있기 때문이다. 따라서 우도값이 0이 되지 않도록 보정하는 평활화(smoothing) 기법이 제안되었는데, Laplace Estimator는 각 특징에 작은 수의 Count(이를 종종 Small Perturbation이라고 불러왔다)를 추가하는 것이다.

나이브 베이즈 모델의 학습은 학습말뭉치의 빈도 수를 세어서 위의 사전확률과 우도를 모두 구해놓는 과정을 말한다. 추론(inference)은 사전확률과 우도의 곱을 계산하고, 큰 쪽의 범주를 할당한다.

검증데이터 문서에 학습데이터에 없는 단어가 있을 경우에는 우도가 존재하지 않으므로 이를 빼고 계산한다. 또한 관사, 전치사 등 범주 분류에 불필요하다고 판단되는 단어들에 대해서는 불용어(stopwords) 처리를 해서 빼기도 한다.

나. 예시2

'love', 'fantastic' 두 개 단어로 구성된 영화 리뷰1을 긍정, 부정 두 개 범주 가운데 하나로 할당해야 한다고 가정하자. 리뷰1이 긍정일 확률은 아래와 같이 우도의 연쇄적인 곱으로 구한다. 여기서 사전확률, 즉 긍정/부정 리뷰 비율은 동일하다고 가정한다.

$$P(positive|review_1) \propto P(love|positive) \times P(fantastic|positive)$$
$$\frac{count(love, positive)}{\sum_{w \in V} count(w, positive)} \times \frac{count(fantastic, positive)}{\sum_{w \in V} count(w, positive)}$$

이와 같은 방식으로 리뷰1이 부정일 확률도 구할 수 있다. 둘 중 큰 쪽으로 해당 리뷰의 범주를 할당한다. 그러면 아래 리뷰 두 개를 분류하자.

review1 : This movie was awesome! I really enjoyed it.

review2 : This movie was boring and waste of time.

전체 말뭉치에서 구한 우도는 다음과 같다.

우도

$words$	$P(word\|positive)$	$P(word\|negative)$
This	0.1	0.1
Movie	0.1	0.1
Was	0.1	0.1
Awesome	0.4	0.01
I	0.2	0.2
Really	0.3	0.05
Enjoyed	0.5	0.05
It	0.1	0.1
Boring	0.02	0.3
And	0.1	0.1
Waste	0.02	0.35
Of	0.02	0.02
Tume	0.15	0.15

review1은 위 우도 표에 의해 긍정, review2는 부정 범주로 분류된다.

$$review_1 : \prod_i P(words_i|positive) = 120 \times 10^{-8} > P(words_i|negative) = 0.5 \times 10^{-8}$$

$$review_2 : \prod_i P(words_i|positive) = 0.012 \times 10^{-8} < P(words_i|\neg ative) = 3.15 \times 10^{-8}$$

다. 장단점 및 최적화

문서 내 중복단어를 없애 분석 정확성을 높이는 Binary multinomial naive Bayes(binary NB) 기법도 있다. 한 단어가 문서 내에 등장했는지 여부만 따진다. 개별 문서에 한 두차례 등장하지만 정보성이 높은 단어를 잘 포착하는 경향이 있어 성능 향상에 도움이 된다고 한다.

Four original documents:

- − it was pathetic the worst part was the boxing scenes
- − no plot twists or great scenes
- \+ and satire and great plot twists
- \+ great scenes great film

After per-document binarization:

- − it was pathetic the worst part boxing scenes
- − no plot twists or great scenes
- \+ and satire great plot twists
- \+ great scenes film

	NB Counts		Binary Counts	
	+	−	+	−
and	2	0	1	0
boxing	0	1	0	1
film	1	0	1	0
great	3	1	2	1
it	0	1	0	1
no	0	1	0	1
or	0	1	0	1
part	0	1	0	1
pathetic	0	1	0	1
plot	1	1	1	1
satire	1	0	1	0
scenes	1	2	1	2
the	0	2	0	1
twists	1	1	1	1
was	0	2	0	1
worst	0	1	0	1

binary NB

나이브 베이즈 모델은 그 특성상 부정어(negation) 처리에 취약하다. 이 때문에 부정어가 등장한 위치에서 뒤에 나오는 모든 단어에 다음과 같은 처리를 하여 이 문제를 보완하는 방법도 제안되었다. 이렇게 되면 not_like, not_movie와 관련된 우도가 like, movie와 따로 계산되고, 추론 과정에서도 따로 계산된 결과가 반영된다.

didn't like this movie => didn't not_like not_this not_movie

또한, 실제 구현 단계에서는 다음과 같은 평활화 처리가 필요하다. i번째 단어가 긍정 문서에 단 한 번도 쓰이지 않더라도 그 우도확률이 0이 되지 않도록 분자와 분모에 적당히 작은 상수를 더해주는 것이다.

$$P(w_i|positive) = \frac{k + count(w_i, positive)}{2k + \sum_{w \in V} count(w, positive)}$$

또한 컴퓨터는 0에 가까운 부동소수점(floating point number)을 제대로 처리하지 못하기 때문에 우도의 곱은 로그 우도의 합으로 처리한다. 예를 들어, 긍정 범주에 대해서는 다음과 같다.

$$\prod_i P(word_i|positive) = \exp\left[\sum_i \{\log P(word_i|postivie)\}\right]$$

잠재디리클레할당(Latent Dirichlet Allocation, LDA)

직관적 의미

잠재디리클레할당(Latent Dirichlet Allocation, LDA)은 말뭉치로부터 토픽을 추출하는 토픽 모델링(topic modeling) 기법 가운데 하나이다. LDA는 주어진 문서에 대하여 각 문서에 어떤 주제들이 존재하는지에 대한 확률모형으로, 토픽별 단어의 분포, 문서별 토픽의 분포를 모두 추정한다. LDA의 개략적인 도식은 다음과 같다.

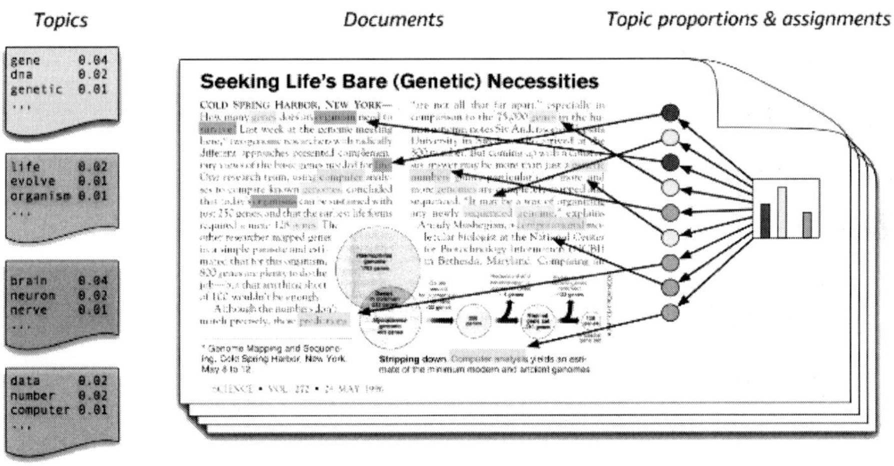

LDA 개요

LDA는 특정 토픽에 특정 단어가 나타날 확률을 낸다. 예를 들어, 그림에서 노란색 토픽엔 gene이라는 단어가 등장할 확률이 0.04, dna는 0.02, genetic은 0.01이다. 이 노란색 토픽은 대략 '유전자' 관련 주제로 보인다.

이번엔 그림의 문서를 보자. 주어진 문서를 보면 파란색, 빨간색 토픽에 해당하는 단어보다 노란색 토픽에 해당하는 단어들이 많다. 따라서 위 문서의 메인 주제는 노란색 토픽(유전자 관련)일 가능성이 크다. 이렇듯 문서의 토픽 비중 또한 LDA의 산출 결과물이다.

위 그림 우측에 있는 Topic proportions & assignments가 LDA의 핵심 프로세스이다. LDA는 문서가 생성되는 과정을 확률모형으로 모델링한 것이기 때문이다. 글쓰기를 예로 들면 다음과 같다. 우선 글주제를 정해야 한다. 이후 실제 글을 작성할 때, 어떤 단어를 써야할지 결정한다. LDA도 마찬가지이다. 우선 말뭉치로부터 얻은 토픽 분포로부터 토픽을 뽑는다. 이후 해당 토픽에 해당하는 단어들을 뽑는다. 이것이 LDA가 가정하는 문서 생성 과정이 된다.

이제 반대 방향으로 생각해자. 현재 문서에 등장한 단어들은 어떤 토픽에서 뽑힌 단어들일까? 명시적으로 알기는 어렵다. 말뭉치에 등장하는 단어들 각각에 꼬리표가 달려있는 것은 아니기 때문이다. 그런데 LDA는 이렇게 말뭉치 이면에 존재하는 정보를 추론해낼 수 있다. LDA에 잠재(Latent)라는 이름이 붙은 이유이다. LDA의 학습은 바로 이러한 잠재정보를 알아내는 과정이다.

모델

가. 디리클레 분포

디리클레분포란 k차원의 실수 벡터 중 벡터의 요소가 양수이며 모든 요소를 더한 값이 1인 경우에 확률값이 정의되는 연속확률분포이다. 2이상의 자연수 k와 양의 상수 $\alpha_1, \cdots, \alpha_k$에 대하여 디리클레분포의 확률밀도함수는 다음과 같이 정의된다.

$x_1, \cdots, x_k$가 모두 양의 실수이며 $\sum_{i=1}^{k} x_i = 1$을 만족할 때,

$f(x_1, \cdots, x_k; \alpha_1, \cdots, \alpha_k) = \frac{1}{B(\alpha)} \prod_{i=1}^{k} x_i^{\alpha_i - 1}$이며, 이외의 경우는 0이다.

$B(\alpha)$는 다음과 같다.

$$B(\alpha) = \frac{\prod_{i=1}^{k} \Gamma(\alpha_i)}{\Gamma\left(\sum_{i=1}^{k} \alpha_i\right)}$$

3차원 디리클레 분포의 모양은 다음과 같다. 왼쪽 위에서부터 시계방향으로 α =(6, 2, 2), (3, 7, 5), (6, 2, 6), (2, 3, 4)이다.

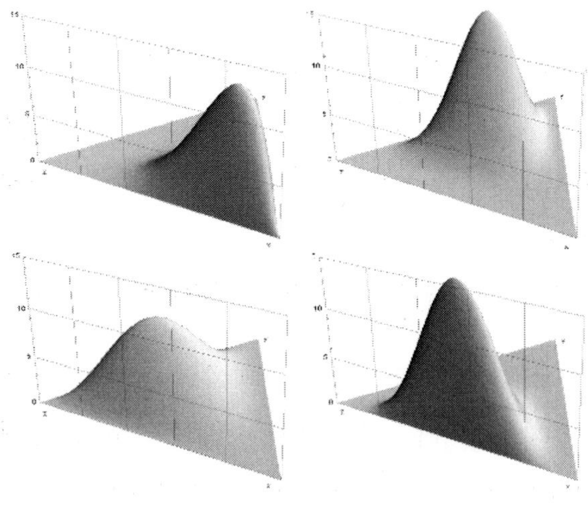

디리클레분포 예시

나. 모델

LDA의 아키텍처, 즉 LDA가 가정하는 문서생성과정은 다음과 같다. D는 말뭉치 전체 문서 개수, K는 전체 토픽 수(하이퍼 파라미터), N은 d번째 문서의 단어 수를 의미한다. 네모칸은 해당 횟수만큼 반복하라는 의미이며 동그라미는 변수를 가리킨다. 화살표가 시작되는 변수는 조건, 화살표가 향하는 변수는 결과에 해당하는 변수이다.

관찰 가능한 변수는 d번째 문서에 등장한 n번째 단어 $w_{d,n}$이 유일하며, 음영 표시되어 있다. 우리는 이 정보만을 가지고 하이퍼 파라미터(사용자 지정) α, β를 제외한 모든 잠재 변수를 추정해야 한다.

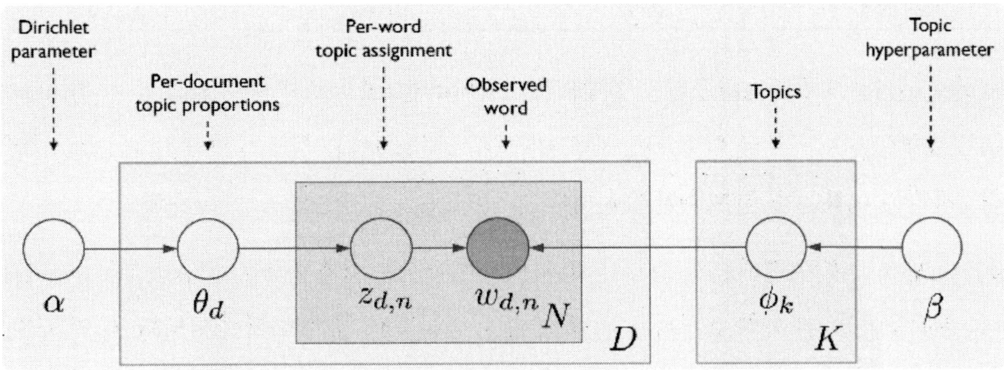

LDA 아키텍처

LDA의 문서생성과정은 다음과 같다.

① Draw each per-corpus topic distributions $\phi_k \sim Dir(\beta)$ for $k \in \{1,2,\cdots,K\}$

② For each document, draw per-document topic proportions $\theta_d \sim Dir(\beta)$

③ For each document and each word, draw per-word topic assignment $z_{d,n} \sim Multi(\theta_d)$

④ For each document and each word, draw observed word $w_{d,n} \sim Multi(\phi_{z_{d,n},n})$

ϕ_k는 k번째 토픽에 해당하는 벡터이다. 말뭉치 전체의 단어 개수만큼의 길이를 가졌다. 예를 들어, ϕ_1은 아래 표에서 첫 번째 열이다. 마찬가지로 ϕ_2는 두 번째, ϕ_3은 세번째 열벡터이다. ϕ_k의 각 요소값은 해당 단어가 k번째 토픽에서 차지하는 비중을 나타낸다. ϕ_k의 각 요소는 확률이므로 모든 요소의 합은 1이 된다. 즉, 열의 합이 1이다.

토픽과 비중

terms	topic1	topic2	topic3
baseball	0.000	0.000	0.200
basketball	0.000	0.000	0.267
boxing	0.000	0.000	0.133
money	0.231	0.313	0.400
interest	0.000	0.312	0.000
rate	0.000	0.312	0.000
democrat	0.269	0.000	0.000
republican	0.115	0.000	0.000
cocus	0.192	0.000	0.000
president	0.192	0.063	0.000

그런데 아키텍처를 자세히 보면 ϕ_k는 하이퍼 파라미터 β에 영향을 받는 것을 알 수 있다. 이는 LDA가 토픽의 단어비중 ϕ_k이 디리클레분포를 따른다는 가정을 취하기 때문이다. LDA 기법에 디리클레라는 이름이 붙은 이유이기도 하다.

θ_d는 d번째 문서가 가진 토픽 비중을 나타내는 벡터이다. 전체 토픽 개수 K만큼의 길이를 가진다. 예를 들어, θ_1은 아래 표에서 첫 번째 행벡터, θ_5는 다섯 번째 행벡터가 된다. θ_d의 각 요소값은 k번째 토픽이 해당 d번째 문서에서 차지하는 비중을 나타낸다. θ_d는 확률이므로 모든 요소

의 합은 1이 된다. 아래 표 기준으로는 행의 합이 1이다.

토픽비중

terms	topic1	topic2	topic3
doc1	0.400	0.000	0.600
doc2	0.000	0.600	0.400
doc3	0.375	0.625	0.000
doc4	0.000	0.375	0.625
doc5	0.500	0.000	0.500
doc6	0.500	0.500	0.000

θ_d 역시 하이퍼 파라미터 α에 영향을 받는다. 이는 LDA가 문서의 토픽비중 θ_d이 디리클레분포를 따른다는 가정을 취하기 때문이다.

이번엔 $z_{d,n}$에 대해 살펴보자. $z_{d,n}$은 d번째 문서 n번째 단어가 어떤 토픽에 해당하는지 할당해 주는 역할을 한다. 예를 들어, 세 번째 문서의 첫 번째 단어는 'topic2'일 가능성이 높다. topic1과 topic2가 뽑힐 확률이 각각 0.375, 0.625이기 때문이다.

$w_{d,n}$은 문서에 등장하는 단어를 할당해주는 역할을 한다. ϕ_k와 $z_{d,n}$에 동시에 영향을 받는다. 의미는 다음과 같다. 앞 예시에서 $z_{3,1}$은 실제로 topic2에 할당됐다고 하자. 이제 ϕ_2를 보면, $w_{3,1}$은 money가 될 가능성이 높다. topic2의 단어 분포 가운데 money가 0.313으로 가장 높기 때문이다.

다. 추론(Inference)

지금까지 LDA가 가정하는 문서생성과정과 잠재변수들이 어떤 역할을 하는지 설명했다. 이제는 $w_{d,n}$을 가지고 잠재변수를 역으로 추정하는 inference 과정을 살펴보자. 다시 말해 LDA는 토픽의 단어분포와 문서의 토픽분포의 결합으로 문서 내 단어들이 생성된다고 가정하자. LDA의 inference는 실제 관찰가능한 문서 내 단어를 가지고 우리가 알고 싶은 토픽의 단어분포, 문서의 토픽분포를 추정하는 과정이다.

여기에서 LDA가 가정하는 문서생성과정이 합리적이라면 해당 확률과정이 우리가 갖고 있는 말뭉치를 제대로 설명할 수 있을 것이다. 바꿔 말해 토픽의 단어분포와 문서의 토픽분포의 결합확률이 커지도록 해야 한다. 확률과정과 결합확률을 각각 그림과 수식으로 나타내면 다음과 같다.

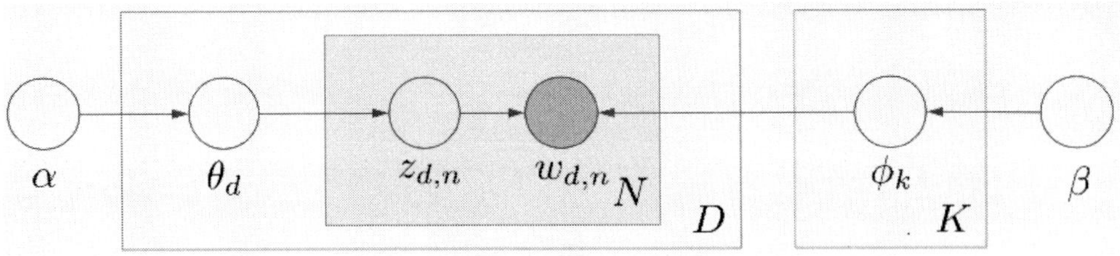

확률과정과 결합확률

$$P(\phi_{1:K},\ \theta_{1:D},\ z_{1:D},\ w_{1:D}) = \prod_{i=1}^{K} P(\phi_i|\beta) \prod_{d=1}^{D} P(\theta_d|\alpha) \left\{ \prod_{n=1}^{N} P(z_{d,n}|\theta_d) P(w_{d,n}|\phi_{1:K}, z_{d,n}) \right)$$

여기서 사용자가 지정한 하이퍼 파라미터 α,β와 우리가 말뭉치로부터 관찰가능한 $w_{d,n}$을 제외한 모든 변수가 미지수가 된다. 따라서 우리는 사후확률(posterior) $P(z,\phi,\theta|w)$를 최대로 만드는 z,ϕ,θ를 찾아야 한다. 이것이 LDA의 inference이다. 그런데 사후확률을 계산하려면 분모에 해당하는 $P(w)$를 반드시 구해야 한다. 이는 베이즈 정리에서 증거(evidence)로 불리는 것으로, $P(w)$는 잠재변수 z,ϕ,θ의 모든 경우의 수를 고려한 각 단어(w)의 등장 확률을 가리킨다. 그러나 z,ϕ,θ는 우리가 직접 관찰하는 게 불가능할 뿐 아니라, $P(w)$를 구할 때 z,ϕ,θ의 모든 경우를 감안해야 하기 때문에, 결과적으로 $P(w)$를 단번에 계산하는 것이 어렵다. 이 때문에 깁스 샘플링과 같은 기법을 사용한다.

몬테카를로 방법(MCMC)은 모든 샘플이 독립(independent)이고 생성될(뽑힐) 확률 또한 랜덤이다. 반면 마코프 연쇄에 기반한 MCMC는 다음번 생성될(뽑힐) 샘플은 현재 샘플의 영향을 받는다. 깁스 샘플링은 다음번 생성될 표본은 현재 샘플에 영향을 받는다는 점에서는 MCMC와 같지만, 나머지 변수는 그대로 두고 한 변수에만 변화를 준다는 점이 다르다.

라. LDA와 깁스 샘플링

LDA에서 나머지 변수는 고정시킨 채 한 변수만을 변화시키되, 불필요한 일부 변수를 샘플링에서 제외하는 collapsed gibbs sampling 기법을 쓴다. LDA에서는 $P(z,\phi,\theta|w)$를 구할 때 ϕ,θ를 계산에서 생략한다. 깁스 샘플링으로 구한 z로 계산할 수가 있기 때문이다. LDA의 깁스 샘플링 과정을 나타낸 수식은 다음과 같다.

$$P(z_i = j|z_{-i}, w)$$

말뭉치가 주어졌기 때문에 w는 이미 알고 있는 값이다. z는 각 단어가 어떤 토픽에 할당돼 있는지를 나타내는 변수인데, z_{-i}는 i번째 단어의 토픽 정보를 제외한 모든 단어의 토픽 정보를 가리킨다. 식 전체적으로 w와 z_{-i}가 주어졌을 때 문서의 i번째 단어의 토픽이 j일 확률을 뜻한다. 다음 그림을 보자.

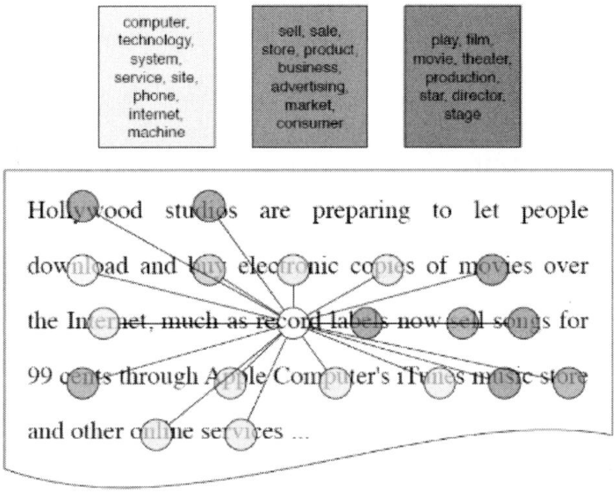

깁스 샘플링

위 그림에서 z_i는 record라는 단어가 속하는 토픽이다. 깁스 샘플링을 위해 토픽 정보를 지워 놓았다. 나머지 단어에 대한 토픽 정보는 그대로 쓴다. 이것이 바로 z_{-i}이다. 이 상태의 정보를 토대로 record라는 단어가 어떤 토픽에 속할지 할당하는 것이 LDA의 깁스 샘플링 과정이다.

이런 식으로 문서 내 모든 단어와 말뭉치 내 모든 문서에 대해 깁스 샘플링을 반복하면 어느 순간부터는 모든 단어에 대한 토픽 할당 정보가 수렴하게 된다.

마. 실제 계산과정

몇 가지 수식 정리 과정을 거치면 d번째 문서 i번째 단어의 토픽 $z_{d,i}$가 j번째에 할당될 확률은 다음과 같이 쓸 수 있다.

$$P(z_{d,i}=j|z_{-i},w)=\frac{n_{d,k}+\alpha_j}{\sum_{i=1}^{K}(n_{d,i}+\alpha_i)}\times\frac{v_{k,w_{d,n}}+\beta_{w_{d,n}}}{\sum_{i=1}^{V}(v_{k,j}+\beta_j)}=AB$$

$n_{d,k}$: k번째 토픽에 할당된 d번째 문서의 단어 빈도

$v_{k,w_{d,n}}$: 전체 말뭉치에서 k번째 토픽에 할당된 단어 $w_{d,n}$의 빈도

$w_{d,n}$: d번째 문서에 n번째로 등장한 단어

α : 문서의 토픽 분포 생성을 위한 디리클레 분포 파라미터

β : 토픽의 단어 분포 생성을 위한 디리클레 분포 파라미터

K : 사용자가 지정하는 토픽 수

V : 말뭉치에 등장하는 전체 단어 수

A : d번째 문서가 k번째 토픽과 맺고 있는 연관성 정도

B : d번째 문서의 n번째 단어($w_{d,n}$)가 k번째 토픽과 맺고 있는 연관성 정도

예를 들어보자. 우선 아래와 같이 단어 5개로 구성된 문서 doc1이 있고, 각 단어마다 토픽 z_i도 이미 할당돼 있다고 가정하자. 토픽 수는 사용자가 3개로 지정해 놓은 상태이다.

예시

doc1의 i번째 단어의 토픽 $z_{1,i}$	3	2	1	3	1
doc1의 n번째 단어 $w_{1,i}$	etruscan	trade	price	temple	market

말뭉치에 등장하는 모든 단어들을 대상으로 각각의 단어들이 어떤 토픽에 속해 있는지를 일일이 세어서 만든 표도 다음과 같다고 가정하자. 여기서 이 표 역시 초기엔 랜덤 할당을 한다고 하자.

토픽 수

terms	topic1	topic2	topic3
etruscan	1	0	35
trade	50	0	1
price	42	1	0
temple	0	0	20
market	10	8	1
···	···	···	···

이제 깁스 샘플링을 할 차례이다. $P(z_{1,2})$를 구하자. $z_{1,-2}$, 즉 첫 번째 문서의 두번째 단어의 토픽(z_2) 정보를 지운 상태에서, 나머지 단어들의 토픽 할당 정보를 활용해 계산하게 된다.

깁스 샘플링

$z_{1,i}$	3	?	1	3	1
$w_{d,n}$	etruscan	trade	price	temple	market

위 표를 보면 $P(z_{1,2})$를 지우고 나니 첫 번째 문서엔 1번/3번 토픽이 각각 절반씩 있는 걸 확인할 수 있다. 바꿔 말해 $n_{1,1}=2, n_{1,3}=2$이다. α는 사용자가 지정하는 하이퍼 파라미터로 깁스 샘플링 과정에서 변하는 값이 아니므로 A의 크기는 $n_{1,1}$과 $n_{1,3}$에 영향을 받을 것이다. 즉, $z_{1,2}$가 2번 토픽이 될 확률은 0이고, 1번/3번은 같다. A는 아래 그림과 같이 이해할 수 있다.

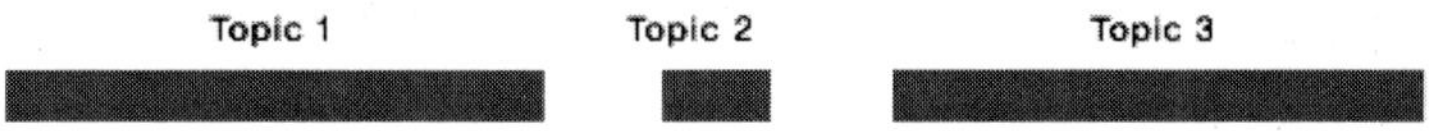

A의 의미

이번엔 수식의 오른쪽 부분인 B를 보자. 전체 말뭉치를 대상으로 단어들의 토픽 할당 정보를 조사한 표는 다음과 같다고 하자. 여기서 주의할 점은 깁스 샘플링을 수행하면서 trade의 토픽 정보를 지웠으므로 단어별 토픽 분포 표에서 $v_{2,trade}$가 1이 줄어든다는 사실이다.

토픽 수

terms	topic1	topic2	topic3
etruscan	1	0	35
market	50	0	1
price	42	1	0
temple	0	0	20
trade	10	8-1	1

위 표를 보면 우리의 관심인 trade라는 단어의 토픽은 topic1일 가능성이 제일 높을 것이다. 전체 말뭉치에서 trade의 토픽은 1번, 2번, 3번 순으로 많기 때문이다. 바꿔 말해 $v_{2,trade}=10, v_{2,trade}=7, v_{3,trade}=1$이다. B에 적용된 β 역시 샘플링 과정에서 바뀌는 과정이 아니므로 B의 크기는 v_k에 가장 많은 영향을 받을 것이다. 이를 그림으로 나타내면 다음과 같다.

CHAPTER 03 지도학습

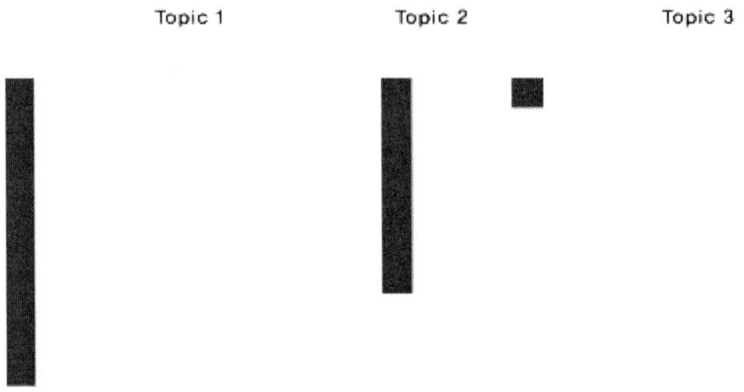

B의 의미

$P(z_{1,2})$는 A와 B의 곱으로 도출된다. A와 B를 각각 직사각형의 높이와 너비로 둔다면, $P(z_{1,2})$는 아래와 같이 직사각형의 넓이로 이해할 수 있다.

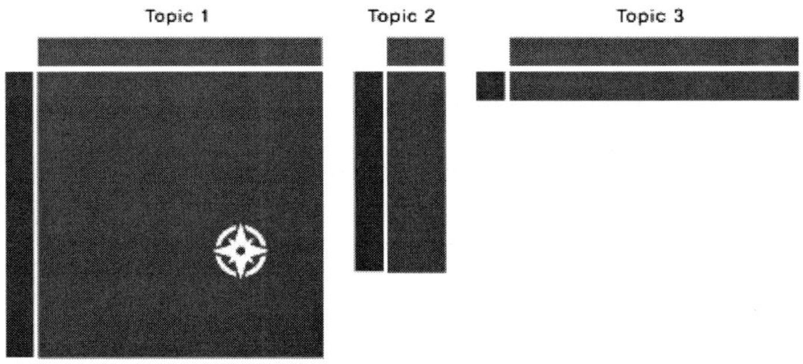

A, B의 곱

이 계산 예시에서 $z_{1,2}$는 topic1에 할당될 가능성이 제일 크다. 하지만 topic3에 할당될 가능성도 topic1에 비해선 작지만 아주 없는 건 아니다. 확률적인 방식으로 토픽을 할당하기 때문이다. 결과적으로 $z_{1,2}$가 topic1에 할당됐다고 가정하면, doc1의 토픽 분포(θ_1)와 첫 번째 토픽의 단어 분포(ϕ_1)가 각각 다음과 같이 바뀐다.

■ 토픽의 분포

$z_{1,i}$	3	1	1	3	1
$w_{d,n}$	etruscan	trade	price	temple	market

terms	topic1	topic2	topic3
etruscan	1	0	35
market	50	0	1
price	42	1	0
temple	0	0	20
trade	10+1	8-1	1

이런 방식으로 모든 문서, 모든 단어에 대해 깁스 샘플링을 수행하면 모든 단어마다 토픽을 할당해줄 수가 있게 된다. 이 과정에서 ϕ, θ 또한 자연스럽게 구할 수 있다. 보통 1000회~1만회 반복 수행하면 그 결과가 수렴한다.

바. 디리클레 파라미터의 역할

d번째 문서에 i번째로 등장하는 단어의 토픽이 j번째일 확률을 다시 쓰면 다음과 같다.

$$P(z_{d,i}=j|z_{-i},w)=\frac{n_{d,k}+\alpha_j}{\sum_{i=1}^{K}(n_{d,i}+\alpha_i)}\times\frac{v_{k,w_{d,n}}+\beta_{w_{d,n}}}{\sum_{i=1}^{V}(v_{k,j}+\beta_j)}=AB$$

A는 d번째 문서가 j번째 토픽과 맺고 있는 연관성 강도를 나타낸다. B는 d번째 문서의 n번째 단어($w_{d,n}$)가 j번째 토픽과 맺고 있는 연관성의 강도를 가리킨다.

그러면 여기에서 α값은 어떤 역할을 할까? 이전 예시에서 첫 번째 문서에 topic2에 할당된 단어들이 하나도 없었다($n_{1,2}=0$). 원래대로라면 첫 번째 문서가 topic2와 맺고 있는 연관성 강도, 즉 A는 0이어야 한다. 이렇게 되면 $z_{d,i}$가 topic2가 될 확률 또한 0이게 된다.

하지만 사용자가 지정하는 하이퍼 파라미터 α 존재 덕분에 A가 아예 0으로 되는 일을 막을 수 있게 된다. 일종의 smoothing 역할을 하게 되었다. 따라서 α가 클수록 토픽들의 분포가 비슷해지고, 작을수록 특정 토픽이 크게 나타나게 된다. 이는 β가 B에서 차지하는 역할과 대동소이하다. 아래는 디리클레 파라미터 변화에 따른 토픽 분포의 변화를 직관적으로 나타낸 그림이다.

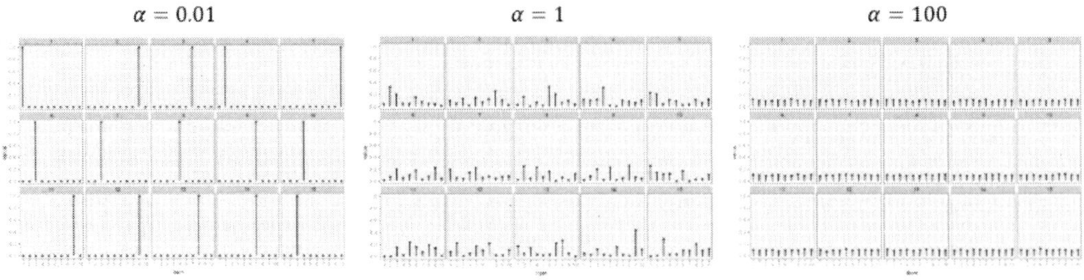

디리클레 파라미터

사. 최적 토픽 수 찾기

LDA의 토픽수 K는 사용자가 지정하는 하이퍼 파라미터이다. 최적 토픽수 또한 여러 실험을 통해 구해야 하는 미지수이다. 최적 토픽수를 구하는 데 쓰는 Perplexity 지표가 있다.

LDA는 문서가 생성되는 과정을 확률모형으로 가정한다. LDA로부터 추정된 토픽 정보(z)를 활용해 계산한 각 단어의 발생확률이 클수록 학습 말뭉치가 생성되는 과정을 제대로 설명하는 것이다. 최적 토픽 수를 찾기 위한 방법도 이 아이디어를 차용한다.

우선 깁스 샘플링으로 구한 ϕ,θ를 활용해 전체 문서, 모든 단어의 발생 확률 $P(w)$를 식으로 쓰면 다음과 같다. $P(w)$는 말뭉치에 등장한 모든 단어의 발생확률을 종합적으로 따지기 때문에 곱으로 연결되지만, 이를 로그를 취한 결과가 아래 식이다.

$$\log\{P(w)\}=\sum_{d=1}^{D}\sum_{j=1}^{V}n^{jd}\log\left[\sum_{k=1}^{K}\theta_k^d\phi_k^j\right]$$

$\log\{P(w)\}$는 첫 번째 문서 세 번째 단어가 'King'이라고 하자. 이 단어가 첫번째 문서에 나타난 빈도가 3이라고 하면 $n^{31}=3$이다. 여기에 토픽의 단어분포 정보인 ϕ와 문서의 토픽 비중 정보인 θ를 element-wise 곱 방식으로 계산하게 된다. 그런데 'King'이라는 단어는 하나의 토픽에만 있는 것이 아니고 여러 토픽에 걸쳐 있을 수 있다. 흔한 단어일 경우 더욱 그렇다. 그래서 모든 토픽에 대해 합을 계산하게 된다. 위 정보를 활용한 perplexity 지표는 다음과 같이 구한다.

$$perplexity(w)=\exp\left[-\frac{\log\{P(w)\}}{\sum_{d=1}^{D}\sum_{j=1}^{V}n^{jd}}\right]$$

$P(w)$는 클수록 좋은 inference이므로 $\exp[-\log\{P(w)\}]$는 작을수록 좋을 것이다. 따라서

아래 그림처럼 토픽 수 K를 바꿔가면서 perplexity를 구한 뒤 가장 작은 값을 내는 K를 최적의 토픽수로 삼으면 된다.

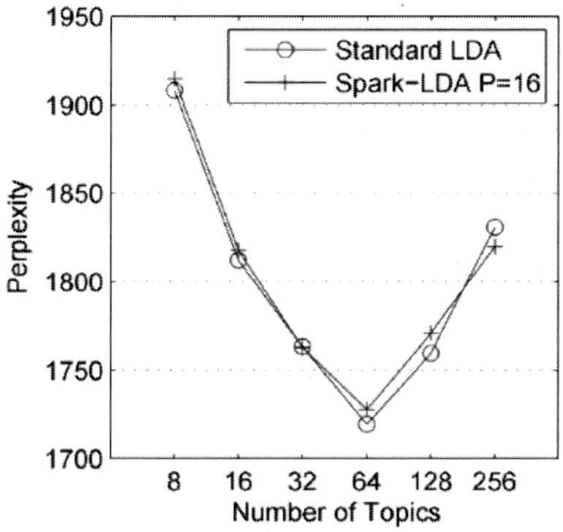

최적의 토픽수와 perplexity

베이지안 네트워크(Bayesian Network or Belief Network, BN)

직관적 의미

현재 많은 문제(task)에 대해 딥러닝 기반의 모델들이 훌륭한 성능을 내고 있어 학계와 산업계에서 딥러닝이 큰 각광을 받고 있다. 그러나 아직까지 딥러닝 모델은 블랙 박스 모델이라는 평가와 함께 설명력(Interpretability)이 부족하다고 평가되고 있다. 쉽게 말해서 모델이 문제는 잘 맞추는데 어떻게 해서 그런 답을 냈는지 사람들이 명확하게 알기 어렵다는 것이다. 이러한 문제점들을 보완하기 위해서 많은 연구들이 진행되고 있지만 여전히 부족한 부분이 많은 것이 사실이다.

딥러닝 모델이 많은 발전을 이루기 전에도 예전부터 많은 인공지능 모델이나 기법들이 연구되어 왔다. 그 중에서 많은 주목을 받던 모델이 바로 베이지안 네트워크(Bayesian Network)이다.

독립성을 가정하는 나이브 베이즈와 다르게, 베이지안 네트워크는 확률 변수 간의 인과 관계를 그래프 형태로 나타낸 후, 주어진 데이터에 대해 확률 변수의 분포를 학습하는 확률 그래프 모형(Probabilistic Graphical Model, PGM)이다.

모델 및 예시

가. 예시

다음과 같은 상황이 있다고 하자.

① 비가 오면 잔디가 젖을 확률이 크다.
② 비가 오면 스프링쿨러가 동작하지 않을 확률이 크다.
③ 스프링쿨러가 동작하면 잔디가 젖을 확률이 크다.

여러 번의 관측을 통해 각 상황에 대한 확률값을 다음과 같이 얻을 수 있었다고 가정하자.

비가 올 확률, 비에 대해 스프링클러가 동작할 확률, 비와 스프링클러에 잔디가 젖을 확률

Rain	Not Rain
0.20	0.80

	On	Off
Rain	0.1	0.9
Not Rain	0.5	0.5

	Wet	Dry
Rain+On	1.0	0.0
Rain+Off	0.6	0.4
Not Rain+On	0.7	0.3
Not Rain+Off	0.1	0.9

이렇게 주어진 상황에서 베이지안 네트워크를 통해 다음과 같은 질문에 대답할 수 있다. 만약 잔디가 젖어있다면 비가 왔을 확률은?

베이지안 네트워크는 확률 변수 간의 인과 관계를 그래프로 나타내어 분석한다. 일반적으로 그래프는 노드(node)와 엣지(edge)로 표현할 수 있다. 베이지안 네트워크에서의 노드는 확률 변수가 되고, 엣지는 확률적인 관계가 된다. 위의 상황에서는 총 3개의 확률 변수가 존재한다.

① R : 비가 왔다(Rain, $R=1$) / 비가 오지 않았다 (Not Rain, $R=0$)
② S : 스프링쿨러가 동작했다 (On, $S=1$) / 스프링쿨러가 동작하지 않았다 (Off, $S=0$)
③ G : 잔디가 젖었다 (Wet, $G=1$) / 잔디가 젖지 않았다 (Dry, $G=0$)

질문에서 비가 왔는지 여부와 스프링쿨러가 동작했는지는 확인할 수 없고, 잔디가 젖었다는 것만 확인할 수 있으므로 R과 S는 관측 불가능한 변수, 즉 은닉 변수(hidden variable)이고, G는 관측 가능한 변수, 즉 관측 변수(observed variable)가 된다. 그래프로 나타낼 때에는 은닉 변수는 비어있는 동그라미로, 관측 변수는 색이 칠해진 동그라미로 표시한다.

또한 다음과 같이 확률 변수 간의 관계가 존재한다.

① $P(S=1|R=1)=0.1$: 비에 대한 스프링쿨러가 동작할 확률

② $P(G=1|S=1,R=1)=1.0$: 비와 스프링쿨러에 대한 잔디가 젖을 확률

이 관계를 엣지로 표현할 때에는 원인이 되는 변수에서 결과로 나타내지는 변수로 화살표의 형태로 선을 그어 나타내게 된다. 따라서 위의 상황을 확률 변수를 노드로 인과관계를 엣지로 표현하면 다음과 같이 표현할 수 있다.

Rain	Not Rain
0.20	0.80

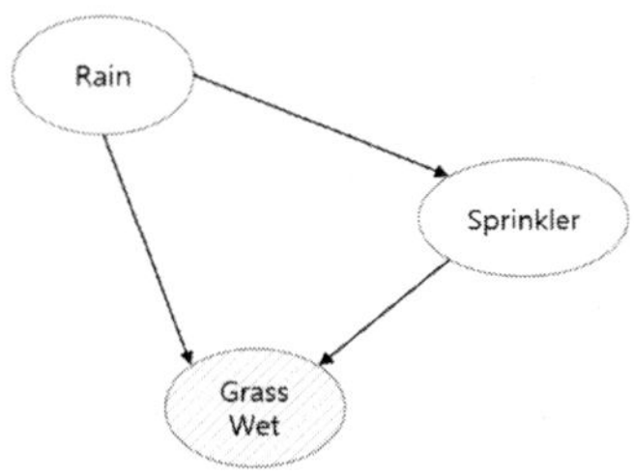

	On	Off
Rain	0.1	0.9
Not Rain	0.5	0.5

		Wet	Dry
Rain	On	1	0
Rain	Off	0.6	0.4
Not Rain	On	0.7	0.3
Not Rain	Off	0.1	0.9

확률변수의 인과관계

베이지안 네트워크는 인과 관계가 명시되어 있으므로 설명력(Interpretability) 측면에서는 강점을 가지고 있지만, 모델에 포함되는 확률 변수나 그들의 인과 관계가 모두 모델을 설계하는 모델러의 주관이 반영된 것이다. 따라서 모델러가 어떤 주관을 갖고 어떤 설계를 하는지에 따라 데이터를 설명하는 모델의 성능이 달라질 수 있다.

만약 잔디가 젖어있다면 비가 왔을 확률은? 라는 질문에 답하기 위해 먼저 결합 확률 분포(joint distribution) 을 계산하여야 한다. 주어진 상황은 서로의 인과 관계에 의해 원인이 조건부가 되는 조건부 확률(conditional probability)이 되어 다음과 같이 결합 확률 분포를 분해(decomposition) 할 수 있다.

$$P(R,S,G)=P(G|R,S)\times P(R,S)=P(G|R,S)\times P(S|R)\times P(R)$$

CHAPTER 03 지도학습

위에서 구한 결합 확률 분포에 의해 다음과 같이 만약 잔디가 젖어있다면 비가 왔을 확률은?에 대한 답은 다음과 같이 계산할 수 있다.

$$P(R=1|G=1)=\frac{P(R=1,G=1)}{P(G=1)}=\frac{\sum_{s}P(R=1,G=1,S=s)}{\sum_{r,s}P(R=r,G=1,S=s)}$$

$$=\frac{\sum_{s}P(G=1,R=1,S=s)\times P(S=s|R=1)\times P(R=1)}{\sum_{r,s}P(G=1,R=r,S=s)\times P(S=s|R=r)\times P(R=r)}\approx 28.5\%$$

베이지안 네트워크는 우리가 관심있는 확률 변수들 간의 상관 관계 혹은 인과 관계를 그래프로 나타내고, 주어진 데이터를 통해 확률 분포를 계산하여 원하는 질문에 대답을 찾는 모델이다.

위의 예시와 같은 과정을 통해 베이지안 네트워크라는 주어진 모델과 데이터를 가지고 여러 가지 관련된 확률 문제에 대답을 할 수 있다. 뿐만 데이터를 설명하거나 데이터에 대한 결론을 찾는 여러 가지 문제를 풀 수 있는데, 베이지안 네트워크로 대답할 수 있는 추론 문제는 다음과 같다.

나. 추론(inference)

통계적 추론(inference)이란 관찰된 표본(데이터)을 바탕으로 모집단에 대한 일반적인 결론을 유도하려는 시도이다. 우리가 관찰할 수 있는 데이터의 양은 제한되기 때문에 이 제한된 데이터를 바탕으로 전체의 모집단에 대한 결론을 낼 수 밖에 없다. 이러한 결론을 내기 위해서 확률적인 모형이 필요한데, 앞에서 다루었던 베이지안 네트워크가 이러한 확률적인 모형 중 하나이다.

베이지안 네트워크에서는 크게 다음과 같이 3가지 추론 문제를 다루고 있는데, 단계별로 구해야 한다.

① 추론 문제 1 : 우도(likelihood)
- 주어진 데이터에 대해 likelihood는 얼마인가?
- 예시 : $P(G=1)=?$
- 주어진 확률 모델에 따르면 주어진 데이터($G=1$)가 관측될 확률은 얼마인가?

② 추론 문제 2 : 조건부 확률(conditional Probability)
- 주어진 데이터에 대해 은닉 변수의 조건부 확률은 얼마인가?
- 예시 : $P(R=1|G=1)=?$
- 확률 모델과 데이터가 주어졌을 때 관측되지 않은 은닉 변수가 특정한 값일 확률은 얼

마인가?

③ 추론 문제 3 : most probable assignment

- 주어진 데이터에 대해 이 데이터를 가장 잘 설명하는 은닉 변수의 값은 얼마인가?
- 예시 : $\arg max_r \; P(R=r|G=1)=?$
- 확률 모델과 데이터가 주어졌을 때, 주어진 데이터가 관측될 확률이 가장 높기 위해서 은닉 변수의 값은 무엇이 되어야 하는가?

일반적으로 베이지안 네트워크를 이용하여 푸는 문제는 3번째 문제인 경우가 많다. 앞에서 살펴본 예제와 같은 경우, 잔디가 젖어있을 때 비가 왔을 확률(추론 문제 2)을 알고 싶기보다, 비가 왔을지 안 왔을지(추론 문제 3)가 더 중요한 정보가 된다. 그러나 3번째 추론 문제를 풀기 위해서 우선 2번째 추론 문제에 답을 할 수 있어야 한다. 또한 2번째 문제를 풀기 위해서는 1번째 추론 문제에 답을 알아야 한다. 이렇게 3가지 추론 문제는 서로 연관 관계가 있으며, 가장 중요한 3번째 추론 문제를 풀기 위해서는 위의 3가지 문제에 답을 할 수 있어야 한다.

베이지안 네트워크는 확률 변수의 인과 관계를 그래프로 나타내고 분석하는 확률 모형이다. 현재 많은 주목을 받는 딥러닝과 비교했을 때 설명력(interpretability)에서 강점을 가지지만, 모델러의 주관이 반영된 모델이므로 주관에 따라 모델의 성능이 달라진다. 베이지안 네트워크를 통해 데이터에 대해 여러 가지 추론 문제에 답을 할 수 있다.

현재까지도 많이 사용되는 모델인 가우시안 혼합 모델(Gaussian Mixture Model, GMM)이나 은닉마코프모델(Hidden Markov Model, HMM)은 모두 베이지안 네트워크의 종류이다.

판별 모델

판별 모델은 데이터 X가 주어졌을 때 레이블 Y가 나타날 조건부확률 $P(Y|X)$를 직접적으로 반환하는 모델을 말한다. 레이블 정보가 있어야 하기 때문에 지도학습(supervised learning) 범주에 속하며 X의 레이블을 잘 구분하는 결정경계(decision boundary)를 학습하는 것이 목표가 된다.

1 연속

선형회귀

직관적 의미

일반적으로 얻어지는 데이터들은 여러 개의 독립변수들로 이루어진다. 선형회귀는 이러한 여러 개의 독립변수(설명변수)들과 종속변수(반응변수)들 간의 관계(모델)를 도출하고, 얻어진 모델을 이용하여 특정 독립 변수에 대한 추정값을 얻는 기법이다. 단순회귀(simple regression)라는 것은 단순선형회귀(simple linear regression)를 줄인 말로서 x, y 두 변수 사이의 선형관계를 분석하는 것을 말한다. 따라서 단순회귀라고 했을 때의 용어 속에는 '두 개의 변수'와 '선형관계(linear relationship)'라는 두 가지 의미가 내포되어 있는 것이다. 만약, 설명변수가 상수를 포함하여 2개이고, 종속변수가 1개라면 단순회귀분석이 되고, 설명변수가 상수를 포함하여 3개 이상 있다면 다중회귀분석이 된다.

아래 x, y 두 변수에 대한 산점도를 그리기 위해 x값은 x축에 y값은 y축에 할당하면 좌표가 (10, 5), (13, 8), (15, 7), (20, 10), (22, 12)인 5개의 점으로 나타낼 수 있다.

x	10	13	15	20	22
y	5	8	7	10	12

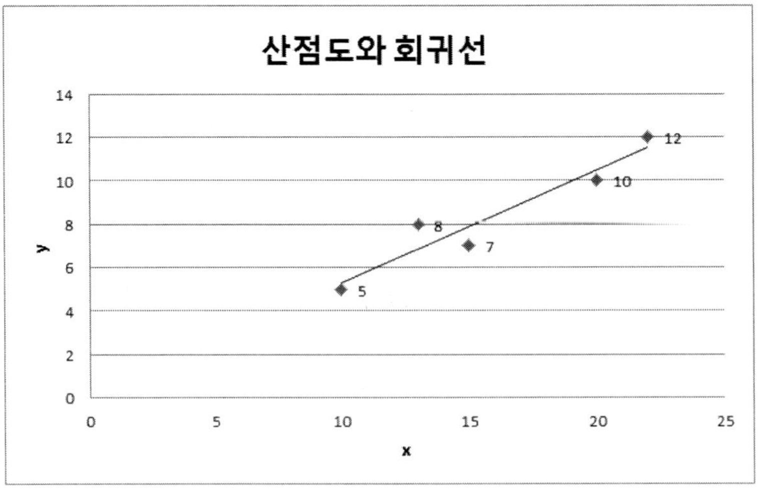

산점도와 회귀선

위의 그림에서 5개의 점은 우상향의 모양을 하면서 산포되어 있음을 알 수 있다. 즉 x값이 증가함에 따라 y값도 같이 증가함을 알 수 있다. 이 5개의 점을 모두 통과하는 직선은 그릴 수 없지만, 이들 점 사이를 가장 '가까이' 통과하는 직선을 그리고 이 직선의 방정식을 알아낼 수 있다면 x값이 변화했을 때 y값이 얼마나 변할 것인가를 예측할 수 있을 것이다. 이 때 산점도에 나타난 점들을 가장 가까이 통과하는 직선을 회귀선(regression line)이라 한다.

x, y 두 변수 사이의 관계를 선형적으로 분석하는 것이기는 하나 여기에는 확률오차항 ϵ이 들어 있는 통계적 모형이기 때문에, 확률오차항이 모두 '0'이 아닌 한 이들 두 변수에 대한 산점도를 그렸을 때 산점도 상의 점들이 모두 일직선상에 놓여 있다고 볼 수는 없다. 만약 산점도의 점들이 오상향이든 오하향이든 직선의 모양에 가깝게 위치해 있다면 이들 점들을 가장 가까이 통과하는 직선의 방정식을 도출함으로써 x값이 변했을 때 이에 대응하는 y값을 예측할 수 있을 것이다.

단순회귀모형(simple regression model)은 x, y 두 변수 사이의 관계를 선형적으로 표현한 '통계적 모형(statistical model)으로서 다음과 같은 식으로 나타낼 수 있다. 여기서 통계적 모형이라 함은 다음과 같이 확률오차항(random error term)을 모함하고 있는 선형관계식을 말한다.

$$y = \beta_0 + \beta_1 x + \epsilon$$

위의 단순회귀모형에서 β_0, β_1은 절편과 기울기를 나타내는 모수(parameter)이며 x와 y 각각 독립변수, 종속변수를 그리고 ϵ은 확률오차항을 표시한다. 종속변수 y는 x의 변화에 의한 설명되어지기 때문에 x를 설명변수(explanatory variable)라고도 한다. 만약 y가 x에 의해 정확히 선형적으로 표현될 수 있다면 확률오차항 ϵ은 0으로서 $y = \beta_0 + \beta_1 x$가 될 것이다. 이와 같이 선형관계식에 확률오차항이 포함되어 있지 않은 모형을 확정적 모형(deterministic model)이라 한다.

산점도의 점들을 가장 가까이 통과하는 직선 즉 회귀선의 식을 $\beta_0 + \beta_1 x$라 했을 때 이를 회귀식 또는 회귀방정식이라 하는데, 여기서 중요한 것은 회귀식의 절편 β_0와 기울기 β_1이 어떤 값을 가질 때 회귀선이 산점도의 점들을 가장 가까이 통과할 것인가 하는 점이다. 따라서 회귀분석에서 가장 중요한 것은 회귀식의 모수 β_0, β_1을 추정하는 일이다.

아래 그림에서 x값이 x_1일 때 이를 회귀식에 대입하면 $\beta_0 + \beta_1 x_1$의 y값을 얻게 되는데, 이는 회귀식이 $\beta_0 + \beta_1 x$인 경우 $x = x_1$일 때의 y에 대한 추정값 $\widehat{y_1}$으로서 아래 그림에서는 x축에서 회귀선까지의 수직선 거리에 해당한다. 그러나 실제 y값은 점 (x_1, y_1)이 나타내는 바와 같이 x값이 x_1일 때 y_1임을 보이고 있어 회귀식에 의한 추정값 $\hat{y_1}$과 실제값 y_1 사이에 ϵ_1만큼의 오차가 발생하고 있는 것이다. 이는 바로 점 (x_1, y_1)이 회귀선으로부터 수직거리로 ϵ_1만큼 떨어져 있음을 의미하는 것이다. 따라서 점 (x_1, y_1)의 경우 y_1은 $y_1 = \beta_0 + \beta_1 x_1 + \epsilon_1$과 같이 나타낼 수 있다.

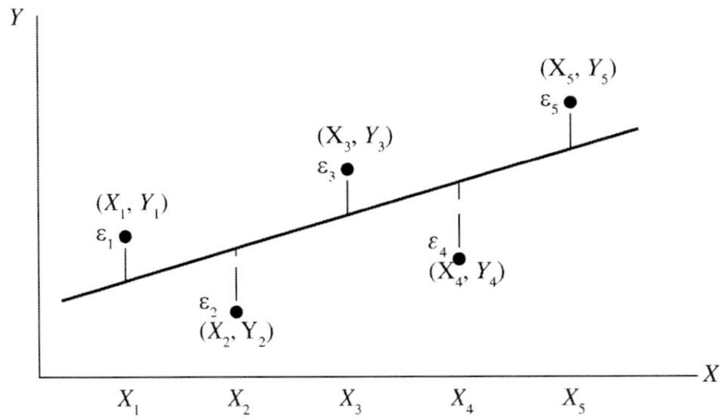

실제값(y)과 추정값($\hat{y}$)

모델

다음과 같은 회귀모형이 있다고 하자.

$$y = \beta_0 x_0 + \beta_1 x_1 + \cdots + \beta_n x_n = [\beta_0 \;\; \beta_1 \;\; \beta] \begin{bmatrix} x_0 \\ x_1 \\ \vdots \\ x_n \end{bmatrix} + \epsilon$$

여기서 $x_0 = 1$이다. 특히 $\beta_0, \beta_1, \cdots, \beta_n$을 계수라고 부른다. 현실적으로, 종속변수들이 완전히 서로 독립일 경우는 극히 드물다. 즉, 종속변수가 어느 정도의 상관성이 존재하며, 각 독립변수 간의 상관성을 분석할 필요가 있다. 이때 독립변수 사이에 상관성 매우 높은 것을 다중공선성이라고 한다.

하나의 종속변수를 결정하는 독립변수들의 조합으로 만들어지는 회귀모형은 무수히 많으므로, 가장 적합한 모형을 선택하는 방법이 필요하다. 일반적으로 결정계수가 크며 잔차의 제곱의 합을 최소화되는 회귀모형을 찾도록 하며, 다음의 방법들이 알려져 있다.

모든 가능한 변수들의 조합으로 회귀모형을 분석하는 것이다. 만약 n개의 변수가 있는 경우

$1, 2, \cdots, n$개까지의 변수의 조합으로 회귀모형을 분석한다.

많은 설명변수가 있는 경우 모형을 선정하기 위해 3가지 단계적 방법을 주로 사용하게 된다. 먼저, 전진선택법(forward selection)이 있다. 각 특성변수의 개별적인 예측력에 기초해 가장 우수한 몇몇 특성변수로 모형을 구축하여 어떤 유의수준보다 작은 유의확률 값을 갖거나 어떤 수준보다 높은 단변량 χ^2값을 갖는 특성변수들이 더 이상 남아있지 않을 때까지 계속해서 남아있는 특성변수들을 처음모형에 추가하게 된다. 즉, 종속변수에 영향을 줄 것으로 생각되는 n개의 설명변수들 중에서 가장 크게 영향을 줄 것으로 판단되는 변수부터 하나씩 선택하여 더 이상 중요한 변수가 없다고 판단될 때 변수의 선택을 중단하는 방법이다. 전진선택법은 효율적이지만 많은 특성변수가 존재하거나 변수들 사이의 상관관계가 높을 경우 문제점이 발생하게 되는 단점이 있다.

후방제거법(backward selection)이 있다. 모형에 모든 특성변수를 포함시킨 상태에서 시작하여 남아 있는 모든 특성 변수가 어떤 유의수준보다 낮은 유의확률 값을 갖게 될 때까지 또는 다른 다변량 유의성 측정치에 근거하여 모형에 다른 특성변수들이 주어진 상태에서 가장 낮에 유의하다고 판단되는 특성변수를 순차적으로 제거하는 것이다. 즉, 종속변수에 영향을 주리라고 생각되는 n개의 설명변수들 중에서 가장 작게 영향을 주리라고 여겨지는 변수부터 하나씩 제거하여 나가면서 더 이상 제거할 변수가 없다고 판단될 때 변수의 제거를 중단하는 방법이다. 상대적으로 유의성이 낮은 변수들에게 1~2개의 강력한 변수가 예측력을 지배하는 전방선택이나 단계별 방식보다 모형진입기회를 훨씬 많이 허용한다는 장점이 있다.

단계적 선택법(stepwise selection)이 있다. 전진선택법과 후방제거법의 단점을 보완한 방법으로, 최적의 결합에 이를 때까지 각 단계에서 특성변수들을 반복적으로 추가시키고 배제시키는 작업 반복하여 어떤 특성변수가 평점모형에 추가되거나 계속 남아 있는데 요구되는 최소 유의확률값 측정하는 것이다. 즉, 중요한 변수를 하나씩 선택하여 나가면서 이미 선택된 변수가 새로운 변수가 추가되면서 중요성을 상실하여 제거될 수 있는 지를 매 단계별로 검토하는 방법이다

➔ 로짓회귀

직관적 의미

종속변수가 연속적이지 않거나 제한적인 종속변수인 경우가 존재할 수 있다. 예를 들어, 정수가 종속변수인 경우가 있을 수 있고, 정량적인 변수가 종속변수가 될 수도 있고, 일정 구간에서

절단된 절단형(centored) 자료와 중단된(truncated) 자료가 존재할 수 있다.

기본적으로 이변수(binary)거나 순차적인 종속변수를 가지는 모형을 이산선택모형이라 한다. 종속변수 y는 2가지의 값만 가지는 경우이다. 즉, 0과 1과 같은 사건의 결과만을 나타내는 가변수(dummy)가 될 수도 있다. 예를 들어, 개인이 결혼한 여성이 일을 하는 지의 여부, 노동자가 고용이 되었는지의 여부 등이 될 수 있다. 그러나 고용의 경우, 개인의 나이, 교육정도, 결혼상태 등과 같은 여러 특징이 고용에 영향을 미칠 수 있다. 이러한 설명변수들을 x라 하자. 그러면 설명변수 x가 고용의 확률에 영향을 미칠 수 있느냐에 대한 질문이 만들어 질 수 있다.

y는 0 또는 1의 값을 가진다고 하자. 모형의 잔차(residual)에 옳지 못한 제약이 발생하기 때문에 y를 x에 바로 회귀하는 것은 바람직하지 않다. 이 때 쓰는 모형이 로짓회귀이다.

모델

y_i^*는 종속변수로서 1이면 부도기업, 0이면 정상기업이 된다고 하자.

$x_i = (x_{i1,}\, x_{i2}, \ldots, x_{ik})$는 설명변수이다.

$$y_i^* = \beta_{0\,+}\, \beta_1 x_{i1} + \beta_2 x_{i2} + \ldots + \beta_k x_i + \epsilon_i = X'_i \beta + \epsilon_i$$

확률함수와 우도함수는 다음과 같이 정의될 수 있다.

먼저 확률함수는 다음과 같다.

$$P(y_i = 1 | x_i) = P(\epsilon_i > - x'_i \beta) = 1 - F(x'_i \beta)$$

또한 우도함수(likelihood function)는 다음과 같다.

$$L = \left[\prod_{y_i = 0} F(y_i' \beta) \right] \left[\prod_{y_i = 1} 1 - F(y_i' \beta) \right]$$

위 식을 추정하기 위해서 잔차 ϵ_i에 대한 가정이 필요한데, 잔차의 누적분포함수가 로지스틱으로 가정하면 누적확률함수 F는 다음과 같다.

$$F(-y_i' \beta) = \frac{\exp(-x_i' \beta)}{1 + \exp(-x_i' \beta)} = \frac{1}{1 + \exp(-x_i' \beta)}$$

우도함수를 극대화시키는 최우추정법을 사용하여 계수 $\beta_0, \beta_1, \beta_2, ..., \beta_k$ 추정한다. 이렇게 얻어진 계수와 설명변수를 곱한 후. 식(4)에 대입하면 부도확률을 얻을 수 있다. 부도확률 P가 일정한 판별점 이상이면 부도기업으로, 그렇지 않으면 정상기업으로 판별하게 된다.

$$P(y_i = 1) = P_i = \frac{1}{1+\exp(-x_i'\beta)} = \frac{\exp(x_i'\beta)}{1+\exp(x_i'\beta)}$$

$$P(y_i = 0) = 1 - P_i = \frac{\exp(-x_i'\beta)}{1+\exp(-x_i'\beta)} = \frac{1}{1+\exp(x_i'\beta)}$$

로짓모형에서 선형확률모형과는 달리 다음 그림에서와 같이 $\exp(x_i'\beta)$가 -∞에서 ∞의 값을 가짐에 따라 P_i는 0과 1 사이의 값을 갖게 되어 선형확률모형에서 확률 P_i가 0과 1사이 외의 값을 가지는 경우가 발생하지 않게 된다. 또한 P_i와 $\exp(x_i'\beta)$간에는 비선형관계가 성립하므로 계수를 추정하면 일반적인 증가율의 의미를 잃어버린다.

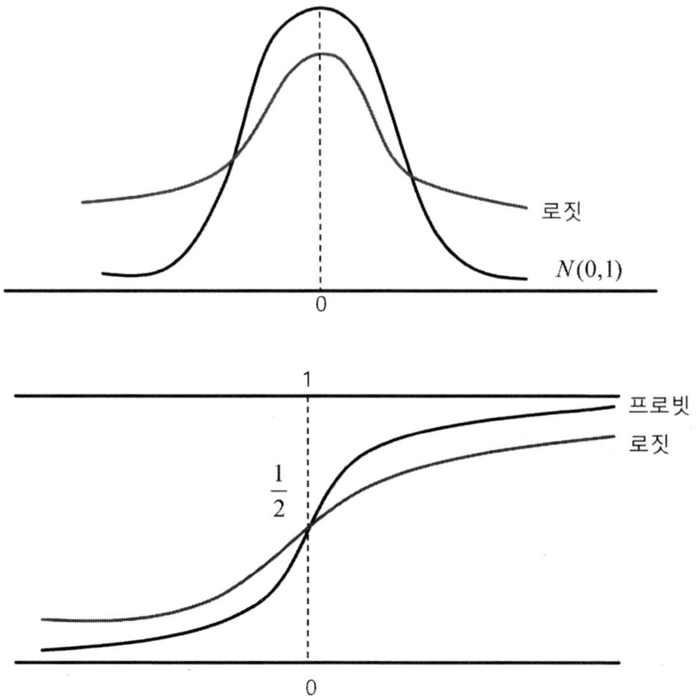

정규분포와 로짓분포

위의 식 $P(y_i=1)=P_i=\dfrac{1}{1+\exp(-x_i{}'\beta)}=\dfrac{\exp(x_i{}'\beta)}{1+\exp(x_i{}'\beta)}$과

$P(y_i=0)=1-P_i=\dfrac{\exp(-x_i{}'\beta)}{1+\exp(-x_i{}'\beta)}=\dfrac{1}{1+\exp(x_i{}'\beta)}$에서 다음이 성립한다.

$$\frac{P_1}{1-P_i}=\exp(x_i{}'\beta)$$

여기서 좌변의 는 종속변수 y가 0의 값을 갖는 확률에 대해 종속변수 y가 1의 값을 갖는 확률의 비율은 오즈비율(Odds Ratio)라고 한다.

위 식에서 $\exp(x_i{}'\beta)$는 모수와 독립변수에 대해 모두 선형이다. 따라서 로짓모형으로부터 모수를 추정하였을 경우, 독립변수 1단위가 증가함에 따라 y가 0의 값을 갖는 확률에 대해 y가 1의 값을 갖는 확률의 비율인 오즈비율의 로그값이 얼마나 증가하는가를 나타낸다. 또한, 최소자승법에 의해 모수를 추정할 수 없으므로 최우추정법을 이용한다.

예시

조사자 20명에 대한 나이(x_1)에 관한 정보 이외에 월수입(x_2)과 신용상태(x_3)에 대한 정보가 다음과 같다. 신용상태가 우수한 경우=2, 양호한 경우=1, 나쁜 경우=0이고, 상품구매여부는 구매=1, 비구매=0이다.

상품구매여부 예시

번호	나이(x_1)	월수입(x_2) (단위: 만원)	신용상태(x_3)	상품 구매여부(y)
1	25	150	1	1
2	34	220	2	0
3	27	210	1	0
4	28	250	1	1
5	21	100	0	0
6	31	220	1	0
7	36	300	2	1
8	20	100	1	0
9	29	220	2	0
10	32	250	1	1

번호	나이(x_1)	월수입(x_2) (단위: 만원)	신용상태(x_3)	상품 구매여부(y)
11	37	400	2	1
12	24	120	1	0
13	33	350	1	0
14	30	180	1	1
15	38	350	2	1
16	32	250	1	0
17	28	240	0	0
18	22	220	0	0
19	39	450	2	1
20	26	150	1	0

상수와 나이를 설명변수로 한 로짓회귀에서 나이의 계수는 0.252, 상수는 -0.083으로 5% 유의수준에서 유의하다고 하자. 나이 1세가 증가함에 따라 상품을 구입할 확률은 0.252만큼 증가한다. 나이가 증가함에 따라 상품을 구매할 확률은 다음과 같이 계산된다.

$$P(age) = \frac{\exp(-0.083 + 0.252 \times age)}{1 + \exp(-0.083 + 0.252 \times age)}$$

예를 들어, 20세인 사람이 구매할 확률은 다음과 같이 계산된다.

$$P(age) = \frac{\exp(-0.083 + 0.252 \times 20)}{1 + \exp(-0.083 + 0.252 \times 20)} = 0.048$$

중위수 효과 수준에서 $-\frac{\beta_0}{\beta_1} = \frac{0.803}{0.252} = 31.8$이므로 평균 31.8세에서 예측확률 0.4999가 산출된다.

오즈비율을 구하기 위하여 다음의 식을 사용한다.

$$\frac{P_1}{1-P_i} = \exp(x_i{}'\beta) = \exp(\beta_0 + \beta_1 age) = \exp(\beta_0)\exp(\beta_1 age)$$

age가 1세씩 증가함에 따라 오즈는 $\exp(\beta_1)$만큼 증가함을 알 수 있다. 특히 $\beta_1 = 0$일 때, $\exp(\beta_1) = 1$로 일정하므로 age의 변화와 관계가 없다. 즉 백화점 자료에서 나이가 1세 늘어날수록 구매여부("구매") 오즈는 $\exp(\beta_{0.252}) = 1.29$배, 즉 29%씩 증가하는 것을 알 수 있다.

신경망

직관적 의미

신경망 모델은 뒤에 보다 자세히 다루겠지만, 여기에서 의미를 알아본다. 인공신경망은 생물의 뇌가 입력된 자극에 반응하는가를 이해하여 입력 신호와 출력 신호에 대한 관계를 모델링하는 것이다.

뉴런은 전기 신호를 수집, 처리 및 전파를 주된 목적으로 하는 뇌의 세포인데, 인공신경망에 있어 정보를 처리하는 기본적인 단위를 인공 뉴런(artificial neuron) 또는 노드(node)라고 한다. 인공신경망은 이러한 거대 병렬 처리를 위한 인공 뉴런들이 서로 연결된 네트워크를 이용하는 것이며, 뇌의 정보 처리 능력이 이러한 뉴런의 네트워크로부터 기인한다고 생각되어, 초창기 인공지능 분야는 인공신경망을 생성하는 것을 목적으로 한다.

인공신경망 분야의 다른 설명으로 결합설(connectionism), 병렬 분산 처리(parallel distributed processing), 신경 계산(neural computation) 등이 있다. 그렇다면 생물은 몇 개의 뉴런을 가지고 있을까? 인간은 860억 개의 뉴런을 가지고 있으며, 히말라야 원숭이는 63억 개, 까마귀는 21억 개, 쥐는 7100만개, 바퀴벌레는 100만개, 해파리는 5,600개 정도의 뉴런을 가지고 있다. 그런데 가장 많은 뉴런을 가지고 있는 생물은 인간이 아니라 아프리카 코끼리인데 무려 2500억 개나 된다.

뉴런 수

개체	뉴런 수
아프리카 코끼리	257,000,000,000
인간	86,000,000,000
히말라야 원숭이	6,376,000,000
까마귀	2,171,000,000
고양이	760,000,000
문어	500,000,000
기니 피그	240,000,000
골든 햄스터	90,000,000
개구리	16,000,000
바퀴벌레	1,000,000
개미	250,000
과일 파리	250,000
해파리	5,600

인류에게 불행인지 다행인지는 몰라도 현재의 인공신경망은 고작 수백 개의 뉴런을 가지고 있기 때문에 가까운 미래에 기계가 인류를 위협할 가능성은 없어 보인다. 그렇지만, 다양한 연구가 빠르게 진행되어 가고 있기 때문에 인공지능의 발전 속도는 점점 가속화되고 있으며, Neurorobotics 분야에서 인간이 만든 컴퓨터 알고리즘이 아닌 쥐의 뇌를 이용하여 순수 뉴런을 연결한 네트워크를 통해 모터를 제어하는 단계에까지 왔다.

ANN 초기 50년 동안 AND, OR, NOT 등 간단한 논리를 처리하는 수준으로 뇌의 동작을 시뮬레이션하는 수준이었으나, 과학자들이 생물학적 뇌의 작동원리를 이해하는데 있어 많은 도움을 주었다. 최근 컴퓨팅 파워가 폭발적으로 발전함에 따라 ANN은 실제적인 문제를 푸는데 보다 적극적으로 활용되고 있다. 예를 들어, 사물인식, 음성인식, 자율주행차, 날씨예측과 같은 자연현상의 예측과 사회현상의 예측에도 활용되고 있다.

즉, ANN은 분류(Classification), 수치 예측, 자율 패턴 인식(Unsupervised Pattern Recognition) 등에 활용할 수 있을 정도로 다재다능하다. ANN은 입력 데이터와 출력 데이터가 잘 정의되어 있는 문제에 가장 적합하고, 입력 데이터와 출력 데이터 간의 관계를 정의하는 것은 물론 복잡하다.

모델

인공신경망은 인간의 두뇌를 모사한 것이므로 인경신경망의 동작 원리를 이해하려면 뉴런(neuron)의 동작 원리를 이해하는 것이 중요한다. 생화학 프로세스를 통해 세포의 수상돌기(dendrite)로 입력신호가 들어오면, 그 처리의 중요도에 따라 임펄스에 가중치를 부여한다. 세포체는 입력신호를 누적하고 누적된 입력신호가 일정 임계치를 넘어서면 전기화학 프로세스를 통해 출력신호는 축색돌기(axon)로 전달된다. 축색돌기 종단(axon terminal)에서 전기신호는 화학신호로 처리되어 뉴런 간의 작은 간극인 시냅스(synapse)를 통해 이웃의 뉴런으로 전달된다.

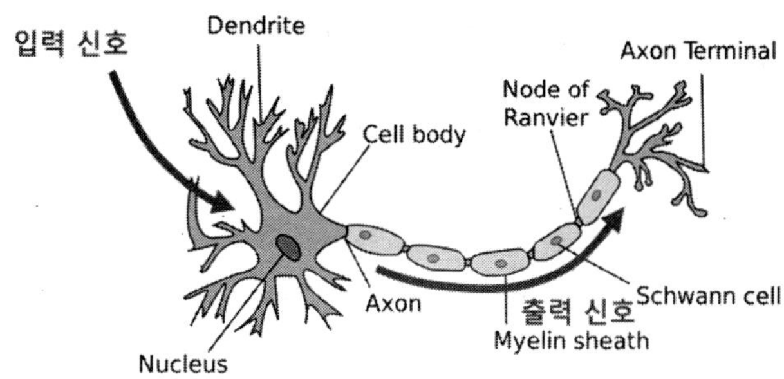

신경망 구조

단일 인공뉴런 모델은 생물학적 모델과 유사하게 이해할 수 있다. 아래 그림에서, 노드 j에서 i로의 링크는 j에서 i로의 활성 a_j를 전파하는 역할을 한다. 각 링크는 이 링크와 관련된 가중치 $W_{j,i}$를 갖는데, 연결성의 강도(strength) 및 부호(sign)를 결정한다.

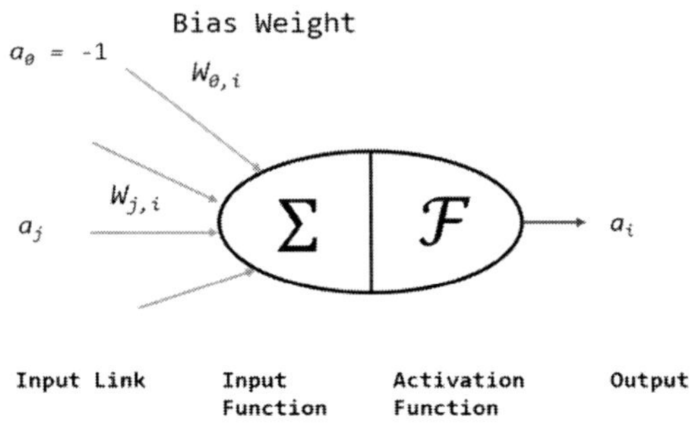

단일 인공뉴런 모델

각 노드 i는 먼저 입력신호의 가중치합(weighted sum)을 계산한다.

$$\in put_t = \sum_{j}^{n} W_{j,i}, a_j$$

이제 출력을 얻으려면 활성함수(activation function) F를 적용한다.

$$a_i = F(\in put_i) = F\left(\sum_{i}^{n} W_{j,i}, a_j\right)$$

특히 $w_{0,i}$를 고정 입력 $a_0 =- 1$에 연결된 편향 가중치라고 한다. 이런 방식으로 인공신경망은 복잡한 모델을 세우기 위한 구성요소로 뉴런을 사용한다. 많은 인공신경망 알고리즘이 존재하지만, 이들은 공통적으로 다음과 같은 특징을 가지고 있다.

활성함수(activation function) : 뉴런에 연결된 입력신호들을 단일 출력신호로 변환하여 이웃 뉴런으로 전파한다.

- 네트워크 토폴로지(network topology) : 모델의 뉴런과 계층(layer)이 연결되어 있는 구조이다.
- 학습 알고리즘(training algorithm) : 입력신호에 대응하여 뉴런을 억제하거나 전달시키기 위한 연결 가중치를 결정한다.

가. 활성함수(activation function)

활성함수는 인공 뉴런이 유입되는 정보를 처리하고 구성된 네트워크로 전달하는 메커니즘이다. 인공신경망이 생물학적 신경망을 모사하듯 활성함수 또한 생물학적인 특징을 반영하는 모델이다. 생물학적인 측면으로 볼 때, 활성함수는 입력신호를 가중치합을 계산하여 이 값이 정해진 임계치를 넘는지 결정한다. 만약 임계치를 넘지 못할 경우 아무 일도 하지 않는데, 이를 단위 스텝 활성함수 또는 임계 활성함수(threshold activation function)이라고 한다.

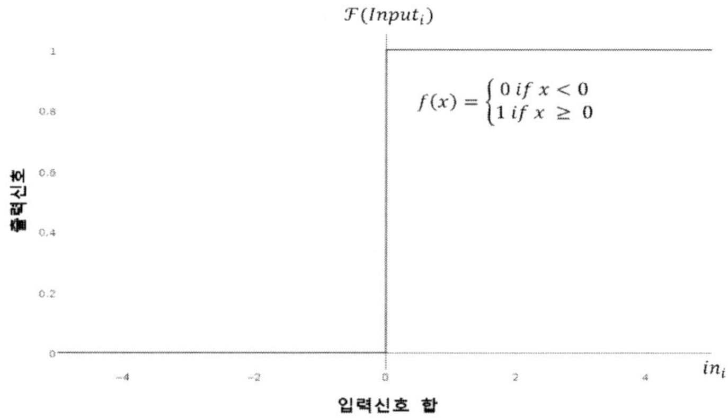

단위 스텝 활성함수

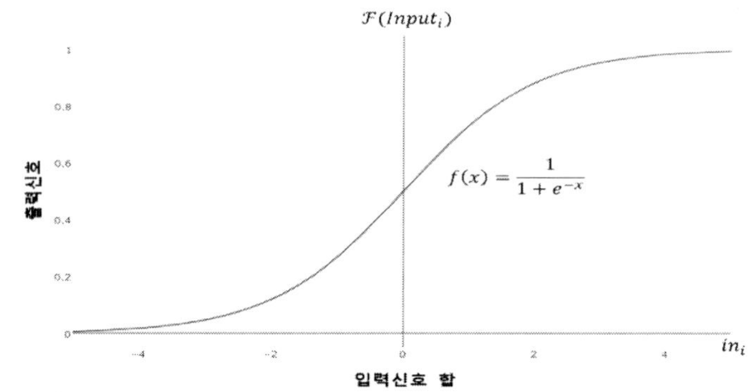

시그모이드(sigmoid) 활성함수

단위 스텝 활성함수(또는 임계 활성함수)는 생물학의 동작 원리에 부합하지만 수학적 특성이 바람직하지 않기 때문에 인공신경망에서 거의 사용되지 않는다. 가장 널리 사용되는 함수는 sigmoid 활성함수 또는 logistic sigmoid 함수이다. 사실, sigmoid 함수도 saturation 및

non-zero centered 특성으로 인해 실무에서 사용하는 것은 바람직하지 않으며, 최근 실무에서 가장 널리 사용된다. 출력 신호의 범위는 모두 [0, +1]이지만 Sigmoid 함수는 입력신호 범위 전체에서 미분가능하다. sigmoid 활성함수의 미분가능 특성 덕분에 ANN 최적화 알고리즘을 적용할 수 있다.

나. 네트워크 토폴로지(Network Topology)

토폴로지(topology)는 우리말로 위상기하학이라고 하며, 오브젝트의 연결성(connectivity)와 관련이 있다. ANN에서의 토폴로지는 뉴런 간의 연결구조(또는 패턴)를 의미하며, 이 연결구조가 ANN의 학습능력을 결정한다. 토폴로지는 다음과 같이 분류할 수 있다.

① 레이어의 개수
② 네트워크 내의 정보의 역방향 이동 가능성
③ 네트워크의 각 레이어의 노드 개수

토폴로지는 네트워크를 통해 학습 가능한 태스크의 복잡성을 결정하며, 일반적으로 네트워크가 복잡해지고 규모가 커질수록 다양한 패턴과 복잡한 결정 경계를 식별할 수 있다. 네트워크의 성능은 그 크기뿐만 아니라 노드들이 어떻게 배치되어 있는가에 의해서도 결정된다.

① 레이어의 개수 : ANN의 처리 능력은 곧 레이어의 개수와 밀접한 관계가 있다. 레이어는 입력노드와 출력노드의 집합체이며, 입력노드는 입력 데이터로부터 신호를 받는 뉴런이라 한다. 각 입력노드는 활성함수를 통해 입력신호를 변환하며 이를 출력노드로 전달한다.

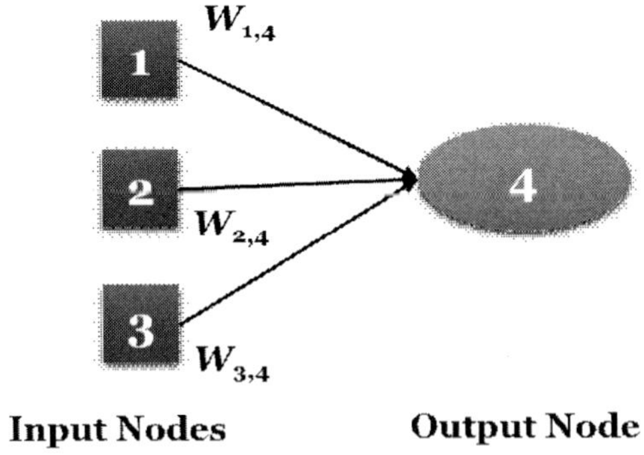

레이어의 수

아래 그림은 2개의 입력데이터와 2개의 입력 노드로 구성된 1개의 은닉 레이어(hidden layer)로 구성된 간단한 ANN 모델이며, 레이어가 1개 존재하므로 단일 레이어 네트워크(single-layer network)라고 한다. 이 모델은 너무 단순하므로 선형으로 분리가능한(Linearly Separable) 패턴에 대한 문제에만 적용이 가능하며, 보다 정교한 문제를 풀기 위해서는 좀 더 복잡한 모델이 요구된다.

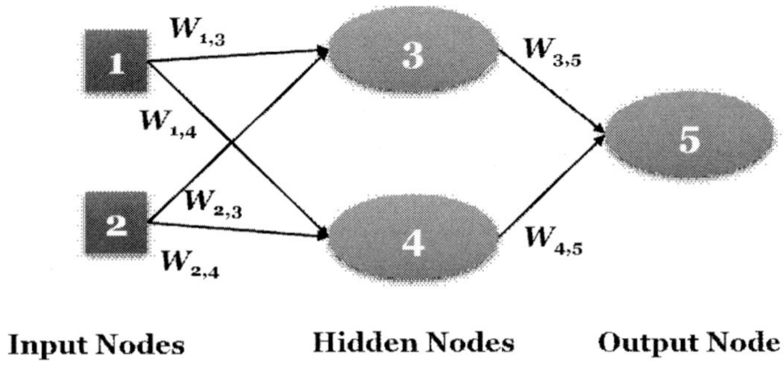

단일 레이어 네트워크

1개 이상의 은닉 레이어가 추가된 네트워크를 다중 레이어 네트워크(multi-layer network)라고 하며, 입력노드들에서 출력노드 사이에 은닉노드들이 존재한다.

② 정보의 이동 방향 : 네트워크에서 정보는 항상 입력노드에서 시작하여 출력노드로 종결되는 구조였다. 이처럼 정보가 한 방향으로만 진행되는 네트워크를 피드포워드 네트워크(feedforward network)라고 하며, 특히 아래의 그림과 같이 다중의 은닉 레이어, 즉 2개 이상의 은닉 레이어를 갖는 네트워크 구조를 심층신경망 또는 딥뉴럴네트워크(Deep Neural Network, DNN)라고 하며, 이를 이용한 학습(훈련)을 딥러닝(deep learning)이라고 한다. 딥 러닝은 바둑에서 이세돌을 4:1로 누른 DeepMind(Google의 자회사)의 알파고(AlphaGo)의 근간이 되는 알고리즘이다. 다중 레이어 피드포워드 네트워크는 다중 레이어 퍼셉트론(Multi-Layer Perceptron, MLP)라고도 불리우며 사실상 ANN 토폴로지의 표준이라고 할 수 있다.

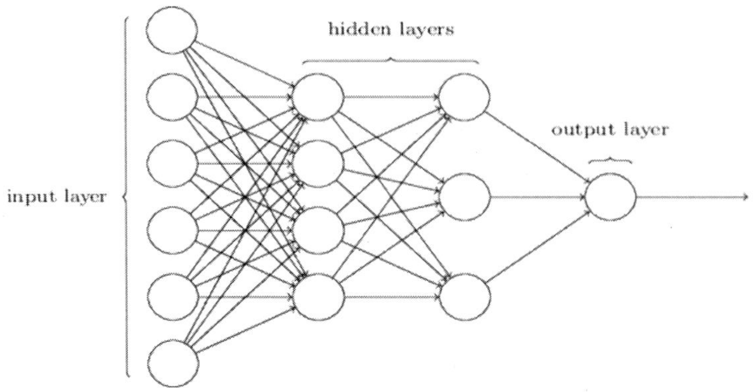

피드포워드 네트워크

피드포워드 네트워크와는 달리 루프(Loop)에 의해서 정보가 양방향으로 이동하는 네트워크를 반복 네트워크(Recurrent Network) 또는 피드백 네트워크(Feedback Network)라고 한다. 피드백 네트워크는 좀 더 생물학적인 뉴럴 네트워크를 모사하며 매우 복잡한 패턴을 학습하는데 사용된다. 예를 들어 지연(Delay)을 추가하여 주식시장의 예측, 날씨 예측 등 단기 기억을 통해 네트워크의 성능을 높일 수 있으므로, 일정 기간의 일련의 이벤트들을 이해할 수 있는 능력을 지니고 있다. 그러나 너무 복잡하여 현재 이론상에 머무는 수준이며 실제 문제에 거의 적용되지 못하고 있는 실정이다 그럼에도 이 방법은 가장 유망한 방법 중 하나인데, 자연어처리(Natural Language Processing, NLP), 로봇제어, 인공지능 기반 작곡 등 Sequence Data를 처리하는데 유용하기 때문이다.

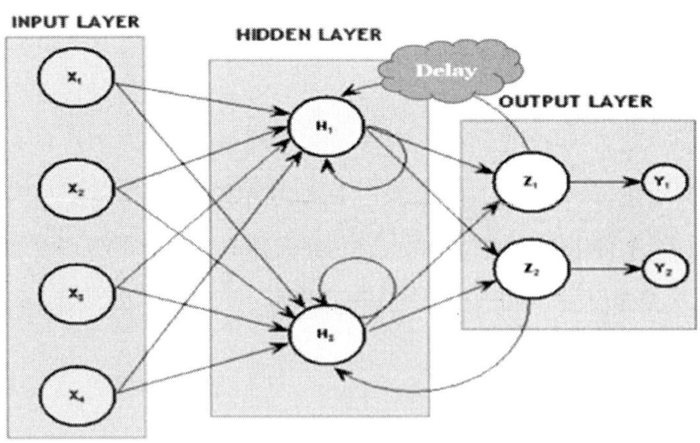

반복 네트워크 또는 피드백 네트워크

③ 각 레이어 내 노드 개수 : 네트워크 토폴로지를 결정하는 또 다른 요인은 각 레이어 내에 존재하는 노드의 개수이다. 당연히 각 레이어에 대한 노드의 개수가 증가할수록 네트워크 토폴로지의 복잡도는 증가한다. 입력노드의 개수는 입력 데이터의 피처(feature)의 수에 의해 미리 결정되며, 출력노드의 개수 또한 모델의 결과에 따라 또는 모델의 분류 수준에 따라 결정되지만, 은닉노드들의 수는 사용자가 자유롭게 결정할 수 있다. 은닉 레이어의 뉴런 개수를 결정하는 신뢰할만한 어떤 법칙이 존재하는 것은 아니지만, 적정한 뉴런의 개수는 입력노드, 학습 데이터 량, 노이즈 데이터 량, 학습 작업의 복잡도 등과 관련이 있다. 일반적으로 네트워크 토폴로지가 복잡할수록 더 복잡한 문제에 대한 학습을 할 수 있다. 그러나 노드의 개수가 적정 수보다 과도하게 많을 경우 과도적합(overfitting)의 위험이 있으며, 계산량 또한 많아지므로 학습속도가 느려진다. 최선의 적용은 적절한 성능을 내는 최소의 노드개수를 사용하는 것이다. 대부분의 경우 적은 개수의 은닉 노드만으로도 엄청난 양의 학습 능력을 제공할 수 있다.

다. 역전파(backpropagation)

네트워크 토폴로지 그 자체는 갓 태어난 아기처럼 아무 것도 배우지 않은 비어있는 석판과 같다. 입력되는 데이터를 처리하는 과정을 통해 뉴런 간 연결성이 강화되거나 약화되며, 그 과정을 통해 패턴을 인식하는 수준으로 네트워크 연결에 대한 가중치가 형성되어 간다. 이론상으로 수십년 전에 정립되었음에도 불구하고, 연결 가중치를 조절하는 신경망 학습은 막대한 컴퓨터 연산양으로 인해 효율적인 알고리즘이 발견된 1980년대 후반이 되어서야 겨우 실질적으로 간단한 문제를 풀 수 있는 수준이 되었다. 그 실질적인 알고리즘은 현재 역전파(backpropagation)이라고 알려진 역전파되는 에러 전략(Strategy of Back-propagating Errors)이다. 다른 기계학습 알고리즘들에 비해 여전히 느리기로 악명이 높지만, 영화 아바타(Avatar)가 스테레오스코픽의 부흥을 이끌어냈듯 역전파 방법은 ANN에 다시금 관심을 모으는 원동력이 되었다. 그리고 결과적으로 이제는 역전파 알고리즘을 사용하는 다중 레이어 피드포워드(multi-layer feedforward) 네트워크는 데이터 마이닝의 필수가 되었다. 역전파 알고리즘의 강점과 약점을 다음과 같다.

역전파의 강점과 약점

강점	약점
분류 또는 예측 문제에 적용 가능함.	컴퓨터 연산량이 매우 많고 학습속도가 극히 느림. 특히 네트워크 토폴로지가 복잡한 경우 더욱 심각함.
거의 모든 알고리즘이 할 수 있는 것보다 훨씬 더 복잡한 패턴의 모델링이 가능함.	학습 데이터에 대한 과적응(Ovefitting) 경향이 강함.
되도록 데이터의 근원적인 관계에 대한 가정을 적게 함.	해석이 거의 불가능하며 가능하다고 해도 매우 어렵고 복잡한 블랙박스 모델임.

역전파 알고리즘의 일반적인 형태는 많은 반복 사이클을 갖는 두 개의 프로세스를 포함하며, 각 사이클을 Epoch라고 한다. 네트워크는 어떠한 사전 지식도 갖고 있지 않으므로, 초기 가중치는 랜덤으로 설정되며, 정해진 중단 조건을 만족할 때까지 프로세스를 통해 반복된다.

각각의 Epoch는 다음과 같은 Phase를 포함한다.

① 순방향 Phase: 뉴런이 입력 레이어에서 출력 레이어 순으로 활성화되며 그에 따라 뉴런의 가중치와 활성함수를 적용한다. 마지막 레이어에 도달하면 출력신호가 생성된다.

② 역방향 Phase: 순방향 Phase에서 얻은 네트워크 출력신호와 학습 데이터의 실제 타겟값과 비교한다. 그 두 개의 값 사이의 차이가 에러를 일으키면 네트워크에서 역방향으로 전파시켜 뉴런들 간의 연결 가중치를 수정하여 향후 에러를 지속적으로 줄여나간다.

이런 식으로 네트워크는 역방향으로 보낸 정보를 이용하여 네트워크의 전체 에러를 줄여나간다. 그렇다면 이때쯤 하나의 의문사항이 발생한다. 과연 뉴런의 입력과 출력 사이의 관계가 그렇게 복잡한데, 도대체 어떻게 이 알고리즘은 가중치의 변화량을 결정하는 것일까? 이에 대한 해답은 파라미터(Steepest Descent Method)에 있다. 파라미터은 간단히 산 위에서 눈을 가린 채로 가장 낮은 곳을 찾아갈 때 쓰는 방법과도 같다. 사방을 지팡이로 두드려보고 가장 경사가 아래 방향으로 심한 곳으로 현재 위치한 지점에서 한 발자국 가고 그 위치에서 다시 가장 경사가 아래로 심한 방향을 찾고 그 방향으로 한 발자국씩 이동한다. 따라서 파라미터는 방향탐색(direction search)과 스텝크기 결정(step size determination)으로 구성된다.

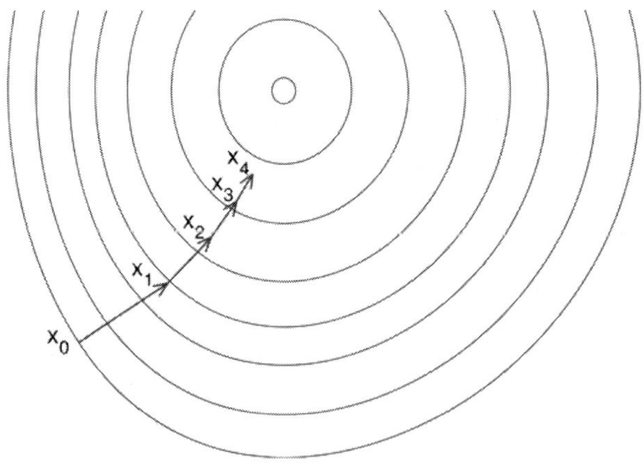

파라미터

위의 그림에서 산의 높이를 등고선으로 표현하였을 때 각 등고선에 수직한 방향(빨간 화살표)이 급강하방향입니다(내부 동심원이 가장 낮은 등고선이라 가정). 참고로, 내부 동심원이 가장 등고선 높이가 크다고 가정하면 빨간 화살표는 급상승(steepest ascent)방향이 되며, 급강하와 급상승은 단지 부호가 바뀐다는 것뿐이다.

상기 그림에서 파란 등고선에 표면함수(surface function)이 $z=f(x,y)$로 주어졌다면 특정 위치 (x^*,y^*)에서의 급강하방향은 다음의 벡터(vector)로 표현된다.

$$-\nabla f(x^*,y^*)=-\begin{bmatrix}\partial f(x^*,y^*)/\partial x\\ \partial f(x^*,y^*)/\partial y\end{bmatrix}$$

이와 유사하게 역전파 알고리즘은 각 뉴런의 활성함수의 미분값을 이용하여 각각의 유입 가중치의 방향으로 경사도를 파악한다. 이 때문에 활성함수의 미분가능성이 중요한 의미를 가진다. 이 경사도는 가중치의 변화에 대하여 에러의 증감이 얼마나 급속하게 변화되는지를 판단할 수 있는 기준을 제시한다. 알고리즘은 학습률(learning rate)이라고 하는 양에 의해 에러가 급속도로 작아지는 방향으로 가중치를 변화시킨다. 학습률이 커질수록 초기에 빠르게 에러를 줄이나 해(solution) 근처에서 오버슈팅(overshooting)으로 인해 수렴 속도가 느려지거나 재수가 없는 경우 영원히 수렴하지 못하는 경우가 있다. 또한, 파라미터은 지역최소값(local minimum)은 찾을 수 있으나 전역최소값(global minimum)을 찾지 못하는 단점이 있다.

2 이산

서포트벡터머신(Support Vector Machine, SVM)

직관적 의미

서포트벡터머신(Support Vector Machine, SVM)의 개념은 매우 간단한데, 특징에 따라 서로 유사한 그룹끼리 칸막이를 쳐서 나누는 컨셉이다. 여기서 이 칸막이를 초평면(hyperplane)이라고 부른다. SVM의 기초가 되는 수학적 이론은 수십년에 걸쳐 정리가 되었지만, 최근이 되어서야 주목을 받게 되었는데, 그 이유는 컴퓨터 성능이 월등히 개선되었고, 이에 따라 여러 프로그래밍 언어를 지원하는 잘 정리된 라이브러리가 등장했기 때문이다.

SVM은 분류 및 수치 예측 등 거의 모든 학습 문제에 잘 대처할 수 있는데, 특히 알고리즘의 성공적인 열쇠가 되는 것은 패턴 인식이다. 주목할 만한 응용분야는 다음과 같다. 바이오인포매틱스 분야에서 암 또는 유전병을 진단하기 위한 유전자 표현 데이터를 분류하거나, 문서에 사용된 언어 식별과 같은 문자 분류 또는 주제별 문서를 분류하거나, 비행기 엔진의 결함, 보안 균열, 지진 등과 같은 잘 일어나지는 않지만 매우 중요한 이벤트를 감지할 때 쓰인다.

SVM의 장점은 에러율이 낮고, 계산량이 많지 않으며, 결과를 해석하기 용이하다. 그러나 단점으로 튜닝 파라미터 및 커널 선택에 민감하고, 선천적으로 이진 분류(binary classification)만 다룰 수 있다.

모델 및 예시

앞에서 특징이 유사한 그룹끼리 분류하는 칸막이를 초평면이라고 하였는데, 2차원 공간에 선(line)으로 분리되거나 3차원 공간에서 평면으로 분리되는 것을 선형분리가능(linearly separable)이라고 한다.

개념의 이해를 돕기 위해 선형 분리 가능한 것을 예로 들겠지만, SVM은 선형분리가능이 아닌 경우에도 적용이 가능하다.

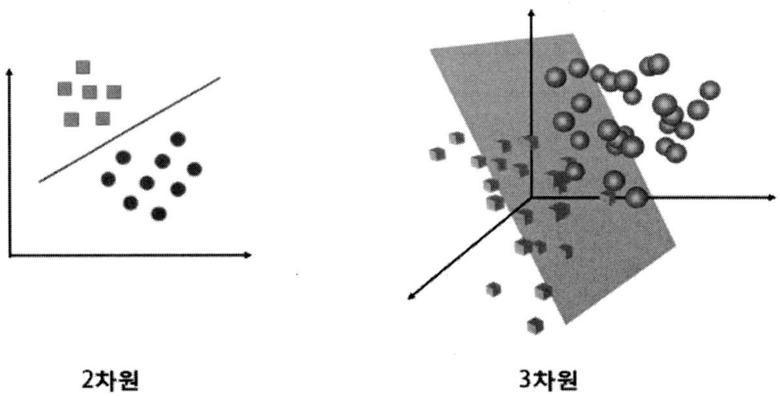

초평면의 도식화

위의 그림과 같이 2차원에서 초평면은 선이 되며, 3차원에서 평면이 된다.

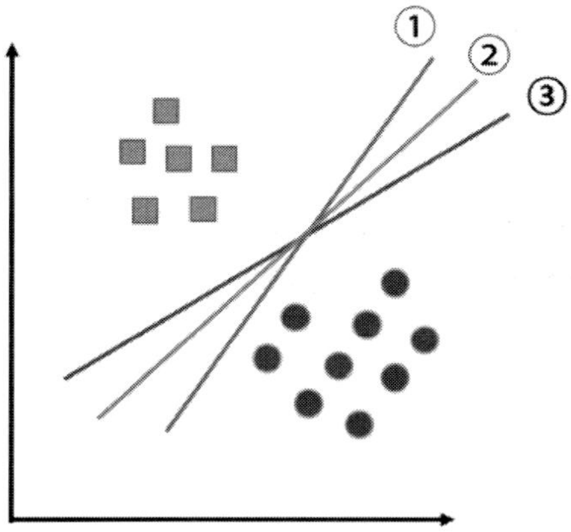

초평면 후보

위의 그림과 같이 네모 그룹과 동그라미 그룹을 나누는 여러 개의 초평면에 대한 가능성이 있는데 ①, ②, ③ 중 과연 무엇으로 나눌 것인가를 고민하게 된다. 이에 대한 답을 하기 위해 최대마진초평면(Maximum Margin Hyperplane, MMH)이라는 연구가 있는데 이는 그룹 간의 최대 분리를 할 수 있도록 한다.

즉, 위의 그림에서 ①, ②, ③ 모두 그룹 간 분리를 할 수 있는 선이지만 이 중 최대 마진을 형성하는 선이 새로운 개체가 들어왔을 때 가장 잘 분리할 수 있는 선이 되는 것이다. 최대 마진은 약간의 노이즈가 있더라도 점들은 경계를 벗어나지 않을 것이다.

초평면을 수학적으로 표현하면 다음과 같다.

$w^T x + w_0 = 0$을 만족하는 x의 집합이며, n-차원 공간에서 다음과 같다.

$$w = \begin{bmatrix} w_1 \\ w_2 \\ \vdots \\ w_n \end{bmatrix}, \quad x = \begin{bmatrix} x_1 \\ x_2 \\ \vdots \\ x_n \end{bmatrix}$$

특히 w_0를 바이어스 또는 편향(bias)라고 하며 이는 마치 2차원 평면 내 직선의 방정식에서 y 절편과도 같다. 초평면은 두 그룹을 나누는 기준이 되며, 초평면에 의해 나누어지는 두 그룹을 다음과 같이 정의할 수 있다.

[CLASS(+1) : plus-plane] $w^T x + w_0 > 0$

[CLASS(-1) : minus-plane] $w^T x + w_0 < 0$

선형 초평면일 경우 아래 그림과 같이 data flow를 도식화 할 수 있다. 활성함수로 Sigmoid 함수를 사용할 수 있으며, 이 함수의 미분 연산을 통하여 Gradient 방법을 사용하여 가중치를 학습시킬 수 있다.

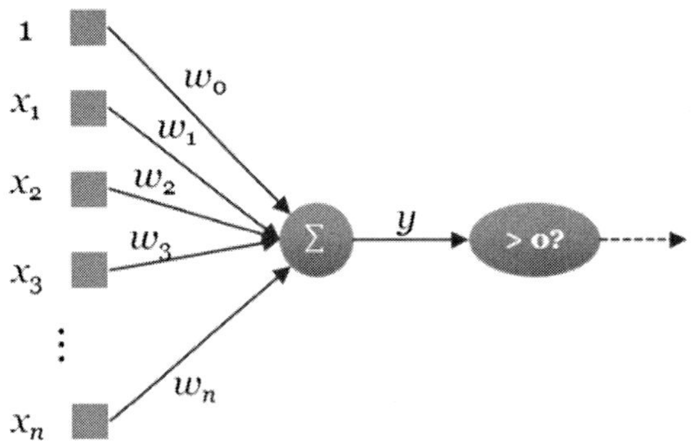

초평면 네트워크

Support Vectors는 최대마진초평면(MMH)에 가장 근접한 각 그룹의 개체들이다. 각 그룹은 최소 1개의 Support Vector(s)를 갖는다. Support Vectors만으로 MMH를 정의할 수 있으며 이것이 SVM의 핵심이 되는 특징이다. 즉, Support Vectors는 각 개체가 아무리 많은 특징들을 갖고 있더라도 분류 모델을 저장하는 매우 간편한 방법이다.

아래 그림에서 B_1과 B_2 모두 클래스를 무난하게 분류하고 있다. 좀 더 나은 분류경계면을 꼽으라면 B_1이다. 두 범주를 여유 있게 가르고 있다. 위 그림에서 b_{12}를 minus-plane, b_{11}을 plus-plane, 이 둘 사이의 거리를 마신(margin)이라고 한다. 따라서 최대마진초평면(MMH)은 실선을 중심으로 작은 점선 사이의 공간이며, Support Vectors는 MMH 상에 있는 각 그룹의 개체이다.

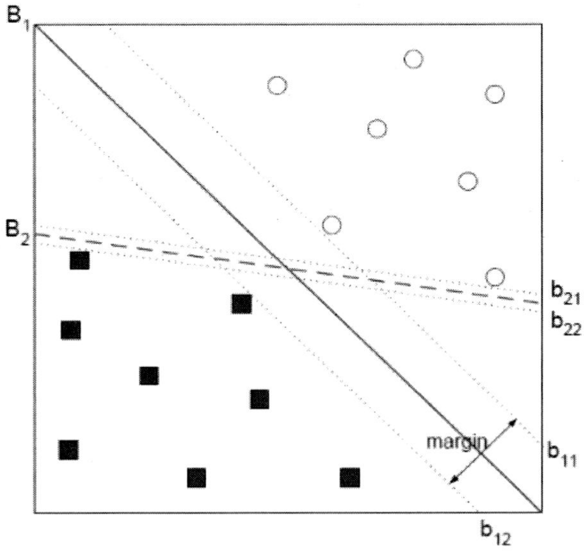

최대마진초평면 개념

가. 마진(margin)

여기서 마진은 다음과 같이 정의하자.

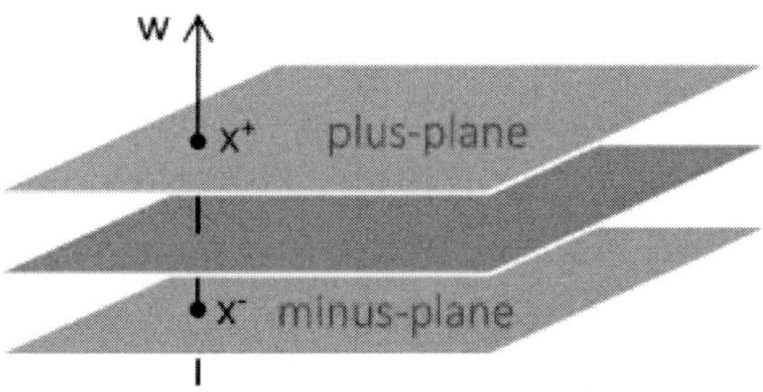

마진의 정의

마진의 길이가 얼마인지 유도해야 한다. 우선 우리가 찾아야 하는 분류경계면을 $w^T x + w_0$라고 하자. 그러면 벡터 w는 이 경계면과 수직인 법선벡터가 된다.

plus-planeplus-plane 위에 있는 벡터 x^+와 x^- 사이의 관계를 다음과 같이 정의할 수 있다.

x^-를 w 방향으로 평행이동시키되 이동 폭은 λ로 스케일한다.

$$x^+ = x^- + \lambda w$$

그럼 λ은 어떤 값을 지닐까? x^+는 plus-plane, x^-는 minus-plane 위에 있다는 사실과 x^+와 x^- 사이의 관계식을 활용하면 다음과 같이 유도해낼 수 있다.

$$\begin{aligned}
&w^T x^+ + w_0 = 1 \\
&w^T (x^- + \lambda w) + w_0 = 1 \\
&w^T x^- + w_0 + \lambda w^T w = 1 \\
&-1 + \lambda w^T w = 1 \\
&\lambda = \frac{2}{w^T w}
\end{aligned}$$

마진은 plus-plane과 minus-plane 사이의 거리를 의미한다. 이는 x^+와 x^- 사이의 거리와 같다. 둘 사이의 관계식과 λ값을 알고 있으므로 식을 정리하면 마진을 다음과 같이 유도할 수 있다.

$$\begin{aligned}
&margin = distance(x^+, x^-) \\
&= \|x^+ - x^-\|_2 \\
&= \|x^+ + \lambda w - x^-\|_2 \\
&= \|\lambda w\|_2 \\
&= \lambda \sqrt{w^T w} \\
&= \frac{2}{w^T w} \sqrt{w^T w} \\
&= \frac{2}{\sqrt{w^T w}} \\
&= \frac{2}{\|w\|_2}
\end{aligned}$$

나. 선형분리가능

그룹을 선형분리가능(linearly separable)하다고 가정할 경우, 최대 마진을 찾는 것은 수월하다. 이 경우, MMH는 두 그룹의 경계(boundary)가 가장 멀리 떨어지도록 하며, 이 경계를 Convex Hull이라고 부른다. 이 때, MMH는 두 Convex Hull 사이의 가장 짧은 선에 대한 수직 이등분선이며, 최대마진을 찾는 알고리즘은 2차 형식에 대한 최적화 기법(quadratic optimization)을 사용한다.

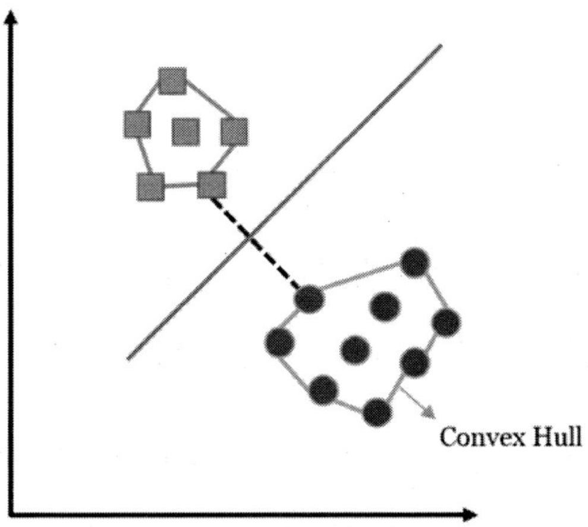

Convex Hull

가장 가능성 있는 방안은 균일한 그룹으로부터 가장 멀리 떨어지도록 두 개의 칸막이(hyperplane)를 세우는 것이다. 이 탐색 과정을 이해하려면 도대체 초평면이 어떻게 정의되는지 알아야 한다.

초평면은 간단하게 i번째 데이터셋 x_i에 대하여 다음 제약조건을 만족하는 가중치를 구하는 문제로 정의할 수 있다.

[Linear Program Solution]

① 모든 i에 대하여 $y_i = +1$인 $w^T x_i + w_0 \geq 1$

② 모든 i에 대하여 $y_i = -1$인 $w^T x_i + w_0 \leq -1$

만약 그룹을 분리할 수 있는 초평면을 찾는다면 선형 프로그램(linear program)의 해가 존재한다. 이제 최대 마진을 만족하는 초평면을 찾는 문제를 생각해 보자.

$y_i \in \{+1, -1\}$인 학습 데이터셋 (x_i, y_i)에 대하여 다음 조건을 만족한다고 가정하자.

위의 두 개의 부등식은 다음 식으로 합치면 다음과 같다.

모든 i에 대하여 $y_i(w^T x_i + w_0) - 1 \geq 0$

다음의 등식은 두 개의 초평면으로 정의된다.

① $w^T x_i + w_0 = 1$

② $w^T x_i + w_0 = -1$

앞에서 구한 마진은 $margin = distance(x^+, x^-) = \frac{2}{\|w\|_2}$

따라서, 최대마진을 구하려면, 을 최대화하면 되고, 이를 최대화한다는 것은 와 동등하므로 $\frac{2}{\|w\|_2}$ 를 최소화하는 것과 같다. 따라서 다음과 같이 문제를 바꾸어 정의할 수 있다.

SVM의 목적은 마진을 최대화하는 경계면을 찾는 것이다. 계산상 편의를 위해 마진 절반을 제곱한 것에 역수를 취한 뒤 그 절반을 최소화하는 문제로 바꾼다. 이렇게 해도 문제의 본질은 바뀌지 않는다. 이제 목적식과 제약식을 정의하자.

$$\max \frac{2}{\|w\|_2} \rightarrow \min \frac{1}{2}\|w\|_2^2$$

여기엔 다음과 같은 제약조건이 관측치 개수만큼 붙는다. 식의 의미는 plus-plane보다 위에 있는 관측치들은 $y = 1$ 이고 $w^T x + w_0$ 가 1보다 크다. 반대로 minus-plane보다 아래에 있는 점들은 $y = -1$ 이고 $w^T x + w_0$ 가 -1보다 작다. 이 두 조건을 한꺼번에 묶으면 아래와 같은 제약식이 된다.

$$y_i(w^T x_i + w_0) \geq 1$$

다. 라그랑지안 문제로 변환

라그랑지안 승수법(Lagrange multiplier method)은 제약식에 형식적인 라그랑지안 승수를 곱한 항을 최적화하려는 목적식에 더하여, 제약된 문제를 제약이 없는 문제로 바꾸는 기법이다.

목석식과 제약식을 라그랑지안 문제로 식을 다시 쓰면 다음과 같다.

$$\min L_p(w, w_0, \alpha_i) = \frac{1}{2}\|w\|_2^2 - \sum_{i=1}^{n} \alpha_i [y_i(w^T x_i + w_0 - 1],\ \alpha \geq 0,\ i = 1, 2, , \cdots, n$$

라. Dual 문제로 전환

Primal Problem: $\max\ L_p\ \ w.r.t\ \ w, w_0$

Dual Problem: $\max\ L_p\ \ w.r.t\ \ \alpha$

라그랑지승수는 다음과 같은 제한조건을 만족시키도록 한다.

$y_i(w^T x_i + w_0) - 1 > 0$이면 $\alpha_i \to 0$

$y_i(w^T x_i + w_0) - 1 \le 0$(activation constraint)이면 $\alpha_i > 0$

active constraint라는 것은 제한조건의 경계값에 걸리는 경우이다. 이제 Kuhn-Tucker 조건에 의해 다음이 성립한다.

$$\frac{\partial L(w, w_0, \alpha_i)}{\partial w} = 0 \to w = \sum_{i=1}^{n} \alpha_i y_i x_i$$

$$\frac{\partial L(w, w_0, \alpha_i)}{\partial w_0} = 0 \to \sum_{i=1}^{n} \alpha_i y_i = 0$$

위 식을 L에 넣어 정리해 보자다. 우선 첫번째 항부터 보면 다음과 같다.

$$\begin{aligned}\frac{1}{2}\|w\|_2^2 &= \frac{1}{2} w^T w \\ &= \frac{1}{2} w^T \sum_{j=1}^{n} \alpha_j y_j x_j \\ &= \frac{1}{2} \sum_{j=1}^{n} \alpha_j y_j (w_j x_{j)} \\ &= \frac{1}{2} \sum_{j=1}^{n} \alpha_j y_j \left(\sum_{i=1}^{n} a_i y_i x_i^T x_j \right) \\ &= \frac{1}{2} \sum_{i=1}^{n} \sum_{j=1}^{n} \alpha_i \alpha_j y_i y_j x_i^T x_j\end{aligned}$$

이번엔 두번째 항은 다음과 같다.

$$\begin{aligned}&-\sum_{i=1}^{n} \alpha_i (y_i(w^T x_i + w_0) - 1) = -\sum_{i=1}^{n} \alpha_i y_i (w^T x_i + w_0) + \sum_{i=1}^{n} \alpha_i \\ &= -\sum_{i=1}^{n} \alpha_i y_i w^T x_i - b\sum_{i=1}^{n} \alpha_i y_i + \sum_{i=1}^{n} \alpha_i \\ &= -\sum_{i=1}^{n} \sum_{j=1}^{n} \alpha_i \alpha_j y_i y_j x_i^T x_j + \sum_{i=1}^{n} \alpha_i\end{aligned}$$

지금까지 도출한 결과를 토대로 L_p를 정리하면 다음과 같다. 식을 변형하는 과정에서 α에 관한 식으로 간단해졌다. α의 최고차항의 계수가 음수이므로 최소값을 찾는 문제가 최대값을 찾는 문제로 바뀌었다. 이로써 Dual 문제로 변환된 것이다.

$$\max\ L_D(\alpha_i) = \sum_{i=1}^{n} \alpha_i - \frac{1}{2}\sum_{i=1}^{n}\sum_{j=1}^{n} \alpha_i \alpha_j y_i y_j x_i^T x_j$$

Kuhn-Tucker 조건에 의해 L_D의 제약식은 다음과 같다.

$$\sum_{i=1}^{n} \alpha_i y_i = 0, \alpha \geq 0, i = 1, 2, \cdots, n$$

마. SVM의 해

우리가 찾고자 한 답은 마진이 최대화된 분류경계면 $w^T x + w_0$이다. w와 w_0를 찾으면 SVM의 해를 구할 수 있게 된다. Kuhn-Tucker 조건을 탐색하는 과정에서 w는 다음과 같이 도출된다.

$$w = \sum_{i=1}^{n} \alpha_i y_i x_i$$

x_i와 y_i는 우리가 가지고 있는 학습데이터이므로 라그랑지안 승수인 α값들만 알면 w를 찾을 수 있다. 그런데 여기에서 α_i가 0인 관측치들은 분류경계면 형성에 아무런 영향을 끼치지 못한다. 바꿔 말해 i번째 관측치에 대응하는 라그랑지안 승수 α_i가 0보다 커야 마진 결정에 유의미하다.

아울러 Kuhn-Tucker 조건에 의해 해당 함수가 최적값을 갖는다면 아래 두 개 가운데 하나는 반드시 0이다.

① α_i

② $y_i(w^T x_i + w_0) - 1$

α_i가 0이 아니라면 $y_i(w^T x_i + w_0) - 1$이 반드시 0이다. 따라서 x_i는 plus-plane 또는 minus-plane 위에 있는 벡터가 된다. 이렇게 마진 결정에 영향을 끼치는 관측치들을 서포트벡터(support vectors)라고 한다.

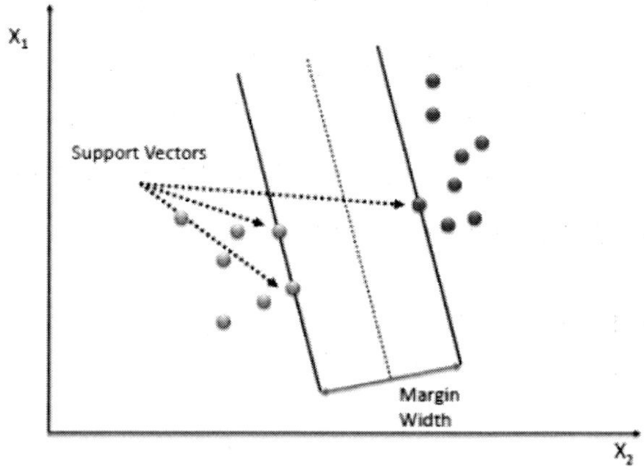

서포트벡터

한편 w_0는 이미 구한 w와 학습데이터, $y_i(w^Tx_i + w_0 - 1) = 0$ 식을 활용해 바로 구할 수 있게 된다. 새로운 데이터가 들어왔을 때는 해당 관측치를 $y_i(w^Tx_i + w_0 - 1)$에 넣어서 0보다 크면 1, 0보다 작으면 -1 범주로 예측하면 된다.

선형 분리불가능한 경우와 비선형 공간

가. 선형 분리불가능한 경우

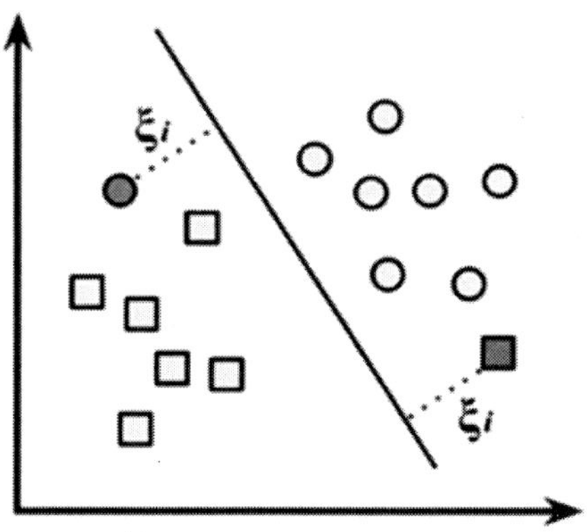

선형 분리불가능한 경우

위의 그림에서 보는 바와 같이, 네모와 원을 나눌 수 있는 어떤 라인도 정의할 수 없다. 이 문제를 풀기 위해 부가변수(slack variables)를 사용하는데, 이들은 일부 점들이 마진의 잘못된 그룹에 속하는 것을 허용하는 소프트 마진(soft margin)을 생성한다. 위의 그림에서 ξ_i가 부가변수이다. 이는 완화 조건(Relaxation Condition)을 도입하는 일종의 페널티 방법(Penalty Method)이다. 이에 대하여 다음과 같이 문제를 정의할 수 있다.

① 모든 $y_i =+1$에 대하여, $w^T x_i + w_0 \geq 1-\xi_i$

② 모든 $y_i =-1$에 대하여, $w^T x_i + w_0 \leq -1+\xi_i$

비용 변수(cost parameter) 또는 페널티 변수(penalty parameter) C는 제한조건을 위반하는 모든 점들에 적용되며, 최대 마진을 찾는 대신, 전체 비용 변수를 최소화하는 문제로 정의할 수 있다.

이 문제에 대한 라그랑지(Lagrange) 승수 형식(Primal 문제)은 다음과 같다.

$$L(w,w_0,\alpha) = \frac{||w||_2^2}{2} + C\sum_{i=1}^{n}\xi_i - \sum_{i=1}^{n}\alpha_i\,[y_i\,(w^T x + w_0) - 1 + \xi_i] - \sum_{i=1}^{n}\mu_i\xi_i$$

Dual 형식에 의해 다음과 같이 정의된다.

$$\max_\alpha \;\sum_{i=1}^{n}\alpha_i - \frac{1}{2}\alpha_i\alpha_j y_i y_j\,(x_i^T x_j)$$

$$subject\,to \begin{cases} 0 \leq \alpha_i \leq C \text{ for } all \;\; i \\ \sum_{i=1}^{n}\alpha_i y_i = 0 \end{cases}$$

이에 대한 해는 다음과 같다.

$$\hat{w} = \sum_{i=1}^{n}\hat{\alpha_i}y_i x_i$$

분리가능한 경우와의 차이는 $0 \leq \alpha_i \leq C$이며, w_0는 Kuhn-Tucker 조건으로부터 구할 수 있다.

나. 비선형 공간

선형 분리가능한 데이터에 대해 읽으면서 많은 이들이 질문을 하게 될 것이다. 그렇다면 선형으로 분리할 수 없는 경우에는 어떻게 처리할 것인가?

대부분의 실제 응용 문제의 경우 변수들의 관계는 비선형이다. 앞서 보았듯이 SVM은 부가변수를 도입하여 약간 잘못 분류된 데이터를 허용하여 비선형 공간에 대하여도 대처할 수 있었다. 그러나 SVM의 핵심은 커널 트릭(Kernel trick)이라는 프로세스를 이용하여 주어진 문제를 고차원으로 맵핑할 수 있다. 이 방법을 통해 비선형 관계를 약간 선형적으로 보이도록 할 수 있다.

이해를 돕기 위해 실제 예를 들어보자. 아래 그림에서 왼쪽 그림은 위도 및 경도에 따른 날씨 분포인데, 위도와 경도에 따른 날씨와의 뚜렷한 상관관계를 발견하기 어렵다. 그런데 오른쪽 그림과 같이 고도에 따른 날씨의 측정결과를 확인해보니 고도-위도 상에서는 데이터가 선형 분리 가능한 상태임을 알 수 있다. 왼쪽 상태에서 오른쪽 상태로 변환하는(새로운 데이터 공간으로 맵핑(mapping)) 함수를 커널함수라고 하며, 데이터 공간 변환을 위해 다양한 커널함수가 사용되고 있다.

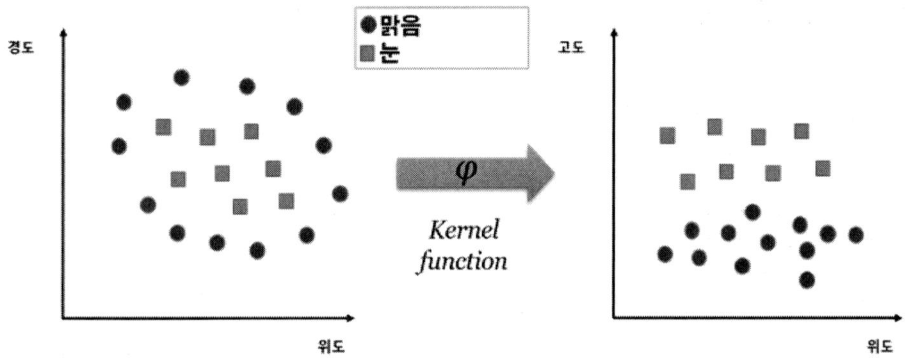

비선형 공간 데이터 예

왼쪽 그림은 위에서 아래로 내려다보는 시각으로 표현된 것이며, 오른쪽 그림은 지면에서 관찰된 데이터인데, 이처럼 데이터를 보는 시각에 따라 분리 가능한 상태로 변환할 수 있다. 이런 식으로 SVM은 비선형 커널을 이용하여 데이터를 분리할 수 있는 상태로 변환하기 위해 데이터에 새로운 차원을 추가한다. 즉, 커널 트릭은 관찰된 데이터의 특징 사이에 수학적 관계를 표현하는 새로운 특징을 구성하는 과정이라고 생각할 수 있다. 예를 들어, 고도라는 특징은 위도와 경도의 상호작용에 의해 수학적으로 표현된 것이라고 할 수 있는데, 위도-경도로 표현되는 것을 등고선에 비유할 수 있고 중심으로 갈수록 고도가 높은 것으로 해석할 수 있다는 것이다. 이렇게 하면 SVM이 원래의 데이터에서는 명시적으로 표현되지 않은 특징들을 학습할 수 있도록 한다.

아래 그림은 선형 및 비선형 데이터 공간에서의 선형 분리자(linear separator)와 비선형 분리자(nonlinear separator)를 표현한 것이다.

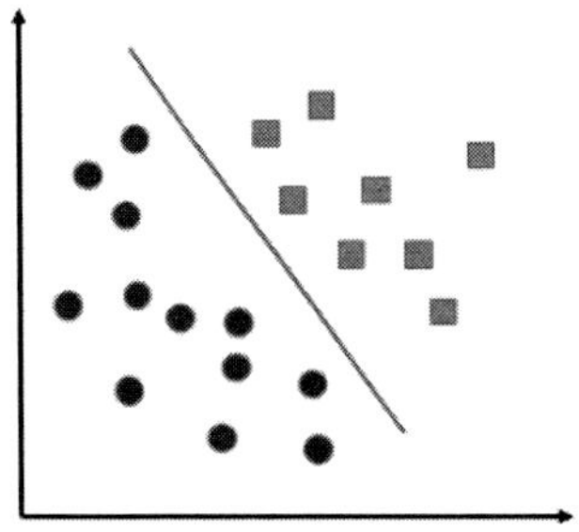

특징 공간에서의 선형 분리자

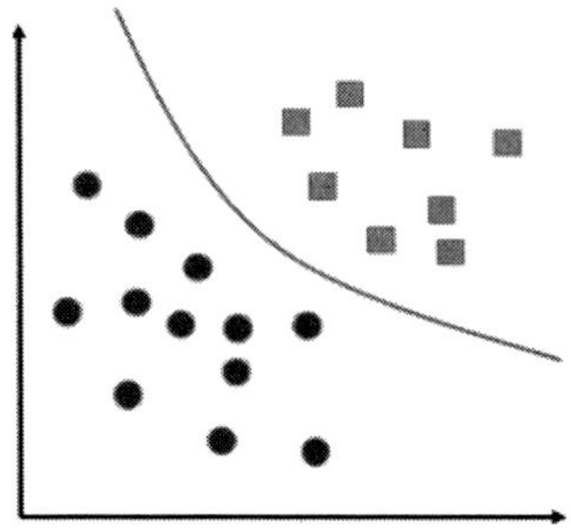

입력 공간에서의 비선형 분리자

선형 데이터 공간 및 비선형 데이터 공간의 분리자

비선형 커널함수를 이용한 SVM의 장점과 단점은 다음과 같다:

비선형 커널함수를 이용한 SVM 장점과 단점

장점	약점
- 분류 또는 수치 예측 문제에 사용할 수 있다. - 노이즈 데이터에 크게 영향을 받지 않으며, 오버피팅(overfitting)의 경향이 낮다. - 다수의 잘 정립된 SVM 알고리즘이 있기 때문에 신경망보다 사용하기 쉽다. - 데이터 마이닝 대회에서 높은 정확도와 이목을 끄는 승리로 명성을 얻었다.	- 최고의 모델을 찾으려면 다양한 조합의 커널과 모델 파라미터들을 테스트해야 한다. - 학습하는데 시간이 오래 걸릴 수 있다. 특히 입력 데이터셋의 특징이 너무 많으면 매우 느리다. - 해석하기 불가능하지 않다면 매우 어려운 복잡한 블랙박스 모델이 될 수 있다.

커널함수는 일반적으로 다음과 같은 형태를 갖는다. 함수 $\phi(x)$는 데이터 x를 다른 공간으로 맵핑한다.

$$x \rightarrow \phi(x)$$

일반적인 커널함수는 두 개의 특징 벡터 x와 x'를 변환하여 벡터 내적(dot product)하여 스칼라값을 계산한다.

$$K(x, x') = \phi(x)^T \phi(x')$$

이러한 형식으로 많은 유형의 데이터에 대한 커널함수가 개발되어 왔다. 커널함수로 널리 사용되는 목록들을 아래에 열거하였으며, 거의 모든 SVM 소프트웨어 패키지들은 이 커널함수들을 지원한다.

우선 선형 커널함수를 살펴보자. 선형 커널함수는 데이터를 변환하지 않으며, 단순히 두 데이터 벡터의 내적이다.

$$K(x,x') = \phi(x)^T \phi(x')$$

k차 다항 커널함수는 데이터의 간단한 비선형 변환을 추가한다.

$$K(x,x') = (1 + x \bullet x')^k$$

예를 들어, 2차($k = 2$) 다항 비선형 커널은 다음과 같다.

$$x = [x_1, x_2]^T$$

$$x \rightarrow \phi(x) = [x_1^T, x_2^T, \sqrt{2}, x_1 x_2, \sqrt{2}, x_1, \sqrt{2}, x_2, 1]$$

$$K(x,x') = \phi(x)^T \phi(x') = x_1^2 x_1^{'2} + x_2^2 x_2^{'2} + 2x_1 x_2 x_1^{'} x_2^{'} + 2x_1 x_1^{'} + 2x_2 x_2^{'} + 1$$
$$= (x_1 x_1^{'} + x_2 x_2^{'} + 1)^2 = (1 + x^T x')^2$$

sigmoid 커널함수는 sigmoid 활성함수를 이용하는 신경망과 유사한 SVM 모델이다. κ와 δ는 커널 파라미터이다.

$$K(x,x') = \tanh(\kappa x^T x' - \delta)$$

가우시안 RBF(Gaussian Radial Basis Function)는 RBF 신경망과 유사하다. RBF 커널은 많은 유형의 데이터에 적합하며 다양한 학습 작업의 적합한 시작점으로 여겨진다.

$$K(x,x') = \exp\left[-\frac{\|x - x'\|^2}{2\sigma^2}\right]$$

특정 학습 작업에 대하여 어떤 커널함수가 적합한지에 대한 신뢰할만한 규칙은 존재하지 않는다. 적합도는 학습 데이터량, 특징들 사이의 관계, 학습 컨셉을 따른다. 대부분의 경우 검증용 데이터셋에 대한 다양한 SVM 알고리즘을 학습시키고 평가하는 약간의 시행착오가 요구된다. 많은 사실 커널의 선택은 임의로 이루어지는 경우가 많은데 커널들 사이의 성능 차이가 그리 크지 않기 때문이다.

최대엔트로피모델(Maximum Entropy Model, MEM)

직관적 의미

고전물리학에 따르면 자연의 모든 현상은 엔트로피가 증가하는 방향으로 일어나고 있다고 알려져 있다. 예를 들어, 물에 잉크를 떨어트리면 잉크 분자가 물 전체에 골고루 퍼지는 걸 볼 수 있는데, 이러한 현상을 확산이라고 한다. 즉, 잉크 방울이 모여 있는 상태를 질서 있는 상태라고 하면, 잉크 방울들이 흩어져 있는 상태는 무질서한 상태라고 할 수 있다. 이처럼 자연은 무질서한 상태로 나아가려는 경향을 보인다. 이를 엔트로피 증가의 법칙이라고 한다.[26]

단어 내부에서는 불확실성(uncertainty), 엔트로피(entropy)가 줄어들고, 경계에서는 증가하는 현상을 모델링한 것이다.[27]

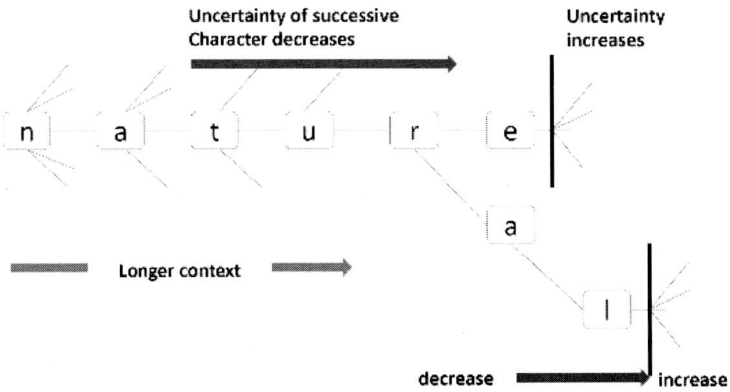

Branching Entropy의 개요

알파벳 'n' 한 글자만 주어졌을 땐 이 정보만으로는 어떤 단어가 등장할지 정확히 알기 어렵다 즉, 불확실성이 높은 상태이다. 하지만 글자가 'natur'까지 등장했다면 'nature'이거나 'natural' 두 가지 경우의 수뿐이다. 즉, 불확실성이 낮은 상태이다. 그렇다면 'nature' 다음에 나오는 글자는 무엇일까? 다시 예측하기 어려워진다. 이는 'natural'도 마찬가지이다.

26 Jurafsky, D. and Martin, J. H.(2020), Speech and Language Processing, 3rd ed. draft.

27 Jin, Z. and Tanaka-Ishii, K.(2006), "Unsupervised Segmentation of Chinese Text by Use of Branching Entropy", Proceedings of Annual Meeting of Computational Linguistics.

이미 주어진 글자정보를 활용해 다음 글자의 불확실성을 계산해보면 아래와 같은 그래프를 그릴 수 있다. 단어 내부에선 불확실성이 줄어들다가 단어 경계에서 불확실성이 다시 증가하기 때문이다. Jin&Tanaka(2006)는 이런 점에 착안해 그 경계의 불확실성이 높은 글자들의 나열을 '단어'로 보자고 제안했다. 이때 쓰이는 불확실성 관련 지표가 바로 BE이다.

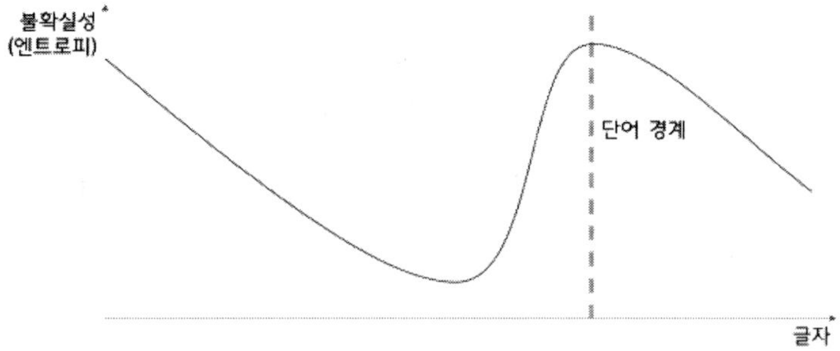

불확실성과 단어 경계

BE는 다음과 같이 정의된다.

$$H(X|X_n) = -\sum_{x \in X} P(x|x_n) \times \log(P(x|x_n))$$

모델 및 예시

영화 리뷰 사이트 왓챠에서 655만306개의 리뷰를 수집했다. 우선 이를 글자 단위로 세었다. 전체 결과 가운데 세 글자로 이뤄진 문자열 '아직까'를 포함하는 모든 단어들의 빈도는 아래 표와 같다. 우리는 아래 표로부터 '아직까'의 출현빈도는 5349라는 사실 또한 알 수 있다.

왓차에서의 글자 빈도수

	빈도수
아직까지	4714
아직까진	632
아직까니	3
합계	5349

그렇다면 '아직까'의 엔트로피는 다음과 같이 구할 수 있다.

$$\begin{aligned} P(X|\text{아직까}) = &- P(\text{아직까지}|\text{아직까}) \times \log(P((\text{아직까지}|\text{아직까}))) \\ &- P(\text{아직까진}|\text{아직까}) \times \log(P((\text{아직까진}|\text{아직까}))) \\ &- P(\text{아직까니}|\text{아직까}) \times \log(P((\text{아직까니}|\text{아직까}))) \end{aligned}$$

$$= -\frac{4714}{5349} \times \log\left(\frac{-4714}{5349}\right) - \frac{632}{5349} \times \log\left(\frac{632}{5349}\right) - \frac{3}{5349} \times \log\left(\frac{3}{5349}\right) = 0.3679$$

위와 동일한 방식으로 '아직', '아직까지', '아직까지도'의 BE를 구해 비교하면 아래 표와 같다. 우리가 온전한 단어로 쓰는 '아직', '아직까지', '아직까지도'는 그 경계에 다양한 글자들이 올 수 있으므로 BE가 비교적 높다. 하지만 '아직까'라는 문자열은 '아직까지', '아직까지도'라는 단어의 내부에 있으므로 BE가 낮다. 바꿔 말해 BE가 높은 문자열을 단어 취급해도 크게 나쁘지 않은 결과를 낼 수 있다

BE

	아직	아직까	아직까지	아직까지도
BE	2.95	0.37	3.46	4.69

BE와 계열관계

형태소란 의미를 지니는 최소 단위인데요, 형태소를 분석하는 기준으로는 계열관계(系列關係, paradigmatic relation)가 있다. 계열관계는 그 자리에 다른 형태소가 '대치'될 수 있는가를 따지는 것이다.

어쨌든 BE는 사실상 형태소(morpheme) 추출 기법이다. 말뭉치에서 어떤 문자열이 자주 쓰이는지 빈도를 세어 문자열마다 형태소가 될 만한 지표를 반환(엔트로피가 높을 수록 형태소일 확률이 큼)해 준다. 이는 BE가 형태소의 중요 분석기준인 계열관계와 밀접한 관련을 맺고 있기 때문이다.

예시에서 '엔진'이라는 명사 뒤에는 조사 '-이', '-에서', '-을' 등이 올 수 있다. 여기에서 '-이', '-에서', '-을'은 대치해서 쓸 수 있기 때문에 계열관계를 이룬다고 말할 수 있다. 그런데 이 경우 '엔진'의 BE는 매우 높을 겁니다. '엔진' 뒤에 다양한 문자열이 등장할 수 있어 불확실성이 크기 때문이다.

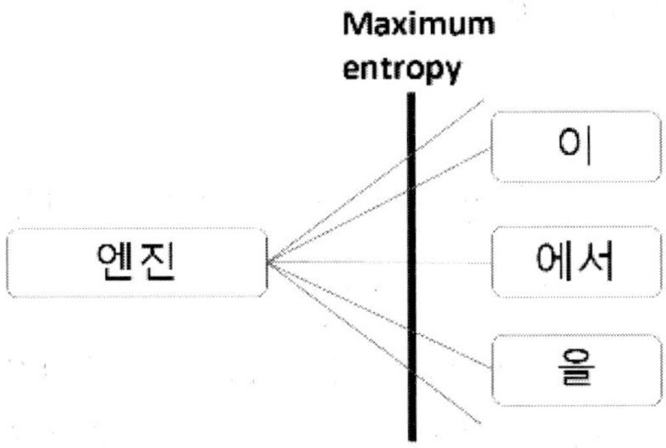

우측 BE

지금까지는 왼쪽에서 오른쪽으로 빈도수를 세는 걸 기준으로 설명을 하였지만, 오른쪽에서 왼쪽으로 빈도를 세어 BE를 계산하는 경우에도 마찬가지이다. 아래 그림에서 '엔진'은 'Bracket', 'Head'와 계열관계를 맺고 있다. 아울러 '-에서'의 BE 또한 높다.

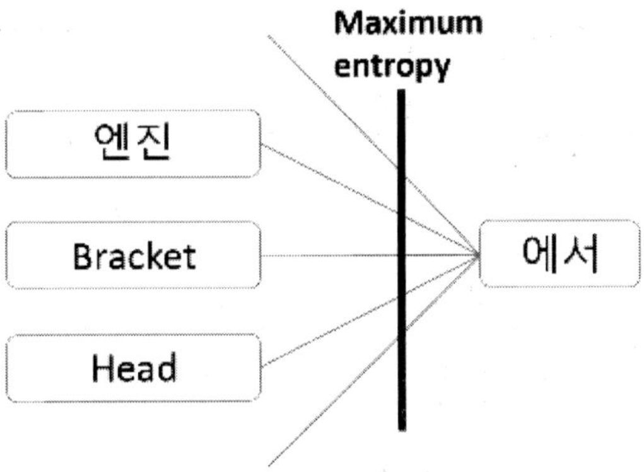

좌측 BE

실제 왓챠 등에서 좌측, 우측, 정렬을 하면 왓챠 리뷰 655만306개 리뷰를 학습해 BE 상위 500개 문자열을 나열할 수 있다.

의사결정나무(Decision Tree)

직관적 의미

의사결정나무(Decision Tree)는 한번에 하나씩의 설명변수를 사용하여 예측 가능한 규칙들의 집합을 생성하는 알고리즘이다.

의사결정나무(Decision Tree) 또는 트리모형(tree model)은 의사결정 규칙을 트리구조로 나타내어 전체 자료를 몇 개의 소집단으로 분류(classification)하거나 예측(prediction)을 수행하는 분석방법이다. 즉, 질문을 던져서 대상을 좁혀나가는 '스무고개' 놀이와 비슷한 개념이다.

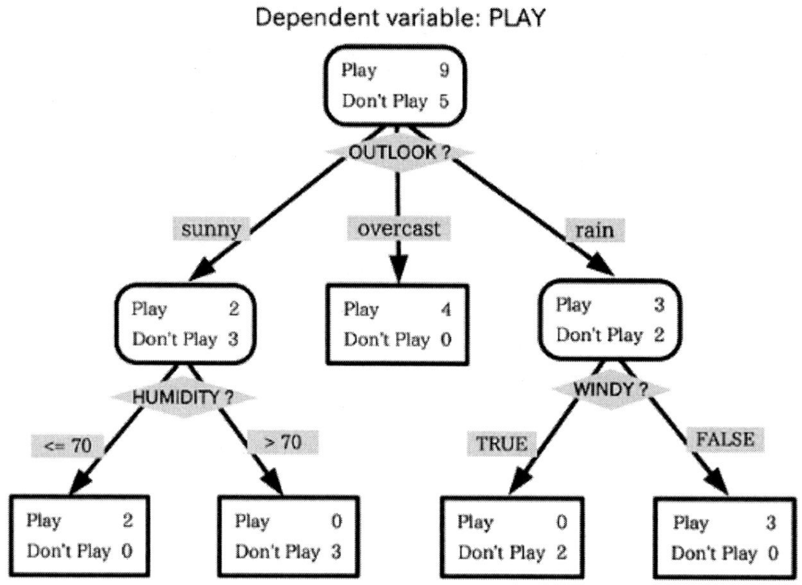

의사결정나무 예시

위 예시는 운동경기가 열렸다면 PLAY=1, 그렇지 않으면 PLAY=0으로 하는 이진분류(binary classification) 문제이다. 모든 사례를 조사해 그림으로 도시하면, 위와 같은 그림이 되는 것이다. 그림의 해석은 다음과 같다. 날씨가 맑고(sunny), 습도(humidity)가 70 이하인 날엔 경기가 열렸다. 해당 조건에 맞는 데이터들이 '경기가 열렸다(PLAY 2건)' 고 말하고 있기 때문이다. 반대로 비가 오고(rain) 바람이 부는(windy) 날엔 경기가 열리지 않았다.

의사결정나무 분석은 시장조사, 광고조사, 의학연구, 품질관리 등의 다양한 분야에서 활용되고 있으며, 구체적인 활용 예는 고객 타겟팅, 고객들의 신용점수화, 캠페인 반응분석, 고객행동 예측, 고객 세분화 등을 들 수 있다.

모델 및 예시

전체적으로 보면 트리를 뒤집어놓은 것과 같은 모양이다. 초기지점은 뿌리노드(root node)이고 분기가 거듭될수록 그에 해당하는 데이터의 개수는 줄어듭니다. 각 최종노드(terminal node)에 속하는 데이터의 개수를 합하면 뿌리노드(root node)의 데이터수와 일치한다. 바꿔 말하면, 최종노드(terminal node) 간 교집합이 없다는 뜻이다. 한편 최종노드(terminal node)의 개수가 분리된 집합의 개수이다. 예를 들어, 그림에서 최종노드(terminal node)가 3개라면 전체 데이터가 3개의 부분집합으로 나눠진 것이다.

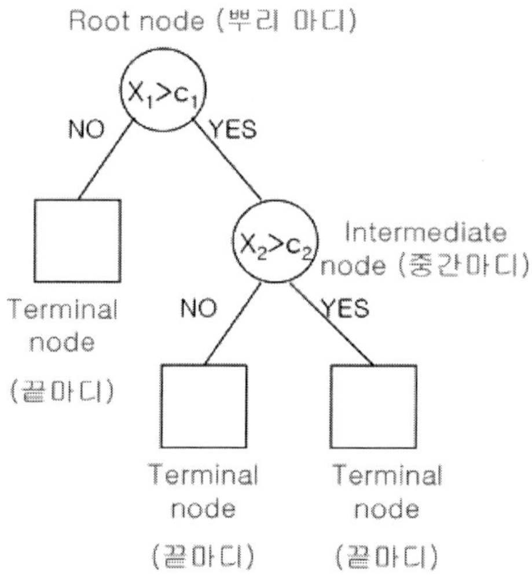

의사결정나무 예시

의사결정나무는 분류(classification)와 회귀(regression) 모두 가능하다. 즉, 범주나 연속형 수치 모두 예측할 수 있다. 의사결정나무의 범주예측, 즉 분류 과정은 다음과 같다. 새로운 데이터가 특정 최종노드(terminal node)에 속한다는 정보를 확인한 뒤 해당 최종노드(terminal node)에서 가장 빈도가 높은 범주에 새로운 데이터를 분류하게 된다. 운동경기 예시에서 날씨는 맑은데 습도가 70을 넘는 날은 경기가 열리지 않을 거라고 예측한다.

회귀의 경우, 해당 최종노드(terminal node)의 종속변수(y)의 평균을 예측값으로 반환하게 된다. 이 때 예측값의 종류는 최종노드(terminal node) 개수와 일치한다. 만약 최종노드(terminal node) 수가 3개뿐이라면 새로운 데이터가 아무리 많이 주어진다고 해도 의사결정나무는 딱 3종류의 답만을 출력하게 된다.

참고로 다음과 같이 표기할 수도 있다. 이 그림에서 맨 위의 마디를 뿌리노드(root node)라 하며, 이는 분류(또는 예측) 대상이 되는 모든 자료 집단을 포함한다.

상위 마디를 부모노드(parent node)라 하고, 하위 마디를 자식노드(child node)라 하며, 더 이상 분기되지 않는 마디를 최종노드(terminal node)라고 부른다. 가지분할(split)은 나무의 가지를 생성하는 과정을, 가지치기(pruning)는 생성된 가지를 잘라내어 모형을 단순화하는 과정을 말한다.

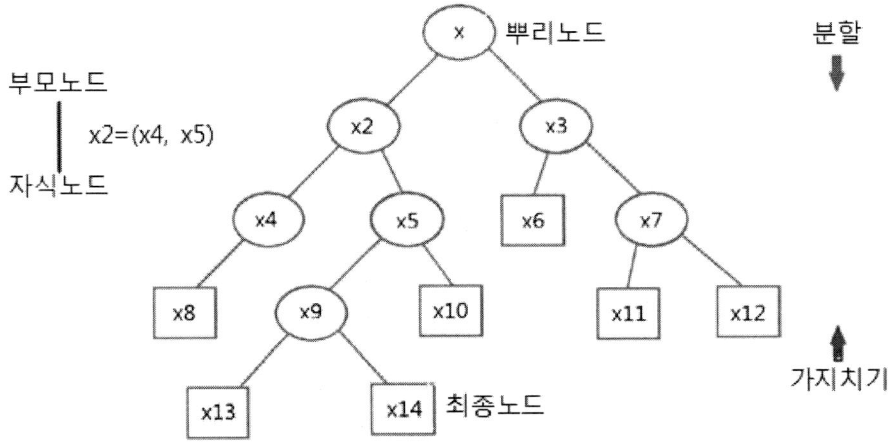

노드, 분할, 가지치기

가. 분기

데이터를 분할한다는 건 정확히 어떤 의미일까? 설명변수(X)가 3개인 다변량 데이터에 의사결정나무를 적용한다고 가정하고 아래 그림을 보자.

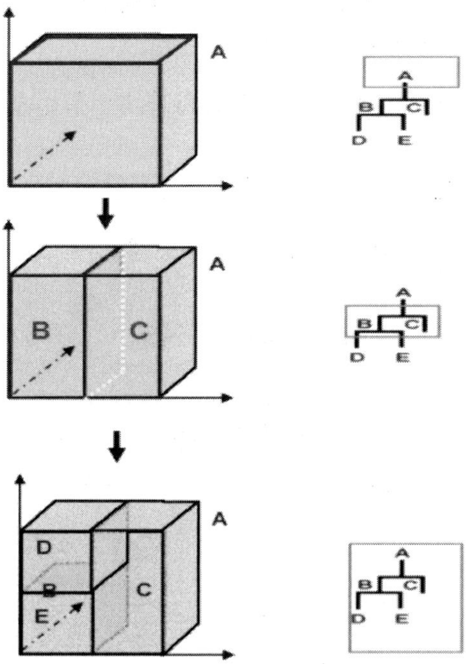

설명변수가 3개인 의사결정나무

아무런 분기가 일어나지 않은 상태의 뿌리노드(root node)는 A이다. 변수가 3개이므로, 왼쪽 그래프처럼 3차원 공간에 있는 직육면체를 A라고 가정해도 된다. A가 어떤 기준에 의해 B와 C로 분할됐다고 생각해 보자. 그렇다면 두번째 그림처럼 A가 두 개의 부분집합으로 나뉘었다고 상상하자. 마지막으로 B가 D와 C로 분할됐다면, 3번째 줄의 그림처럼 될 것이다. 이 예시에서 최종노드(terminal node)는 C, D, E 세 개다. 이를 데이터 공간과 연관지어 생각하면, 전체 데이터 A가 세 개의 부분집합으로 분할된 것으로 알 수 있다. D 특성을 갖고 있는 새로운 데이터가 주어졌을 때 의사결정나무는 D 집합을 대표할 수 있는 값(분류=최빈값, 회귀=평균)을 반환하는 방식으로 예측한다.

나. 불순도(불확실성)

의사결정나무는 한번 분기 때마다 변수 영역을 두 개로 구분하는 모델이라고 설명하였다. 그렇다면 대체 어떤 기준으로 영역을 나누는 것일까? 타겟변수(Y)가 범주형 변수인 분류트리를 기준으로 알아보자.

결론적으로, 분류트리는 구분 뒤 각 영역의 순도(homogeneity)가 증가, 불순도(impurity) 또는 불확실성(uncertainty)이 최대한 감소하도록 하는 방향으로 학습을 진행한다. 순도가 증가/불확실성이 감소하는 것을 두고 정보이론에서 정보획득(information gain)이라고 한다. 여기서 어떤 데이터가 균일한 정도를 나타내는 지표, 즉 순도를 계산하는 3가지 방식에 대해 살펴보자.

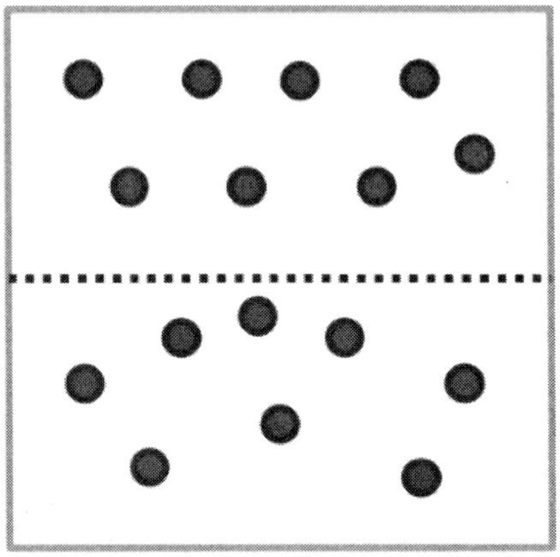

순도 계산 예시

먼저 엔트로피(entropy) 지표를 생각할 수 있다. m개의 레코드가 속하는 A 영역에 대한 엔트로피는 아래와 같은 식으로 정의된다. 단, p_k = A 영역에 속하는 레코드 가운데 k 범주에 속하는 레코드의 비율이다.

$$Entropy(A) = -\sum_{k=1}^{m} p_k \log_2(p_k)$$

그림에서 박스로 둘러쌓인 A 영역의 엔트로피를 구하자. 전체 16개($m = 16$) 가운데 빨간색 동그라미(범주 = 1)는 10개, 파란색(범주 = 2)은 6개이다. 그럼 A 영역의 엔트로피는 다음과 같다.

$$Entropy(A) = -\frac{10}{16}\log_2\left(\frac{10}{16}\right) - \frac{6}{16}\log_2\left(\frac{6}{16}\right) \approx 0.95$$

여기서 A 영역에 빨간색 점선을 그어 두 개 부분집합(R_1, R_2)으로 분할한다고 가정하자. 두 개 이상 영역에 대한 엔트로피 공식은 아래 식과 같다. 이 공식에 의해 분할 수 A 영역의 엔트로피를 아래와 같이 각각 구할 수 있다. 단, R_i=분할 전 레코드 가운데 분할 후 i 영역에 속하는 레코드의 비율이다.

$$Entropy(A) = \sum_{i=1}^{d} R_i \left(- \sum_{k=1}^{m} p_k \log_2 (p_k) \right)$$

$$Entropy(A) = 0.5 \times \left(- \frac{7}{8} \log_2 (\frac{7}{8}) - \frac{1}{8} \log_2 (\frac{1}{8}) + 0.5 \times \left(- \frac{3}{8} \log_2 (\frac{3}{8}) - \frac{5}{8} \log_2 (\frac{5}{8}) \right) \right.$$

$$\approx 0.75$$

분기 전과 분기 후의 엔트로피가 어떻게 변화했을까? 분기 전 엔트로피가 0.95였는데 분할한 뒤에 0.75가 되었다. 0.2만큼 엔트로피 감소(=불확실성 감소=순도 증가=정보획득)한 것으로, 의사결정나무 모델은 분할한 것이 분할 전보다 낫다는 판단 하에 데이터를 두 개의 부분집합으로 나누게 된다. 의사결정나무는 구분 뒤 각 영역의 순도(homogeneity)가 증가 또는 불확실성(엔트로피)가 최대한 감소하도록 하는 방향으로 학습을 진행한다.

순도와 관련하여, A 영역에 속한 모든 레코드가 동일한 범주에 속할 경우(=불확실성 최소=순도 최대), 엔트로피는 0이다. 반대로 범주가 2개 뿐이고 해당 개체의 수가 동일하게 반반씩 섞여 있을 경우(=불확실성 최대=순도 최소) 엔트로피는 1의 값을 가진다. 엔트로피 외에 불순도 지표로 많이 쓰이는 지니계수(Gini Index) 공식은 다음과 같다.

$$G(A) = \sum_{i=1}^{d} \left(R_i \left(1 - \sum_{k=1}^{m} p_{ik}^2 \right) \right)$$

아래는 범주가 2개일 때 한쪽 범주에 속한 비율(p)에 따른 불순도의 변화량을 그래프로 나타낸 것이다. 그 비율이 0.5(두 범주가 각각 반반씩 섞여 있는 경우)일 때 불순도가 최대이다. 오분류오차(misclassification error)는 오분류오차는 엔트로피나 지니계수와 더불어 불순도를 측정할 수 있기는 하지만, 나머지 두 지표와 달리 미분이 불가능한 점 때문에 자주 쓰이지는 않는다.

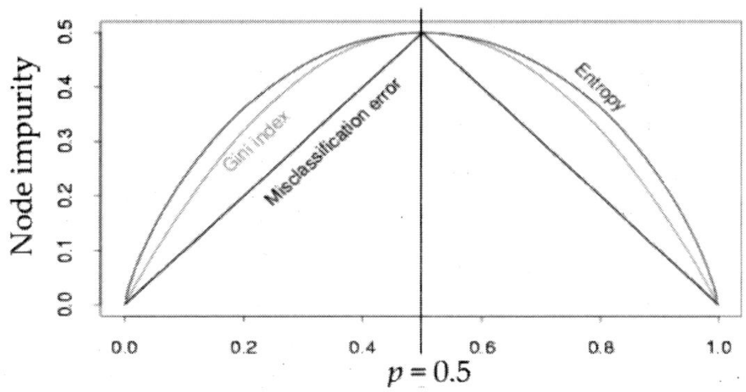

범주의 비율이 0.5일 경우

의사결정나무의 분석과정은 다음과 같다.

단계 ① : 목표변수와 관계가 있는 설명변수들의 선택

단계 ② : 분석목적과 자료의 구조에 따라 적절한 분리기준과 정지규칙을 정하여 의사결정나무의 생성

단계 ③ : 부적절한 나뭇가지는 제거 : 가지치기

단계 ④ : 이익(gain), 위험(risk), 비용(cost) 등을 고려하여 모형평가(교차타당성 방법도 사용됨)

단계 ⑤ : 분류(classification) 및 예측(prediction) 수행

다. 모델 학습 : 재귀적 분기

의사결정나무의 학습 과정은 입력 변수 영역을 2개로 구분하는 재귀적 분기(recursive partitioning)와 너무 자세하게 구분된 영역을 통합하는 가지치기(pruning) 두 가지 과정으로 나누어진다. 우선 재귀적 분기는 다음과 같다.

아래와 같이 24개 가정을 대상으로 소득(income), 주택크기(lot size), 잔디깎기 기계 구입 여부(ownership)를 조사한 데이터가 있다. 이를 토대로 소득과 주택크기를 설명변수(X), 기계 구입 여부를 종속변수(Y)로 하는 분류트리 모델을 학습시켜 보자.

예시

income	lot size	ownership	income	lot size	ownership
60.0	18.4	owner	75.0	19.6	non-owner
85.5	16.8	owner	52.8	20.8	non-owner
64.8	21.6	owner	64.8	17.2	non-owner
61.5	20.8	owner	43.2	20.4	non-owner
87.0	23.6	owner	84.0	17.6	non-owner
110.1	19.2	owner	49.2	17.6	non-owner
108.0	17.6	owner	59.4	16.0	non-owner
82.8	22.4	owner	66.0	18.4	non-owner
69.0	20.0	owner	47.4	16.4	non-owner
93.0	20.8	owner	33.0	18.8	non-owner
51.0	22.0	owner	51.0	14.0	non-owner
81.0	20.0	owner	63.0	14.8	non-owner

우선 이를 한 변수 기준(예: 주택 크기)으로 정렬한다. 이후 가능한 모든 분기점에 대해 엔트로피/지니계수를 구해 분기 전과 비교해 정보획득을 조사한다. 예를 들어, 아래 표 기준으로 보면 분기지점을 첫 레코드와 나머지 23개 레코드로 두고, 1번 레코드와 2~24번 레코드 간의 엔트로피를 구한 뒤 이를 분기 전 엔트로피와 비교해 정보획득을 조사한다. 결과는 다음과 같다.

정렬 후 예시

income	lot size	ownership
51.0	14.0	non-owner
63.0	14.8	non-owner
59.4	16.0	non-owner
47.4	16.4	non-owner
85.5	16.8	owner
64.8	17.2	non-owner
108.0	17.6	owner
84.0	17.6	non-owner
49.2	17.6	non-owner
60.0	18.4	owner
66.0	18.4	non-owner
33.0	18.8	non-owner
110.1	19.2	owner
75.0	19.6	non-owner
69.0	20.0	owner
81.0	20.0	owner
43.2	20.4	non-owner
61.5	20.8	owner
93.0	20.8	owner
52.8	20.8	non-owner
64.8	21.6	owner
51.0	22.0	owner
82.8	22.4	owner
87.0	23.6	owner

분기전 엔트로피 : $-\frac{1}{2}\log_2(\frac{1}{2})-\frac{1}{2}\log_2(\frac{1}{2})=1$

$$\text{분기후 엔트로피 : } \frac{1}{24}(-\log_2 1) + \frac{23}{24}\left(-\frac{12}{23}\log_2\left(\frac{12}{23}\right) - \frac{11}{23}\log_2\left(\frac{11}{23}\right)\right) \approx 0.96$$

$$\text{정보획득 : } 1 - 0.96 = 0.04$$

이후 분기 지점을 두번째 레코드로 두고, 처음 두 개 레코드와 나머지 22개 레코드 간의 엔트로피를 계산한 뒤 정보획득을 알아본다. 이렇게 순차적으로 계산한 뒤, 이번엔 다른 변수인 소득을 기준으로 정렬하고 다시 같은 작업을 반복한다. 모든 경우의 수 가운데 정보획득이 가장 큰 변수와 그 지점을 택해 첫번째 분기를 하게 된다. 이후 또 같은 작업을 반복해 두번째, 세번째… 이렇게 분기를 계속 해 나가는 과정이 바로 의사결정나무의 학습이다.

라. 모델 학습 : 가지치기

의사결정나무 모델 학습의 또 다른 축은 가지치기(pruning)이다. 모든 최종노드(terminal node)의 순도가 100%인 상태를 full tree라고 하는데요. 이렇게 full tree를 생성한 뒤 적절한 수준에서 최종노드(terminal node)를 결합해주어야 한다. 왜냐하면 분기가 너무 많아서 학습데이터에 과적합(overfitting)할 염려가 생기기 때문이다.

의사결정나무의 분기 수가 증가할 때, 처음에는 새로운 데이터에 대한 오분류율이 감소하나 일정 수준 이상이 되면 오분류율이 되레 증가하는 현상이 발생한다. 이러한 문제를 해결하기 위해서는 검증데이터에 대한 오분류율이 증가하는 시점에서 적절히 가지치기를 수행해야 한다.

마치 나뭇가지를 잘라내는 것과 같다는 의미에서 이러한 용어가 붙었다. 가지치기 개념도는 다음과 같다. 다만 가지치기는 데이터를 버리는 개념이 아니고 분기를 합치는(merge) 개념으로 이해해야 한다.

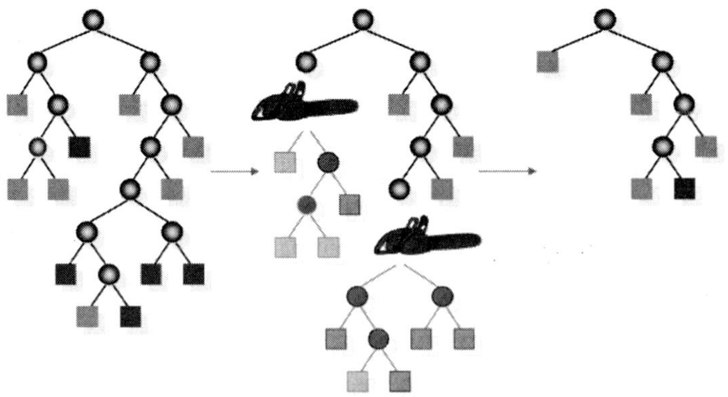

가지치기

재귀적 분기를 설명할 때, 잔디깎기 기계 구입 여부 데이터를 의사결정나무로 학습한 결과물이다. 왼쪽이 full tree, 오른쪽이 가지치기를 한 결과를 시각화한 것이다. 왼쪽 그림을 보면 모든 최종노드(terminal node)의 불순도는 0임을 확인할 수 있다.

하지만 최종노드(terminal node)가 너무 많으면 새로운 데이터에 대한 예측 성능인 일반화(generalization) 능력이 매우 떨어질 염려가 있다. 최종노드(terminal node)를 적절하게 합쳐주면 오른쪽 그림과 같은 결과가 나오는 걸 확인할 수 있다.

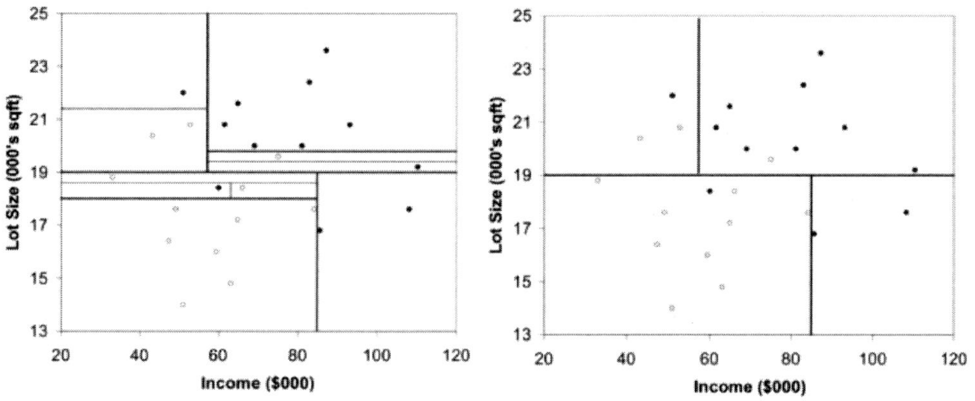

full tree와 가지치기 결과

정지기준은 더 이상 분리가 일어나지 않고, 현재의 마디가 끝마디가 되도록 하는 규칙이다. 의사결정나무의 깊이(depth)를 지정하며, 끝마디의 레코드 수의 최소 개수를 지정한다.

마. 모델 학습 : 정지기준

정지기준은 더 이상 분리가 일어나지 않고, 현재의 마디가 끝마디가 되도록 하는 규칙이다. 의사결정나무의 깊이(depth)를 지정하며, 끝마디의 레코드 수의 최소 개수를 지정한다.

가지치기 기준은 테스트 데이터 활용과 전문가에 의한 방법이 있다. 테스트 데이터 활용 방법은 구축된 모형에 테스트 데이터를 적용하고, 테스트 데이터를 통해 도축된 모형의 예측률을 검토하며, 오분류율을 크게 할 위험이 높거나 부적절한 추론규칙을 가지고 있는 가지를 제거한다. 전문가에 의한 방법은 특정 분야의 전문가가 구축된 모형에서 제시되고 있는 규칙들의 타당도를 검토하고 타당성이 없는 규칙을 제거한다.

목표변수가 연속형인 회귀트리의 경우에 분류변수와 분류 기준값의 선택방법으로 F통계량의 F값, 분산의 감소량 등이 사용된다.

F통계량은 일원배치법에서의 검정통계량으로 그 값이 클수록 오차의 변동에 비해 처리(treatment)의 변동이 크다는 것을 의미하며, 이는 자식노드(처리들) 사이에 이질적임을 의미하므로 이 값이 커지는(p값은 작아지는) 방향으로 가지분할을 수행(자식노드를 생성)하게 된다.

바. 모델 학습 : 비용함수

마지막으로 가지치기의 비용함수(cost function)를 살펴보자. 의사결정나무는 이 비용함수를 최소로 하는 분기를 찾아내도록 학습된다. 아래와 같이 정의된다.

$$CC(T) = ERR(T) + \alpha \times L(T)$$

- $CC(T)$: 의사결정나무의 비용 복잡도이다. 즉, 오류가 적으면서 최종노드(terminal node) 수가 적은 단순한 모델일 수록 작은 값이다.
- $ERR(T)$: 검증데이터에 대한 오분류율
- $L(T)$: 최종노드(terminal node)의 수로써 구조의 복잡도

$\alpha = ERR(T)$와 $L(T)$를 결합하는 가중치이며, 사용자에 의해 부여된다. 보통 0.01~0.1의 값을 쓴다.

의사결정나무는 계산복잡성 대비 높은 예측 성능을 내는 것으로 정평이 나 있다. 아울러 변수 단위로 설명력을 지닌다는 강점을 가지고 있다. 다만 의사결정나무는 결정경계(decision boundary)가 데이터 축에 수직이어서 특정 데이터에만 잘 작동할 가능성이 높다.

이 같은 문제를 극복하기 위해 등장한 모델이 바로 랜덤포레스트이다. 같은 데이터에 대해 의사결정나무를 여러 개 만들어 그 결과를 종합해 예측 성능을 높이는 기법이다.

랜덤포레스트(Random Forest, RF)

직관적 의미

랜덤포레스트(Random Forest, RF)는 같은 데이터에 의사결정나무 여러 개를 동시에 적용해서 학습성능을 높이는 앙상블 기법이다. 트리(tree)가 여러 개 있다고 하는 의미에서 forest라는 이름이 붙었다.

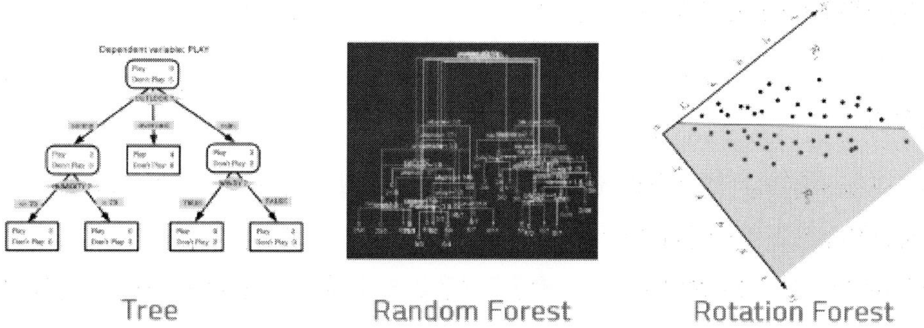

의사결정나무, 랜덤포레스트, 로테이션 포레스트

랜덤포레스트는 동일한 데이터로부터 복원추출을 통해 30개 이상의 데이터 셋을 만들어 각각에 의사결정나무를 적용한 뒤 학습 결과를 취합하는 방식으로 작동한다. 단, 여기서 각각의 트리들은 전체 변수 중 일부만 학습을 하게 된다. 개별 트리들이 데이터를 바라보는 관점을 다르게 해 다양성을 높이려는 시도이다.

로테이션포레스트(Rotation Forest)는 학습데이터에 주성분분석(PCA)를 적용해 데이터 축을 회전(rotation)한 후 학습한다는 점을 제외하고는 랜덤포레스트와 같다. PCA로 회전한 축(아래 그림의 경우 핑크색 선을 지나는 축)은 학습데이터의 분산을 최대한 보존하면서도 학습성능 향상에도 유의미할 것이라는 전제에서 고안된 방법론으로 풀이된다. 아래에서 빨강색 축이 시계 반대방향으로 회전한다.

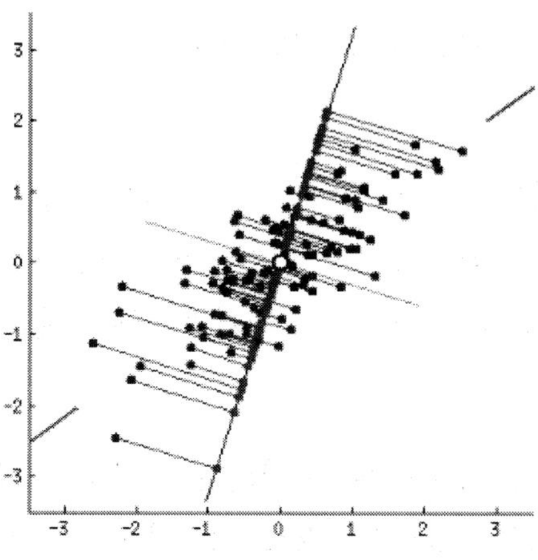

로테이션포레스트

여기서는 랜덤포레스트를 알아본다.

모델 및 예시

Random Forest는 의사결정나무(Decision Tree) 기반의 알고리즘으로, 다른 성능을 갖는 여러 개의 의사결정나무를 결합하여 만들어낸 앙상블(ensemble) 기법을 말한다.[28] 여기서 앙상블(ensemble)은 머신러닝 분야에서는 여러 개의 모델들을 활용해 종합하여 예측하는 기법을 말한다.

의사결정나무(Decision Tree)는 데이터를 일정한 규칙에 의해 분류하여 예측하는 기법으로, 그 모양이 트리와 같다고 하여 의사결정나무라 불린다. 아래 그림은 타이타닉호 탑승객 생존여부를 나타내는 의사결정나무이다.

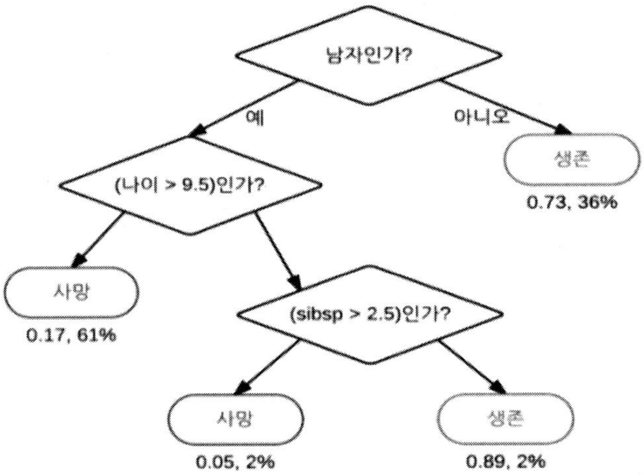

타이타의닉호 탑승객 생존여부를 나타내는 의사결정나무

그림에서 “sibsp”는 탑승한 배우자와 자녀의 수를 의미한다. 여성인 경우 생존 가능성이 높았으며, 남자이면서 나이가 9.5세 이상인 경우 사망 가능성이 높았다. 타이타닉 생존자 예측모델 만들기는 캐글(Kaggle) 튜토리얼(Tutorial)용 경진대회를 통해 소개되어 대표적인 예로 많이 활용되고 있다.

앞에서 본 바와 같이 의사결정나무를 일반화하면 뿌리노드(root node), 중간노드(intermediate node), 터미널노드(terminal node)로 이루어져 있다. 최종노드를 리프(leaf)노드

28 Breiman. L.(2001), “Random Forests”, *Machine Learning*, 45(1), 5-32.

라고도 부른다. 의사결정나무는 각 노드 끝마디에 속하는 데이터의 개수를 더하면 뿌리노드 데이터 개수와 일치한다. 즉, 끝마디 간 서로 교집합을 가지지 않는다.

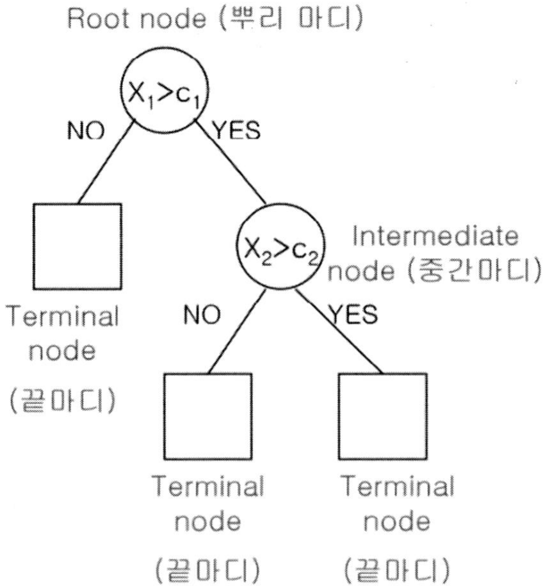

의사결정나무의 구성요소

의사결정나무는 목표변수가 어떤 형태의 데이터인지에 따라 크게 분류트리(classification tree)와 회귀트리(regression tree)로 분류한다. 분류 및 회귀트리를 아울러 CART(Classification And Regression Tree)라고 부른다.

분류트리와 회귀트리(Classification And Regression Tree, CART)는 일정 부분 유사하지만, 분할하는 과정에서 차이가 있다. 분류트리는 가장 빈도가 높은 범주에 새로운 데이터를 분류하며, 회귀트리는 목표변수의 평균을 예측값으로 반환한다.

의사결정나무는(Decision Tree)는 이진트리를 생성하여 적합한 기준으로 분할할 최상의 범주 또는 수치 변수를 찾는다. 분류(classification)에서는 지니 불순도(Gini impurity) 또는 엔트로피(Entropy)를 사용하며, 회귀(Regression)에서는 평균제곱오차인 MSE(Mean Squared Error)나 평균절대오차인 MAE(Mean Absolute Error)를 사용하여 분산(Variance) 감소를 계산한다.

앞의 의사결정나무에서 지니계수와 엔트로피는 다음과 같다.

$$Entropy(A) = \sum_{i=1}^{d} R_i \left(- \sum_{k=1}^{m} p_k \log_2 (p_k) \right)$$

$$G(A) = \sum_{i=1}^{d} \left(R_i \left(1 - \sum_{k=1}^{m} p_{ik}^2 \right) \right)$$

회귀(regression) 지수로는 평균제곱오차(Mean Squared Error, MSE)나 평균절대오차인 MAE(Mean Absolute Error)가 사용된다.

$$MSE = \frac{1}{n} \sum_{i=1}^{n} (\hat{y_i} - y_i)^2 \quad , \quad MAE = \frac{1}{n} \sum_{i=1}^{n} \left| \hat{y_i} - y_i \right|$$

여기서 n=데이터 수, $\hat{y_i}$: 예측값, y_i: 실제값이다.

의사결정나무(Decision Tree)는 데이터를 분할하는데 있어서 최상의 방법을 찾기까지 가지치기를 통해 완성한다. 또한 데이터가 나뉘어져 갈라지는 분기 시 하나의 변수만을 사용하기 때문에 결과가 명확하여 설명이 용이하다. 하지만 반대로 분기 시 한 변수만을 사용하기 때문에 비슷한 설명력을 가진 다른 변수들은 모델 구축 시 고려되지 못하고, 오로지 학습 데이터만을 잘 분류하는 분기 변수들로 모델이 구축된다. 학습 데이터를 따라 모델 구성이 크게 달라지는 등 모델의 불안정성 문제를 야기하게 되고, 트리 형태의 일반화가 어려워 과적합(overfitting) 문제가 발생하게 된다. 결과적으로 예측력이 떨어지며, 모델의 안정성 또한 떨어진다.

앙상블(ensemble)은 머신러닝 분야에서는 여러 개의 모델들을 활용해 종합하여 예측하는 기법을 말한다. 적당한 예측력을 가진 모델 하나 보다는 여러 모델을 종합하여 결정하면 더 나은 의사결정을 할 수 있음을 의미한다. 앙상블 기법의 대표적인 예로 배깅(Bagging)과 부스팅(Boosting)을 들 수 있다. 배깅이란 Bootstrap Aggregation의 줄임말이다. 아래 그림과 같이, 배깅은 주어진 데이터로 여러 개의 부트스트랩(bootstrap)을 생성하여 각 부트스트랩 별로 모델링을 한 후 결과를 집계(aggregating)하여 최종 예측모델을 산출해내는 기법으로, 병렬 형태로 학습시키는 형태이다. 여기서 부트스트랩이란 단순 복원 임의 추출법을 통해 기존의 데이터로부터 추출한 크기가 동일한 여러 개의 표본자료를 말한다.

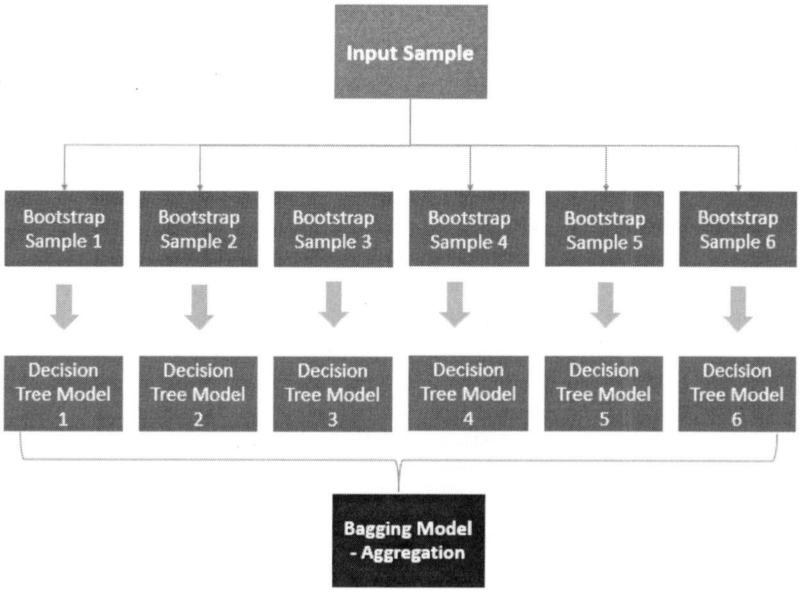

배깅(Bagging) 기법 흐름도

의사결정나무는 대체로 분산이 높다는 문제가 있다. 심지어 훈련 데이터를 임의로 두 집단으로 나눠 각각 의사결정나무 모델을 적용했을 때 두 모델의 결과는 매우 다를 수 있다. 이를 보완하기 위해 부트스트랩(Bootstrap)을 적용한 기법이 바로 배깅(Bagging)이다. 배깅은 하나의 훈련 데이터로부터 여러 개의 부트스트랩 샘플을 만들어 각 샘플을 다른 의사결정나무에 적용한다. 이렇게 나온 각 의사결정나무의 결과들을 모아 평균을 구함으로써 분산을 줄일 수 있다.

배깅(Bagging)은 학습데이터의 작은 변화가 예측 결과의 큰 변화를 야기시키는 불안정한 데이터에 효과적이지만, 데이터가 안정적일 경우에는 성능의 향상을 기대하기 어렵다.

부스팅(Boosting)은 약한 학습 데이터를 강한 학습 데이터로 변환시켜 오차를 교정하는 과정을 반복하면서 예측모델의 정확도 향상시키는 기법으로, 순차적으로 학습을 시키는 형태를 취한다. 아래 그림은 부스팅(Boosting)의 한 형태인 Adaboost의 예이다.

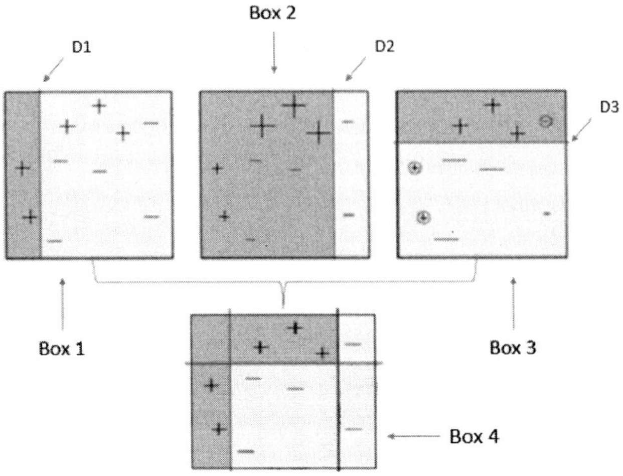

부스팅(Boosting)의 한 형태 : Adaboost 기법

각 Box는 10개의 데이터 포인트로 플러스 (+) 5개와 마이너스 (-) 5개로 구성되어 있으며, 동일한 가중치를 부여받는다. Box1 모델에서 D1은 세로 선을 분리하여 만들었지만, 적색 영역에 플러스 (+) 3개를 잘못 분류하였다. Box2 모델에서는 잘못 분류된 3개의 플러스(+)에 다른 관측 포인트보다 더 많은 가중치가 부여되며, D2 또한 세로선을 분리하여 만들었지만, 두 개의 마이너스 (-)를 잘못 분류한다. 이와 같은 다음 모델은 가장 정확한 예측 변수가 작성 될 때까지 계속 진행하고 이전 모델이 직면 한 오류를 조정한다. 최종적으로 Box4 모델은 Box1, Box2 및 box3 모델을 결합하여 사용된 개별 모델보다 훨씬 우수한 강력한 예측모델을 만든다.

의사결정나무(Decision Tree) 모델에 배깅(bagging) 기법을 적용한 앙상블 모델을 랜덤포레스트(Random Forest)라고 한다. 즉, 전체 데이터셋에서 임의로 데이터들을 만들어 여러 개의 학습된 의사결정나무 모델을 만들고 이를 종합하는 방식이다.

랜덤포레스트(Random Forest)를 이루고 있는 하나의 트리는 모델이 형성될 때 전체 학습 데이터로부터 독립변수와 개체를 무작위 복원 추출한 일부 데이터셋만을 가지고 학습을 수행해 나간다. 이런 개별 의사결정나무는 저마다 다른 결과 값을 가지게 되는데 Random Forest는 각 트리마다 다르게 예측된 값을 모두 모아 평균을 내거나 또는 투표를 통해 최종 예측값을 산출한다. 랜덤포레스트(Random Forest) 모델링 과정을 도식화하면 다음과 같다.

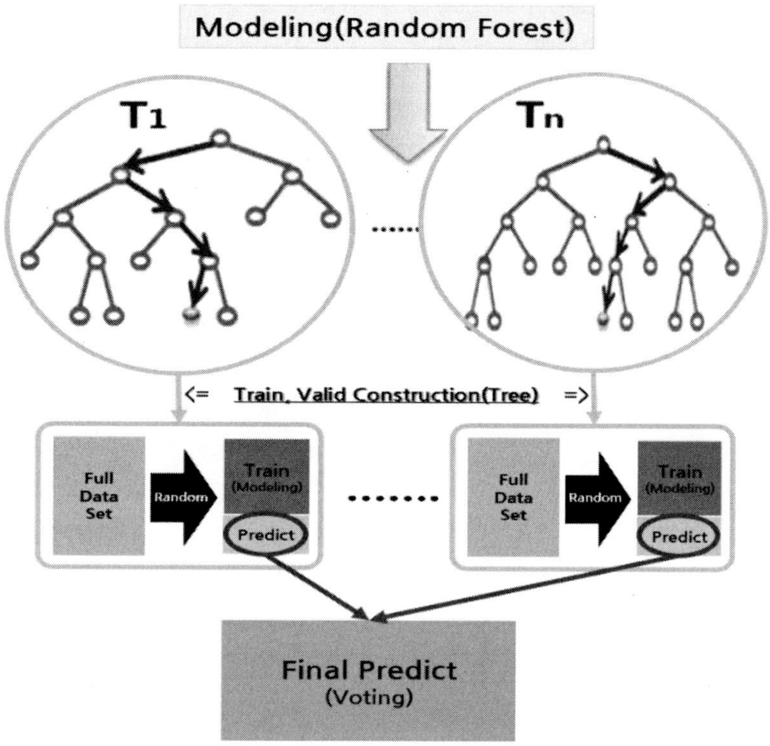

랜덤포레스트(Random Forest) 모델링 프로세스

랜덤포레스트(Random Forest)의 분류(classification) 트리와 회귀(regression) 트리의 수식은 다음과 같다.

$$\text{Classification}: \widehat{C_{rf}^{n}}(x) = majority\ vote\ \ \widehat{C_b}(x)_1^n$$

여기서 $\widehat{C_b}(x)$는 b번째 Random Forest tree이다.

$$\text{Regression}: \widehat{f_{rf}^{n}}(x) = \frac{1}{n}\sum_{b=1}^{n} T_b(x)$$

여기서 $T_b(x)$: Random Forest tree의 클래스의 예측값이다.

의사결정나무에서 모든 변수를 사용하여 가장 최적의 결과를 도출하는 것과 달리 랜덤포레스트(Random Forest)t에서는 독립변수를 무작위로 선택하고, 선택된 독립변수의 집합 중에서 가장 최적의 결과를 내는 방법을 이용한다. 이에 따라 랜덤포레스트(Random Forest)는 임의성을 최대로 가지게 되어 의사결정나무 간 상관관계를 낮추어 분산을 줄여준다. 때문에 의사결정나무의 수가 많을수록 예측 오차가 줄며, 과적합(overfitting) 하지 않는다는 장점이 있다. 이에 높은 예측력을 보이며 매우 안정적인 모델 형태를 제공한다.

또한 변수를 제거하지 않고, 수천 개의 독립변수를 모두 활용할 수 있기 때문에 규모가 큰 데이터 자료에서 중요한 변수를 찾는데 용이하다. 특히 독립변수의 개수가 많을 때에는 배깅(bagging)이나 부스팅(boosting)과 비슷하거나 더 좋은 예측력을 보이는 경우가 많은 것으로 알려져 있다.

Random Forest는 목표변수의 이항/다항 여부에 관계없이 동일하게 적용될 수 있어 기업의 부실 예측이나 신용 등급 예측에도 활용되고 있으며, 최근 공공기관 데이터를 이용한 산업재해 예측에도 활용되고 있다.

Random Forest는 변수 중요도(variable impotance)를 보여준다. 일반적으로 변수의 중요도를 plot 함수로 표현하는데, plot은 변수의 점수를 보여준다. 변수의 점수가 높을수록 예측 변수에 대한 기여도가 높다고 본다. 한편 Random Forest에서 변수의 중요도는 분류(classification) 트리는 지니(Gini), 회귀(regression) 트리는 평균제곱오차 MSE(Mean Square Error)로 측정할 수 있다. 분류(classification) 트리에서는 트리가 작성되면 각 노드에서 분할할 변수에 대한 결정은 Gini 불순도 계산을 사용한다. 각 변수에 대해 Forest의 모든 트리에서 Gini 감소의 합은 해당 변수를 선택하여 노드를 분할할 때마다 누적된다. 합계는 평균을 제공하기 위해 Forest의 트리 수로 나뉜다. 척도는 관련이 없다. 상대적인 값만 중요한다. 중요도는 두 측정 값 사이에 대략적으로 정렬되며 숫자 변수는 Gini 척도에서는 더 낮다. 이는 잠재적으로 분할 점이 많기 때문에 숫자 변수를 사용하여 노드를 분할하는 것에 대한 편향을 나타낼 수 있다. 회귀(regression) 트리에서는 평균제곱오차 MSE(Mean Squared Error)의 백분율 증가가 분류 트리의 중요도와 유사하며 OOB(Out of bag)의 값을 섞어서 계산된다. 노드 순도의 증가는 변수를 나눌 때마다 제곱오차의 감소를 기반으로 계산된다. 한편 두 가지 방법 모두 상관된 예측 변수의 중요성을 과장할 수 있다.

랜덤포레스트의 성능평가는 OOB(Out-Of-Bag) error라는 수치로 파악하는데, Out-of-Bag 샘플이란 부트스트랩 샘플링 과정에서 추출되지 않은 데이터들을 말하며, 이 데이터들을 따로 랜덤포레스트 알고리즘으로 학습을 시켜 나온 결과를 OOB error라 한다.

OOB예측방법은 테스트셋을 사용하여 검증하는 것만큼 정확하므로 따로 테스트 셋을 구성할 필요가 없어졌고, 따라서 OOB샘플들은 주로 평가용 데이터에서의 오분류율을 예측하는 용도 및 변수 중요도를 추정하는 용도로 많이 이용된다. OOB평가방법은 다음과 같다.

$$y = (1 - \frac{1}{m})^m = e^{-1}$$

m개의 샘플을 m번 선택했을 때 한 번도 포함되지 않는 확률을 뜻하며, 교차 검증 대신 남겨진 샘플(OOB)를 사용하여 평가 할 수 있다.

부스팅(Boosting) 기법

Gradient Boosting

가. 의미

부스팅(boosting)은 배깅과 유사한 방식으로 동작한다. 하지만 다른 점은 트리를 순차적으로 만든다는 것이다. 즉, 현재 모형의 잔차를 반응변수로 사용하여 새 모형을 적합하는 것이다. 따라서 많은 모형을 적합해야 한다. 부스팅에서는 축소 조절모수(shrinkage estimator)인 λ에 따라 모형 개선 속도가 달라지게 되고, 각 트리에서 분할의 수 d(보통 =1이면 잘 동작함)에 따라 부스팅 구성(boosted ensemble)의 복잡도가 제어된다. 또한 부스팅에서 트리의 수 B가 너무 크면 과적합을 할 수 있기 때문에 교차검증을 통하여 B를 선택한다.

그래디언트 부스팅(Gradient Boosting)은 여러 개의 결정 트리를 묶어 강력한 모델을 만드는 또 다른 앙상블 방법이다. GBM은 경사하강법(Gradient Descent)을 이용해 반복 수행을 통해 오류를 최소화 할 수 있도록 가중치의 업데이트 값을 도출한다. 여기서 경사하강법은 분류의 실제 결과값을 y, 피처를 $x_1, x_2, \cdots x_n$, 피처에 기반한 예측함수를 $F(x)$함수라고 할 때, 오류식 $h(x) = y - F(x)$가 된다. 오류식$h(x)$를 최소화 하는 방향성을 가지고 반복적으로 가중치 값을 업데이트 하는 것이 경사하강법(Gradient Descent)이다.

나. 모델

Gradient Boosting 알고리즘은 다음과 같다.[29]

$$F_0(x) = \arg$$

29 Friedman, J. H.(2001), "Greedy Function Approximation: A Gradient Boosting Machine", *The Annals of Statistics*, 29, 1189-1232.

$$\gamma_{im} = -\left[\frac{\partial L(y_i, F(x_i))}{\partial F(x_i)}\right]_{F(x) = F_{m-1}(x)}$$

x는 설명변수 y는 종속변수, $L(y, F(x))$는 미분가능한 손실함수(Loss function)이며, 아래와 같이 유사 잔차를 M번 반복하여 계산한다.

$$F_m(x) = F_{m-1}(x) + \gamma_m h_m(x)$$

계산된 유사 잔차에 대해 기본학습자(Base Learner)인 $h_m(x)$를 적합한 후 γ_m을 계산하고 잔차를 업데이트 하게 되며 이러한 과정을 M번 반복한다.

XGboost(eXtreme Gradinet Boosting)

가. 의미

XGBoost는 선형 모델이나 트리 기반 모델의 과적합(ove-fitting) 문제를 해결하고, 규모가 큰 데이터셋(dataset)의 안정성과 훈련 속도 향상 목적으로 만들어졌다.[30] XGBoost는 eXtreme Gradient Boosting의 약자이다.

XGBoost는 회귀와 분류, 순위 및 사용자 정의 목표를 지원하는 모델로 트리 기반 앙상블 학습에서 각광 받는 분석 모델이다. 처리 속도가 빠르며, 모델의 이전 결과를 활용하여 모델을 계속적으로 개선하고 훈련하는 등 성능이 뛰어나 Google, MS Azure, Alibaba 등 실무에서도 많이 활용하여 사용되었다. 또한 예측모델 및 분석 대회 플랫폼인 캐글(kaggle)에서도 많이 활용하였는데, 특히 2015년 한 해 17개 팀들이 XGBoost 기법을 이용하여 대회에서 우승한 기록이 있다.

부스팅(Boosting)은 이전 트리로부터 얻은 정보를 가지고 다음 트리를 생성하는데 활용하여 약한 개체들을 강한 개체들로 변환시키면서 오차를 교정하는 형태를 취한다. 일반적인 Gradient Boosting에서는 트리 가지치기 과정에서 부정적인 손실(negative loss)이 발생하면 그 과정을 멈춘다. 하지만 XGBoost는 학습 시에 파라미터(parameter)로 지정한 max_depth까지 진행한 후, 손실 함수(loss function)에서 개선이 일정 수준에 미치지 못할 경우 역방향으로 가지치기 과정을 진행한다.

이처럼 XGBoost는 결측치를 내부적으로 자동 처리하며 트리를 생성할 때 병렬적으로 생성하

---

30 Chen, T. and Guestrin, C. (2016), "XGBoost: A Scalable Tree Boosting System", In KDD'16 Proceedings of the 22nd ACM SIGKDD International Conference on Knowledge Discovery and Data Mining, 785-794, New York: ACM.

며 새로운 데이터에 대해 이전의 학습 모델 결과를 반영하여 그 성능을 더 향상시키는 방법으로 훈련하는 특징을 가진다.

XGBoost는 훈련 손실(loss)을 최소화하며 과적합을 줄이기 위해 트리의 복잡도(complexity)를 통제하면서 가장 최적의 모델을 만든다.

XGBoost는 트리를 만들 때 CART(Classification And Regression Tree)라 불리는 앙상블 모델을 사용한다. 이후 트리 부스팅을 사용하여, 각 분류기 간 비중(weight)을 최적화한다.

CART 모델은 일반적인 의사결정나무(Decision Tree)와 조금 다르다. 일반적인 의사결정트리는 잎(leaf) 하나에 대해서만 결정값(decision value)을 갖지만, CART 모델은 모든 잎(leaf)들이 모델의 최종 스코어에 연관되어 있다. 일반적인 의사결정트리는 분류를 제대로 했는지에 대해서만 초점을 맞추는 반면, CART는 같은 분류 결과를 갖는 모델끼리도 모델의 우위를 점수(score)로 비교할 수 있다.

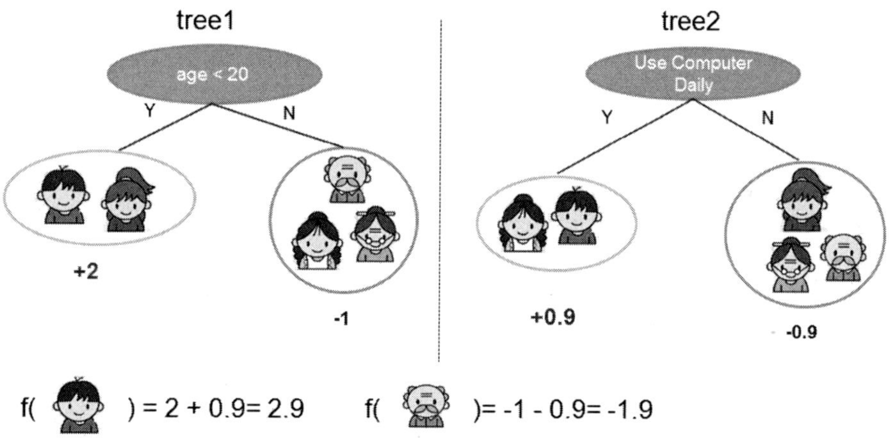

트리 앙상블 모델의 최종 결정값 계산

위 그림은 "컴퓨터 게임을 좋아하는가?"에 대한 두 가지 트리 모델을 보여주고 있다. 트리 하나에 모든 잎(leaf)은 결과값으로 분류된 사람들이 컴퓨터 게임을 좋아하는지에 대한 점수(score)가 남는다. 즉, tree1에서 왼쪽 잎 20세 미만 그룹의 남성과 여성은 2점으로, 컴퓨터 게임을 좋아하는 사람이다. 반면 오른쪽 잎의 20세 이상 그룹 3명은 −1점으로 컴퓨터 게임을 선호하지 않는 것으로 보인다. tree2에서 컴퓨터를 매일 사용하는 그룹의 남성과 여성은 0.9점, 그렇지 않은 그룹의 3명은 −0.9점이다.

여기서 tree1과 tree2를 조합하면, 컴퓨터를 게임을 좋아하는가에 대한 각 사람의 최종 점수를 얻을 수 있다. 즉, 트리 앙상블 모델에서는 tree1과 tree2를 조합한 형태로 개별 예측점수(prediction score)를 합산하여 최종 점수를 계산한다. 즉, 앙상블 모델은 트리 간 모델을 상호보완하는 형태다.

나. 모델

K 개의 트리가 있다고 가정하면, 트리 앙상블에 대한 모델식과 최적화할 목적 함수(objective funtction)는 다음과 같다.

$$\text{모델식} : \hat{y_i} = \sum_{k=1}^{K} f_k(x_i),\ f_k \in F$$

여기서 $\hat{y_i}$ 는 예측점수, K 는 트리의 개수로, 위의 컴퓨터 게임의 그림에서 트리의 개수가 2개인 모델이다. F 는 CART로 알려진 회귀 트리들의 공간을 의미한다. 공간, f 는 F 공간의 함수를 의미한다.

$$\text{목적 함수} : \ Obj(\theta) = \sum_{i=1}^{n} l(y_i, \hat{y_i}) + \sum_{k=1}^{K} \Omega(f_k)$$

목적 함수(objective funtction)는 훈련 손실(traning loss)과 트리들의 복잡도(complexity of the trees)의 합으로 구성된다.

이제 XGBoost의 트리에 대한 학습을 진행한다. 각 트리별로 트리의 구조와 잎(leaf) 점수를 가진 함수 f가 있다. t번째 최적화할 목적 함수는 다음과 같이 정의해보자.

$$\text{목적 함수} : \ Obj^{(t)} = \sum_{i=1}^{n} l(y_i, \hat{y}_i^{(t)}) + \sum_{i=1}^{t} \Omega(f_i)$$

이제 가지고 있는 트리에 대한 파라미터를 최적화하면 되는데, 기존 최적화(SGD) 함수는 한 번에 여러 개의 트리 최적화가 어렵다. 따라서 기존 모델 함수를 변경하여 한 번에 하나의 트리를 추가하여 각 단계(t)별 결과값을 예측한다. 그 전개 수식은 다음과 같다.

$$
\begin{aligned}
\hat{y}_i^{(0)} &= 0 \\
\hat{y}_i^{(1)} &= f_1(x_i) = \hat{y}_i^{(0)} + f_1(x_i) \\
\hat{y}_i^{(2)} &= f_1(x_i) + f_2(x_i) = \hat{y}_i^{(1)} + f_2(x_i) \\
&\cdots \\
\hat{y}_i^{(t)} &= \sum_{k=1}^{t} f_k(x_i) = \hat{y}_i^{(t-1)} + f_t(x_i)
\end{aligned}
$$

각 단계에서 어떤 트리를 선택해야 할까? 목표는 목적 함수를 최소화할 f_t 를 찾는 것이다. 각 단계에서 트리의 손실(loss)를 계산해야 하며, 단계별로 손실 확인이 가능하다.

$$
\begin{aligned}
Obj^{(t)} &= \sum_{i=1}^{n} l(y_i, \hat{y}_i^{(t)}) + \sum_{i=1}^{t} \Omega(f_i) \\
&= \sum_{i=1}^{n} l(y_i, \hat{y}_i^{(t-1)} + f_t(x_i)) + \Omega(f_t) + constant
\end{aligned}
$$

만약 손실 함수(loss function)이 평균제곱오차인 MSE(Mean Squared Error)라면, 아래와 같은 수식이 도출된다.

$$
\begin{aligned}
Obj^{(t)} &= \sum_{i=1}^{n} (y_i - (\hat{y}_i^{(t-1)} + f_t(x_i)))^2 + \Omega(f_t) + const \\
&= \sum_{i=1}^{n} [2(\hat{y}_i^{(t-1)} - y_i) f_t(x_i) + f_t(x_i)^2] + \Omega(f_t) + const
\end{aligned}
$$

제곱 손실의 경우를 제외하고는 여전히 목적 함수가 복잡해보인다. 이때 Taylor 급수를 이용하여 목적함수의 근사치를 만들면 다음과 같다.

$$
Obj^{(t)} \simeq \sum_{i=1}^{n} [l(y_i, \hat{y}_i^{(t-1)}) + g_i f_t(x_i) + \frac{1}{2} h_i f_t^2(x_i)] + \Omega(f_t) + const
$$

여기서 g 와 h 함수는 아래와 같이 정의한다.

$$
g_i = \partial_{\hat{y}^{(t-1)}} l(y_i, y_i^{(t-1)}),\ h_i = \partial^2_{\hat{y}^{(t-1)}} l(y_i, \hat{y}_i^{(t-1)}),
$$

기존 공식에서 상수를 제거하면 다음과 같이 미분 형태의 계산만으로 손실 함수를 재정의 할 수 있으며, 새로운 트리에 대한 학습을 최적화할 수 있는 t 단계의 최종 목표 함수식이 도출된다.

CHAPTER 03 지도학습

$$Obj^{(t)} \simeq \sum_{i=1}^{n}[g_i f_t(x_i) + \frac{1}{2}h_i f_t^2(x_i)] + \Omega(f_t)$$

여기서 함수 g와 h는 t번째보다 작은 형태(t-1 번째)의 미분이므로, 무한히 전개했을 때 수렴하는 형태를 찾을 수 있다. XGBoost는 g와 h 함수만 수정하면, 다양한 손실 함수 지원이 가능하다.

트리 함수 f_x 를 아래와 같이 정의해본다.

$$f_t(x) = w_{q(x)}, \quad w \in R^T, q : R^d \to 1, 2, \cdots, T$$

여기서 w는 트리의 잎의 가중치, q는 트리의 구조로 입에 할당되는 함수, T는 마디의 개수를 의미한다.

트리 한 개의 복잡도(complexity of a tree)를 정의하면 다음과 같다.

$$\Omega(f_t) = \gamma T + \frac{1}{2}\lambda \sum_{j=1}^{T} w_j^2$$

j번째 잎에 있는 인스턴스 세트 $I_j = i|q(x) = j$ 로 정의하고, 위의 수식을 이용하여 목적함수를 다시 정리하면 다음과 같다.

$$\begin{aligned}
Obj^{(t)} &\simeq \sum_{i=1}^{n}[g_i f_t(x_i) + \frac{1}{2}h_i f_t^2(x_i)] + \Omega(f_t) \\
&\simeq \sum_{i=1}^{n}[g_i w_{q(x_i)} + \frac{1}{2}h_i w_{q(x_i)}^2] + \gamma T + \frac{1}{2}\lambda \sum_{j=1}^{T} w_j^2 \\
&\simeq \sum_{j=1}^{T}[(\sum_{i \in I_j} g_i) w_j + \frac{1}{2}(\sum_{i \in I_j} h_i + \lambda) w_j^2] + \gamma T
\end{aligned}$$

위의 수식에 $G_j = \sum_{i \in I_j} g_i$, $H_j = \sum_{i \in I_j} h_i$ 를 대입하면 수식이 더 단순해진다.

$$\begin{aligned}
Obj^{(t)} &= \sum_{j=1}^{T}[(\sum_{i \in I_j} g_i) w_j + \frac{1}{2}(\sum_{i \in I_j} h_i + \lambda) w_j^2] + \gamma T \\
&= \sum_{j=1}^{T}[G_i w_j + \frac{1}{2}(H_j + \lambda) w_j^2] + \gamma T
\end{aligned}$$

여기서 트리의 구조 $q(x)$는 고정되어 있고, 각 잎(leaf)에 최적의 가중치를 계산하면 w_j^* , 목표 함수는 Ojb^* 는 다음과 같다.

$$w_j^* = -\frac{G_j}{H_j + \lambda},$$

$$Obj = -\frac{1}{2}\sum_{j=1}^{T}\frac{G_j^2}{H_j + \lambda} + \gamma T$$

이 목적함수를 통해 모델(트리 구조)이 얼마나 좋은지를 평가하는데, 이 값이 낮을수록 더 좋은 트리 구조를 의미한다.

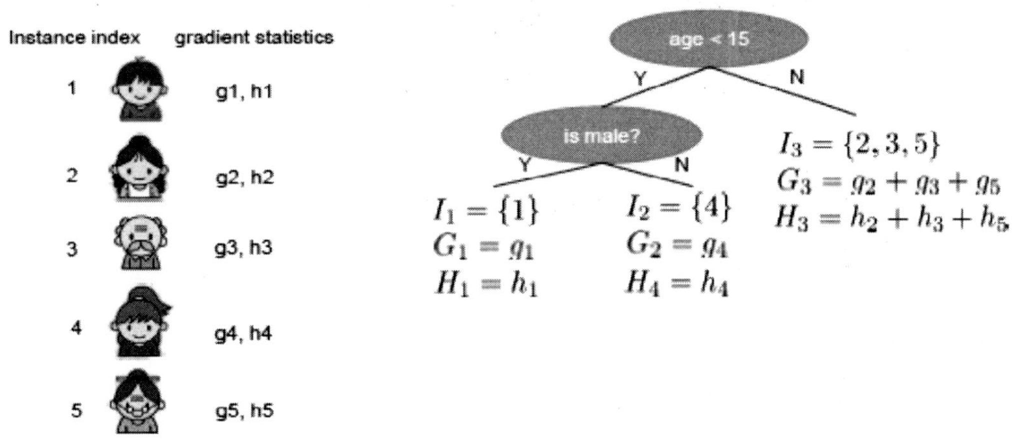

트리 구조 점수 계산

그림에서 나이(age)가 15세 미만을 기준으로 트리를 분할한 형태이며, 목적값은 다음과 같다.

$$Obj = -\sum_{j}\frac{G_j^2}{H_j + \lambda} + 3\gamma$$

이상적으로는 가능한 모든 트리를 생성하고, 이 중에서 가장 최적의 트리를 선택한다. 하지만, 무한한 나무의 구조가 있을 수 있다. 따라서 실제로 나무를 탐욕스럽게(greedily) 성장시킨다. 깊이가 0인 트리에서 시작하여, 하나의 잎을 2개로 분리한다. 분리 후 목적값의 변화는 다음과 같다.

$$Gain = \frac{1}{2}\left[\frac{G_L^2}{H_L+\lambda} + \frac{G_R^2}{H_R+\lambda} - \frac{(G_L+G_R)^2}{H_L+H_R+\lambda}\right] - \gamma$$

만약 잎(lear)을 분리한 점수(Gain)가 γ 보다 작으면, 잎(leaf)을 분리하지 않는데 좋다.

실제값의 데이터에 대해, 일반적으로 최적의 분할을 찾고자 한다. 이를 효율적으로 수행하기 위해 아래 그림과 같이 모든 인스턴스를 정렬된 순서로 배치한다. 분할 각 잎(leaf)에 대해 모든 변수들을 열거하라. 각 변수에 대해 인스턴스를 변수값 별로 정렬한다. 선형 스캔을 사용하여 해당 기능에 가장 적합한 분할을 결정한다. 모든 변수에 따라 최상의 분할 솔루션을 취한다.

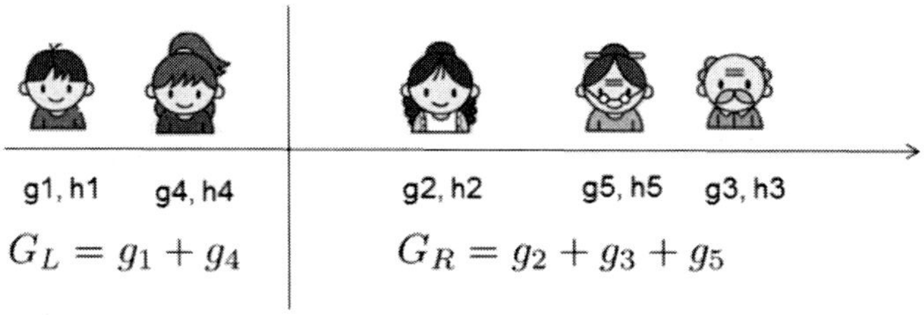

2개로 분리한 잎(leaf)의 점수

Light GBM

LightGBM은 의사결정나무(Decision Tree) 기반의 빠른 속도로 분류하는 고성능 그레디언트 부스팅(Gradient Boosting) 모델이다.[31] 부스팅(Boosting)은 배깅(Bagging) 방법의 변형으로 모델이 잘 예측하지 못하는 부분을 개선하기 위한 방법으로, 여러 개의 모델을 순차적으로 학습시키며, 이전 모델이 잘 예측하지 못한 데이터들에 가중치를 부여하여 다음 모델에서 가중치가 추가된 데이터로 학습하는 방법이다.

아래 그림에서, 다른 부스팅 기밖 모델(그림 아래)은 의사결정트리의 노드(node)들이 뿌리 노드(root node)와 가까운 노드를 우선 순회하고 수평 성장하는 레벨 분할 방식(level wise, depth-first)을 사용한다. 반면 LightGBM(그림 위)은 최대 델타 손실(Max delta loss)이 큰 노드에서 분할하여 수직 성장하는 리프 분할 방식(leaf wise, best first)을 사용한다. 동일한 리프(leaf)를 성장시킬 때 리프 분할 방식(leaf wise)이 레벨 분할 방식(leaf wise)보다 더 많은 손실을 줄일 수 있다.

31 Ke, G., Meng, Q., Finley, T., Wang, T., Chen, W,. Ma, W., Ye, Q., and Liu T. Y. (2017), "LightGBM: A Highly Efficient Gradient Boosting Decision Tree", In Advances in Neural Information Processing Systems 30 (NIPS 2017), 3149-3157.

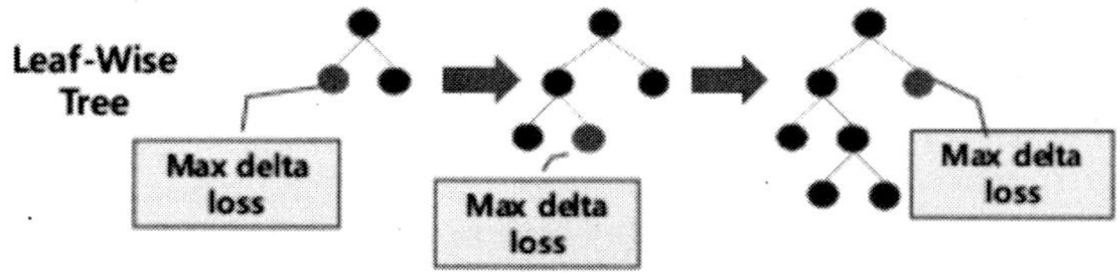

〈 LightGBM 〉

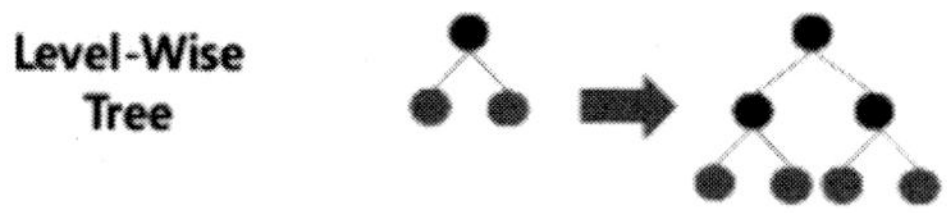

〈 Boosting Tree 〉

LightGBM(위)과 다른 부스팅 모델(아래)의 트리 분할 방식

LightGBM은 높은 속도로 인해 'Light'으로 시작한다. LightGBM은 적은 메모리를 사용하여 대용량 데이터를 처리할 수 있으며, 레벨 분할 방식(leaf wise)보다 더 많은 손실을 줄일 수 있기 때문에 예측 정확도 또한 더 높다. LightGBM 은 병렬 GPU 학습도 지원하여 데이터 과학 응용 프로그램 개발에 LGBM을 널리 사용되고 있다. 한편 LightGBM은 과적합(overfitting)에 민감하여 소규모 데이터셋에는 사용하는 적절하지 않으며, 최소한 행(row)의 수가 10,000개 이상이 데이터에서 사용하는 것이 좋다.

LightGBM은 대용량의 데이터를 빠르고 정확하게 학습하기 위한 방법으로 GOSS(Gradient-based One-Side Sampling)와 EFB(Exclusive Feature Bundling) 두 가지를 모두 사용한다. GOSS는 학습에 사용되는 데이터의 수를 줄이는 방법이며, EFB 예측변수의 수를 줄이는 방법이다.

GOSS는 학습 데이터의 수를 줄이기 위해 기울기(gradient)를 이용한다. 경사부스팅에서 데이터의 기울기가 작으면 실제값과 예측값의 차인 오차가 작다는 해석이 가능하여 학습이 잘 된 것으로 본다. GOSS는 이러한 정보를 이용하여 데이터의 기울기 절대값을 이용하여 학습 샘플을 정렬시킨 후, 절대값이 작은 데이터를 제거하여, 학습에 사용되는 데이터의 개수를 줄인다. GOSS는 기울기가 작은 샘플에 $(1-a)/b$ 가중치를 부여하여 데이터의 일부가 제외 되더라도 전체 데이터의 분포 변화를 최소화하여 학습을 진행한다.

한편 LightGBM은 히스토그램기반(histogram-based algorithm)의 알고리즘을 사용한다. 히스토그램기반의 알고리즘이란 연속형 예측변수의 데이터를 구간으로 나누어 각 구간 별 정보량을 계산하여 트리의 노드를 분리하는 방법이다. 이러한 경우, 전체 데이터를 정렬하여 계산하는 방법에 비해 메모리 사용을 줄일 수 있고, 학습 속도도 더 빨라진다. XGBoost도 히스토그램 알고리즘 옵션이 포함되어 있다.

EFB(Exclusive Feature Bundling)는 예측변수를 더 적은 개수로 줄이는 방법이다. 예측변수가 많고 데이터가 산발형(sparse)인 경우, 예측변수들이 동시에 0값을 갖게 되는 경우는 드물다. 이러한 예측변수들은 서로 배타적이거나 배타적인 특성을 지닌다. 이 경우, 예측변수들이 가지고 있는 정보 손실을 최소화하면서 하나의 변수로 결합할 수 있다. 여러 변수를 하나의 변수로 결합하는 방법을 EFB(Exclusive Feature Bundle)라고 한다. 이렇게 하나로 결합한 번들 변수에 히스토그램 기반의 알고리즘을 적용하여 학습을 진행한다.

예를 들어, 예측변수 A가 [0, 10)의 값을 갖고, 변수 B가 [0, 20)의 값을 갖는다고 하자. 변수 A와 변수 B의 구간은 겹치지만 변수 B에 10을 더하면 [10, 30)이 되어 다른 구간으로 분리가 가능하다. 이는 트리에 단조 변환(monotone transformation)을 하더라도 결과값에 영향을 미치지 않기 때문에 가능하다. 이제 두 변수의 묶음 값은 [0, 30)으로 동일한 구간을 갖도록 변형이 되었다. 이후 히스토그램기반의 알고리즘을 적용하면 [0, 30)의 데이터 수보다 적은 구간으로 분할이 가능하며, 노드 분리점을 계산하는 학습 속도도 빨라진다.

04 CHAPTER

딥러닝

_ 딥러닝의 기본 모델

_ 여러 가지 응용 모델

04 CHAPTER 딥러닝

딥러닝의 기본 모델

❶ 일반적인 모델

➔ 절차 및 모델 예시

딥러닝 학습의 일반적인 절차는 다음과 같다.[32]

① 활성함수 선택 : 입력신호의 총합을 출력신호로 변환

② 네트워크 선택 : 구조(single words vs. back of word 등)

③ 손실함수 획득 : 비선형성 획득 방법(ReLu vs. tanh 등)

④ 손실함수에 대한 그래디언트(Gredient) 체크

⑤ 학습 파라미터 초기화

⑥ 학습 파라미터 최적화 : Stochastic Gradient vs Adam 등

⑦ 과적합 방지 : dropout vs regularize 등

다음과 같이 1-레이어 신경망(1-Layer Neural Network)를 예로 들어보자.

32 http://cs224d.stanford.edu/

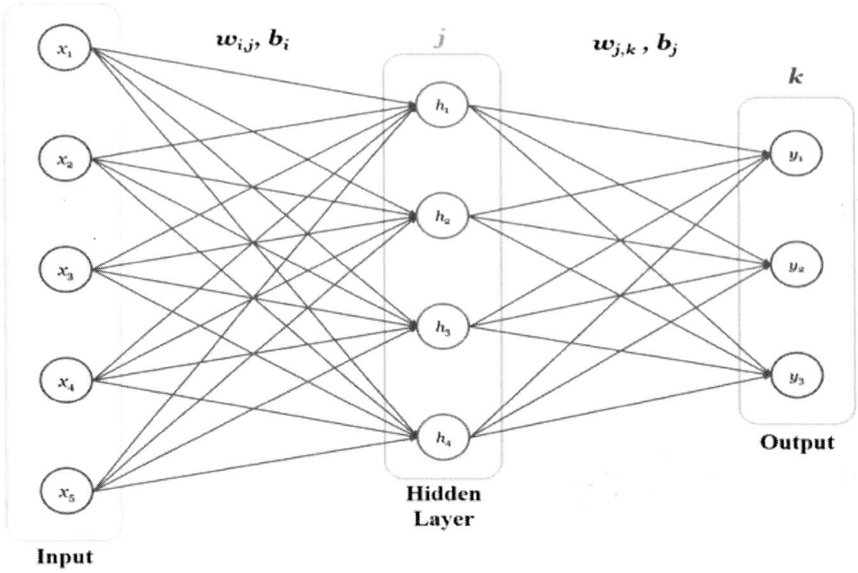

Fully Connected 1-레이어 신경망의 예

그림은 Fully Connected 1-레이어 신경망의 예이며, x는 입력(Input), h는 은닉 레이어(Hidden Layer), y는 출력(Output)을 의미한다. 입력-은닉 레이어, 은닉 레이어-출력을 연결하는 선들은 가중치 합(weighteds sum)을 위한 각각의 가중치 w를 의미한다. 또한 b_i는 Input → Hidden Layer의 바이어스(bias)를 나타내고, b_j는 은닉 레이어 → 출력의 바이어스를 나타낸다.

예를 들어, x_2와 h_4를 연결하는 가중치는 $w_{2,4}$인데, Input(i)과 Hidden Layer(j)를 연결하는 가중치는 $w_{i,j}$로 일반화할 수 있다. 마찬가지로, Hidden Layer(j)와 Output(k)를 연결하는 가중치는 $w_{j,k}$로 일반화할 수 있다.

활성함수(Activation Function)

활성함수(activation function)를 G라고 하면, Input-Hidden Layer 및 Hidden Layer-Output의 관계식은 각각 다음과 같이 표현할 수 있다.

$$(1)\ h_j = G\left(\sum_{i=1}^{N}(w_{i,j}x_i + b_i)\right)$$

$$(2)\ y_k = G\left(\sum_{j=1}^{N}(w_{j,k}h_i + b_j)\right)$$

여기서, N, H, M은 각각 Input의 개수와 Hidden Layer 내 노드의 개수, 출력 노드의 개수를 의미하며, 앞의 예에서 $N=5, H=4, M=3$이다. 위의 두 식 합쳐 다음과 같이 표현이 가능하다.

$$(3)\ y_k = G\left(\sum_{j=1}^{N}(w_{j,k}G\left(\sum_{i=1}^{N}(w_{i,j}x_i + b_i)\right) + b_j)\right)$$

설명을 간단하기 위해 바이어스 항을 포함하지 않을 것이며, 바이어스 항을 제외하여도 설명의 흐름 상에는 큰 문제가 없다. 따라서 앞의 3개의 식은 각각 다음과 같이 정의하도록 한다.

$$(1\text{-}1)\ h_j = G\left(\sum_{i=1}^{N}(w_{i,j}x_i)\right)$$

$$(2\text{-}1)\ y_k = G\left(\sum_{j=1}^{N}(w_{j,k}h_i)\right)$$

$$(3\text{-}1)\ y_k = G\left(\sum_{j=1}^{N}(w_{j,k}G\left(\sum_{i=1}^{N}(w_{i,j}x_i)\right))\right)$$

딥러닝에서의 일반적인 학습과정은 가중치 w를 업데이트하면서 가중치합 결과와 실제 레이블링 된 값(ground truth label)의 차이(이를 Data Loss라고 한다)를 줄여나가는 과정인데, 여기서는 Newton 방법인 파라미터(Steepest Gradient Descent Method)을 이용하여 w를 업데이트한다.

전체적인 학습 알고리즘은 다음과 같다.

① w를 초기화한다.
② 손실함수(Data Loss) L을 w에 대해 그래디언트(Gradient) $\nabla_w L$를 계산한다.
③ $w \leftarrow w - \alpha\nabla_w L$을 이용하여 w를 업데이트 한다.
④ 지정한 조건을 만족할 때까지 ②~③을 계속 반복한다.

사실, 손실함수 L은 Data Loss와 Regularization Loss의 합으로 계산되는데, 여기서는 Data Loss에 대해서만 다룬다. 또한 3번에서, α는 학습률(Learning Rate)라고 하며, 최적화 문제에서 일반적으로 Step Size라고도 한다. 학습률이 크면 초기에는 수렴속도가 빠르나 수렴점 근처에서 지그재그(Zigzag)가 발생하여 오히려 수렴속도가 느려질 수도 있으며, 작으면 초기 수렴속도가 느리지만 수렴점 근처에서는 오히려 수렴속도가 빨라지는 특징이 있다.

w를 업데이트하는데 있어 파라미터이 아닌 확률적인 샘플링에 의한 방법(Stochastic Gradient Descent, SGD)도 있으나, 뒤에서 다루기로 한다.

손실함수(Loss Function)

손실함수는 Data Loss와 Regularization Loss가 있다고 하였는데, 여기서는 손실함수를 Data Loss에 한정하도록 하자. 최적화 문제에 대한 다양한 손실함수가 정의될 수 있지만, Mean Square Error(MSE)와 Cross-Entropy에 대해서만 다룬다.

우선 MSE는 예측된 값과 실측 데이터 값의 차이의 제곱합이며, 수식으로 다음과 같이 쓸 수 있다.

$$(4)\ L_{MSE} = \frac{1}{2}\sum_{k=1}^{M} |y_k - \widehat{y_k}|^2$$

여기서, 예측된 값 $\widehat{y_k}$는 다음과 같다.

$$\widehat{y_k} = G\left(\sum_{j=1}^{N} (\widehat{w_{j,k}}\widehat{h_j})\right)$$

여기서 y_k 실측값이다.

Cross-Entropy에 의한 손실함수는 다음과 같이 정의한다.

$$L_{Cross-Entropy} = \sum_{k=1}^{M} |\widehat{y_k}\log(y_k) + (1-\widehat{y_k})\log(1-y_k)|^2$$

Data Loss에 대한 Gradient 구하기

아래 그림에서 Input → Output으로 계산되는 과정은 예측(Predict)이며, 반대로 Output → Input으로 계산되는 과정은 가중치 업데이트 혹은 역전파이다.

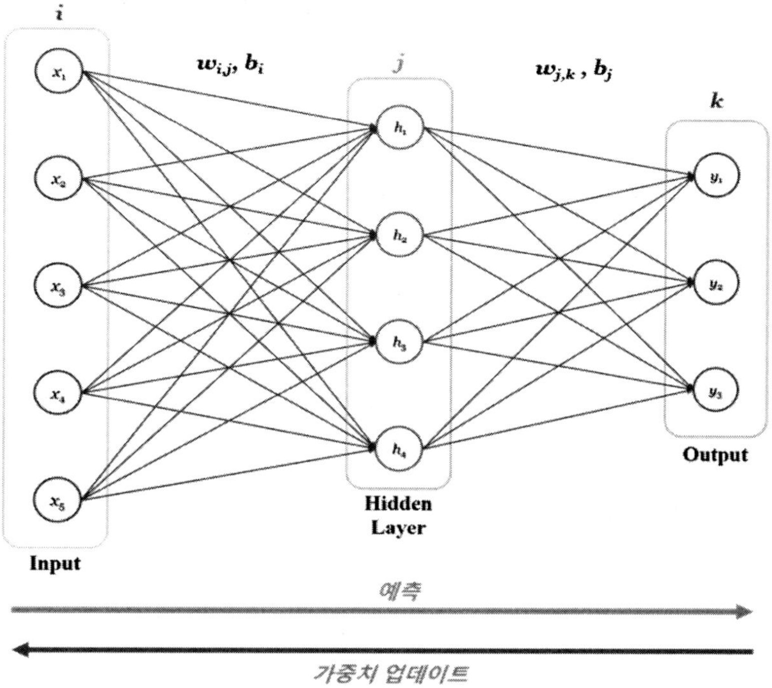

예측과 가중치 업데이트

이제 가중치 w에 대한 손실함수 L의 그래디언트(Gradient) 식을 유도하기 전에, $w_{i,j}$와 $w_{j,k}$에 의한 각각의 가중치 합을 다음과 같이 정의한다.

$$(7)\ f_i = \sum_{i=1}^{N} (w_{i,j} x_i)$$

$$(8)\ f_k = \sum_{j=1}^{H} (w_{j,k} h_j)$$

따라서, 식(2-1)과 식(8), 식(1-1)과 식(7)에 의해 다음이 성립한다.

$$(9)\ y_k = G(f_k)$$

$$(10)\ h_j = G(f_j)$$

손실함수 L은 MSE로 정하고 L의 $w_{j,k}$에 대한 그래디어트(Gradient) 식은 Chain Rule에 의해 다음과 같다.

$$(11)\ \frac{\partial L}{\partial w_{j,k}} = \frac{\partial L}{f_k}\frac{\partial f_k}{\partial w_{j,k}} = \triangle_k \frac{\partial}{\partial w_{j,k}}\left(\sum_{j=1}^{H}(w_{j,k}h_j)\right) = \triangle_k h_j$$

$$(12)\ \frac{\partial L}{\partial w_{i,j}} = \frac{\partial L}{f_j}\frac{\partial f_k}{\partial w_{i,j}} = \triangle_j \frac{\partial}{\partial w_{i,j}}\left(\sum_{i=1}^{N}(w_{i,j}x_i)\right) = \triangle_j x_i$$

여기서 $\triangle_k = \frac{\partial L}{f_k}, \triangle_j = \frac{\partial L}{f_j}$

이를 풀어 쓰면 다음과 같다.

$$(13)\ \triangle_k = \frac{\partial L}{\partial f_k} = \frac{\partial}{\partial f_k}\left\{\frac{1}{2}\sum_{k=1}^{M}|y_k - \widehat{y_k}|^2\right\} = \frac{\partial}{\partial f_k}\left\{\frac{1}{2}\sum_{k=1}^{M}|G(f_k) - \widehat{y_k}|^2\right\}$$
$$= |G(f_k) - \hat{y}_k| G'(f_k)$$

$$(14)\ \triangle j = \frac{\partial L}{\partial f_j} = \sum_{k=1}^{M}\frac{\partial L}{\partial f_k}\frac{\partial f_k}{\partial f_j} = \sum_{k=1}^{M}\left[\triangle_k \frac{\partial}{\partial f_j}\left\{\sum_{j=1}^{H} w_{j,k}G(f_{j)}\right\}\right]$$
$$= \sum_{k=1}^{M}|\triangle_k w_{j,k}| G'(f_j)$$

지금까지 유도한 식을 정리하면 다음과 같다.

$$\frac{\partial L}{\partial w_{j,k}} = \triangle_k h_j \ where\ \triangle_k = |G(f_k) - \widehat{y_k}| G'(f_k)$$

$$\frac{\partial L}{\partial w_{i,j}} = \triangle_j x_i \ where\ \triangle_j \left[\sum_{k=1}^{M}\triangle_k w_{j,k}\right] G'(f_k)$$

$$y_{k=} G(f_k)$$

$$h_{j=} G(f_j)$$

$$f_j = \sum_{i=1}^{N}(w_{i,j}x_i)$$

$$f_k = \sum_{i=1}^{H}(w_{j,k}h_j)$$

활성화 함수 G가 sigmoid일 경우, 이에 대한 미분값 G'은 다음과 같이 계산된다.

$$G(z) = \frac{1}{1+\exp(-z)}$$

$$G'(z) = \frac{\exp(z)}{[1+\exp(-z)^2]} = \frac{1}{1+\exp(-z)} \frac{\exp(-z)}{1+\exp(-z)} = G(z)(1-G)z))$$

역전파(backpropagation)에 대해 간단한 예제를 통해 좀 더 쉽게, 그리고 딥러닝 예제를 통해 실질적으로 어떻게 작동하는지 자세히 알아보자.

역전파(backpropagation) 예제1

아래 그림과 같은 실수값 회로(circuit)이 있다고 가정해 보자.

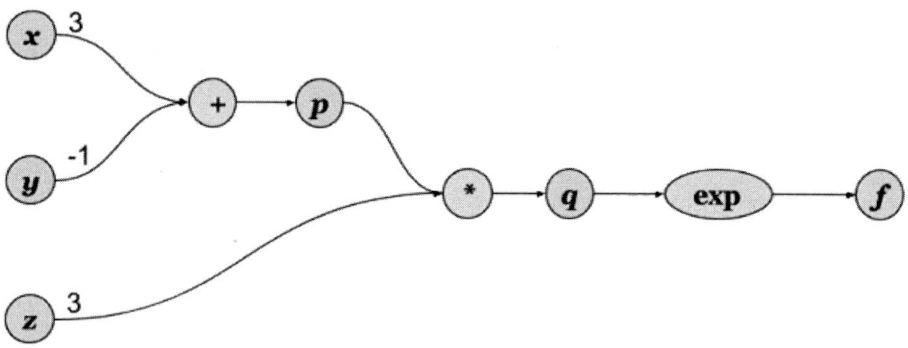

실수값 회로 예시

입력(Input)은 x, y, z인데 주어진 값은 각각 3, -1, 8이다. 함수 p, q, f는 각각 다음과 같다.

$$p = x + y, \quad q = p^* z, \quad f = \exp(q)$$

따라서, 이 회로에 의한 forward-pass 과정은 다음과 같다.

$$p \leftarrow x + y$$
$$q \leftarrow p^* z$$
$$f \leftarrow \exp(q)$$

결과를 도식화하면 다음과 같다.

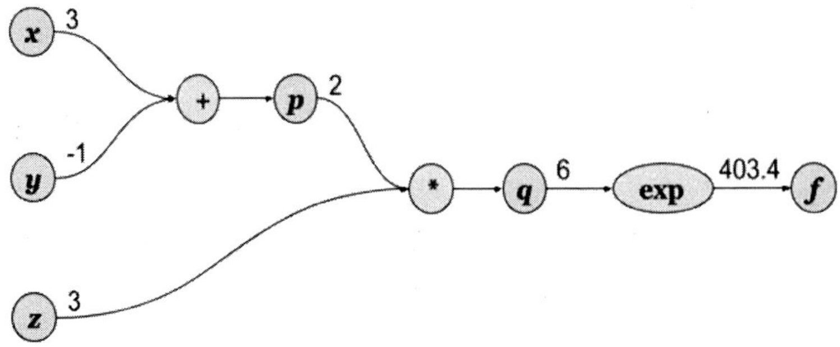

forward-pass

이제 backward-pass 연산을 위한 함수의 변수 의존도를 도식화하면 다음과 같다.

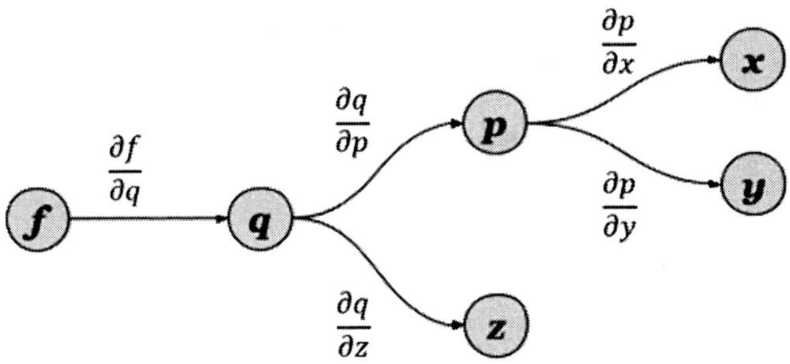

backward-pass

각각의 편미분 식은 다음과 같다.

$$\frac{\partial f}{\partial q} = \exp(q)$$
$$\frac{\partial q}{\partial p} = z, \frac{\partial q}{\partial z} = p$$
$$\frac{\partial p}{\partial x} = z, \frac{\partial p}{\partial y} = 1$$

따라서 backward-pass 연산은 아래 그림과 같이 f에 대한 q의 미분값을 계산하고 q에 대한 다음 변수의 미분값들을 차례로 곱하면서 계산할 수 있으며 그 결과는 아래 이미지와 같이 도식화할 수 있다.

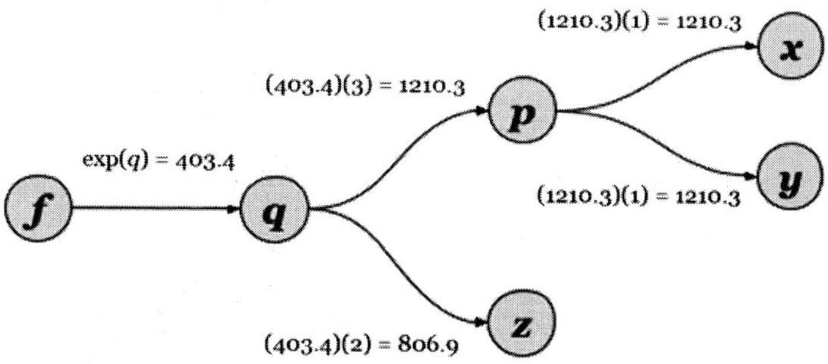

backward-pass

이를 해석하면 f의 입력 x, y, z에 대한 미분값은 각각 1210.3, 1210.3, 806.9이다. 보다 간단하게 forward-pass와 backward-pass 결과를 아래 이미지와 같이 정리할 수 있다.

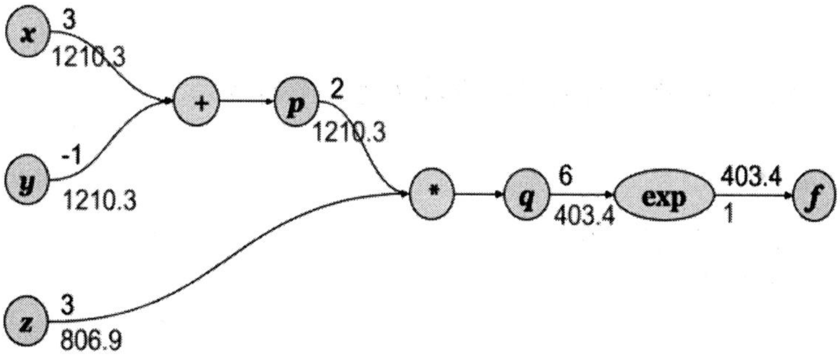

forward pass와 backward-pass

➔ 역전파(backpropagation) 예제2

이번에는 좀 더 실제 딥러닝에 가까운 예제를 통해 역전파를 이해해 볼 수 있도록 하자. Batch Size 1개($N=1$), 입력 변수 2개($D=2$), Class 수($K=3$)인 경우를 아래 그림과 같은 네트워크 구조를 갖는다.

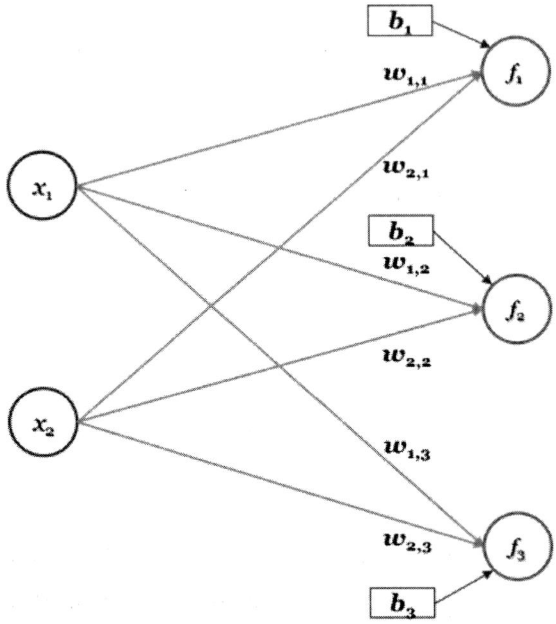

네트워크 구조

---

weights($w_{j,i}$)와 bias(b_i)에 의해 계산된 결과 f_i는 다음과 같다.

$$
\begin{aligned}
f_1 &= w_{1,1}x_1 + w_{2,1}x_2 + b_1 \\
f_2 &= w_{1,2}x_1 + w_{2,2}x_2 + b_2 \\
f_3 &= w_{1,3}x_1 + w_{2,3}x_2 + b_3
\end{aligned}
$$

또는 간단하게 다음과 같이 나타낼 수 있다.

$$f_i = \sum_{j-1}^{2} w_{j,i}x_j + b_j \text{ for } \ i = 1,2$$

이를 행렬 형태로는 다음과 같이 표현할 수 있다.

$$\begin{bmatrix} f_1 \\ f_2 \\ f_3 \end{bmatrix} = \begin{bmatrix} w_{1,1} & w_{2,1} \\ w_{1,2} & w_{2,2} \\ w_{1,3} & w_{2,3} \end{bmatrix} \begin{bmatrix} x_1 \\ x_2 \end{bmatrix} + \begin{bmatrix} b_1 \\ b_2 \\ b_3 \end{bmatrix}$$

f_i에 대하여 Exponential 함수를 취한 것을 다음과 같이 정의하자.

$$s_i = \exp(f_i)$$

만약 Ground Truth Label을 y라고 하고(본 예제의 경우, Class 개수가 3개 이므로 1, 2, 3 중 하나의 값을 갖는다) 이에 대한 Exponential 함수를 취한 것을 s_y라고 정의한다.

$$s_y = \exp(f_y)$$

한편, Information Theory에 의하면 "실제(true)" 분포 p와 "계산된(estimated)" 분포 q 사이의 Cross-entropy는 다음과 같이 정의된다.

$$H(p,q) = -\sum_x p(x)\log(q(x))$$

계산된 Class 분포 q는 $q = \frac{s_y}{\sum_j s_j}$로 계산된다. 반면, 실제 분포 p는 본 예제와 같이 Class 3개가 있는 경우 단 하나의 정답이 있으므로 정답에 해당하는 경우에만 확률이 1이며 나머지는 0이 된다.

예를 들어, 2번째 클래스가 맞는 클래스이면 $p = [0,1,0]$이 된다. 따라서 이를 일반화하면 $p_i = 1(y = i)$며 $y = 2$이다. 여기서 1(condition)은 괄호 안의 condition을 만족하는 경우에는 1, 그렇지 않은 경우에는 0의 값을 주는 함수이다. 따라서 다음 식이 성립한다.

$$H(p,q) = -\sum_{i=1}^{3} p_i \log(q_i) = -\sum_{i=1}^{3} 1(y = i)\log(q_i) = -\log(q_y)$$

결론적으로, p, q간의 Cross-entropy는 다음과 같다.

$$H(p,q) = -\log\left(\frac{s_y}{\sum_j s_j}\right)$$

이를 Data Loss L_p라고 정의한다. 지금까지의 과정이 복잡해 보이기는 하나, 다음과 같이 간단히 정리할 수 있다.

(15) $f_i = \sum_{j=1}^{D} w_{j,i} x_j + b_j$

(16) $s_i = \exp(f_i), \quad s_y = \exp(f_y)$

(17) $q_i = \dfrac{s_{i,}}{\sum_{k=1}^{K} s_k}, \quad q_y = \dfrac{s_y}{\sum_{k=1}^{K} s_k}$

(18) $L_D = -\log(q_y)$

지금까지는 Batch Size를 1, 즉 $N=1$로 가정하였지만 이를 다중의 Batch Size로 일반화하여 표현할 수 있다.

$$f_{i,j} = \sum_{k=1}^{D} x_{i,k} w_{k,j} + b_{i,j} \text{ for } i = 1, \cdots N, \ j = 1, \cdots, k$$

$$s_{i,j} = \exp(f_{i,j}), \quad s_{yi} = \exp(f_{yi})$$

$$q_{i,j} = \frac{s_{i,j}}{\sum_{k=1}^{K}} s_{i,k}, \quad q_{yi} = \frac{s_{yi}}{\sum_{k=1}^{K} s_{i,k}}$$

$$L_{D_i} = -\log(q_{yi})$$

위에 정리된 식을 토대로 변수의 의존성(dependencies)을 도식화하면 다음 이미지와 같다.

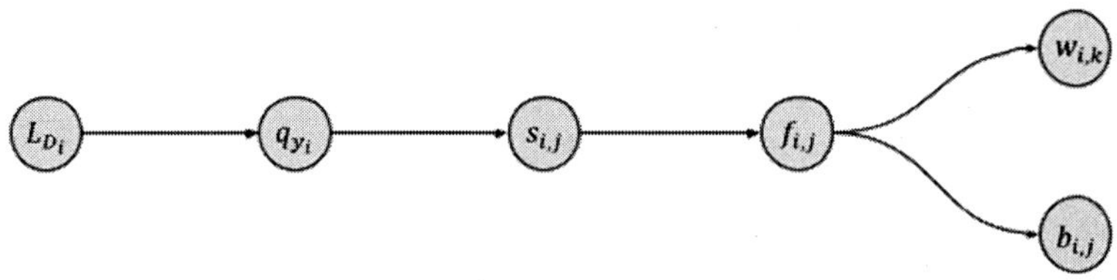

변수의 의존성

역전파를 하는 목적은 weights($w_{k,j}$)와 bias($b_{i,j}$)의 업데이트 된 변화에 대한 손실함수(L_{D_i})의 변화량을 계산하여 손실함수를 점진적으로 줄여나가 궁극적으로 이를 최소화하는 것이다. 즉, 다음과 같다.

$$w_{t+1} \leftarrow w_t - \alpha \nabla_w L w_{t+1} \leftarrow w_t - \alpha \nabla_w L$$

여기서, w_t와 w_{t+1}는 각각 현재(current)의 가중치 벡터, 업데이트 된(updated) 가중치 벡터이며, α는 학습률(Learning Rate 또는 Step Size), ∇_w는 weights에 대한 그래디언트(Gradient)을 나타낸다. 사실 bias는 계산의 편의 상 weights에 포함하기도 한다. 예를 들어, $b + w_1x_1 + w_2x_2$대신 $w_0x_0 + w_1x_1 + w_2x_2$ $(x_0 = 1, w_0 = b)$로 표현할 수 있다.

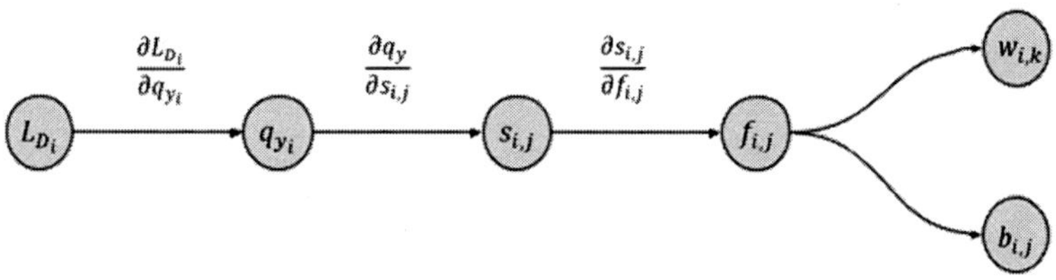

역전파 과정

위의 이미지를 따라 Chain Rule로 손실함수, 가중치 변수, 그래디언트를 구할 수 있다.

2 일반적인 모델화 주요 과정

활성함수(activation function) : 비선형성 획득

뉴럴네트워크의 개별 뉴런에 들어오는 입력신호의 총합을 출력신호로 변환하는 함수를 활성함수(activation function)라고 한다. 활성함수의 존재 유무는 초창기 모델인 퍼셉트론(perceptron)과 뉴럴네트워크의 유일한 차이점이다. 활성함수는 일반적으로 비선형함수(non-linear function)를 사용한다. 활성화함수로 왜 선형함수를 쓰면 안되는 이유는 다음과 같다.

선형함수인 $h(x) = cx$를 활성화함수로 사용한 3레이어 네트워크를 생각해 보자. 이를 식으로 나타내면 $y(x) = h(h(h(x)))$가 된다. 이는 $y(x) = ax$와 같은 식이라고 볼 수 있다. 즉, $a = c^3$이라고만 하면 된다. 즉, 은닉층이 없는 네트워크로 표현된다. 따라서 뉴럴네트워크에서 층을 쌓는 혜택을 얻고 싶다면 활성화함수로 반드시 비선형 함수를 사용해야 한다. 몇 가지 활성함수를 살펴보자.

CHAPTER 04 딥러닝

시그모이드(sigmoid)

시그모이드 함수는 로지스틱 함수로도 린다. 수식 및 미분식은 다음과 같다.

$$\sigma(x) = \frac{1}{1+e^{-x}}$$

$$\sigma'(x) = \sigma(x)(1-\sigma(x))$$

시그모이드 함수의 범위는 [0,1]이고, 그래프의 모양과 1차 미분한 모양은 다음과 같다.

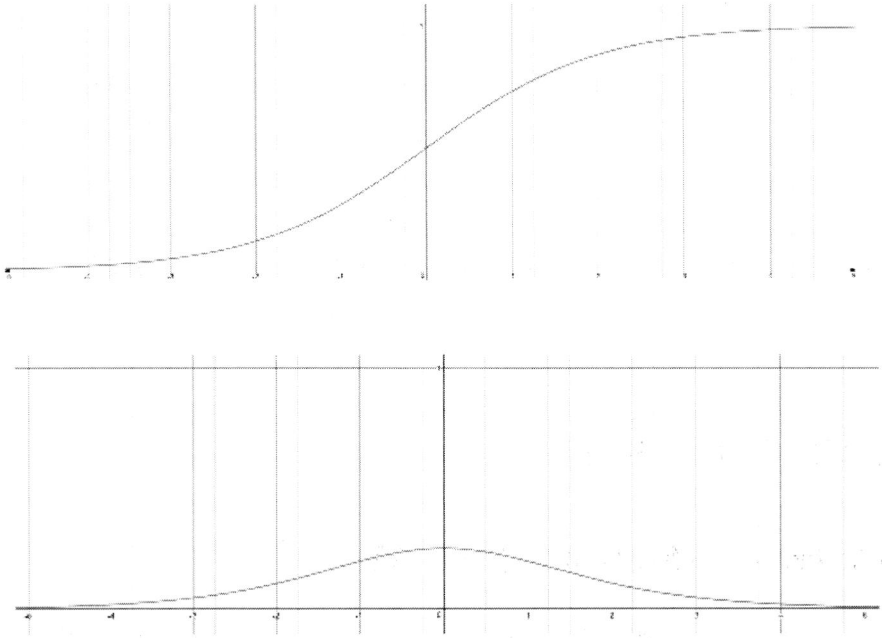

시그모이드 함수(좌)와 1차 미분한 시그모이드 함수(우)

시그모이드 함수는 개별 뉴런이 내어 주는 값을 S자 커브 형태로 자연스럽게 활성화를 해주기 때문에 많이 이용되었다. 다만 입력값이 -5보다 작거나 5보다 클 경우에는 그래디언트 값이 지나치게 작아지기 때문에 학습이 잘 안되었고, exp 연산이 다소 무거워 학습이 느려지는 단점이 있다.

또한, $\sigma(x)$의 범위는 $[0,1]$로서 모두 0 이상의 값을 지닌다는 문제가 있다. 이게 단점이 되는 이유는 바로 학습 속도와 관련이 있다. 예를 들어, 아래와 같은 뉴런이 있고 활성함수 f가 시그모이드라고 가정하자.

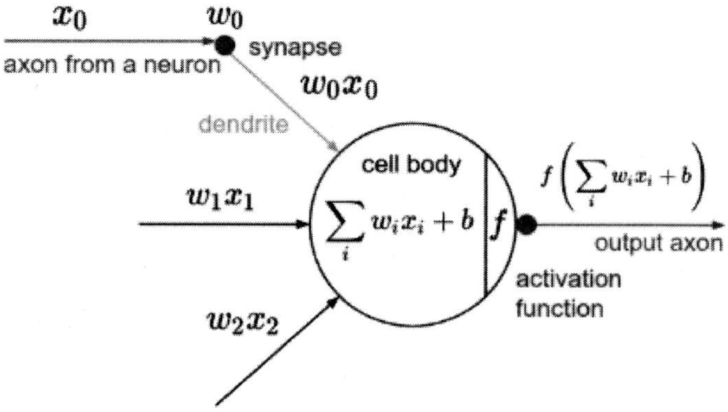

시그모이드 함수

x_0, x_1, x_2는 모두 0 이상의 값을 갖는다. 이들은 직전 층에서 시그모이드 함수에 의해 그 값이 양수로 활성화됐기 때문이다. 여기에서 역전파시 최종 Loss에서 출발해 시그모이드 적용 직전의 w_ix_i+b 각각에 들어오는 그래디언트를 Δ라고 두자. 그렇다면 w_i의 그래디언트는 다음과 같다.

$$\frac{\partial L}{\partial w_i} = x_i \times \Delta$$

x_0, x_1, x_2는 모두 0 이상이기 때문에 Δ가 양수라면 Loss에 대한 w_0, w_1, w_2 각각의 그래디언트가 모두 양수, 반대라면 모두 음수 값이 될 것이다. 따라서 데이터 x와 파라미터 w를 2차원 벡터로 가정해 본다면 w의 그래디언트는 2사분면과 4사분면 쪽 방향이 될 수는 없다.

결과적으로 w 학습시 아래 그림처럼 허용되는 방향에 제약이 가해져(요소값이 모두 양수인' 1사분면과' 모두 음수인 '3사분면' 쪽 방향만 선택 가능) 학습속도가 늦거나 수렴이 어렵게 된다. 이 문제는 함수값이 0에 대해 대칭(zero-centered)인 하이퍼볼릭탄젠트 같은 함수를 쓰면 극복할 수 있다.

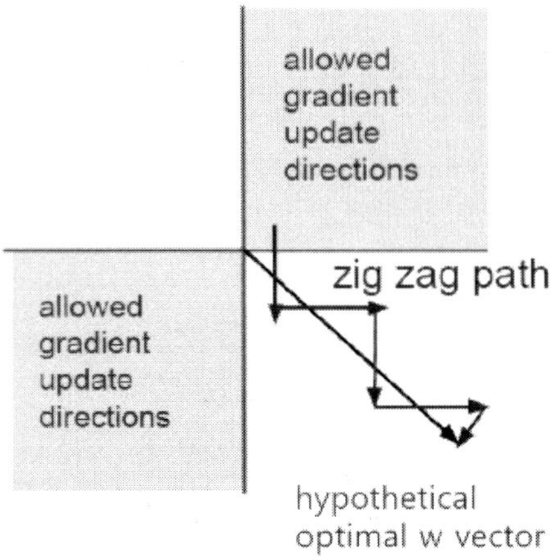

zig zag path

하이퍼볼릭탄젠트

하이퍼볼릭탄젠트는 시그모이드 함수의 크기와 위치를 조절(rescale and shift)한 함수이다. 시그모이드 함수와의 관계식과 미분식은 각각 다음과 같다.

$$\tanh(x) = 2\sigma(2x) - 1 = \frac{e^{x} - e^{-x}}{e^{x} + e^{-x}}$$

$$\tanh'(x) = 1 - \tanh^2(x)$$

하이퍼볼릭탄젠트의 범위는 $[-1,1]$이다. 그래프의 모양은 시그모이드 함수와는 달리 0을 기준으로 대칭이기 때문에 하이퍼볼릭탄젠트는 시그모이드를 활성함수로 썼을 때보다 학습 수렴 속도가 빠르다.

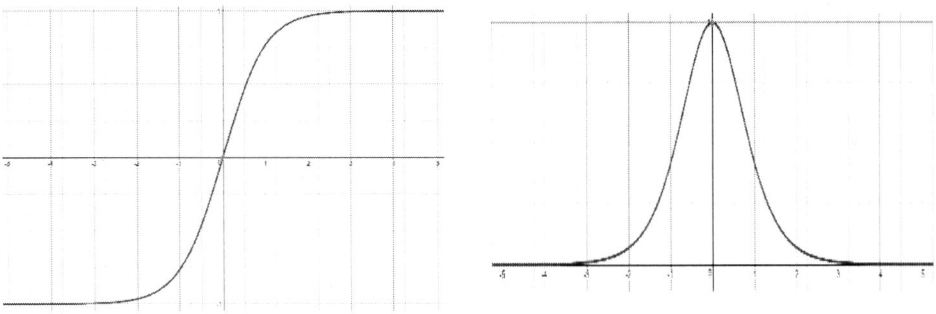

하이퍼볼릭탄젠트 함수(좌)와 1차 미분 함수(우)

하이퍼볼릭탄젠트를 1차 미분한 그래프는 시그모이드함수와 마찬가지로 x가 -5보다 작거나 5보다 크면 그래디언트가 0으로 작아지는 점을 볼 수 있다. 이것이 하이퍼볼릭탄젠트의 단점이다.

Rectified Linear Unit(ReLU)

ReLU는 아래와 같이 정의된다.

$$f(x) = \max(0, x)$$

그래프의 모양은 아래와 같다. x가 양수이기만 하면 그래디언트가 1로 일정하므로 그래디언트가 죽는 현상을 피할 수 있고, 미분하기도 편리해 계산복잡성이 낮다. 실제로 시그모이드나 하이퍼볼릭탄젠트 함수 대비 학습수렴 속도가 6배나 빠르다.

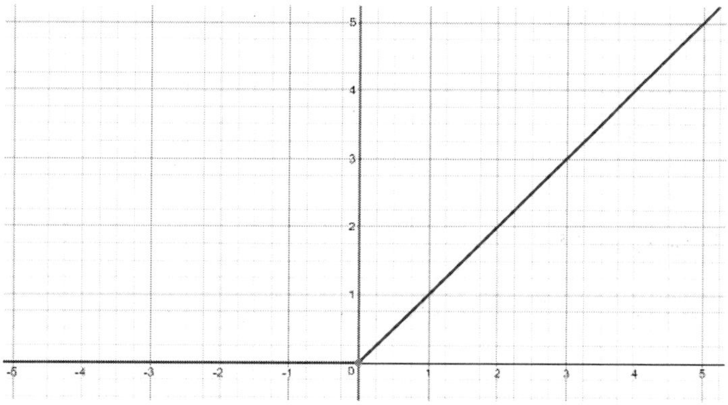

ReLU

다만 위 그림에서 확인할 수 있듯 0을 기준으로 대칭인 모양은 아니다. 아울러 x가 음수이면 그래디언트가 무조건 0이 된다는 단점이 있다. 이를 극복하기 위해 Leaky ReLU가 고안되었다.

Leaky ReLU

Leaky ReLU의 식은 다음과 같다.

$$f(x) = \max(0.01x, x)$$

그래프의 모양은 다음과 같다. x가 음수일 때 그래디언트가 0.01이라는 점을 제외하고는 ReLU와 같은 특성을 가진다.

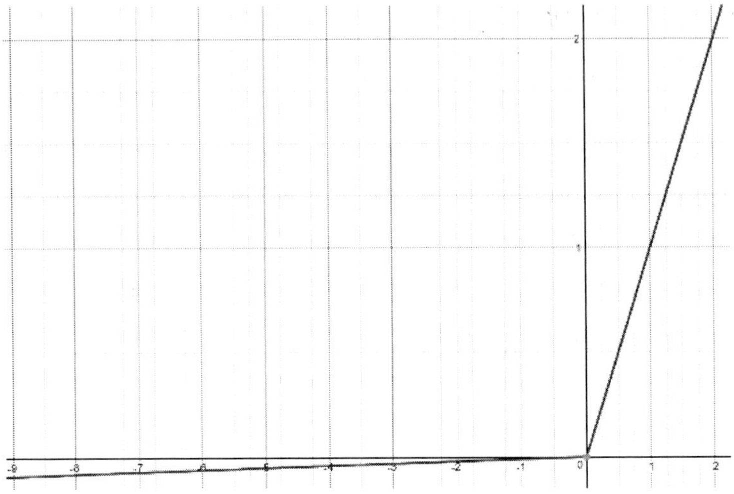

Leaky ReLU

Exponential Linear Units(ELU)

ELU는 ReLU의 특성을 공유하고, 그래디언트가 죽지 않는다는 장점이 있으며, 수식과 같다.

$$f(x) = x \text{ if } x > 0$$
$$f(x) = \alpha(e^x - 1) \text{ if } x \leq 0$$

Maxout Neurons

Maxout Neurons는 다음과 같다. 연결된 두 개의 뉴런 값 중 큰 값을 취해 비선형성을 확보한다. 다만 활성화함수를 적용하기 위해 필요한 연산량이 많다는 단점이 있다.

$$f(x) = \max(w_1^T x + b_1, w_2^T x + b_2)$$

학습 파라미터 초기화

각 층의 가중치(weights)와 편향(bias) 등 학습 파라미터는 초기값 설정이 매우 중요하다. 뉴럴 네트워크가 풀려는 문제 자체가 non-convex optimization이기 때문에 시작점에 따라 최적지점을 찾지 못하게 될 수도 있다.

또한 학습 파라미터의 초기값을 적절하게 설정할 경우 그래디언트 조절에도 유의미한 효과를 낸다. 이와 관련해 시그모이드 함수의 1차 미분 그래프를 생각하자.

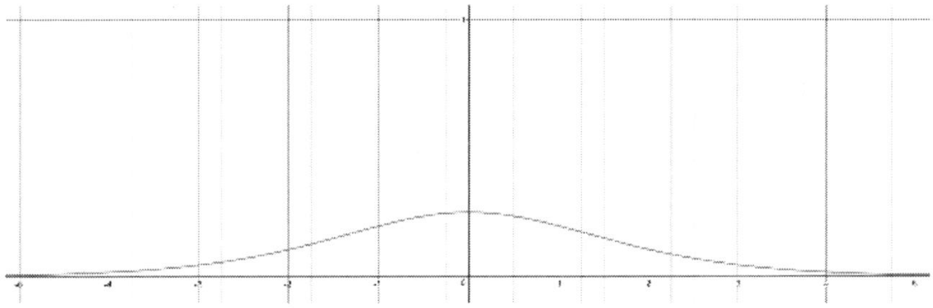

1차 미분한 시그모이드 함수

입력값 x에 가중치 w를 곱하고 편향 b를 더한 식을 t라고 두자. 여기에서 w가 100, b가 50이라면 x가 0.01로 매우 작더라도 t는 51이 된다. 역전파시 시그모이드 함수를 통과시키면 $\sigma'(51)$가 나온다. 위 그래프에서 t가 5만 넘어도 $\sigma'(t)$는 0에 수렴하기 때문에 그래디언트가 죽어버린다(decay). 그래디언트가 지나치게 작아지기 때문에 이후 학습이 사실상 불가능해진다.

이와 별개로 뉴럴네트워크 입력층의 가중치 W를 모두 0으로 초기화한다면 어떻게 될까? 순전파 때는 W가 0이기 때문에 두번째 층의 뉴런에 모두 같은 값이 전달된다. 미분의 연쇄법칙(chain rule)을 떠올려보면 두번째 층의 모든 뉴런에 같은 값이 입력된다는 것은 역전파 때 두번째 층의 가중치가 모두 똑같이 갱신된다는 말이 된다. 다시 말해 뉴런이 100개가 됐든 1000개가 됐든 거의 같은 값을 출력하게 돼 네트워크의 표현력을 제한하게 된다.

따라서 학습파라미터의 초기값을 잘 설정해주어야 한다. 이와 관련해 다양한 파라미터 초기화 방법론이 제시되다. 일부를 소개하면 다음과 같다. 여기에서 n_{in}은 직전 레이어의 차원수, n_{out}은 다음 레이어의 차원수이다. 아래 초기화식은 각 층의 가중치 W에 관한 식이고, 은닉층과 출력층의 편향 b는 대개 0으로 설정한다.

CHAPTER 04 딥러닝

LeCun Initialization(Xavier Initialization)

$$W \sim uniform(n_{in}, n_{out})$$

$$Var(W) = \frac{1}{n_{in}}$$

Glorot Initialization

$$W \sim uniform(n_{in}, n_{out})$$

$$Var(W) = \frac{2}{n_{in} + n_{out}}$$

He Initialization

$$W \sim uniform(n_{in}, n_{out})$$

$$Var(W) = \frac{2}{n_{in}}$$

학습 파라미터 최적화 : 경사하강법(Gradient Descent)

학습 파라미터 최적화 기법으로 널리 쓰이는 급사하강법 또는 그래디어트 디센트(Gradient Descent)는 기본적으로 아래와 같은 구조를 가진다. 여기에서 θ는 갱신 대상 학습 파라미터, $dL/d\theta$는 Loss에 대한 θ의 그래디언트, α는 학습률(leaning rate)을 의미한다. 즉 아래 식은 Loss에 대한 θ의 그래디언트 반대 방향으로 α만큼 조금씩 θ를 업데이트하라는 뜻이다.

$$\theta \leftarrow \theta - \alpha \frac{\partial L}{\partial \theta}$$

그래디언트 디센트 방법론에도 여러 변형이 존재한다.

Batch Gradient Descent

이 방법은 전체 학습데이터 Loss에 대한 각 파라미터의 그래디언트를 한꺼번에 구한 뒤 1 epoch(사이클)동안 모든 파라미터 업데이트를 단 한번 수행하는 방식이다. 매우 느리고 메모리 요구량이 많다는 단점이 있지만 최적해를 찾을 수 있다는 장점이 있다.

Stochastic Gradient Descent

학습데이터의 순서를 랜덤으로 섞은 뒤 개별 레코드 단위로 Loss와 그래디언트를 구한 뒤 학습 파라미터를 조금씩 업데이트하는 방식이다. 1 epoch동안 학습데이터 개수만큼의 업데이트가 수행된다. Batch Gradient Descent보다 훨씬 빠르면서도 수렴 결과가 학습률을 줄였을 때 Batch Gradient Descent와 일치한다.

Mini-batch Gradient Descent

이 방식은 개별 레코드가 아니라 batch_size 단위로 학습한다는 점을 제외하고는 Stochastic Gradient Descent와 같다. Stochastic Gradient Descent에 비해 안정적으로 학습하는 경향이 있다. 게다가 데이터가 배치 단위로 들어가게 되면 사실상 행렬 연산이 되기 때문에 시중에 공개돼 있는 강력한 라이브러리를 사용할 수 있다는 장점 또한 있다.

학습 파라미터 최적화 : 강사하강법(Gradient Descent) 외

그래디언트 디센트 계열 외에 다양한 최적화 기법을 소개한다.

Momentum

모멘텀은 운동량을 뜻하는 단어로 물리 현상과 관계가 있다. 예를 들어, 아래 그림처럼 공이 한 번 움직이기 시작하면 기울기 방향으로 힘을 받아 가속하게 된다. 모멘텀 기법은 바로 이 점에 착안했다.

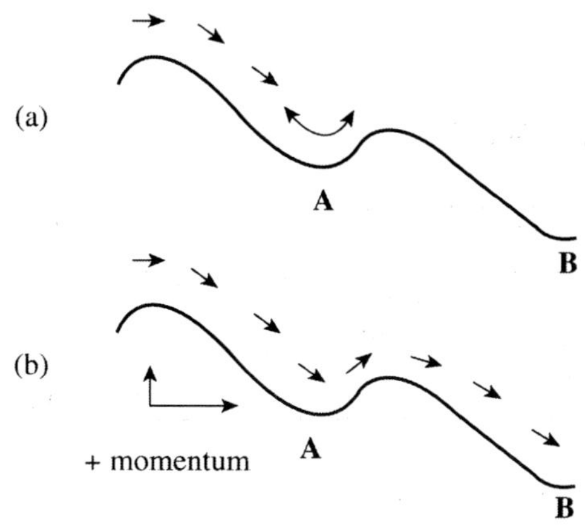

Momentum

모멘텀 기법은 수식으로는 다음과 같다. 여기에서 μv는 물체가 아무런 힘을 받지 않을 때 서서히 하강시키는 역할을 한다(μ는 0.9 등의 값으로 설정한다). 물리에서는 지면 마찰이나 공기 저항에 해당한다. 나머지는 그래디언트 디센트 기법과 동일한다.

$$v \leftarrow \mu v - \alpha \frac{\partial L}{\partial \theta}$$

$$\theta \leftarrow \theta_v$$

모멘텀 기법의 최적화 효과를 직관적으로 나타낸 그림은 아래와 같다. 하단 좌측 에서 현재의 그래디언트가 모멘텀과 같은 방향이라면 업데이트가 더 크게 이뤄지게 된다. 하단 우측 그림에서 최적화 지점이 원 내부 중앙이라고 했을 때 모멘텀 기법이 조금 더 효율적인 업데이트 경로를 거치고 있는 점을 확인할 수 있다.

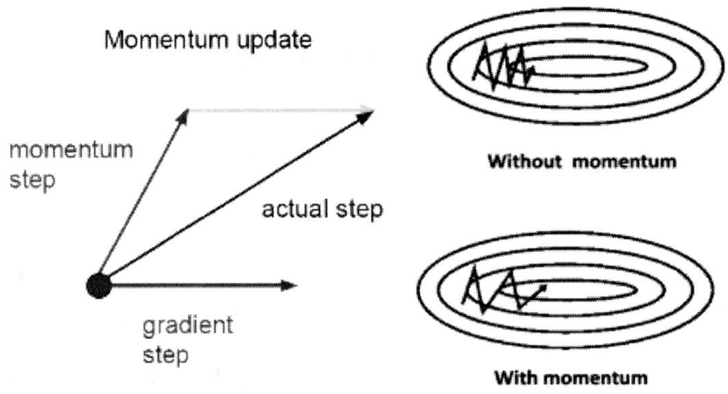

Momentum 업데이트

Nesterov Accelerated Gradient

이 기법은 모멘텀 기법을 업그레이드한 버전이다. 현재 학습 파라미터(붉은색 원)를 직전까지 축적된 그래디언트 방향(녹색선)으로 이동시킨다. 이 벡터를 기준으로 그래디언트(붉은색 선)를 계산한다. 실제 업데이트는 둘을 모두 반영해 이루어진다. 모멘텀은 현재 점(붉은색 원)에서 그래디언트를 구하는 반면, Nesterov Accelerated Gradient는 녹색선과 빨간선이 이루는 꼭지점에서 그래디언트를 구한다.

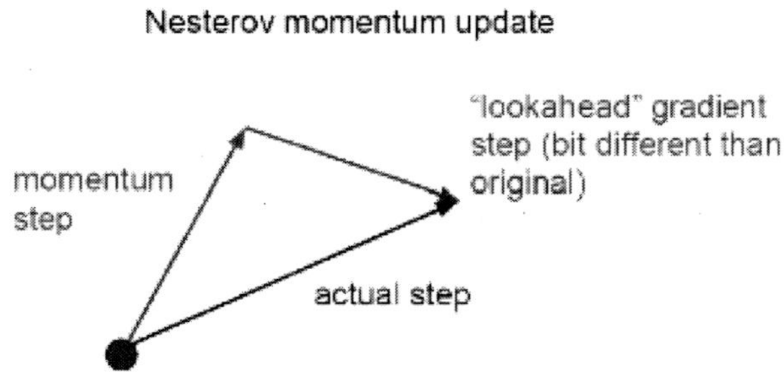

Nesterov Accelerated Gradient

AdaGrad

학습률 감소와 연관된 기법이다. AdaGrad는 각각의 학습 파라미터에 맞춤형으로 학습률을 조정하면서 학습을 진행한다. 수식은 아래와 같다. 여기에서 $\odot$는 행렬의 원소별 곱셈을 의미한다. 식에서 학습 파라미터의 원소 가운데 많이 움직인(크게 갱신된) 원소는 학습률이 낮아지게 돼 있다. 다시 말해 학습률이 학습 파라미터의 원소마다 다르게 적용된다.

$$h \leftarrow h + \frac{\partial L}{\partial \theta} \odot \frac{\partial L}{\partial \theta}$$

$$\theta \leftarrow \theta - \frac{\alpha}{\sqrt{h}} \frac{\partial L}{\partial \theta}$$

RMSProp

AdaGrad는 학습률 α를, 과거의 기울기를 제곱한 값을 계속 더해나간 h로 나눈다. 학습을 진행할수록 α가 지속적으로 작아진다. 계속 학습하면 α가 0이 되어 학습이 불가능해지는 시점이 온다. RMSProp은 이를 개선하기 위한 기법이다. 즉, 과거의 모든 기울기를 다 더해 균일하게 반영하는 것이 아니라, 먼 과거의 기울기는 서서히 잊고 새로운 기울기 정보를 크게 반영하기 위해 h를 계산할 때 지수이동평균(Exponential Moving Average)을 적용한다.

Adam

모멘텀은 공이 구르듯 하는 물리 법칙에 착안해 만들어진 기법이다. AdaGrad과 RMSProp은 학습 파라미터의 개별 원소마다 학습률을 달리 적용한다. 두 기법을 합친 것이 바로 Adam이다. 퍼포먼스가 좋아서 최근 많은 관심을 받고 있는 기법이다.

과적합 방지

과적합(overfitting)이란 모델이 학습데이터에만 지나치게 적응해서 일반화 성능이 떨어지는 경우를 말한다. 기계학습은 범용 성능을 지향하기 때문에 학습데이터 외에 처음 보는 데이터가 주어지더라도 올바르게 판단할 수 있는 능력을 가져야 한다. 뉴럴네트워크 학습시 과적합을 방지하는 몇 가지 기법에 대해 살펴보자.

모델 크기 줄이기

가장 간단한 방법이다. 레이어나 뉴런 등 학습해야할 파라미터의 개수를 줄여서 과적합을 방지한다

early stopping

학습을 일찍 중단하는 방식으로 과적합을 방지한다.

가중치 감소

과적합은 학습 파라미터의 값이 커서 발생하는 경우가 많다. 가중치 감소(weight decay)는 이를 방지하기 위해 학습 파라미터의 값이 크면 그에 상응하는 큰 패널티를 부여하는 기법이다.

가. L2 Regularization

가장 일반적인 기법이다. 기존 손실함수(L_{old})에 모든 학습파라미터의 제곱을 더한 식을 새로운 손실함수로 쓴다. 아래 식에서 1/2이 붙은 것은 미분 편의성을 고려한 것이고, λ는 패널티의 세기를 결정하는 사용자 지정 하이퍼파라미터이다. 이 기법은 큰 값이 많이 존재하는 가중치에 제약을 주고, 가중치 값을 가능한 널리 퍼지도록 하는 효과를 낸다.

$$W = [w_1 \quad w_2 \quad \cdots \quad w_n]$$

$$L_{new} = L_{old} + \frac{\lambda}{2}(w_1^2 + w_2^2 + \cdots + w_n^2)$$

나. L1 Regulazation

기존 손실함수에 학습파라미터의 절대값을 더해 적용한다. 이 기법은 학습파라미터를 sparse 하게(거의 0에 가깝게) 만드는 특성이 있다.

$$L_{new} = L_{old} + \lambda(|w_1| + |w_2| + \cdots + |w_n|)$$

두 기법 조합

$$L_{new} = L_{old} + \frac{\lambda_1}{2}(w_1^2 + w_2^2 + \cdots + w_n^2) + \lambda_2(|w_1| + |w_2| + \cdots + |w_n|)$$

Dropout

드롭아웃은 일부 뉴런을 꺼서 학습하는 방법이다. 일종의 앙상블(ensemble) 효과를 낸다. 학습시에는 삭제할 뉴런을 무작위로 끄고, 테스트할 때 모든 뉴런을 쓴다.

기타 학습 기법들

학습률 감소

학습률(learining rate)은 아래 그림처럼 학습 과정에 중요한 역할을 차지한다. 지나치게 크면 발산하여 올바른 학습을 할 수 없고, 작으면 학습시간이 너무 길어진다

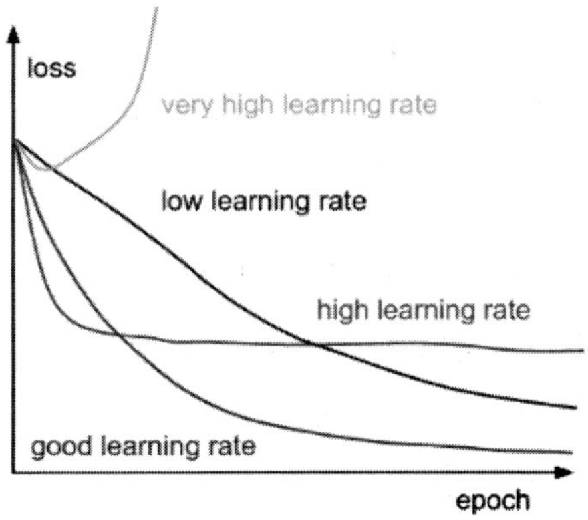

학습률 감소

학습 시작부터 종료시까지 학습률을 고정한 채로 학습을 시킬 수도 있지만 학습이 거듭될수록 해당 모델이 최적 지점에 수렴하게 될 것이므로 막바지에는 학습률을 작게 해 파라미터를 미세

조정하는 것이 좋을 것이다. 학습률 감소 기법은 이 때문에 제안되었으며, 각각 아래와 같다. 여기에서 α는 학습률, t는 스텝 수이며 k는 사용자가 지정하는 하이퍼파라미터이다.

step decay

스텝마다 일정한 양만큼 학습률을 줄이는 기법이다. 5epoch마다 반으로 줄이거나 20epoch마다 1/10씩 줄이는 방법이 많이 쓰이지만, 데이터나 네트워크 구조에 따라 일률적으로 적용하기는 어렵다.

exponential decay

$$\alpha = \alpha_0 e^{-kt}$$

$1/t$ decay

$$\alpha = \frac{\alpha_0}{(1+kt)}$$

파이퍼파라미터 최적화

하이퍼파라미터는 사용자가 지정해줘야 하는 값으로 어떤 값이 최적인지는 미리 알기 어렵다. 데이터나 모델 구조마다 달라지기도 한다. 최적의 하이퍼파라미터를 찾기 위한 일반적인 절차는 아래와 같다.

① 1단계 : 하이퍼파라미터 값의 범위를 설정한다.
② 2단계 : 설정된 범위에서 하이퍼파라미터의 값을 무작위로 추출한다.
③ 3단계 : 샘플링한 하이퍼파라미터 값을 사용해 학습하고, 검증 데이터로 정확도를 평가한다(단, epoch는 작게 설정).
④ 2단계와 3단계를 반복하고, 그 결과를 보고 하이퍼파라미터 탐색 범위를 좁힌다.

Multi-Task Learning

Multi-Task Learning이란 여러 학습 과제를 동시에 해결하는 기계학습의 한 종류이다. 예를 들어, 같은 학습말뭉치로 개체명인식(Named Entity Recognition)과 품사분류(Part-Of-Speech Tagging)를 동시에 수행하는 뉴럴네트워크를 만들 수 있다.

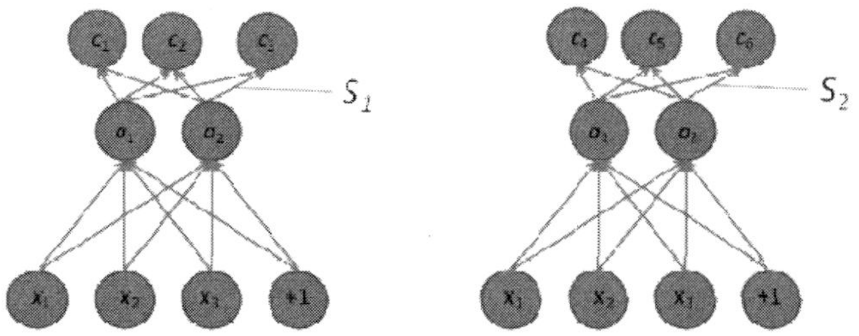

Multi-Task Learning

그림에서 두 네트워크는 마지막에 붙어있는 소프트맥스 계층(Softmax layer)만 제외하면 완전히 동일하다.

여기서 소프트맥스는 인풋값을 여러 개 갖는 일종의 함수로, 확률처럼 모든 아웃풋 값을 더했을 때 1이 총합이라는 특징이 있다. 소프트맥스 함수에 인풋값을 넣으면, 그 값들을 모두 0과 1사이의 값으로 정규화해주는데, 이는 각 확률이 마이너스 값을 가지지 않고 더했을 때 총합이 1이 되는 것과 매우 비슷한다. 만약 인풋값이 하나밖에 없다면 소프트맥스 함수라는 표현 대신 시그모이드 함수가 된다.

다만 S_1의 소프트맥스 확률값은 개체명인식, S_2는 포스태깅 과제를 수행하면서 나오는 스코어라는 점에 유의할 필요가 있다. 위와 같은 Multi-Task Learning 네트워크에서는 아래 수식처럼 역전파시 S_1의 그래디언트와 S_2의 그래디언트가 동일한 네트워크에 함께 전달되면서 학습이 이루어진다.

$$\Delta^{total} = \Delta^{NER} + \Delta^{POS}$$

3 손실함수

음의 로그우도(negative log-likelihood)

딥러닝 모델의 손실함수로 음의 로그우도(negative log-likelihood)가 쓰인다. 어떤 이유인지에 대해 알아보자.[33]

33 Goodfellow, I. Bengio, Y. and Courville, A.(2016), Deep Learning, MIT Press.

확률론적 접근

딥러닝 모델을 학습시키기 위해 최대우도추정(Maximum Likelihood Estimation) 기법을 쓴다. 주어진 데이터만으로 미지의 최적 모델 파라미터 θ를 찾아야 한다. 입력값 X와 파라미터 θ가 주어졌을 때 정답 Y가 나타날 확률, 즉 우도 $P(Y|X;\theta)$를 최대화하는 θ가 바로 찾고자 하는 것이다.

그런데 학습데이터 각각의 우도를 스케일해도 전체 argmax의 결과는 바뀌지 않으므로 우도의 곱을 최대로 만드는 θ와 로그우도의 기대값, 즉 $\sum_x P(y'x)\log P(y|x;\theta)$를 최대로 하는 θ는 같다.

다범주 분류를 학습하는 딥러닝 모델의 경우 말단에 다음과 같이 소프트맥스 함수가 적용된다. ($f(x)$는 소프트맥스 계층의 입력값).

$$P(y_i|x_i;\theta) = \frac{\exp(f(x))}{\sum_j \exp(f(x))}$$

위 식에서 f는 범주 수만큼의 차원을 갖는 벡터로써 unnormalized log probabilities아다. 소프트맥스 함수가 취해짐으로써 그 요소의 합이 1이 된다. 정답 인덱스에 해당하는 f의 요소값을 높인다는 말은 우도를 높인다. 즉, 입력값 X를 넣었을 때 Y 관련 스코어를 높인다는 의미로 해석할 수 있다.

정보이론의 접근

두 확률분포 p와 q 사이의 차이를 계산하는 데에는 크로스 엔트로피(cross entropy)라는 함수가 사용된다. 식은 $-\sum p(x)\log q(x)$이다. 여기에서 p를 우리가 가진 데이터의 분포 $P(Y|X)$, q를 모델이 예측한 결과의 분포 $P(Y|X;\theta)$로 두자. 이렇게 되면 크로스 엔트로피는 파라미터 θ 하에서의 음의 로그우도의 기대값이라고 해석할 수 있다. 따라서 $-\sum_x P(y|x)\log q(y|x;\theta)$를 최소화하는 θ가 바로 우리가 찾고 싶은 모델이 된다.

우도의 곱이 최대인 모델을 찾는 것은 로그우도의 기대값이 최대인 모델을 찾는 것과 같으며, 이는 또한 학습데이터의 분포(distribution)와 모델이 예측한 결과의 분포 사이의 차이, 즉 크로스 엔트로피를 최소화하는 것과 동치이다. 이 때문에 음의 로그우도가 딥러닝 모델의 손실함수가 된다.

크로스엔트로피 계산 예시

음의 로그우도를 계산하는 예시와 관련 크로스 엔트로피로 설명해 보자. 우선 딥러닝 모델의 입력값으로 쓰이는 관측치는 이산변수(discrete variable)에 해당하므로 크로스엔트로피 $H(P,Q)$의 식을 다시 쓰면 다음과 같다.

$$H(P,Q) = -\sum_{x} P(x)\log Q(x)$$

예컨대 범주가 2개이고 정답 레이블이 $[1,0]$인 관측치 x가 있다고 하자. P는 우리가 가지고 있는 데이터의 분포를 나타내므로 첫번째 범주일 확률이 1, 두번째 범주일 확률은 0이라고 해석할 수 있다. Q는 P에 근사하도록 만들고 싶은, 딥러닝 학습 대상 분포(모델이 예측하는 분포)이다. 그런데 모델 학습이 잘 안돼서 Q가 $[1,0]^T$로 나왔다고 하면 loss는 다음과 같이 무한대로 커지게 된다.

$$-P(x)\log Q(x) = -\begin{bmatrix}1 & 0\end{bmatrix}\begin{bmatrix}\log 0 \\ \log 1\end{bmatrix} = -(-\infty + 0) = \infty$$

이번엔 학습이 잘 돼서 모델이 정답과 일치하는 $[1,0]$을 예측했다고 하면 loss는 다음과 같이 0이 된다.

$$-P(x)\log Q(x) = -\begin{bmatrix}1 & 0\end{bmatrix}\begin{bmatrix}\log 1 \\ \log 0\end{bmatrix} = -(0+0) = 0$$

단 여기에서 $\log 0$은 0으로 취급하였다.

negative log-likelihood 장점

손실함수로 음의 로그우도을 쓸 경우 몇 가지 이점이 생긴다. 우선 우리가 만드려는 모델에 다양한 확률분포를 가정할 수 있게 돼 유연하게 대응할 수 있게 된다. 음의 로그우도로 딥러닝 모델의 손실을 정의하면 이는 곧 두 확률분포 사이의 차이를 재는 함수인 크로스 엔트로피가 되며, 크로스 엔트로피는 비교 대상 확률분포의 종류를 특정하지 않기 때문이다.

예를 들어, 우리가 만들고 싶은 모델을 가우시안 분포로 전제한다면, 크로스 엔트로피 최소화는 우리가 가진 데이터의 분포와 모델의 가우시안 분포 사이의 차이를 최소화한다는 의미이다. 특히 가우시안 분포를 가정할 때 크로스 엔트로피의 최소화는 평균제곱오차(Mean Squared

Error)의 최소화와 본질적으로 동일하다.

아울러 모델을 베르누이 분포로 가정한다면 우리가 가진 데이터의 분포와 모델의 베르누이 분포 간 차이가 최소화하는 방향으로 학습이 된다. 이는 다항분포 또한 마찬가지이다.

한편 딥러닝 모델의 최종 출력을 어떤 숫자 하나(예 : 영화 관객 수)로 둘 경우 우리가 구축하려는 모델이 정규분포라고 가정하는 것과 깊은 관련을 맺고 있다. 최종 출력이 O, X로 이뤄진 이진 변수(binary variable)일 경우 모델을 베르누이 분포로 가정하는 것과 사실상 유사하다. 다범주 분류를 하는 딥러닝 모델은 다항분포를 가정하는 것과 비슷하다

위 세 종류 모델의 최종 output node는 각각 Linear unit, Sigmoid unit, Softmax unit이 되며, output node의 출력 분포와 우리가 가진 데이터의 분포 사이의 차이가 곧 크로스 엔트로피가 된다. 이 차이만큼을 loss로 보고 이 loss에 대한 그래디언트를 구해 이를 역전파하는 과정이 딥러닝의 학습이 된다. 바꿔 말하면 각각의 확률분포에 맞는 손실을 따로 정의할 필요가 없이 음의 로그우도만 써도 되고, output node의 종류만 바꾸면 세 개의 확률분포에 대응할 수 있게 된다. 세 종류 모두 손실함수로 음의 로그우도, 즉 크로스 엔트로피를 쓰면 된다.

크로스 엔트로피를 쓰면 딥러닝 역전파시 그래디언트가 죽는 문제를 어느 정도 해결할 수 있고, 그래디언트를 구하는 과정 역시 비교적 간단하다. 우리가 구축하는 모델을 다항분포라고 두고, 최종 output node는 3차원짜리 벡터를 입력으로 받는 소프트맥스, loss는 크로스 엔트로피인 경우를 그림으로 도식화하면 다음과 같다.

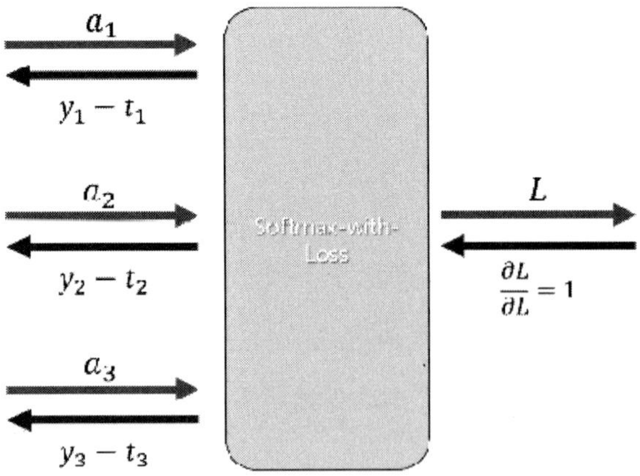

최종 output node는 3차원짜리 벡터를 입력으로 받는 소프트맥스, loss는 크로스 엔트로피인 경우

Softmax-with-Loss 노드는 a를 입력으로 받아서 소프트맥스를 취해 확률값으로 만든 뒤 이를 바탕으로 크로스 엔트로피 Loss L을 출력한다. 반대로 역전파하는 그래디언트는 $y_k - t_k$가 된다. 예를 들어, 정답이 t_3이라면 역전파되는 그래디언트는 각각 $y_1, y_2, y_3 - 1$로 간단하게 구할 수 있다. 뿐만 아니라 정답이 아닌 노드의 손실에 대한 그래디언트는 소프트맥스 확률값이고, 정답 레이블에 해당하는 노드의 그래디언트는 여기에서 1을 빼준 값이기 때문에 그래디언트가 완전히 0으로 되는 경우는 많지 않으리라고 기대할 수 있다.

4 경사하강법(Gradient Descent)

산등성이 내려가기

우리는 오차가 적은 모델을 만들고 싶어 한다. 이 오차는 미리 구해졌다고 하자. 오차를 줄이는 과정, 즉 학습과정은 높은 산등성이에서 산 아래로 이동할 때 두 눈을 가리고 한 발 한 발 내딛어 더 낮은 쪽으로 한걸음씩 내려가는 것에 비유할 수 있다.

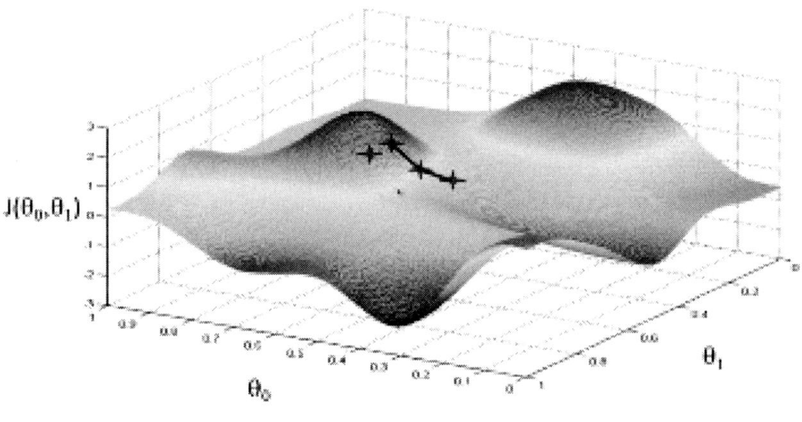

산등성이 내려가기

이 때 중요한 것은 현재 위치 x_{old}에서 내려가야 할 방향과 보폭이다. 우리가 만들고 있는 모델을 f, 방향을 그래디언트(gradient) f', 보폭을 학습률(learning rate) $\alpha(0 < \alpha < 1)$)라고 두면, 그래디언트 디센트에 의해 정해진 다음 위치 x_{new}는 다음과 같이 정의된다.

$$x_{new} = x_{old} - \alpha f'(x_{old})$$

$f(x_{new})$는 $f(x_{old})$보다 항상 작다. 테일러 급수 전개(Taylor Series Expansion)를 활용해 유도하자. $f(x + \Delta x)$는 테일러 급수 전개에 의해 다음과 같이 무한합으로 나타낼 수 있다.

$$f(x + \Delta x) = f(x) + \frac{f'(x)}{1!}\Delta x + \frac{f''(x)}{2!}\Delta x^2 + \cdots$$

$x_{new} = x_{old} - \alpha f'(x_{old})$이므로 양변에 f를 적용하면 $f(x_{new}) = f(x_{old} - \alpha f'(x_{old}))$이 성립한다. 여기에서 $x_{old} - \alpha f'(x_{old})$를 위 테일러 급수 전개식의 $x + \Delta x$라고 보면 다음 이 성립한다.

$$\begin{aligned} f(x_{new}) &= f[x_{old} - \alpha f'(x)] \\ &= f(x_{old}) + \frac{f'(x_{old})}{1!}[-\alpha f'(x_{old})] + \frac{f''(x_{old})}{2!}[-\alpha f'(x_{old})]^2 + \cdots \\ &\approx f(x_{old}) - [-\alpha f'(x_{old})]^2 < f(x_{old}) \end{aligned}$$

위 식의 마지막 줄은 테일러 급수 전개식을 2차항까지만 써서 근사한 결과이다. 그런데 $f'(x_{old})^2$의 값은 항상 양수이므로 결론적으로 $f(x_{new}) < f(x_{old})$가 성립한다. 따라서 그래디언트 디센트 기법을 취해 오차를 줄여나갈 수 있다.

오차를 역전파하기

딥러닝 학습 과정에서는 모델이 틀린 징도(오차)를 모델 전체의 파라미터에 여전파(backpropagation)하게 된다. 미분하고 곱하고 더하고를 역방향으로 반복하며 파라미터를 업데이트하는 구조이다.

딥러닝 모델 파라미터 업데이트는 체인룰(chain rule)에 의해 그래디언트를 계속 곱하는 과정에서 이루어진다. 그런데 중간에 있는 계층의 그래디언트가 0이거나 작은 값이면 곱셈이 누적되는 과정에서 파라미터 업데이트가 잘 안되는 경우가 발생할 수 있다. 이를 Vanishing Gradient 문제라고 한다.

Vanishing Gradient 문제를 해결하기 위해 활성함수(activation function)를 바꾸는 방안이 제시되었다. 매우 큰 양수이거나 작은 음수일 때 그래디언트가 사그라드는 시그모이드 대신 ReLU 등을 사용하게 된다.

파라메터 최적 업데이트

그래디언트 디센트 방법은 현재 위치 x_{old}에서 학습데이터 전체를 넣어 전체 오차를 계산한 뒤 나온 그래디언트를 구해 이 그래디언트의 역방향으로 x_{old}를 업데이트하는 방식이다. 하지만 학습데이터의 양이 기본적으로 많은 만큼 계산량이 커질 수밖에 없다. 이 때문에 학습데이터의 일부만 활용해 그래디언트를 구하는 Stochastic Gradient Descent(SGD) 같은 다양한 업데이트 기법들이 제안되었다. 하용호 님 표현에 따르면 느린 완벽보다는 불완전하나마 빠른 방식을 택한 것이라 볼 수 있다. 그 개념을 도식화하면 다음과 같다.

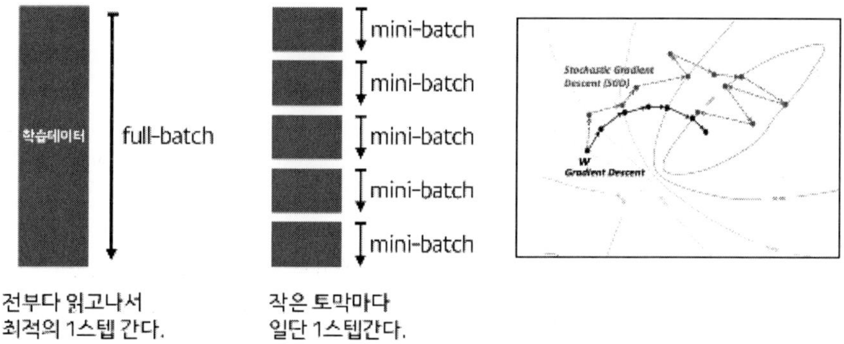

Gradient Descent(좌)와 SGD(중) 비교

파라메터 업데이트 기법으로는 SGD를 비롯해 Momentum, RMSProp, Adam 등 다양한 방식이 제안되었다. 이 가운데 Adam의 성능이 좋은 것으로 알려져 있다. 파라메터 업데이트 기법 간 관계도는 다음과 같다.[34]

34 https://www.slideshare.net/yongho/ss-79607172

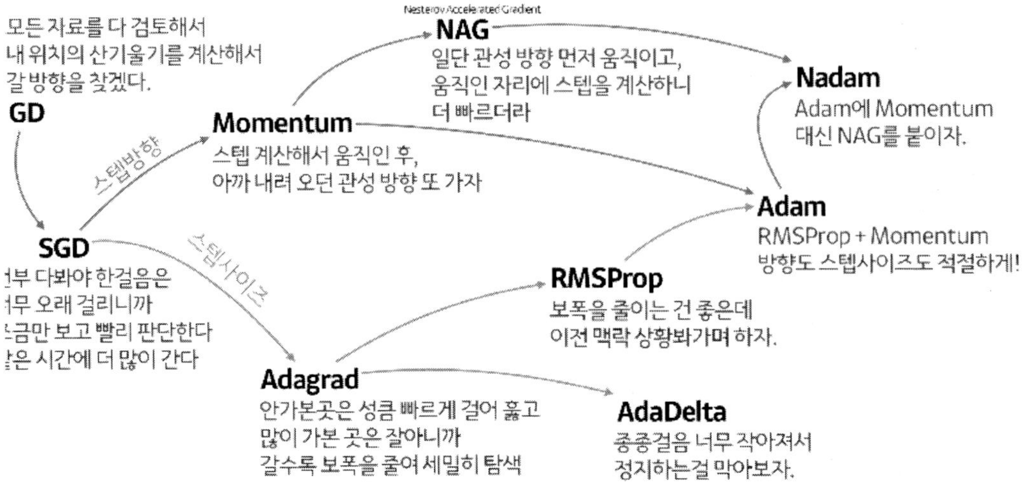

파라미터 업데이트 관계도

5 역전파

계산그래프와 chain rule

계산그래프(computational graph)는 계산과정을 그래프로 나타낸 것이다. 노드(node, 꼭지점)은 함수(연산), 엣지(edge, 간선)는 값을 뜻한다. $y = f(x)$를 나타내는 계산그래프는 아래 그림과 같다.35

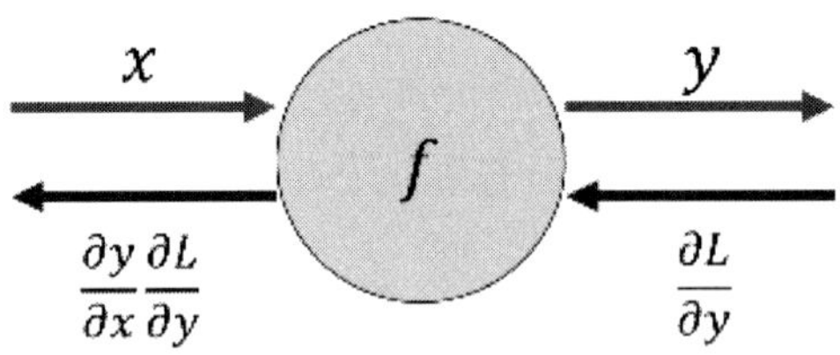

순전파와 역전파

35 https://cs231n.github.io/optimization-2/

계산그래프에서 계산을 왼쪽에서 오른쪽으로 진행하는 단계를 순전파(forward propagation)라고 한다. 위 그림 기준으로는 녹색 화살표가 된다. 입력값 x는 함수 f를 거쳐 y로 순전파되고 있다.

반대로 계산을 오른쪽에서 왼쪽으로 진행하는 단계를 역전파(backward propagation)라고 한다. 빨간색 화살표가 역전파를 가리킨다.

여기에서 $\partial L/\partial y$의 의미에 주목할 필요가 있다. 지금은 예시이기 때문에 노드를 하나만 그렸지만, 실제 뉴럴네트워크는 이러한 노드가 꽤 많은 큰 계산그래프이. 이 네트워크는 최종적으로는 정답과 비교한 뒤 Loss를 구한다

우리의 목적은 뉴럴네트워크의 오차를 줄이는 데 있기 때문에, 각 파라메터별로 Loss에 대한 그래디언트를 구한 뒤 그래디언트들이 향한 쪽으로 파라메터들을 업데이트한다. $\partial L/\partial y$는 y에 대한 Loss의 변화량, 즉 Loss로부터 흘러들어온 그래디언트라고 이해하면 좋을 것 같다.

이제는 현재 입력값 x에 대한 Loss의 변화량, 즉 $\partial L/\partial x$를 구할 차례이다. 이는 미분의 연쇄법칙(chain rule)에 의해 다음과 같이 계산할 수 있다.

$$\frac{\partial L}{\partial x} = \frac{\partial y}{\partial x}\frac{\partial L}{\partial y}$$

$\partial L/\partial y$는 Loss로부터 흘러들어온 그래디언트이다. $\partial L/\partial x$는 현재 입력값에 대한 현재 연산 결과의 변화량, 즉 로컬 그래디언트(Local Gradient)이다. 다시 말해 현재 입력값에 대한 Loss의 변화량은 Loss로부터 흘러들어온 그래디언트에 로컬 그래디언트를 곱해서 구한다. 이 그래디언트는 다시 앞쪽에 배치돼 있는 노드로 역전파된다.

➔ 덧셈 노드

덧셈 노드의 수식은 아래와 같다.

$$z = f(x, y) = x + y$$

덧셈 노드의 로컬 그래디언트는 아래와 같다.

$$\frac{\partial z}{\partial x} = \frac{\partial (x+y)}{\partial x} = 1$$

$$\frac{\partial z}{\partial y} = \frac{\partial (x+y)}{\partial y} = 1$$

덧셈 노드의 계산그래프는 아래와 같다. 현재 입력값에 대한 Loss의 변화량은 로컬 그래디언트에 흘러들어온 그래디언트를 각각 곱해주면 된다. 덧셈 노드의 역전파는 흘러들어온 그래디언트를 그대로 흘려보내는 걸 확인할 수 있다.

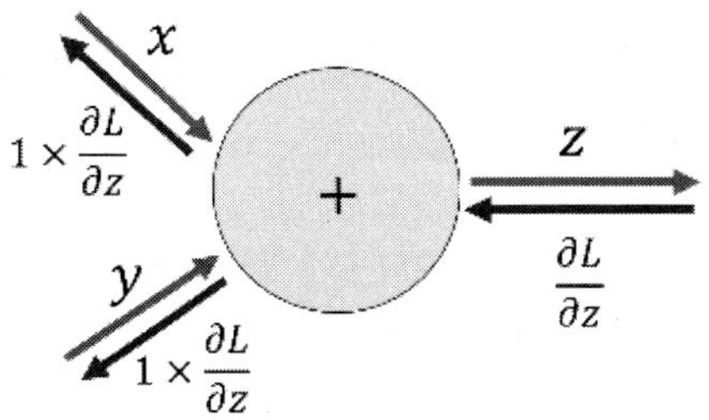

덧셈 노드

곱셈 노드

곱셈 노드의 수식은 아래와 같다.

$$z = f(x,y) = xy$$

덧셈 노드의 로컬 그래디언트는 아래와 같다.

$$\frac{\partial z}{\partial x} = \frac{\partial (xy)}{\partial x} = y$$

$$\frac{\partial z}{\partial y} = \frac{\partial (xy)}{\partial y} = x$$

곱셈 노드의 계산그래프는 아래와 같다. 현재 입력값에 대한 Loss의 변화량은 로컬 그래디언트에 흘러들어온 그래디언트를 각각 곱해주면 된다. 곱셈 노드의 역전파는 순전파 때 입력 신호들을 서로 바꾼 값을 곱해서 하류로 흘려보내는 걸 확인할 수 있다.

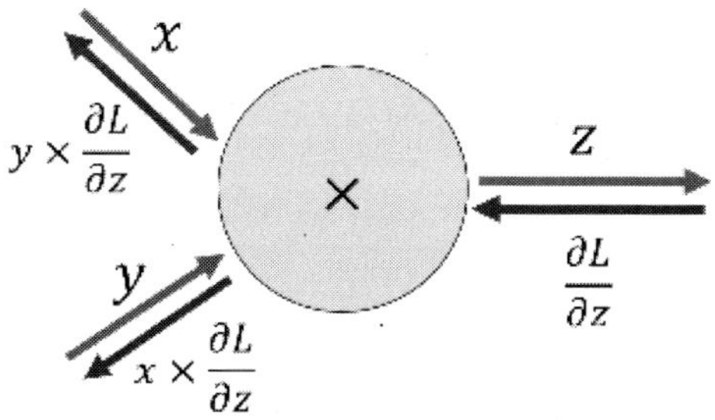

곱셈 노드

ReLU 노드

활성함수(activation function)로 사용되는 ReLU는 다음 식처럼 정의된다.

$$\begin{cases} y = x \ \ (x > 0) \\ y = 0 \ \ (x \le 0) \end{cases}$$

ReLU 노드의 로컬 그래디언트는 아래와 같다.

$$\begin{cases} \dfrac{\partial y}{\partial x} = 1 \ \ (x > 0) \\ \dfrac{\partial y}{\partial x} = 0 \ \ (x \le 0) \end{cases}$$

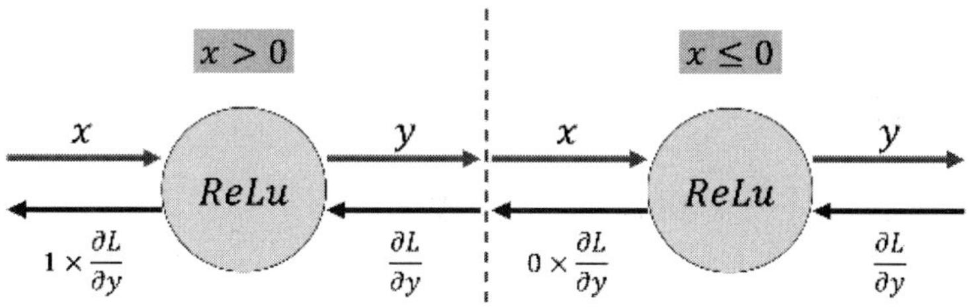

ReLU 노드

Sigmoid 노드

시그모이드(sigmoid) 함수는 아래와 같이 정의된다.

$$y = \frac{1}{1+e^{-x}}$$

시그모이드 노드의 로컬 그래디언트는 다음과 같다.

$$\frac{\partial y}{\partial x} = y(1-y)$$

계산그래프는 아래와 같다.

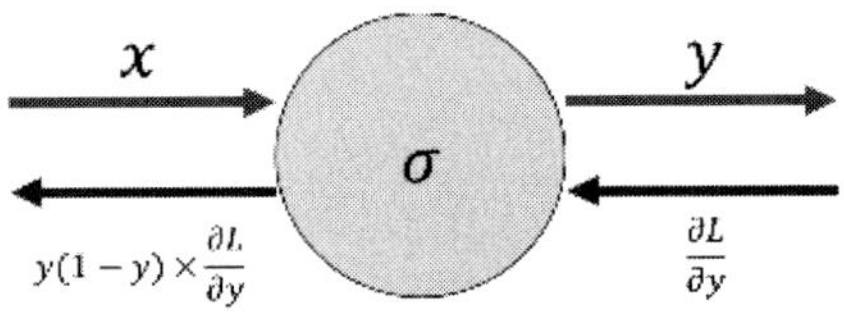

시그모이드 노드

하이퍼볼릭탄젠트 노드

하이퍼볼릭탄젠트 함수는 아래와 같이 정의된다.

$$y = \tanh(x)$$

하이퍼볼릭탄젠트 노드의 로컬 그래디언트는 다음과 같다.

$$\frac{\partial y}{\partial x} = 1 - y^2$$

계산그래프는 아래와 같다.

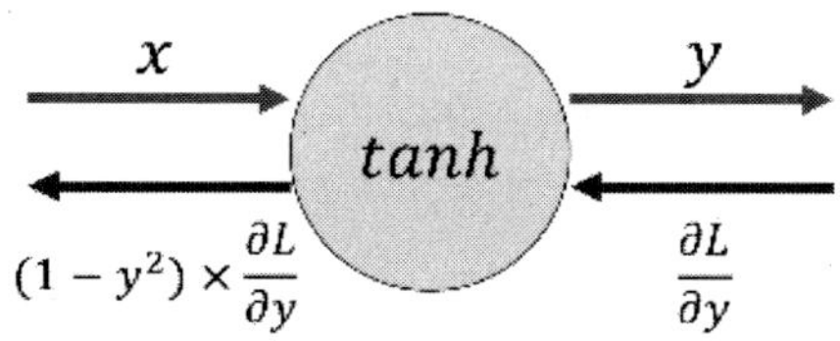

하이퍼볼릭탄젠트 노드

Hadamard product 노드

Hadamard product란 요소별 곱셈을 뜻한다. 기호로는 ⊙ 등을 쓴다. 예는 다음과 같다.

$$\begin{bmatrix}1\\3\\2\end{bmatrix}\odot\begin{bmatrix}4\\5\\3\end{bmatrix}=\begin{bmatrix}4\\15\\6\end{bmatrix}$$

두 벡터에 Hadamard product 연산을 적용했을 때, 그 로컬 그래디언트는 아래와 같다.

$$z_t\odot h_{t-1}=\begin{bmatrix}z_t^1 h_{t-1}^1\\ \vdots \\ z_t^n h_{t-1}^n\end{bmatrix}$$

$$\frac{\partial z_t\odot h_{t-1}}{\partial z_t}=\begin{bmatrix}\frac{\partial z_t^1 h_{t-1}^1}{\partial z_t^1} & \cdots & \frac{\partial z_t^1 h_{t-1}^1}{\partial z_t^n}\\ \vdots & & \vdots\\ \frac{\partial z_t^n h_{t-1}^n}{\partial z_t^1} & \cdots & \frac{\partial z_t^n h_{t-1}^n}{\partial z_t^n}\end{bmatrix}=\begin{bmatrix}h_{t-1}^1 & \cdots & 0\\ \vdots & & \vdots\\ 0 & \cdots & h_{t-1}^n\end{bmatrix}$$

Hadamard product 노드 또한 다른 노드와 마찬가지로 위 로컬 그래디언트에 흘러들어온 그래디언트를 내적(inner product)해서 현시점의 그래디언트를 계산한다. 그런데 흘러들어온 그래디언트 또한 벡터일 경우 Hadamard product 노드 로컬 그래디언트의 대각성분(위 그림에서 $h_{t-1}^1,\cdots,h_{t-1}^n$)과 요소별 곱셈을 하여도 같은 결과가 나온다.

Softmax-with-Loss 노드

뉴럴네트워크 말단에 보통 Softmax-with-Loss 노드를 둔다. Softmax-with-Loss란 소프트맥스 함수와 교차 엔트로피(Cross-Entropy) 오차를 조합한 노드를 뜻한다. 소프트맥스 함수와 교차 엔트로피의 수식은 아래와 같다.

a_k=노드의 입력값, L=노드의 출력값(Loss), t_k=정답 레이블(0 혹은 1), n=정답 범주 개수

$$y_k = \frac{\exp(a_k)}{\sum_{i=1}^{n} \exp(a_i)}$$

$$L = -\sum_{k} t_k \log y_k$$

Softmax-with-Loss 노드의 역전파 그래디언트를 구하려면 입력값에 소프트맥스 확률값을 취한 뒤, 정답 레이블에 해당하는 요소만 1을 빼주면 된다.

여러 가지 응용 모델

1 심층신경망(Deep Neural Networks, DNN)

직관적 의미

ANN기법의 여러 문제가 해결되면서 모델 내 은닉레이어를 많이 늘려서 학습의 결과를 향상시키는 방법이 등장하였고 이를 심층신경망 또는 딥뉴럴네트워크(Deep Neural Network, DNN)라고 한다. DNN은 은닉층을 2개 이상 지닌 학습 방법을 뜻한다. 컴퓨터가 스스로 분류레이블을 만들어 내고 공간을 왜곡하고 데이터를 구분 짓는 과정을 반복하여 최적의 구번선을 도출한다. 많은 데이터와 반복학습, 사전학습과 오류역전파 기법을 통해 현재 널리 사용되고 있다.

또한, DNN을 응용한 알고리즘이 바로 CNN, RNN인 것이고 이 외에도 LSTM, GRU 등이 있다.

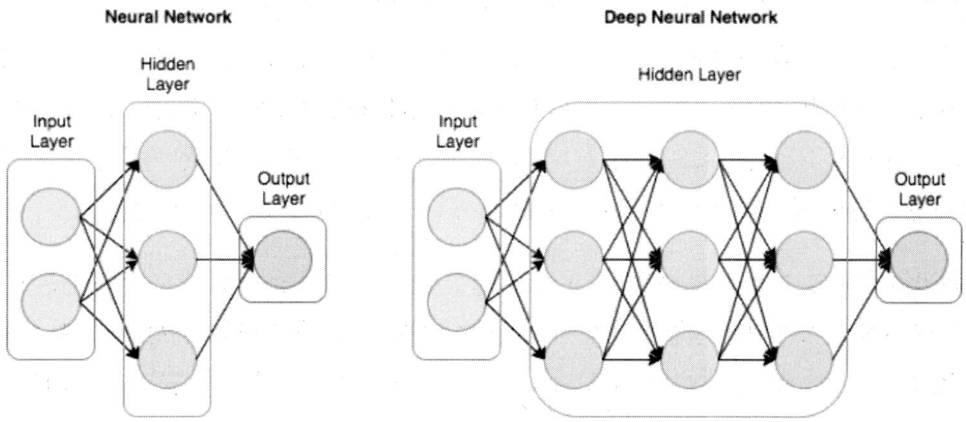

NN vs. DNN

모델 및 예시

신경망(Neural Network, NN)은 인간 두뇌의 학습 과정을 뉴런과 노드의 망 등을 통한 연산 과정으로 간주하여 만들어진 분류, 예측모델이다. 인간이 경험으로 학습하는 두뇌의 신경망 활동, 즉 생물학적으로 뇌가 감각 입력의 자극에 반응하는 원리를 그대로 활용하여 설계된 기법이다. 단순한 선형 패턴뿐 아니라 복잡한 비선형 패턴까지 학습할 수 있어 높은 예측성과를 보이고 있어 현재 데이터 분석 기법 중 가장 활발히 연구 및 활용되고 있다.

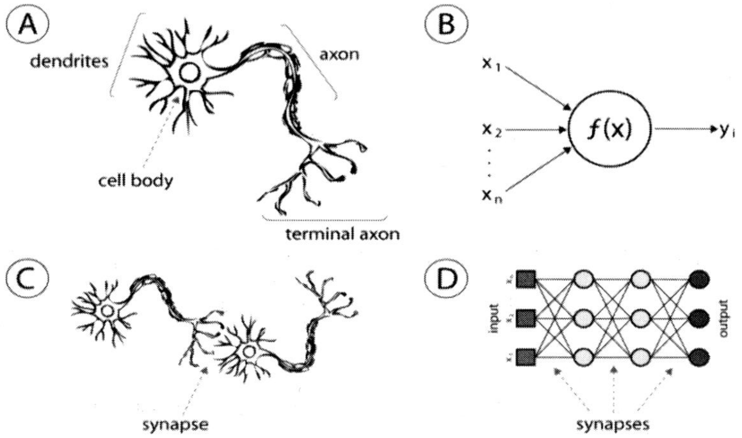

인간의 뉴런과 인공신경망 구조

신경망은 인간의 뇌에서 뉴런(neuron)이 패턴을 인식하는 방식을 유사하게 모사한 알고리즘이다. 뉴런은 신경망을 구성하는 각 신경세포를 지칭하며, 하나의 세포체(cell body)에 축색돌기(axon)와 여러 개의 수상돌기(dendrite)를 포함하고 있다. 신경세포들 간에 정보 전달은 시냅스(synapse)라고 불리는 신경세포의 접합부를 통해 이루어진다. 인경신경망은 이러한 신경세포들이 모이면 인간의 지능과 유사한 형태의 학습이 가능하다는 원리에서 시작되었다.

생물학적 신경망 이론을 단순화하여 논리, 산술, 기호 연산 기능을 구현할 수 있는 인공신경망 이론을 제시하였다.[36] 이어 생물학적 신경망에서 시그널이 발생할 때 나타나는 학습 및 기억 효과를 인공신경망에 적용할 수 있음을 보여줬으며, 이를 인공신경망에서 가중치(weight)라는 개념으로 설명했다.[37]

Hebb의 가중치(weight) 개념을 적용한 그림과 같은 단층 신경망인 퍼셉트론(perceptrons) 이론을 발표했다. 단층 퍼셉트론(Single-Layer Perceptron, SLP)은 입력층(Input Layer)과 출력층(Output Layer)으로만 구성되어 있다.[38]

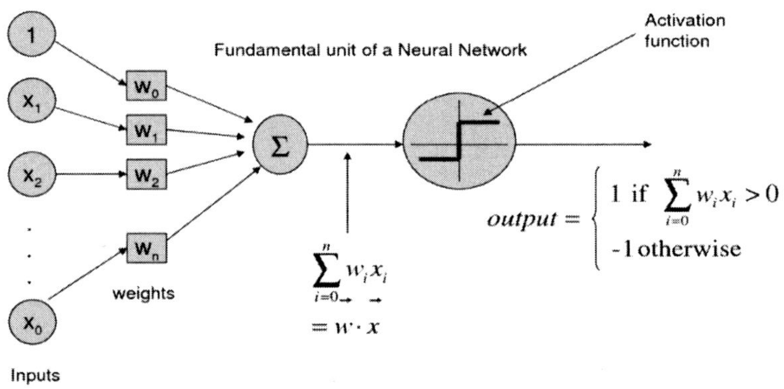

퍼셉트론(perceptron)의 구조

단층 퍼셉트론 구조에서 x_j는 입력값으로 각 데이터의 특성(feature)을 나타낸다. $_jw_j$는 각 입력값에 대한 가중치(weight)를 의미한다. 출력층은 입력값에 가중치를 곱한 값을 선형 결합한

36 McCulloch, W. S. and Pitts, W.(1943), "A Logical Calculus of the Ideas Immanent in Nervous Activity", *Bulletin of mathematical biophysics*, 5, 115-133.

37 Hebb, D. O.(1949), The Organization of Behavior, New York: Wiley & Sons.

38 Rosenblatt, F.(1958), "The Perceptron: A Probabilistic Model for Information Storage and Organization in the Brain. *Psychological Review*, 65(6), 386-408.

뒤 지정된 활성함수(activation function)를 통해 값의 부호를 조사하여 최종적으로 변수를 분류하거나 결과를 도출한다.

그러나 단층 퍼셉트론은 AND와 OR 같은 선형적 분리 데이터에는 적용이 가능하지만, XOR 등 비선형적 분리 데이터에는 적용할 수 없다.[39] 그림과 같이 입력층과 출력층 사이에 하나 이상의 은닉층을 두어 비선형적 분리 데이터 학습이 가능한 다층 퍼셉트론(Multilayer Perceptron, MLP) 모델을 제시하였다. 하지만 이 발표를 계기로 신경망에 대한 불신과 함께 인공지능은 1970년대까지 침제기를 맞게 된다.

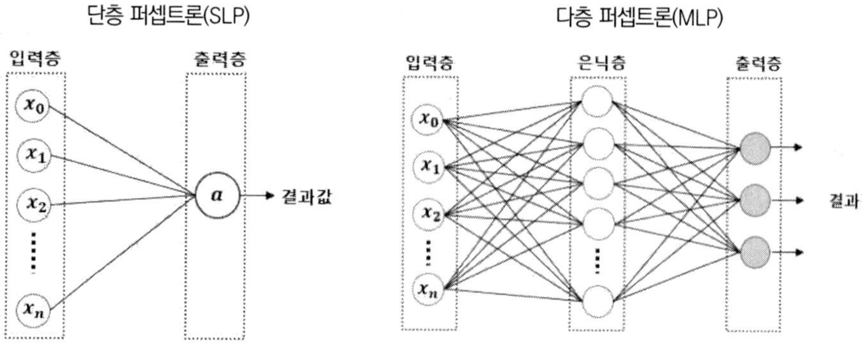

단층 퍼셉트론과 다층 퍼셉트론 구조

이후 최초로 다층 신경망의 학습 알고리즘으로 역전파 이론을 적용할 수 있음을 증명되었다.[40] 하지만 당시의 인공지능에 대한 학계의 냉랭한 분위기로 인해 8년 후에서야 다층 신경망 내용을 학술지에 공개된다. 이후 다른 재발견이 되면서 인공신경망은 새로운 국면을 맞이한다.

1980년대 역전파(backpropagation) 알고리즘이 소개되면서 인공신경망 연구가 다시 주목받게 되어 영상인식, 음성인식, 인공지능 등 다양한 분야에 적용되었다. 인공신경망은 일반적으로 은닉층과 노드 개수를 늘려 신경망 구조를 복잡하게 구현할수록 성능이 좋지만 수없이 많이 연결되어 있는 뉴런 사이의 연결선에 적절한 가중치를 할당해야 하는 파라미터(parameter) 훈련의 어려움과 알고리즘 처리 시간 증가 그리고 과적합(overfitting)에 대한 문제가 제기되면서 다시금 사람들의 관심에서 벗어나게 되었다.

39 Minsky, M. and Papert, S. A.(1969), Perceptrons: An Introduction to Computational Geometry, Cambridge MA. MIT Press

40 Werbos, P.(1974), "Beyond Regression : New Tools for Prediction and Analysis in the Behavioral Sciences", Ph.D. Thesis, Harvard University.

2006년 역전파 알고리즘이 학계에 본격적으로 알려졌다.[41] Hinto 팀은 연구들 통해 인공신경망의 각 층을 먼저 비지도학습(Unsupervised Learning) 방식을 통해 전처리를 진행하고 전처리한 자료를 여러 층으로 쌓아올리는 형태로 인공신경망 최적화 문제를 해결하였다. 이를 계기로 정체 상태에 있었던 인공신경망 연구가 다시 활기를 띠게 되었다.

2012년 Hinton 팀은 이미지 인식 경연대회에서 우승하면서 심층신뢰망(Deep Belief Network, DBN) 이론의 효과를 검증하였다. DBN을 통해 DNN에서 역전파 알고리즘이 갖는 문제점을 대부분 해결 가능하게 되었다. 또한 기존 심층 신경망의 과적합 문제를 해결할 수 있는 방안으로 신경망의 각 층에서 노드의 일부만을 사용하는 드롭아웃(dropout)기법이 고안되었으며, 기존에 활성함수로 사용하던 시그모이드 함수와 하이퍼볼릭 탄젠트 함수를 대체하여 ReLU(Rectified Linear Unit)를 사용함으로 심층신경망에서의 'Vanishing Gradient Problem'도 해결할 수 있게 되었다.

심층심경망(Deep Neural Network, DNN)은 그림과 같이 입력층(Input Layer)과 출력층(Output Layer) 사이에 복수 개의 은닉층(Hidden Layer)으로 이뤄진 인공신경망(Artificial Neural Network, ANN)을 말한다.

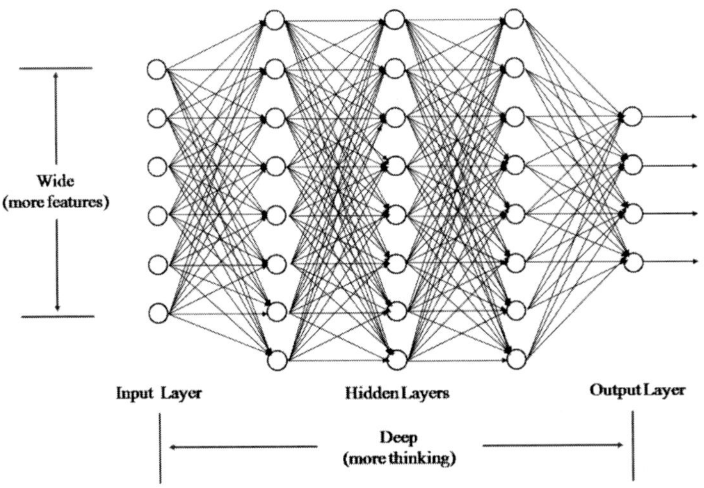

심층신경망(Deep Neural Network, DNN)의 구조

41 Hinton G. E., Osindero S. and Teh Y. W.(2006), "A Fast Learning Algorithm for Deep Belief Nets", *Neural computation*, 18(7), 1527-1554.

딥러닝(Deep Learning)하면 주로 심층신경망(DNN)이라고 말한다. 딥러닝은 컴퓨터가 데이터 자체를 신경망 구조를 통해 학습하는 머신러닝의 특정한 한 분야라고 할 수 있다. 딥러닝의 딥(deep)이라는 단어는 신경망을 구성하는 층(layer)의 개수가 많음을 의미한다. 2-3개의 층으로 구성된 인공신경망 구조를 쉘로우 러닝(Shallow Learning)이라고 하며, 층의 개수가 이보다 많으면 딥러닝이라 칭한다. 이와 같은 맥락에서 딥러닝을 심층신경망(DNN)이라고도 한다.

현재 영상처리 패턴인식 등 다양한 분야에 사용되고 있는 딥러닝 모델에는 영상, 이미지와 같은 데이터를 처리하는 합성곱신경망(Convolutional Neural Network, CNN)과 음성인식 및 음악, 시퀀스가 있는 문자열 데이터를 처리하는 순환신경망(Recurrent Neural Network) 등이 대표적으로 사용되고 있으며, 각 분야별로 특화된 기법으로 진화하며 인공지능의 발전을 주도하고 있다.

다중 퍼셉트론에서 순전파(feedforward)를 통해 도출된 오류를 역전파 알고리즘(back propagation)을 통해 해결하였고, 알고리즘은 다음과 같다.

다층 퍼셉트론에서 정보의 흐름은 입력층에서 시작해 은닉층을 거쳐 출력층으로 진행되어 예측값을 도출하는데, 정보를 전방으로 전달하는 알고리즘을 순전파(feedforward)라고 한다. 순전파에서 입력층의 노드 개수는 입력 데이터의 특성 개수와 일치해야 한다. 은닉층의 각 노드는 퍼셉트론 알고리즘에서와 같이 앞 층에서 전달 받은 데이터별로 해당 가중치를 선형적으로 곱하여 모두 합산하며, 합산된 값을 활성화 함수에 적용해 활성화 정도를 다음 층의 뉴런으로 전달하는 순전파를 수행한다. 특히 은닉층의 활성화 함수는 임계치를 적용해 활성화 정도를 부여하여 실질적으로 의미 없는 데이터는 사전에 필터링하는 역할을 수행한다. 출력층은 예측값의 유형에 따라 분류 또는 회귀를 수행한다. 반면 역전파(back propagation) 알고리즘은 신경망에서 가장 많이 사용되고 있는 학습 알고리즘으로 명확한 수학적 이론을 기반으로 하고 계산이 편리하다는 장점을 가지고 있다. 역전파 알고리즘은 예측값과 실제값의 차인 오차의 역전파를 통해 가중치를 구한다. 역전파(Back Propagation)를 이용한 가중치 업데이트 절차는 다음과 같다.

① 1단계 : 주어진 가중치를 적용하여 예측값을 계산한다(순전파)
② 2단계 : 예측값과 실제값의 차인 오차를 구하며, 오차의 가중치는 경사하강법(Gradient Descent)으로 찾는다(오차의 역전파 계산).
③ 3단계 : 모든 가중치에 대해 2단계를 수행한다.
④ 4단계 : 1~3단계를 주어진 학습 횟수만큼 반복한다.

역전파(back propagation)를 이용한 가중치 업데이트 절차 도식화하면 아래와 같다.

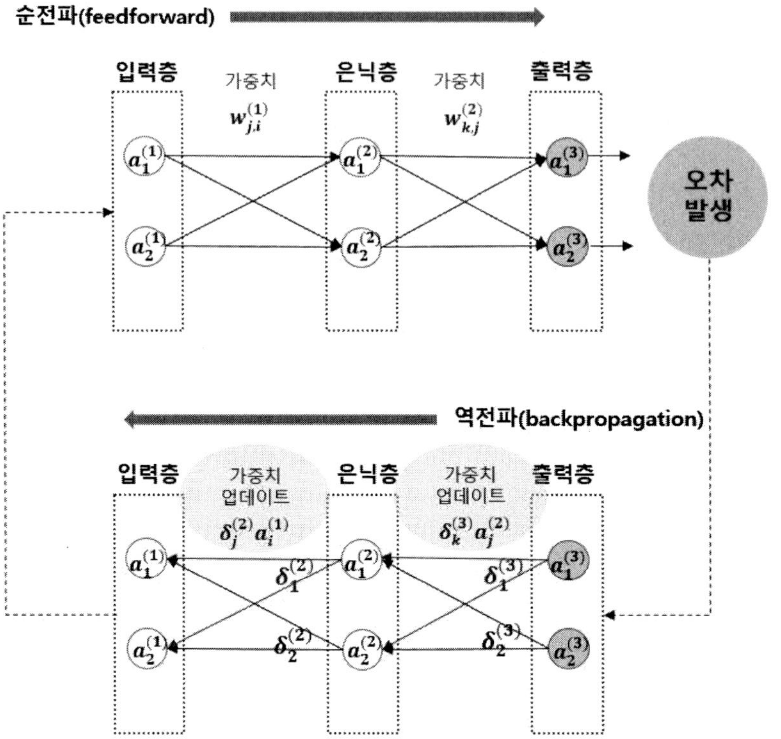

역전파 알고리즘 원리

역전파 알고리즘에서 오차를 최소화하는 가중치를 찾을 때 가장 널리 사용되는 최적화 알고리즘이 바로 경사하강법(Gradient Descent)이다. 경사하강법은 오차함수의 해당 가중치에 대한 경사(기울기)를 구하여 경사가 낮은 쪽으로 계속 이동하면서 지역최소값에 이를 때까지 반복하는 것으로, 수식은 다음과 같다.

$$v_{t+1} = \alpha f'(\theta_t)$$

$$\theta_{t+1} = \theta_t - v_{t+1}$$

v_{t+1} : 이동거리

$f'(\theta_t)$: 오차함수의 θ_t 에 대한 기울기(Gradient)

θ_{t+1} : 오차함수의 다음 기울기 측정 지점(가중치)

α : 학습률(Learning Rate) 또는 Step Size

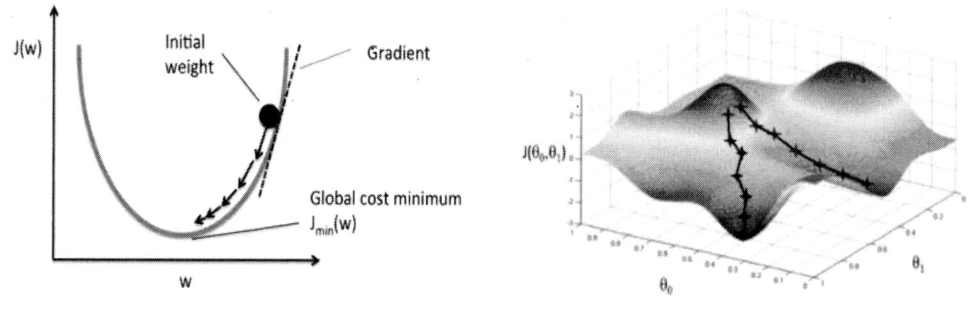

경사하강법(Gradient Descent) 개념도

경사하강법(Gradient Descent)은 네트워크의 파라미터(parameter)들을 θ 라고 했을 때, 네트워크의 추정치와 실제 결과값 간의 차인 오차함수의 값을 최소화하기 위해 기울기(gradient)를 이용하는 방법이다.

경사하강법에서는 θ 에 대해 기울기의 반대 방향으로 일정 크기만큼 이동해내는 것을 반복하여 오차함수의 값을 최소화하는 θ 의 값을 찾는다. 즉 기울기가 양수(+)이면 (-)방향으로 이동하고, 음수(-)이면 (+)방향으로 이동한다. 이때 α는 학습률(Learning Rate) 또는 step size로 불리며, 보통 0.01~0.001 정도를 사용한다. 경사하강법에는 Batch Gradient Descent, SGD(Stochastic Gradient Descent), Momentum, AdaGrad(Adaptive Gradient), RMSProp, ADAM(Adaptive Moment Estimation) 등이 있다.

활성함수(activation function)는 은닉층의 노드에서 데이터와 가중치를 선형적으로 곱하여 모두 합산한 값에 임계치를 적용해 활성화 정도를 부여하여 실질적으로 의미 있는 데이터와 의미 없는 데이터를 필터링하는 역할을 수행하며, 비선형 데이터 처리 및 역전파 학습의 성능 향상을 위해 계속 발전되어 왔다. 활성화 함수에는 Sigmoid, tanh, ReLU(Rectified Linear Unit) 등이 있다. Sigmoid 함수는 선형함수 결과를 0에서 1까지의 비선형 형태로 변환하는 함수이다. tanh 함수는 선형함수의 결과를 -1에서 1까지의 비선형 형태로 변환하는 함수이다. ReLU(Rectified Linear Unit) 함수는 최근에 가장 많이 사용되는 활성화 함수로서, 0보다 높은 입력값은 그대로 출력하고 대신 0 이하는 0을 출력한다.

CHAPTER 04 딥러닝

신경망은 지금까지의 비정형 자료라고 불리는 문자, 그림, 소리 데이터들을 분석하는데 많이 활용되어 왔다. 마케팅에서도 고객 댓글이나 SNS에서 자주 언급되는 단어나 내용에 대한 분석, 우수고객 확인 등에 많이 쓰이고 있다. 신경망은 빅데이터를 분석을 위해 활용되고 있는 Data Analytics의 한 가지 방법이라고 생각할 수 있다. 마케팅에서의 빅데이터는 비정형 자료뿐 아니라 숫자로 표현되는 많은 자료들도 회사의 내부의 거래기록이나 소비자들과의 접촉기록, 또 관련된 경기나 날씨를 포함한 외부의 다양한 자료들이 해를 거듭할수록 쌓인다. 한글을 포함한 문자 자료나 비정형 자료들도 많지만, 숫자로 표현할 수 있는 빅데이터를 통해서 보다 정교한 정보를 만들어낼 필요가 있다. 신경망(NN)은 인간 두뇌의 학습 과정을 뉴런과 노드의 망 등을 통한 연산 과정으로 간주하여 만들어진 분류, 예측모델이다. 인간이 경험으로 학습하는 두뇌의 신경망 활동, 즉 생물학적으로 뇌가 감각 입력의 자극에 반응하는 원리를 그대로 활용하여 설계된 기법이다. 단순한 선형 패턴뿐 아니라 복잡한 비선형 패턴까지 학습할 수 있어 높은 예측성과를 보이고 있어 현재 데이터 분석 기법 중 가장 활발히 연구 및 활용되고 있다

③ 재귀신경망(Recursive Neural Networks)

재귀신경망(Recursive Neural Networks)은 순환신경망(Recurrent Neural Networks, RNN)와 더불어 최근 자연언어처리 분야에서 각광받고 있는 모델이다. 두 모델 모두 음성, 문자 등 순차LSTM적 데이터 처리에 강점을 지니고 있고 이름도 유사하지만, 조금 차이가 있는 모델이다.[42]

직관적 의미

순환신경망(Recurrent Neural Networks, RNN)을 살펴보자. 글을 읽을 때, 바로 앞의 문맥에 맞게 다음 단어를 이해한다. 사람들은 모든 내용을 본 후 처음부터 생각하지 않는다. 즉, 기억력을 가지고 있다. 전통적인 뉴럴네트워크 알고리즘에서 이러한 기능을 구현할 수 없다.

비슷한 예로, 영화에서 어떠한 이벤트가 일어났었는지 구분(classify)하고 싶다고 하자. 기존의 뉴럴네트워크 알고리즘에서 특정 이벤트가 발생할 경우 이 전에 일어났던 이벤트 없이 미래의 이벤트를 설명하는 것이 쉽지 않다.

42 http://cs224d.stanford.edu/

순환신경망(Recurrent Neural Networks)은 루프가 들어있고, 과거의 데이터가 미래에 영향을 줄 수 있는 구조이다. 즉, 하나의 네트워크가 여러 개 복사된 형태를 띄고 있다. 각각의 네트워크는 다음 단계로 정보를 넘겨준다.

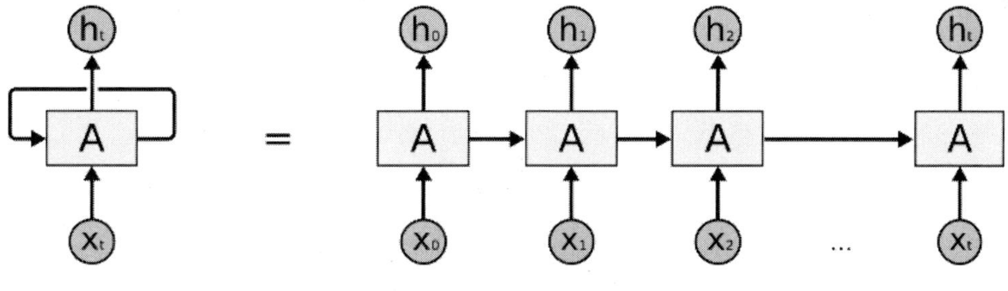

순환신경망

재귀신경망(Recursive Neural Networks)은 트리 구조의 입력값을 반드시 필요로 한다. 이런 구조의 데이터를 생성하려면 대단히 많은 시간과 비용을 들여야 하고 계산도 복잡하기 때문에 Recursive Neural Networks이 CNN이나 RNN에 비해 주목을 덜 받는 경향이 있다. 또한, RNN은 Recursive Neural Networks의 특수 케이스이다. 만약 Recursive Neural Networks는 각도를 회전해놓고 보면 본질적으로 RNN과 같다.

recurrent(순환) vs. convolutional(합성곱) vs. recursive(재귀)

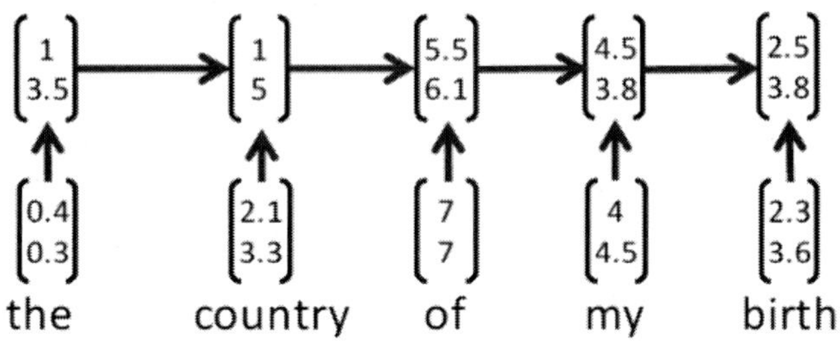

Recurrent Neural Networks

Recurrent Neural Networks(RNN)은 입력값을 순서대로 받아 하나씩 순차적으로 처리하는 네트워크 구조이다. 위 그림처럼 'the country of my birth'라는 입력이 있을 때 첫 입력값은

'the'에 대응하는 단어벡터, 그 다음은 'country', 이후엔 각각 'of', 'my', 'birth'가 된다. 그림을 보시면 아시겠지만 입력값 중간에 건너뛰거나 하는 부분이 없고 등장순서대로 그대로 처리하는 구조이다. 그리고 위 예시에선 은닉층이 하나인 구조를 띄고 있는데, 마지막 히든 노드인 (2.5, 3.8)은 이전까지의 모든 맥락(the, country, of, my)과 함께 현재 입력값(birth) 정보가 모두 반영된 것을 알 수 있다.

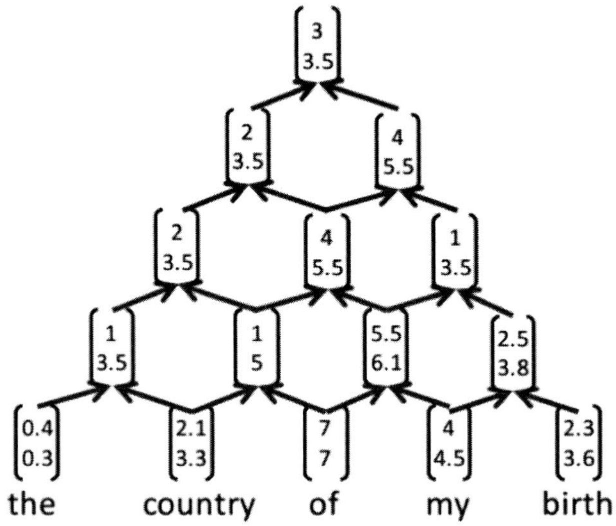

Convolutional Neural Networks

Convolutional Neural Networks(CNN)은 입력값을 생략없이 모두 반영한다는 점에서는 Recurrent Neural Networks와 큰 차이는 없다. 하지만 입력값을 하나씩(the, country…) 보는 Recurrent Neural Networks와 달리 CNN은 위 그림을 보면 2개 단어씩(the country, country of, of my…) 한 번에 분석하고 있다. 이것은 필터(filter)라는 존재 때문이다. 여기서는 필터의 크기가 단어 2개로 세팅되어 있는데, 이 필터가 한칸씩 슬라이딩하면서 문장을 단어 두개씩 읽어들여 분석하는 구조이다. Recurrent Neural Networks는 입력값이 순차적으로 주어지는 데 반해 CNN은 입력값이 한 번에 주어지고 필터가 슬라이딩하면서 문장의 지역적인 정보를 반영한다는 점도 조금 다른 점이다. 위 그림에서 삼각형의 상단 꼭지점에 해당하는 (3,3.5)가 이 문장의 전체 정보가 모두 반영된 벡터이다.

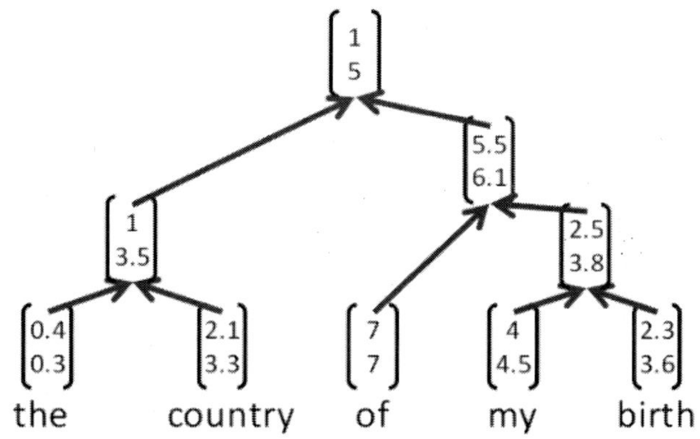

Recursive Neural Networks

Recursive Neural Networks은 입력값으로 주어지는 몇 개 단어를 묶어서 분석한다는 점에 있어서는 CNN과 유사하다. 하지만 CNN이 모든 지역정보를 생략없이 반영하는 데 비해 Recursive Neural Networks은 일부 정보는 스킵한다는 점에 큰 차이를 보인다. 예를 들어, 위 예시에서 'the country'는 'of my birth'의 수식을 받는 구조이다. 또 'the country', 'my birth'는 'country of'나 'of my'보다는 응집성이 높은 표현이다. CNN의 방식처럼 'the country', 'country of', 'of my'… 이렇게 모두 분석할 필요가 없다. RNN은 이러한 언어의 계층적(hierarchy(성질을 네트워크 구조에 적극 차용한 모델이라고 볼 수 있다.

Recursive Neural Networks은 Recurrent Neural Networks(RNN)나 CNN과 달리 트리 구조의 입력값을 반드시 필요로 한다. 이런 구조의 데이터를 생성하려면 대단히 많은 시간과 비용을 들여야 하고 계산도 복잡하기 때문에 Recursive Neural Networks는 CNN이나 Recurrent Neural Networks(RNN)에 비해 주목을 덜 받는 경향이 있다.

RNN은 Recursive Neural Networks의 특수 케이스이다. 만약 Recursive Neural Networks가 모든 지역정보를 순서대로 빠짐없이 반영한다고 하면 아래와 같이 구조를 그릴 수 있는데, 각도를 회전해놓고 보면 본질적으로 RNN과 같다.

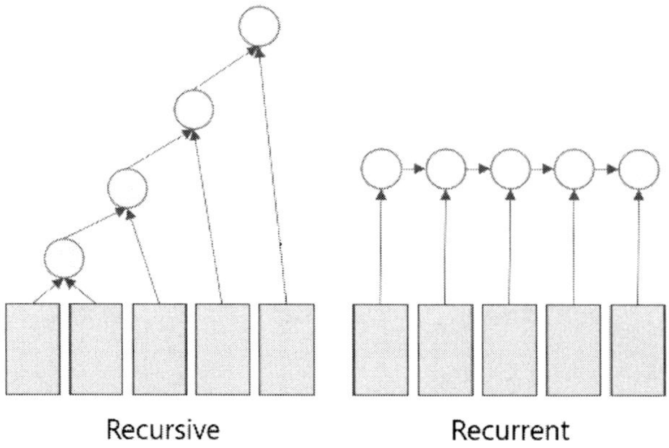

Recurrent Neural Networks(RNN)와 Recursive Neural Networks

Simple RNN

Simple RNN의 기본 구조

RNN은 다음과 같이 여러 단어의 결합으로 이뤄진 표현을 벡터공간에 임베딩해 파싱(parsing), 감성분석(sentiment analysis) 등 특정과업을 수행하는 걸 목표로 한다.

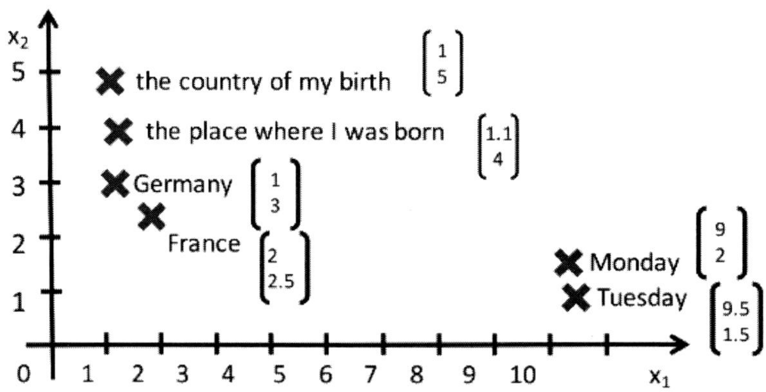

예시

가장 간단한 형태의 simple RNN 구조는 아래 그림처럼 나타낼 수 있다.

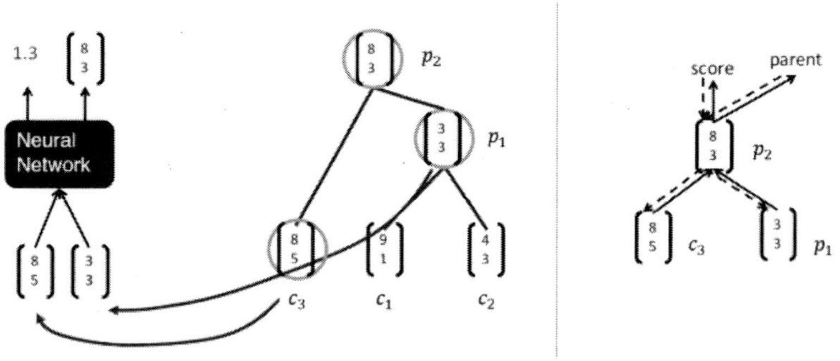

simple RNN

그림에서 자식노드(child node)에 해당하는 단어벡터 c_1과 c_2가 1차적으로 부모노드(parent node) p_1으로 합쳐지고, c_3는 p_1과 함께 p_2를 만들고 있다. RNN은 부모노드를 만들 때마다 점수(score)도 함께 생성한다. 만약 파싱을 위한 RNN이라면 이 스코어는 합쳐진 단어들이 얼마나 말이 되는지를 나타내는 점수가 될 것이고, 감성분석을 위한 RNN이라면 해당 점수는 긍/부정 극성을 나타내는 지표가 된다.

한편 p_2는 또 다른 부모노드와 합쳐지기 위해 또 다시 분석대상이 된다. 이를 도식화한 것이 우측 상단의 그림이며, 실선 방향은 계산그래프의 forward pass, 점선 방향은 그래디언트가 전파되는 backward pass로 이해하면 된다.

i번째 부모노드인 p_i의 값은 아래처럼 정의된다. 각 파라메터의 차원수 또한 아래처럼 정의된다다. 아래 식에서 pleft와 pright는 각각 i번째 부모노드의 좌측, 우측 자식노드이다. 위 그림 기준으로 하면 p_2의 pleft는 c_3, pright는 p_1이 되는 셈이다. d는 은닉층의 차원수로서 사용자가 지정해주는 하이퍼파라미터이다.

$$p_i = \tanh(W \cdot \begin{bmatrix} p_{left} \\ p_{right} \end{bmatrix} + b)$$

$$p_i \in R^d,\ \ b \in R^d,\ \ W \in R^{d \times 2d}$$

여기서 W와 pleft, pright의 결합은 아래와 같다.

$$W \bullet \begin{bmatrix} p_{left} \\ p_{right} \end{bmatrix} = [w_1 \quad w_2] \begin{bmatrix} p_{left} \\ p_{right} \end{bmatrix} = w_1 \times p_{left} + w_2 \times p_{right}$$

i번째 부모노드의 스코어, s_i를 구하는 식은 다음과 같다.

$$s_i = W_s p_i + b_s$$

RNN은 이렇게 부모노드로부터 계산된 스코어와 해당 부분에 해당하는 정답 레이블과 비교한 후 오차를 최소화하는 방향으로 역전파(backpropagation)를 수행해 파라메터(W, b, W_s, b_s)를 업데이트하는 방식으로 학습을 한다. 이와 더불어 말단노드의 입력값들에도 그래디언트를 역전파해 학습시킨다면 벡터공간에 임베딩된 단어벡터를 얻어낼 수 있을 것이다.

다만 여기서 주의할 것은 forward pass 수행 과정에서 경우의 수를 모두 고려해 스코어가 높은 선택지만을 뽑아 트리 구조를 만든다는 사실이다. 아래 예시를 보면 처음 부모노드를 만들 때 그럭저럭 말이 되는 'The cat', 'the mat'만 결합시킨다. 이후엔 'on the mat'을 만든다. 이런 식으로 반복 수행해서 전체 문장 'The cat sat on the mat'의 트리 구조를 구축한다. 학습 초기엔 이런 결합이 중구난방 이루어지다가 어느 정도 학습이 진행되면 정답과 유사하게 트리 구조가 만들어지게 된다.

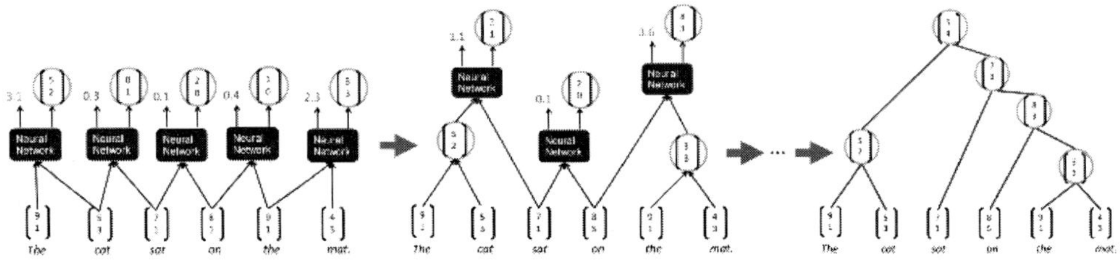

forward pass

학습 과정에서의 트리 탐색은 greedy인 방식이다. 트리 구조 탐색시 Beam Search Algorithm 등을 이용한다고 한다. Beam Search 알고리즘은 최고우선탐색(Best-First Search) 기법을 기본으로 하되, 기억해야 하는 노드 수를 제한해 효율성을 높인 방식이다.

Simple RNN의 forward pass

지금까지 이야기한 simple RNN 구조를 다시 그림으로 그리면 아래와 같다. 방향을 회전하였고, 본질적으론 같은 그림이다. 부모노드마다 스코어값이 모두 나온다는 점에 유의해서 보시면 좋을 것 같다. p_1에서 나오는 스코어는 s_1이고, 마찬가지로 p_2에서 s_2가 나온다.

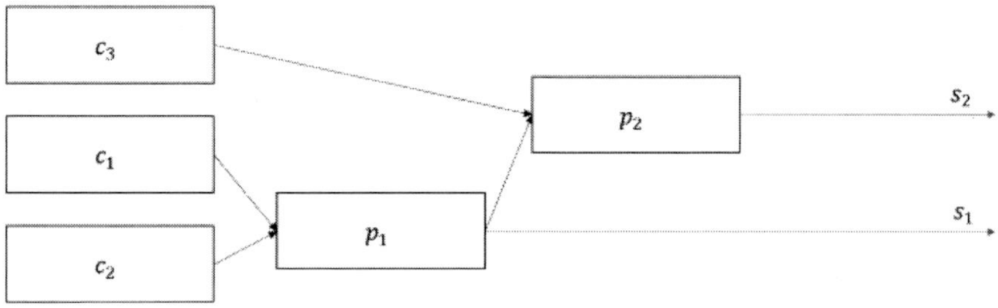

forward pass

위 그림을 토대로 forward compute pass를 그리면 아래 그림과 같다. 우선 첫번째 부모노드 p_1이 만들어지는 과정을 보자. 앞에서 소개드린 수식을 계산그래프로 바꿔놓은 것일 뿐이다.

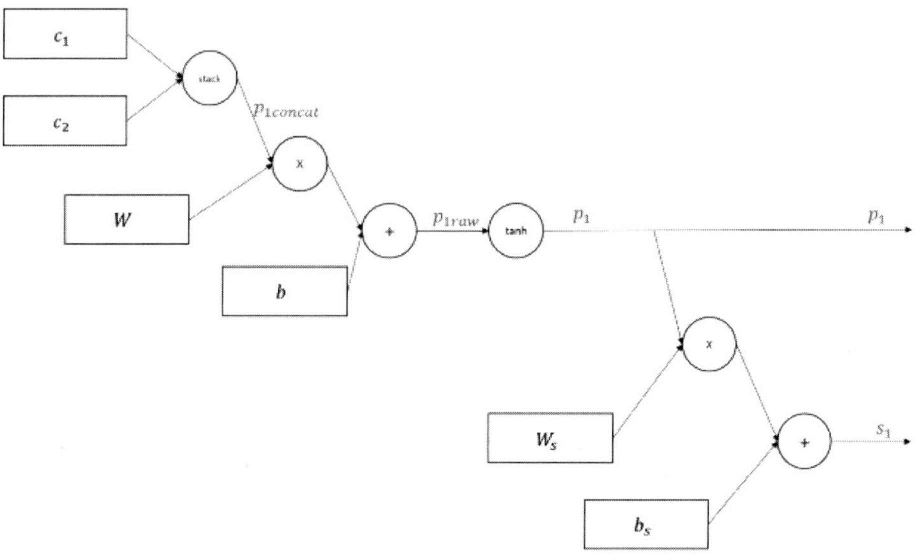

forward compute pass

CHAPTER 04 딥러닝

이어서 p_2를 만드는 과정이다. p_2는 c_3에 위 그림에서 만들어진 p_1을 결합해 만든다.

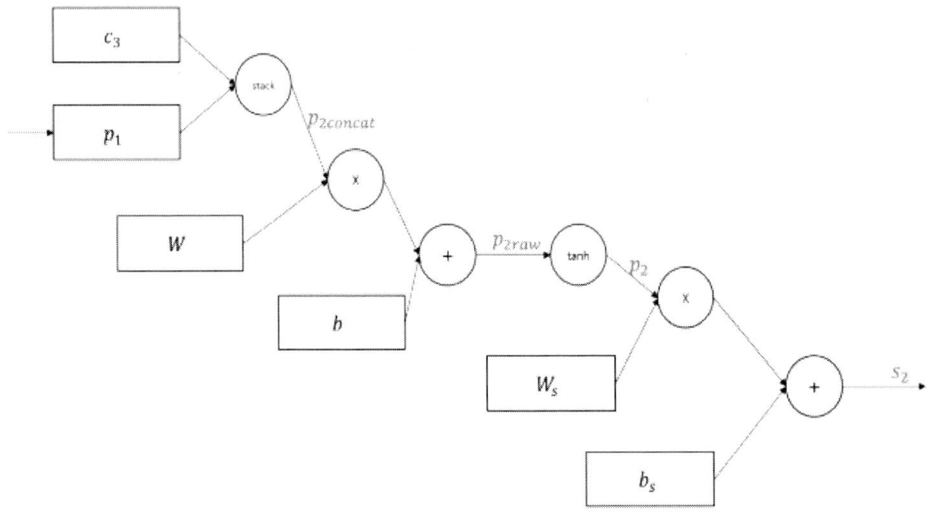

forward compute pass

Simple RNN의 backward pass

역전파는 계산과정의 맨 마지막 부분에서 시작되어야 한다.

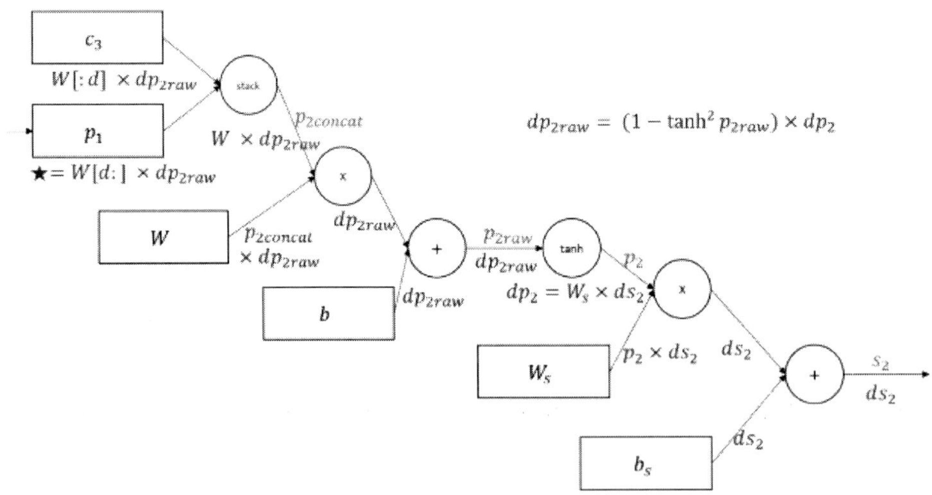

backward pass

우선 forward pass 과정에서 산출된 s_2와 정답을 비교해서 계산된 손실(Loss)값은 이미 구해졌다고 하자. 그렇다면 s_2의 그래디언트, 즉 $\partial L/\partial s_2$가 최초로 전파된 그래디언트값이 될 것이다. 이를 편의상 ds_2라고 적었다. 계산그래프에서 덧셈연산은 흘러들어온 그래디언트가 그대로 전파되므로 $\partial L/\partial b_s$는 흘러들어온 그대로 ds_2가 될 것이다.

곱셈 연산은 [흘러들어온 그래디언트 * 로컬 그래디언트(상대방의 변화량)]이므로 dW_s는 $p_2 * ds_2$가 된다. 마찬가지로 dp_2는 $W_s * ds_2$가 된다. 하이퍼볼릭탄젠트 $\tanh(x)$의 로컬 그래디언트는 $1-\tanh^2(x)$이므로 $dp2raw$는 여기에 흘러들어온 그래디언트 dp_2를 곱해준 값이 된다.

$dp2raw$는 덧셈 그래프를 타고 그대로 분배가 되기 때문에 db는 그대로 $dp2raw$가 된다. dW와 $dp2concat$의 로컬 그래디언트는 각각 $p2concat$, W이므로 여기에 흘러들어온 그래디언트 $dp2raw$를 곱해주면 dW와 $dp2concat$을 구할 수 있다.

마지막 dc_3와 dp_1에 주의할 필요가 있다. c_3(d차원 벡터)과 p_1(d차원 벡터)은 사실 별도의 연산을 하지 않고 그냥 합치기만 한 후 ($2d$차원 $\times$ d차원) 크기의 가중치 행렬 W을 곱해 p_2를 만들어 나가게 된다. 역전파를 할 때는 이 가중치 행렬의 절반이 c_3의 그래디언트에, 나머지 절반이 p_1의 그래디언트에 영향을 미치게 된다.

따라서 c_3의 그래디언트는 $dp2concat$의 첫번째 절반, p_1의 그래디언트는 $dp2concat$의 나머지 절반이 된다. 혹시 헷갈리면 RNN의 기본구조에서 W와 pleft, pright의 결합 부분을 별도로 설명한 식을 보시면 좋다.

한편 p_1의 그래디언트, 즉 dp_1은 별도로 별표 표시를 해두었다. Recursive Neural Networks는 이름 그대로 부모노드의 값을 재귀적으로 구해 나가는 구조이기 때문에 역전파 과정에서 그래디언트도 재귀적으로 반영되게 된다. 다음 그림에서 dp_1이 어떻게 반영되는지를 보자.

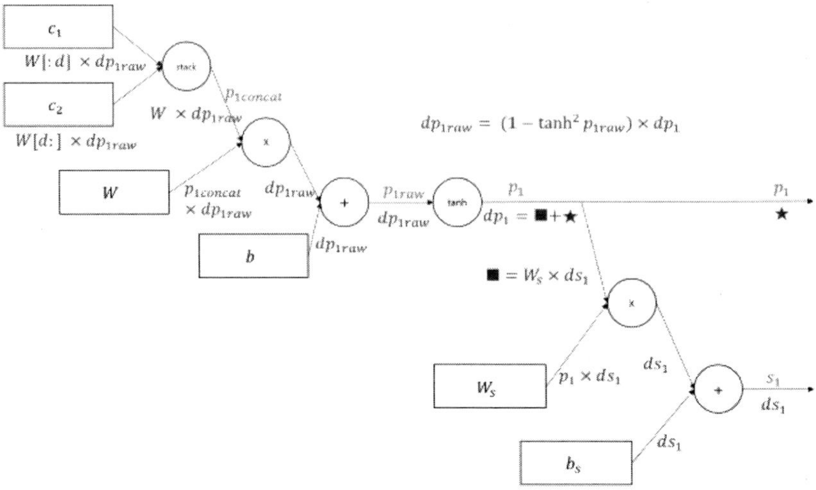

dp_1의 반영

자, 이제 첫번째 부모노드 p_1을 구하는 그래프로 왔다. 우선 p_1을 통해서도 스코어 s_1이 계산되기 때문에 여기에서 전파되어 들어오는 그래디언트가 있다. 이를 ■로 표시했다. 그리고 앞선 그림에서 ★ 또한 역전파 과정에서 흘러들어오게 된다. 따라서 위 그림에서 dp_1은 ■와 ★를 더해 만들어지게 되는 것이다.

이후 역전파 과정은 이전에 설명했던 과정과 동일하다. 지금은 이해를 돕기 위해 가장 단순한 구조의 RNN을 예로 들어서 설명을 드렸지만 이 구조가 깊어지면 각 층위마다 그래디언트가 재귀적으로 더해지면서 복잡한 모델로 변한다.

Syntatically-Untied RNN

Syntatically-Unitied RNN(SU-RNN)은 동사구, 명사구 등 기능이 다른 표현에 각기 다른 가중치를 적용하는 RNN 구조이다. 반면 Simple RNN은 품사 정보에 상관없이 모든 구(phrase)에 같은 가중치를 쓴다. 둘의 비교는 아래 그림과 같다.

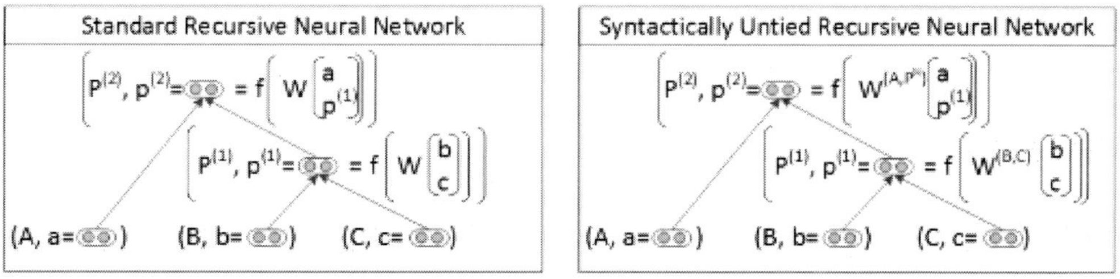

SU-RNN

아래는 학습이 잘 된 SU-RNN의 가중치를 시각화한 그림이다. 붉은색일수록 그 가중치가 높다. DT(관사)-NP(명사구)를 맡은 가중치 W를 보면 DT를 커버하는 w_1의 대각성분보다 NP를 담당하는 w_2의 대각성분의 값이 큰 걸 확인할 수 있다. 이는 SU-RNN이 과업을 수행할 때 관사보다는 명사구를 중요하게 취급했다는 반증이다. 실제로 'a cat', 'the cat' 같은 표현에서 a, the보다는 cat이라는 명사가 중요한 의미를 가지니 직관적으로 납득할 만한 결과인 것 같다. 반면 VP(동사구)-NP(명사구)의 경우 둘 모두 중요하게 취급하고 있는 점을 볼 수 있다.

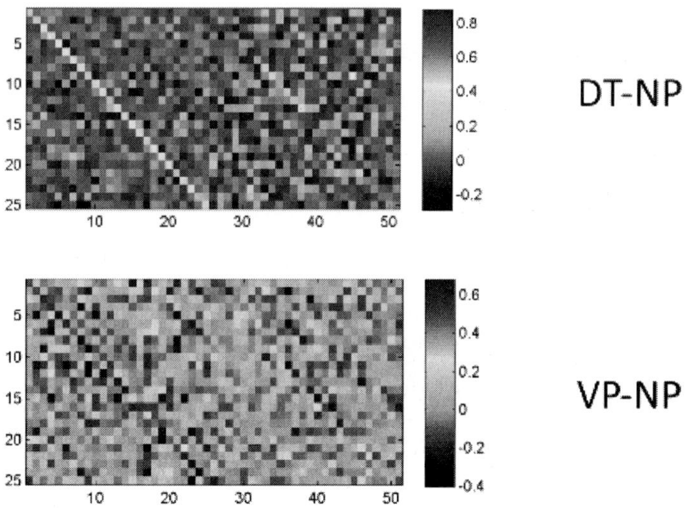

학습이 잘 된 SU-RNN의 가중치를 시각화

③ CNN

직관적 의미

기존의 방식은 데이터에서 지식을 추출해 학습이 이루어졌지만, CNN은 데이터의 특징을 추출하여 특징들의 패턴을 파악하는 구조이다. 이 CNN 알고리즘은 합성곱(convolution) 과정과 압축(pooling) 과정을 통해 진행된다. 합성곱 레이어(convolution layer)와 압축 레이어(pooling layer)를 복합적으로 구성하여 알고리즘을 만들어 낸다.

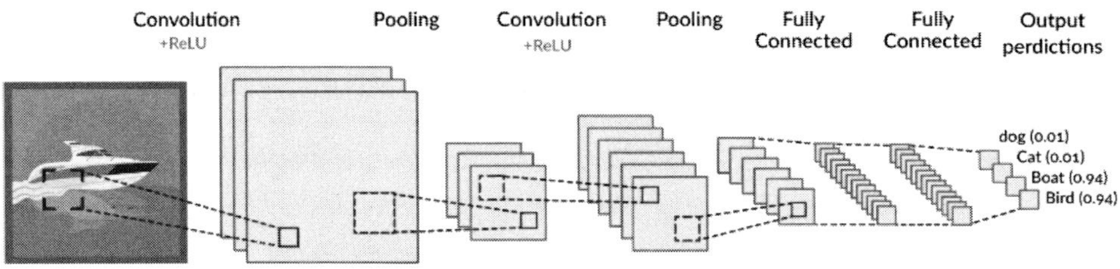

CNN 과정

여기서 합성곱(convolution) 과정은 다음과 같다. 데이터의 특징을 추출하는 과정으로 데이터에 각 성분의 인접 성분들을 조사해 특징을 파악하고 파악한 특징을 한 장으로 도출시키는 과정이다. 여기서 도출된 장을 합성곱 레이어(convolution layer)라고 한다. 이 과정은 하나의 압축 과정이며 파라미터의 개수를 효과적으로 줄여주는 역할을 한다.

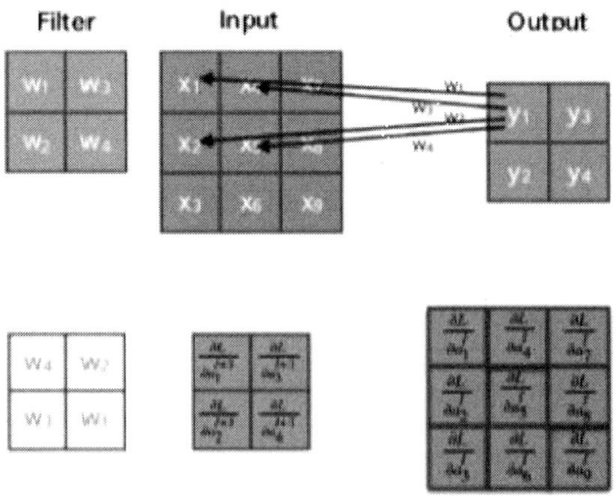

합성곱

압축(pooling) 과정은 합성곱(convolution) 과정을 거친 레이어의 사이즈를 줄여주는 과정이다. 단순히 데이터의 사이즈를 줄여주고, 노이즈를 상쇄시키고 미세한 부분에서 일관적인 특징을 제공한다.

CNN은 보통 정보추출, 문장 분류, 얼굴인식 등의 분야에서 널리 사용되고 있다.

모델 및 예시

CNN은 필터링 기법을 인공신경망에 적용함으로써 이미지를 더욱 효과적으로 처리하기 위한 기법으로 출발하였다.[43] 이후 발전하여 현재 딥러닝에서 이용되고 있는 형태의 CNN이 제안되었다.[44] 기존의 필터링 기법은 그림 1과 같이 고정된 필터를 이용하여 이미지를 처리했다. CNN의 기본 개념은 "행렬로 표현된 필터의 각 요소가 데이터 처리에 적합하도록 자동으로 학습되게 하자"는 것이다. 예를 들어, 이미지를 분류 알고리즘을 개발하고자 할 때 우리는 필터링 기법을 이용하여 분류 정확도 향상시킬 수 있을 것이다. 그러나 한 가지 문제점은 사람의 직관이나 반복적인 실험을 통해 알고리즘에 이용될 필터를 결정해야 한다는 것이다. 이러한 상황에서 CNN을 이용한다면, 알고리즘은 이미지 분류 정확도를 최대화하는 필터를 자동으로 학습할 수 있다.

CNN의 구조

일반적인 인공신경망은 어파인 레이어(Affine Layer)으로 명시된 전결합 레이어(fully-connected) 연산과 ReLU와 같은 비선형 활성함수(nonlinear activation function)의 합성으로 정의된 계층을 여러 층 쌓은 구조이다.

여기서 어파인 레이어(Affine Layer)는 뉴럴네트워크의 표준 레이어로, 완전 연결된 레이어이다. CNN이나 RNN의 최종 예측 직전 단계에서 자주 사용된다. $f(Wx+b)$ 형태로 표현할 수 있다. 또한, 이전 계층의 모든 뉴런과 결합된 형태의 Layer를 전결합 레이어(fully-connected layer) 또는 Dense Layer라고 한다.

43 LeCun, Y., Boser, B., Denker, J. S., Henderson, D., Howard, R. E., and Hubbard, W.(1989), "Backpropagation Applied to Handwritten Zip Code Recognition", Neural Computation, 1(4), 541-551.

44 LeCun, Y., Bottou, L., Benzio, Y., and Haffner, P.(1998), "Gradient-Based Learing Applied to Document Recognition", Proceedings of the IEEE, 86(11), 2278-2324.

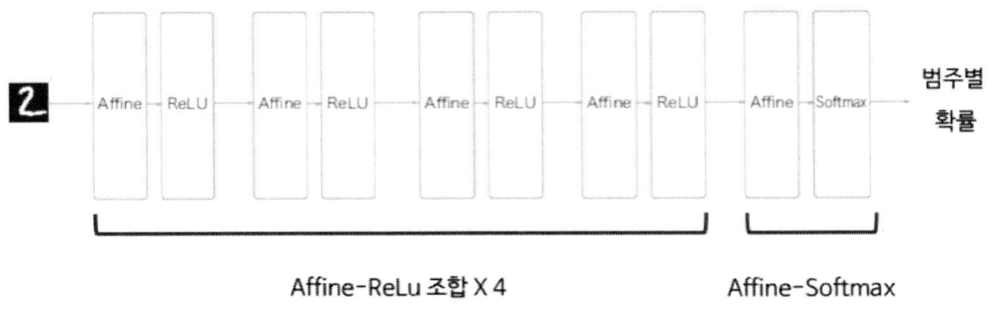

일반적인 인공신경망 구조

CNN은 아래와 합성곱 레이어(convolutional layer)과 압축 레이어(pooling layer)이라고 하는 새로운 층을 fully-connected 계층 이전에 추가함으로써 원본 이미지에 필터링 기법을 적용한 뒤에 필터링된 이미지에 대해 분류 연산이 수행되도록 구성된다.

즉, CNN에서는 fully-connected 대신 다음 두 레이어를 활성화 함수 앞 뒤에 배치하는 차이가 있다. 바로 합성곱 레이어(convolutional layer)와 압축 레이어(pooling layer)이다. 그러나 모두 이렇게 바뀌는 것은 아니고 출력에 가까운 층에서는 fully-connected layer를 사용할 수 있다. 또한, 마지막 출력 계층에는 fc-Soft Max가 그대로 이용된다.

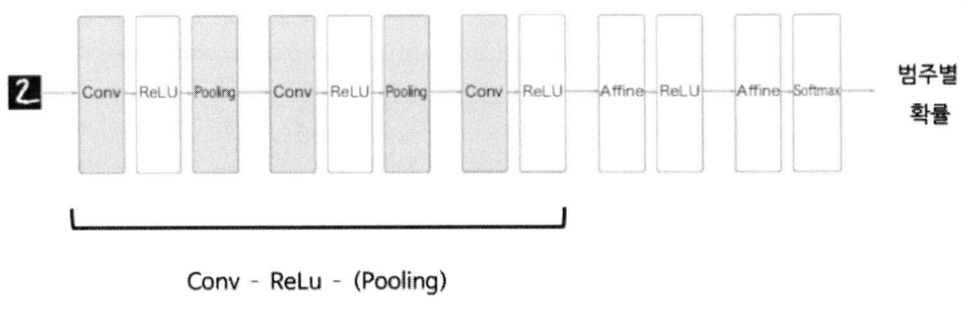

CNN 구조

합성곱(Convolution)

가. 채널(channel)

이미지 픽셀 하나하나는 실수이다. 컬러 사진은 천연색을 표현하기 위해서, 각 픽셀을 RGB 3

개의 실수로 표현한 3차원 데이터이다. 컬러 이미지는 3개의 채널로 구성된다. 반면에 흑백 명암만을 표현하는 흑백 사진은 2차원 데이터로 1개 채널로 구성된. 높이가 39 픽셀이고 폭이 31 픽셀인 컬러 사진 데이터의 shape은 39×31× 3)으로 표현된다. 반면에 높이가 39픽셀이고 폭이 31픽셀인 흑백 사진 데이터의 shape은 39×31×1이다. 합성곱 레이어(convolutional layer)에 유입되는 입력 데이터에는 한 개 이상의 필터가 적용된다. 1개 필터는 피처맵(feature map)의 채널이 된다. 합성곱 레이어(convolutional layer)에 n개의 필터가 적용된다면 출력 데이터는 n개의 채널을 갖게 된다.

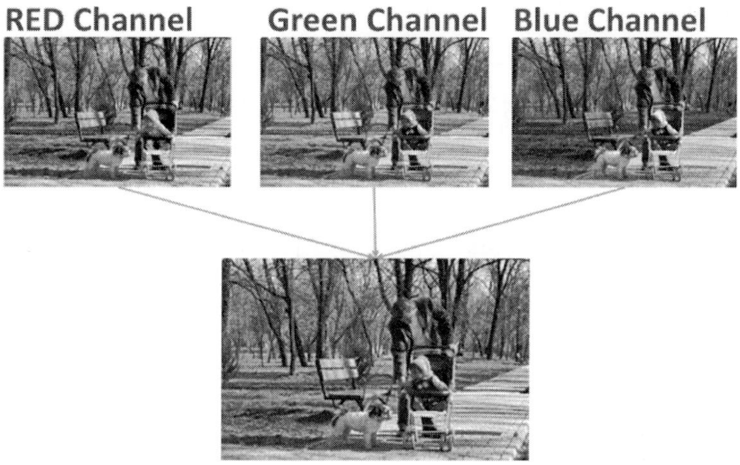

3개의 채널로 만든 컬러 사진

나. 필터(filter)와 Stride

필터는 이미지의 특징을 찾아내기 위한 공용 파라미터이다. 필터(filter)를 커널(kernel)이라고 하기도 한다. 필터는 일반적으로 4×4이나 3×3과 같은 정사각 행렬로 정의된다. CNN에서 학습의 대상은 필터 파라미터이다.

입력 데이터를 지정된 간격으로 순회하며 채널별로 합성곱을 하고 모든 채널(컬러의 경우 3개)의 합성곱의 합을 피처맵(feature map)으로 만든다. 필터는 지정된 간격으로 이동하면서 전체 입력데이터와 합성곱하여 피처맵(feature map)을 만든다. 아래 그림은 채널이 1개인 입력 데이터를 3×3 크기의 필터로 합성곱하는 과정이다.

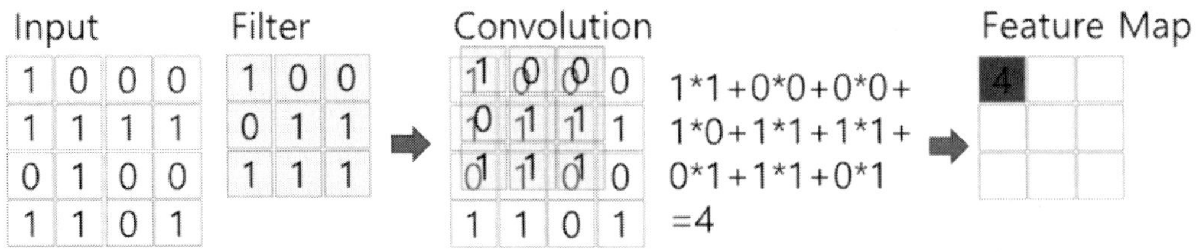

1개의 채널에 대한 합성곱 계층의 동작

필터는 입력 데이터를 지정한 간격으로 순회하면서 합성곱을 계산한다. 여기서 지정된 간격으로 필터를 순회하는 간격을 stride라고 한다. 아래 그림은 stride가 1로 필터를 입력 데이터에 순회하는 예제이다. stride가 2로 설정되면 필터는 2칸씩 이동하면서 합성곱을 계산한다.

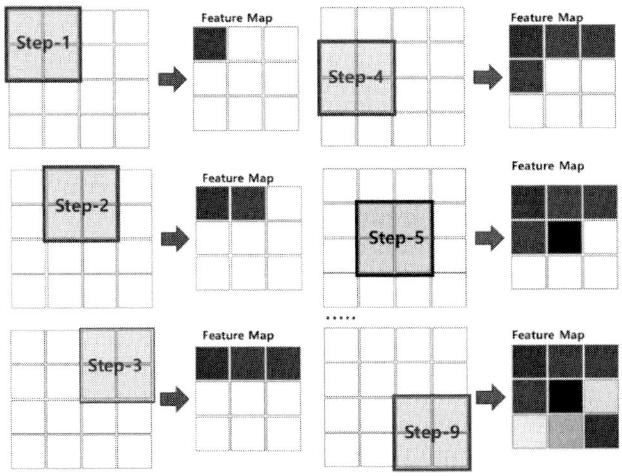

피처맵 과정

입력 데이터가 여러 채널을 가지는 경우 필터는 각 채널을 순회하며 합성곱을 계산한 후, 채널별 피처 맵을 만든다. 그리고 각 채널의 피처 맵을 합산하여 최종 피처 맵으로 반환한다. 아래 그림에서 입력 데이터는 채널 수와 상관없이 필터 별로 1개의 피처 맵이 만들어 진다.

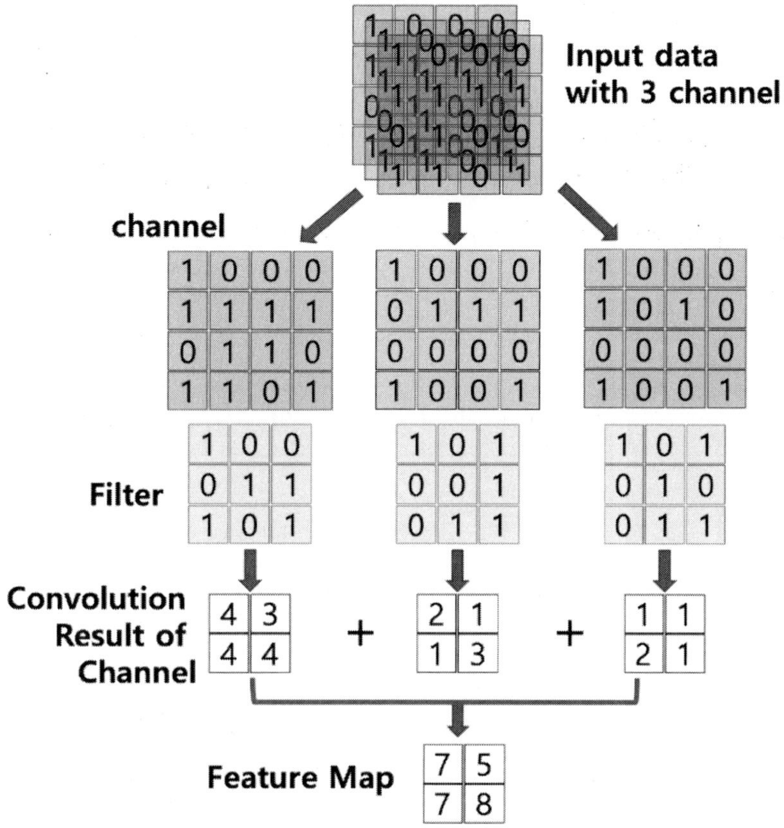

멀티 채널 입력 데이터에 필터를 적용한 합성곱 계산 절차

하나의 합성곱 레이어(convolution layer)에 크기가 같은 여러 개의 필터를 적용할 수 있다. 이 경우에 피처맵(feature map)에는 필터 갯수만큼의 채널이 만들어진다. 입력데이터에 적용한 필터의 개수는 출력 데이터인 피처맵(feature map)의 채널이 된다.

합성곱 레이어(convolution layer)의 입력 데이터를 필터가 순회하며 합성곱을 통해서 만든 출력을 피처맵(feature map) 또는 activation map이라고 한다. 피처맵(feature map)은 합성곱 계산으로 만들어진 행렬이다. activation map은 피처맵(feature map) 행렬에 활성함수를 적용한 결과이다. 즉, 합성곱 레이어(convolution layer)의 최종 출력 결과가 activation map이다.

다. 패딩(Padding)

합성곱 레이어(convolution layer)에서 필터(filter)와 stride에 작용으로 피처맵(feature map) 크기는 입력데이터보다 작다. 합성곱 레이어(convolution layer)의 출력 데이터가 줄어드는 것을 방지하는 방법이 패딩이다. 패딩은 입력 데이터의 외각에 지정된 픽셀만큼 특정 값으로 채워 넣는 것을 의미한다. 보통 패딩 값으로 0으로 채워 넣는다.

아래 그림은 32×32×3 데이터를 외각에 2 pixel을 추가하여 36×36×3 행렬을 만드는 예제이다. padding을 통해서 합성곱 레이어(convolution layer)의 출력 데이터의 사이즈를 조절하는 기능이 외에, 외각을 "0"값으로 둘러싸는 특징으로 부터 인공 신경망이 이미지의 외각을 인식하는 학습 효과도 있다.

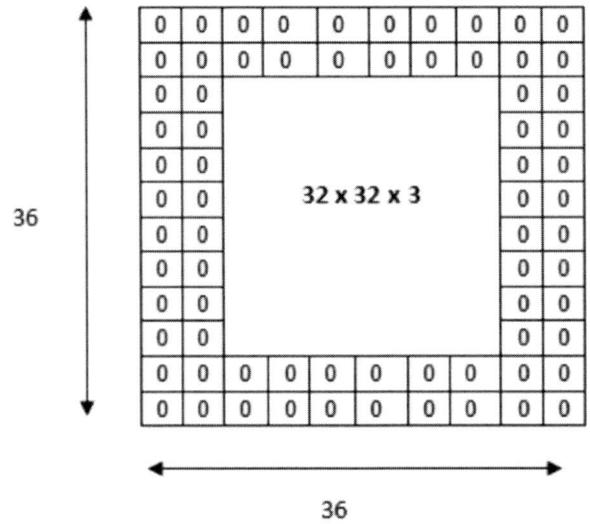

padding 예제: 2pixel 추가

라. 압축 레이어(Pooling Layer)

풀링 레이어는 합성곱 레이어(convolution layer)의 출력 데이터를 입력으로 받아서 출력 데이터(activation map)의 크기를 줄이거나 특정 데이터를 강조하는 용도로 사용된다. 풀링 레이어를 처리하는 방법으로는 max pooling과 average pooling, min pooling이 있다. 정사각 행렬의 특정 영역 안에 값의 최댓값을 모으거나 특정 영역의 평균을 구하는 방식으로 동작한다. 아래 그림은 max pooling과 average pooling의 동작 방식을 설명한다. 일반적으로 pooling 크기와 stride를 같은 크기로 설정하여 모든 원소가 한 번씩 처리 되도록 설정한다.

압축 레이어(pooling layer)는 합성곱 레이어(convolution layer)r와 비교하여 다음과 같은 특징이 있다.

① 학습대상 파라미터가 없음

② 압축 레이어(pooling layer)를 통과하면 행렬의 크기 감소

③ 압축 레이어(pooling layer)를 통해서 채널 수 변경 없음

CNN에서는 주로 max pooling을 사용한다.

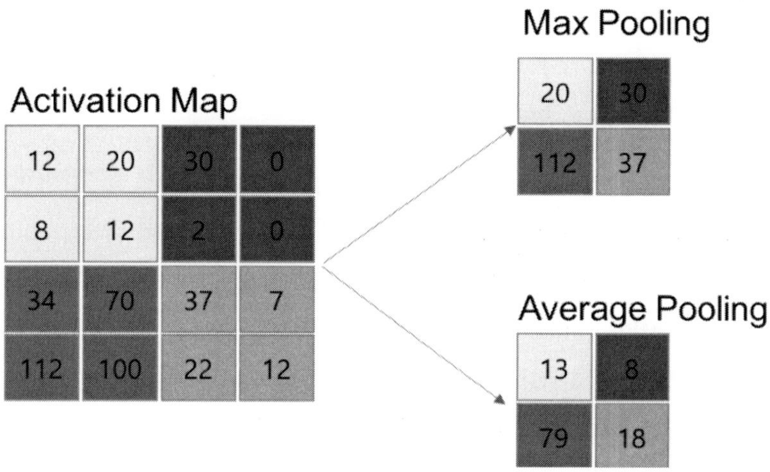

압축(pooling) 예제: max pooling, average pooling

레이어별 출력 데이터 산정

합성곱 레이어(convolution layer)와 압축 레이어(pooling layer)의 출력 데이터 크기를 계산하는 방법을 알아보자.

가. 합성곱 레이어(convolution layer) 출력 데이터 크기 산정

입력 데이터에 대한 필터의 크기와 stride 크기에 따라서 피처맵(feature map) 크기가 결정된다. 공식은 다음과 같다.

입력 데이터 높이 H, 입력 데이터 폭 W, 필터 높이 FH, 필터 폭 FW, stride 크기 S, 패딩 사이즈 P라고 하면 출력 데이터 크기는 다음과 같이 계산된다.

$$OutputHeight = OH = \frac{(H + 2P - FH)}{S} + 1$$

$$Output\,Weight = OW = \frac{(W + 2P - FW)}{S} + 1$$

결과는 자연수가 되어야 한다. 또한 합성곱 레이어(convolution layer) 다음에 압축 레이어(pooling layer)가 온다면, feature map의 행과 열 크기는 압축(pooling) 크기의 배수여야 한다. 만약 pooling 사이즈가 3×3이라면 위 식의 결과는 자연수이고 3의 배수여야 한다. 이 조건을 만족하도록 필터(filter)의 크기, stride의 간격, 압축(pooling) 크기 및 padding 크기를 조절해야 한다.

나. Pooling 레이어 출력 데이터 크기 산정

압축 레이어(pooling layer)에서 일반적인 압축(pooling) 사이즈를 정사각형이다. 압축(pooling) 사이즈를 stride 같은 크기로 만들어서, 모든 요소가 한번씩 압축(pooling)되도록 만든다. 입력 데이터의 행 크기와 열 크기는 pooling 사이즈의 배수(나누어 떨어지는 수)여야 한다. 결과적으로 압축 레이어(pooling layer)의 출력 데이터의 크기는 행과 열의 크기를 압축(pooling) 사이즈로 나눈 몫이다. 압축(pooling) 크기가 (2, 2) 라면 출력 데이터 크기는 입력 데이터의 행과 열 크기를 2로 나눈 몫이다. 압축(pooling) 크기가 3×3이라면 입력데이터의 행과 크기를 3으로 나눈 몫이 된다.

$$Output\,Row\,Size = \frac{\in put\,Row\,Size}{Pooling\,Size}$$

$$Output\,Column\,Size = \frac{\in put\,Column\,Size}{Pooling\,Size}$$

CNN의 역전파

CNN의 forward pass

CNN은 필터가 입력 데이터를 슬라이딩하면서 지역적 피처(feature)를 추출한다. 이후 이 특징을 최대값(max pooling)이나 평균값(average pooling)으로 압축해 다음 레이어로 보낸다. 이런 과정을 반복해 분류 등 원하는 결과를 만들어내는 것이 CNN의 일반적인 구조이다.[45]

입력값은 3×3 행렬이다. x_{ij}는 각각 입력값의 i번째 행, j번째 열의 요소를 뜻한다. 필터(커널) 크기는 2×2이다. CNN은 필터가 입력벡터를 슬라이딩을 하면서 지역정보를 추출하게 되는

45 https://www.jefkine.com/general/2016/09/05/backpropagation-in-convolutional-neural-networks

데, 스트라이드는 한칸으로 설정하였다. 바꿔 말해 x_{11}, x_{12}, x_{21}, x_{22}가 필터와 합성곱이 되어서 합성곱 레이어(convolution layer)의 1행 1열이 된다. 다음번엔 x_{12}, x_{13}, x_{22}, x_{23}이 필터와 합성곱이 되어서 합성곱 레이어(convolution layer)의 1행 2열이 된다.

필터의 색깔과 위 계산그래프의 화살표 색깔을 맞춰서 보시면 어떻게 연산이 되는지 직관적으로 확인 가능하다. 이후 합성곱 레이어(convolution layer)에 최대값이나 평균값을 취해서 정보를 압축(pooling)한다. 위 그림 기준으로는 2×2 행렬이 2×1 벡터로 바뀐 점을 확인할 수 있다.

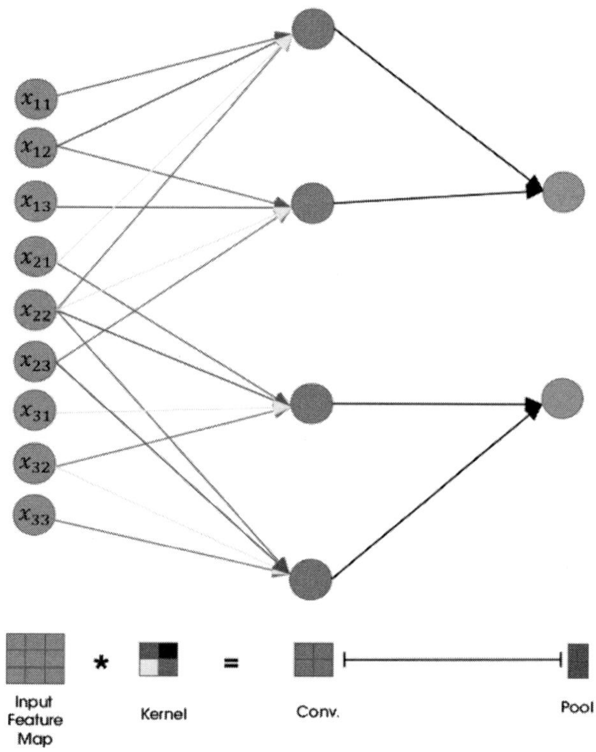

CNN의 forward pass

CNN의 backward pass

가. average pooling

역전파 과정을 살펴보자. 바로 뒤 레이어로부터 전파된 그래디언트가 d_1, d_2라고 하면, average pooling 레이어의 그래디언트 전파 과정은 아래와 같다. 현재 지점의 그래디언트는 미분의 연쇄법칙(chain rule)에 의해 흘러들어온 그래디언트에 로컬그래디언트를 곱한 것과 같다. 평균은 모든 값을 더한 뒤 개체수로 나누어 구하게 되는데요. 만약에 m개 요소로 구성돼 있다고 한다면 average pooling을 하는 지점의 로컬 그래디언트는 $1/m$이 된다. 이를 흘러 들어온 그래디언트(d_1)과 곱해주면 d_{11}을 구할 수가 있다. d_{12}, d_{21}, d_{22}도 같은 방식으로 구할 수 있다.

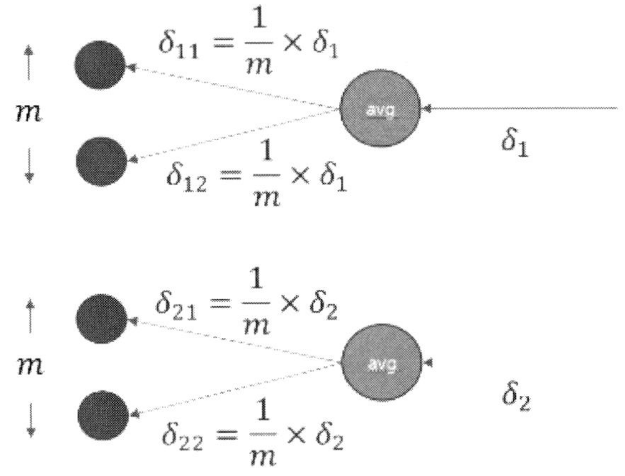

average pooling **레이어의 역전파 과정**

나. max pooling

최대값으로 풀링을 했다고 하면 역전파 과정은 아래와 같다. 즉, 최대값이 속해 있는 요소의 로컬 그래디언트는 1, 나머지는 0이기 때문에 여기에 흘러들어온 그래디언트를 곱해 구하게 된다.

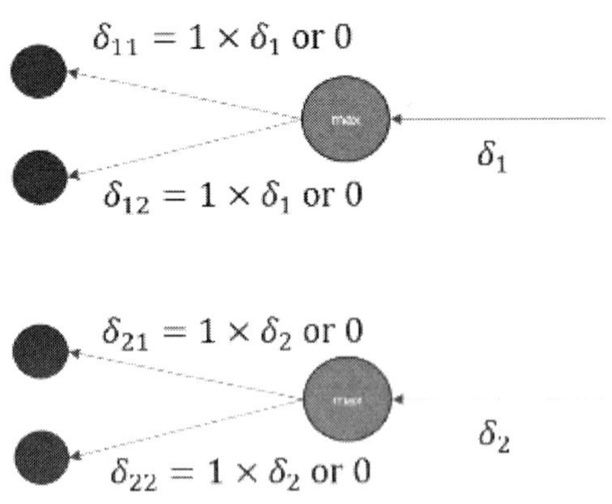

max pooling **레이어의 역전파 과정**

다. 합성곱 레이어(convolution layer)

합성곱 레이어(convolution layer)의 역전파를 보자. 우선 x_{11}을 보자.

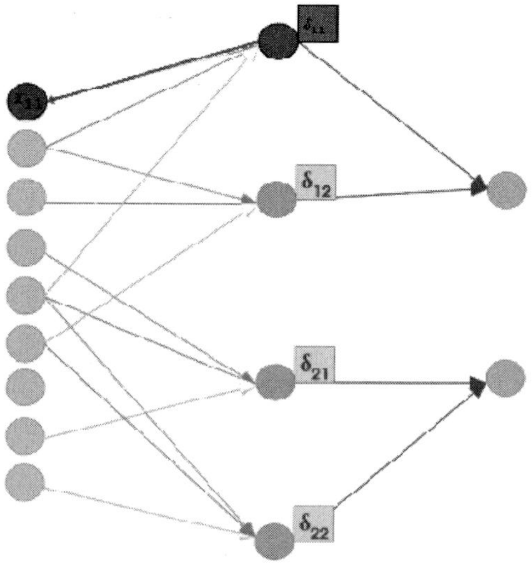

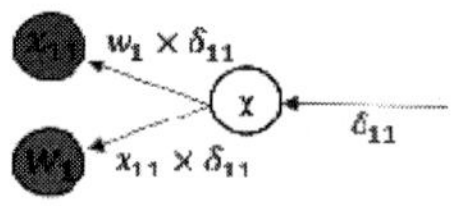

합성곱 레이어(convolution layer)의 역전파 과정

x_{11}은 forward compute pass 과정에서 2×2필터 가운데 빨간색(w_1) 가중치하고만 합성곱이 수행이 되었다. 그렇다면 역전파 때도 마찬가지로 딱 한 번의 역전파가 일어나게 된다. 계산그래프 형태로 나타내면 우측 상단 그림과 같다.

즉 x_{11}의 그래디언트는 흘러들어온 그래디언트 d_{11}에 로컬그래디언트(w_1)를 곱해서 구할 수 있다. 곱셈 연산의 로컬그래디언트는 '상대방 변화량'이다. 마찬가지로 w_1의 그래디언트는 흘러들어온 그래디언트 d_{11}에 로컬그래디언트(x_{11})를 곱해 계산한다.

이런 식으로 모든 경우의 수에 대해 계산하면 합성곱 레이어(convolution layer)의 역전파 수행이 완료된다. 예를 더 들어 보자. x_{22}를 한번 보자. 아래 그림은 계산해야할 경우의 수가 x_{11}에 비해 늘었을 뿐 본질적으로 달라진 것은 없다.

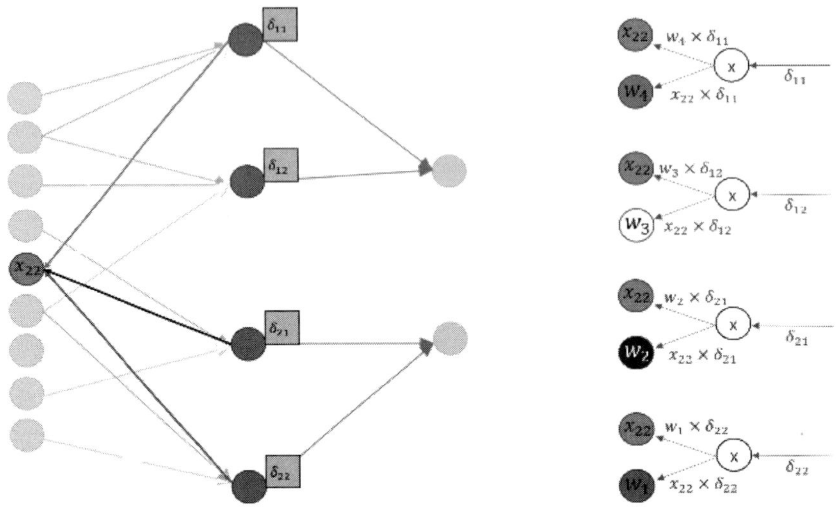

합성곱 레이어(convolution layer)의 역전파 과정 2

하나하나 따져가면서 구하려면 시간이 많이 걸리기 때문에 합성곱 레이어(convolution layer)의 역전파를 할 때 약간의 트릭을 쓰면 조금 더 간단히 그래디언트를 구할 수 있게 된다.

흘러들어온 그래디언트 행렬(2×2 크기)을 합성곱 레이어(convolution layer)를 만들 때 썼던 필터가 슬라이딩하면서 값을 구한다. 대신 필터 요소의 순서를 정반대로 바꾼다. 예를 들어, 빨-파-노-초 필터를 초-노-파-빨 필터로 바꿔서 그래디언트행렬에 합성곱을 수행해주면 입력벡터에 대한 그래디언트를 구할 수 있다. 가령 x_{11}의 그래디언트는 w_1(필터에서 빨간색 요소)×d_{11}인데, 오른쪽에 좌측 상단을 보시면 이것과 정확히 일치하는 것을 알 수가 있다. 마찬가지로 x_{22}의 그래디언트도 흘러들어온 그래디언트 행렬에 초-노-파-빨 필터 사이의 합성곱 결과와 동일하다.

그럼 필터의 그래디언트는 어떻게 구하게 될까요? 흘러들어온 그래디언트 행렬의 첫번째 요소인 d_{11}은 x_{11}, x_{12}, x_{21}, x_{22}와 연결되어 있는 걸 확인할 수 있다. 계산그래프를 그려서 설명했던 것처럼 필터의 그래디언트는 흘러들어온 그래디언트(d_{11}, d_{12}, d_{21}, d_{22})에 로컬 그래디언트를 곱해서 구하게 된다. 각각의 로컬 그래디언트는 합성곱 필터 가중치로 연결된 입력값들이기 때문에 dw_{11}은 $x_{11}d_{11} + x_{12}d_{12} + x_{21}d_{21} + x_{22}d_{22}$이다.

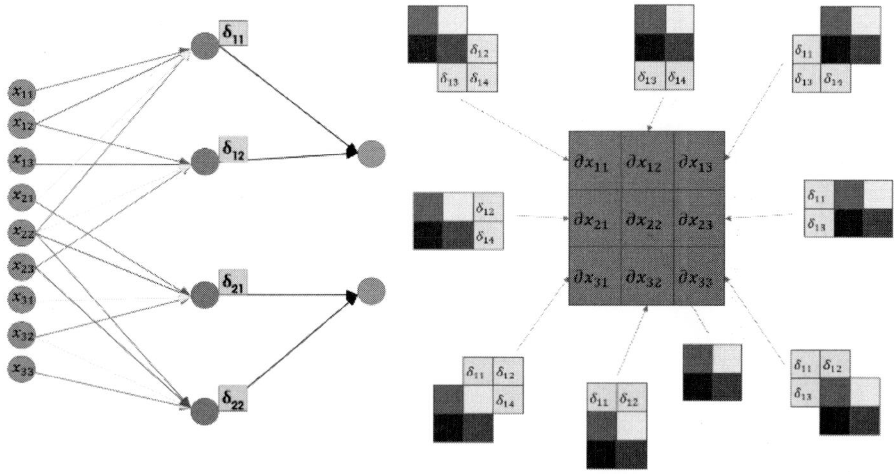

합성곱 레이어(convolution layer)의 역전파 과정을 간단히 계산하기

CNN 모델들

AlexNet

Recurrent Neural Network와 더불어 딥러닝 모델의 양대 산맥으로 주목받고 있는 CNN은 기본적으로 얀 르쿤이 1989년 제안한 구조를 토대로 하고 있다. 컴퓨터 비전 분야의 '올림픽'이라 할 수 있는 ILSVRC(ImageNet Large-Scale Visual Recognition Challenge)의 2012년 대회에서 제프리 힌튼 교수팀의 AlexNet이 top 5 test error 기준 15.4%를 기록해 2위(26.2%)를 큰 폭으로 따돌리고 1위를 차지했다.

여기서 top 5 test error란 모델이 예측한 최상위 5개 범주 가운데 정답이 없는 경우의 오류율을 나타낸다. 당시 ILSVRC 데이터셋(Image은 1000개 범주 예측 문제였다. 어쨌든 AlexNet 덕분에 딥러닝, 특히 CNN이 주목을 받게 되었다.

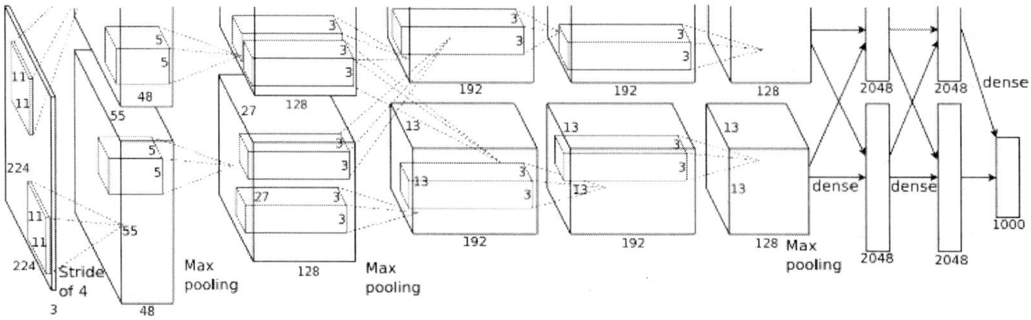

AlexNet

- convolution layer, max-pooling layer, dropout layer 5개
- fully connected layer 3개
- nonlinearity function : ReLU
- batch stochastic gradient descent

AlexNet이 중요한 이유는 의미있는 성능을 낸 첫번째 CNN 아키텍처이자, AlexNet에 쓰인 드롭아웃 등 기법은 이 분야 표준으로 자리잡을 정도로 선도적인 역할을 했기 때문이다.

GoogleNet

AlexNet 이후 층을 더 깊게 쌓아 성능을 높이려는 시도들이 계속되었다. VGGNet(2014), GoogleNet(2015) 등이 바로 그것이다. GoogleNet은 VGGNet보다 구조가 복잡해 널리 쓰이진 않았지만 아키텍처 면에서 주목을 받았다. 보통 하나의 convolution layer에는 한 가지의 convolution filter가 사용된다.

GoogleNet 연구진들은 한 가지의 convolution filter를 적용한 convolution layer를 단순히 깊게 쌓는 방법도 있지만, 하나의 layer에서도 다양한 종류의 filter나 pooling을 도입함으로써 개별 layer를 두텁게 확장시킬 수 있다는 창조적인 아이디어로 후배 연구자들에게 많은 영감을 주었다. 이들이 제안한 구조가 바로 Inception module이다.

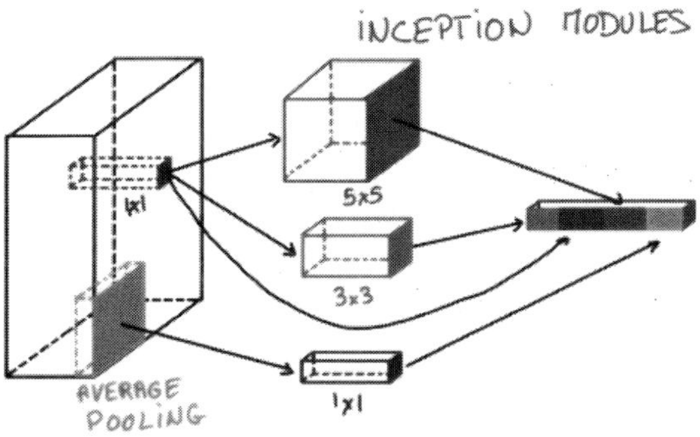

GoogleNet

Inception module에서 특히 주목받은 것이 바로 1×1 convolution filter이다. 가령 현재 층 입력데이터 이미지의 차원수가 100×100×60이고, 1×1 convolution filter를 20개 사용한다면 데이터의 차원 수는 100×100×20으로 줄어든다. 60개 채널(차원)에 달하는 하나의 픽셀이 20차원의 feature space로 선형변환, 차원축소된 것이라고도 볼 수 있다.

ResNet

ResNet(2015)은 2015년 ILSVRC에서 오류율 3.6%로 1등을 차지했다. 인간의 분류 오차가 5~10% 정도라는 걸 감안하면 놀라운 성적표이다.

사실 AlexNet이 처음 제안된 이후로 CNN 아키텍처의 층은 점점 더 깊어졌다. AlexNet이 불과 5개 층에 불과한 반면 VGGNet은 19개 층, GoogleNet은 22개 층에 달한다. 하지만 층이 깊어질수록 역전파되는 그래디언트가 중간에 죽어서 학습이 잘 되지 않는 문제(gradient vanishing)가 발생했다. ResNet 저자들이 제시한 아래 학습그래프를 보면 이 같은 문제가 뚜렷이 나타난다.

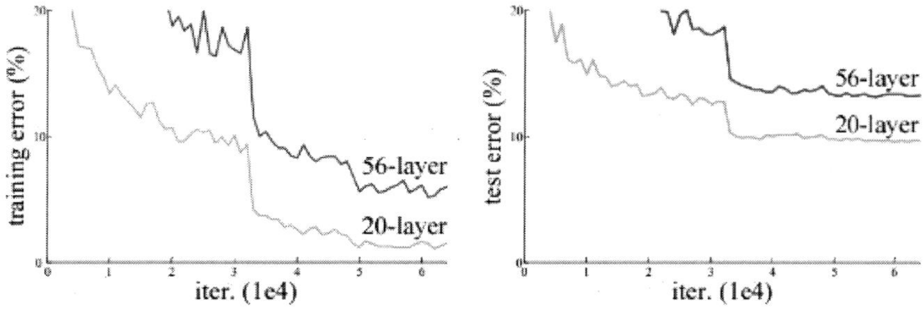

ResNet 학습그래프

ResNet 저자들의 핵심 아이디어는 다음 그림과 같은 residual block이다. 그래디언트가 잘 흐를 수 있도록 일종의 지름길(shortcut, skip connection)을 만들어 주자는 생각이다. 이는 forget gate 등을 도입해 이전 스텝의 그래디언트(정보)를 좀 더 잘 흐르게 만드려는 Long Term Short Memory(LSTM)의 철학과 본질적으로 유사하다.

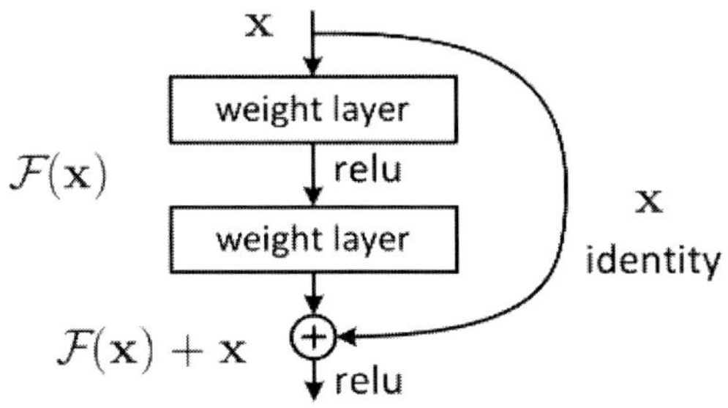

ResNet residual block

ResNet의 성능이 좋은 이유는 그래디언트 문제 말고 또 있다. Veit et al.(2016)은 residual block이 앙상블(ensemble) 모델을 구축한 것과 비슷한 효과를 낸다고 주장했다. residual block의 skip connection 덕분에 입력데이터와 그래디언트가 오갈 수 있는 통로가 크게 늘어나기 때문이다. n개 skip connection이 있다면 2^n 개의 서로 다른 통로 존재한다. 이를 직관적으로 나타낸 그림은 아래 그림과 같다.

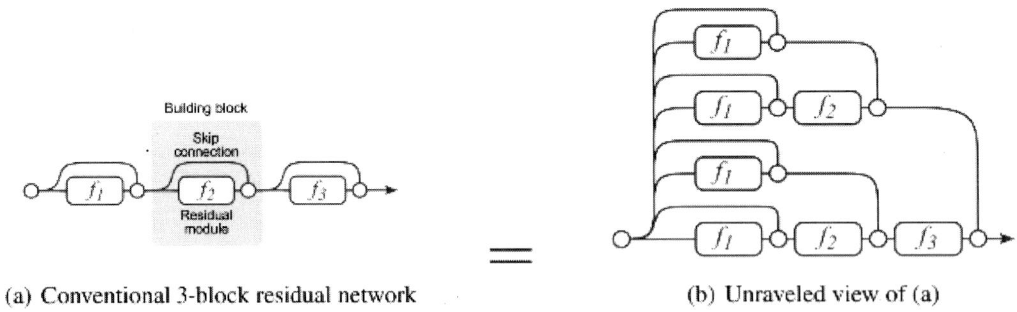

ResNet의 앙상블 효과

DenseNet

DenseNet(2016)은 ResNet에서 한발 더 나아가 전체 네트워크의 모든 층과 통하는 지름길을 만들었다. convolution-ReLU-convolution 사이만 뛰어넘는 지름길을 만들었던 ResNet보다 훨씬 과감한 시도이다. DenseNet의 전체적인 아키텍처는 다음과 같다.

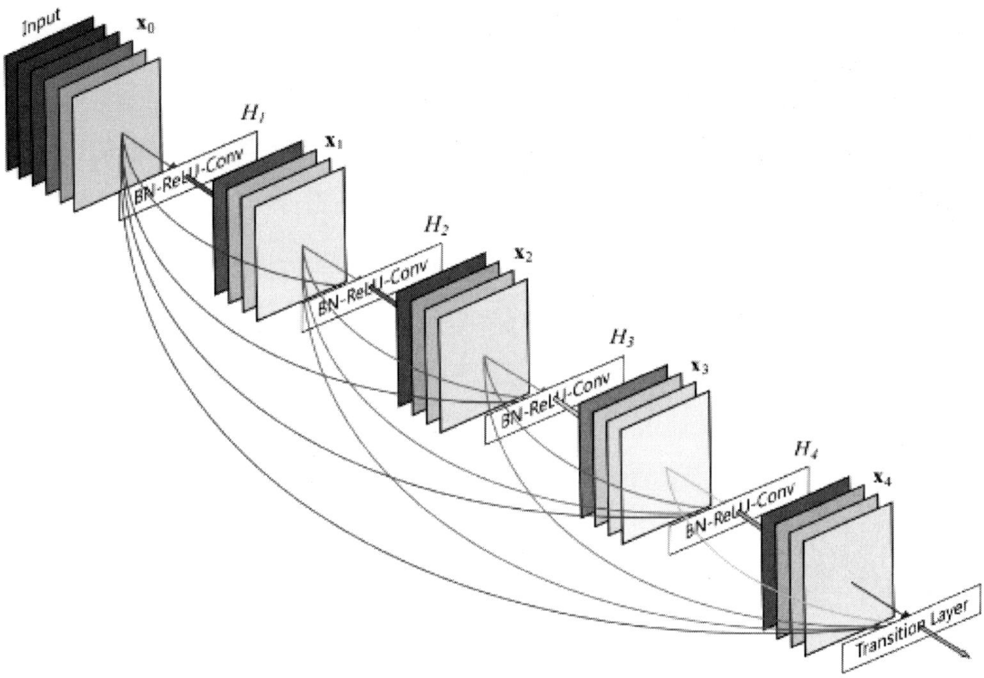

DenseNet

Region Based CNNs

R-CNN(2013), Fast R-CNN(2015), Faster R-CNN(2015) 등은 object detection 문제를 풀기 위해 제안된 모델들이다. object detection이란 이미지가 주어졌을 때 해당 이미지 속에 들어있는 오브젝트의 경계(bounding box)를 찾아내는 작업이다. object detection 문제는 크게 오브젝트의 경계를 찾아내는 작업(region proposal step), 해당 오브젝트가 무엇인지 맞추는 작업(classification step) 둘로 나누어진다. CNN은 여기에서 이미지의 특성을 추출하는 데 중요한 역할을 한다. 모델이 거듭될수록 정확도는 물론 속도도 크게 향상되는 추세이다.

4 LSTM

직관적 의미

인간은 모든 생각을 밑바닥부터 시작하지 않는다. 지금 이 글을 읽는 당신도 매 단어를 그 전 단어들을 바탕으로 이해할 것이 분명하다. 지금까지 봐왔던 것들을 모두 집어던지고 아무 것도 모르는 채로 생각하지 않을 것이다. 생각은 계속 나아가는 것이다.

전통적인 Neural Network이 이렇게 지속되는 생각을 하지 못한다는 것이 큰 단점이다. 예를 들어, 영화의 매 순간 일어나는 사건을 분류하고 싶다고 해보자. 전통적인 neural network는 이전에 일어난 사건을 바탕으로 나중에 일어나는 사건을 생각하지 못한다.

Recurrent Neural Network는 이 문제를 해결하고자 하는 모델이다. Recurrent Neural Network는 스스로를 반복하면서 이전 단계에서 얻은 정보가 지속되도록 한다.

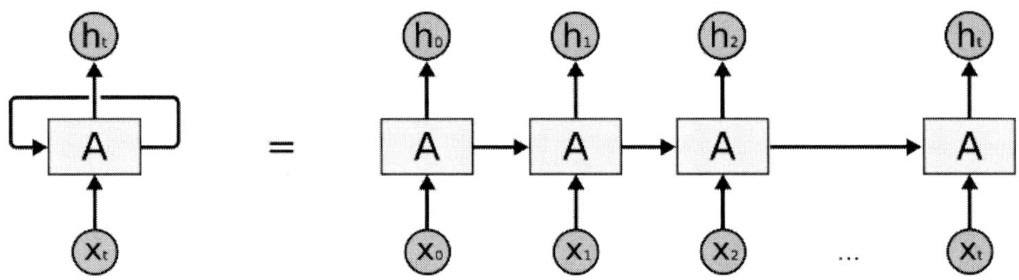

Recurrent Neural Network

이렇게 Recurrent Neural Network의 체인처럼 이어지는 성질은 곧장 sequence나 list로 이어지는 것을 알려준다. 이런 데이터를 다루기에 최적화된 구조의 Neural Network이다.

Recurrent Neural Network의 성공의 열쇠는 Long Short-Term Memory Network (이하 LSTM)의 사용이다. LSTM은 RNN의 굉장히 특별한 종류로, 앞의 영화를 frame 별로 이해하는 것과 같은 문제들을 단순 RNN보다 정말 훨씬 진짜 잘 해결한다. 기존 RNN도 LSTM만큼 이런 일을 잘 할 수 있다면 RNN은 대단히 유용하지만, 아쉽게도 RNN은 그 성능이 상황에 따라 그 때 그 때 다르다.

우리가 현재 시점의 뭔가를 얻기 위해서 멀지 않은 최근의 정보만 필요로 할 때도 있다. 예를 들어, 이전 단어들을 토대로 다음에 올 단어를 예측하는 언어 모델을 생각해 보자. 만약 우리가 “the clouds are in the sky”에서의 마지막 단어를 맞추고 싶다면, 저 문장 말고는 더 볼 필요도 없다. 마지막 단어는 sky일 것이 분명하다. 이 경우처럼 필요한 정보를 얻기 위한 시간 격차가 크지 않다면, RNN도 지난 정보를 바탕으로 학습할 수 있다.

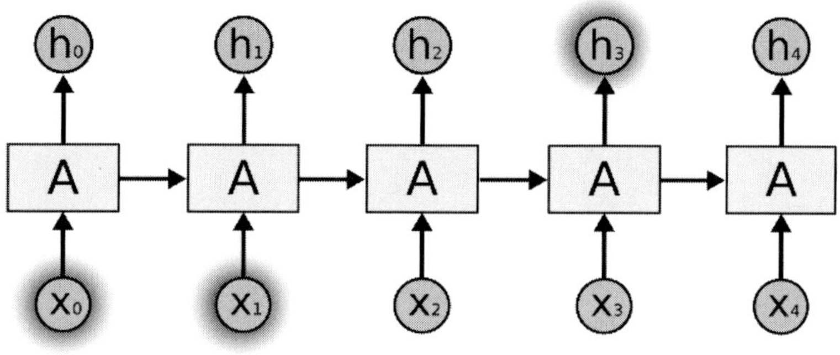

짧은 기간에 의존하는 Recurrent Neural Network

하지만 반대로 더 많은 문맥을 필요로 하는 경우도 있다. “I grew up in France... I speak fluent French”라는 문단의 마지막 단어를 맞추고 싶다고 생각해보자. 최근 몇몇 단어를 봤을 때 아마도 언어에 대한 단어가 와야 될 것이라 생각할 수는 있지만, 어떤 나라 언어인지 알기 위해서는 프랑스에 대한 문맥을 훨씬 뒤에서 찾아봐야 한다. 이렇게 되면 필요한 정보를 얻기 위한 시간 격차는 굉장히 커지게 된다. 이 격차가 늘어날수록 RNN은 학습하는 정보를 계속 이어나가기 힘들어한다.

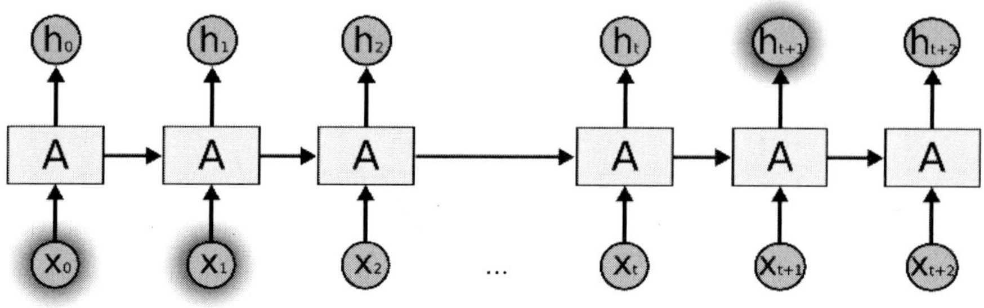

긴 기간에 의존하는 Recurrent Neural Network

이론적으로는 Recurrent Neural Network이 이러한 "긴 기간의 의존성(long-term dependencies)"를 완벽하게 다룰 수 있다고 한다. 그리고 단순한 예제에 대해서는 사람이 신중하게 파라미터를 골라서 그 문제를 해결할 수도 있다. 하지만 RNN은 실제 문제를 해결하지 못한다.[46]

Recurrent Neural Network은 관련 정보와 그 정보를 사용하는 지점 사이 거리가 멀 경우 역전파시 그래디언트가 점차 줄어 학습능력이 크게 저하되는 것으로 알려져 있다. 이를 vanishing gradient problem이라고 한다. 이 문제를 극복하기 위해서 고안된 것이 바로 LSTM이다. LSTM은 RNN의 히든 state에 cell-state를 추가한 구조이다.

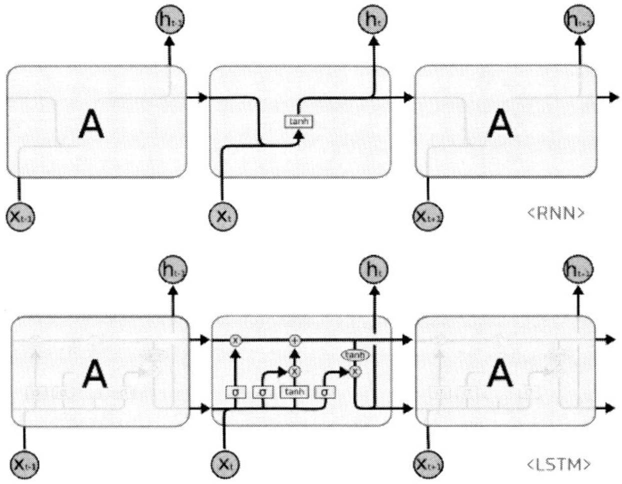

RNN과 LSTM

모델 및 예시

모델

LSTM의 핵심은 cell state인데, 모듈 그림에서 수평으로 그어진 윗 선에 해당한다.

Cell state는 컨베이어 벨트와 같아서, 작은 linear interaction만을 적용시키면서 전체 체인을 계속 구동시킨다. 정보가 전혀 바뀌지 않고 그대로 흐르게만 하는 것은 매우 쉽게 할 수 있다.

46 Hochreiter, S. and Schmidhuber, J.(1997), "Long Short-term Memory", *Neural Computation*, 9(8), 1735-1780.

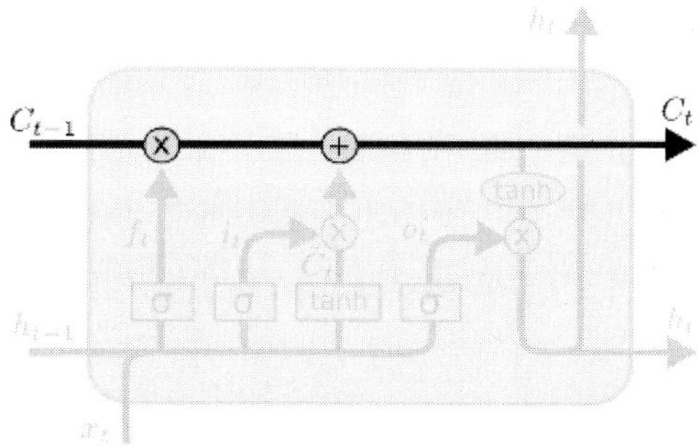

LSTM의 cell state

LSTM은 cell state에 뭔가를 더하거나 없앨 수 있는 능력이 있는데, 이 능력은 gate라고 불리는 구조에 의해서 제어된다. gate는 정보가 전달될 수 있는 추가적인 방법으로, sigmoid layer와 pointwise 곱셈으로 이루어져 있다.

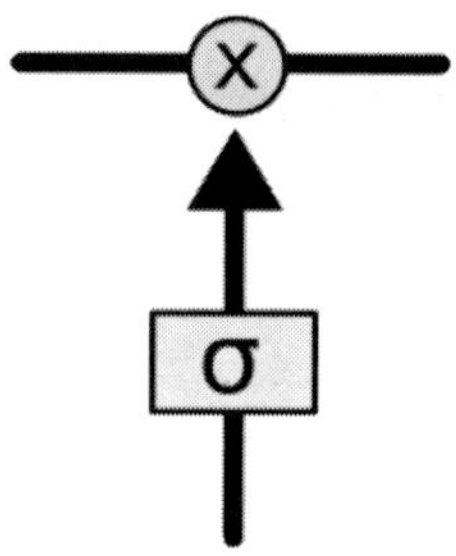

LSTM의 첫 번째 gate

시그모이드 레이어(sigmoid layer)는 0과 1 사이의 숫자를 내보내는데, 이 값은 각 컴포넌트가 얼마나 정보를 전달해야 하는지에 대한 척도를 나타낸다. 그 값이 0이라면 "아무 것도 넘기지 말라"가 되고, 값이 1이라면 "모든 것을 넘겨드려라"가 된다. LSTM은 3개의 gate를 가지고 있고, 이 gate들은 cell state를 보호하고 제어한다.

LSTM의 첫 단계로는 cell state로부터 어떤 정보를 버릴 것인지를 정하는 것으로, 시그모이드 레이어(sigmoid layer)에 의해 결정된다. 그래서 이 단계의 gate를 "forget gate layer"라고 부른다. forget gate f_t는 h_{t-1}과 x_t를 받아서 0과 1 사이의 값을 c_{t-1}에 보내준다. 그 값이 1이면 "모든 정보를 보존해라"가 되고, 0이면 "모두 갖다버려라"가 된다.

forget gate : $f_t = \sigma(W_{xh,f}x_t + W_{hh,f}h_{t-1} + b_{h,f})$

이전 단어들을 바탕으로 다음 단어를 예측하는 언어 모델 문제를 생각해 보자. 여기서 cell state는 현재 주어의 성별 정보를 가지고 있을 수도 있어서 그 성별에 맞는 대명사가 사용되도록 준비하고 있을 수도 있을 것이다. 그런데 새로운 주어가 왔을 때, 우리는 기존 주어의 성별 정보를 생각하고 싶지 않을 것이다.

다음 단계는 앞으로 들어오는 새로운 정보 중 어떤 것을 cell state에 저장할 것인지를 정한다. 먼저, input gate layer라고 불리는 sigmoid layer가 어떤 값을 업데이트할 지에 대해 정한다. 그 다음에 tanh layer가 새로운 후보 값들인 $\widetilde{C_t}$ 라는 vector를 만들고, cell state에 더할 준비를 한다. 이렇게 두 단계에서 나온 정보를 합쳐서 state를 업데이트할 재료를 만들게 된다. 즉, h_{t-1}과 x_t를 받아 시그모이드를 취하고, 또 같은 입력으로 하이퍼볼릭탄젠트를 취해준 다음 Hadamard product 연산을 한 값이 바로 input gate가 내보내는 값이 된다. i_t의 범위는 0~1, g_t의 범위는 -1~1이기 때문에 각각 강도와 방향을 나타낸다.

다시 언어 모델의 예제에서, 기존 주어의 성별을 잊어버리기로 했고, 그 대신 새로운 주어의 성별 정보를 cell state에 더하고 싶을 것이다.

input gate : $i_t \odot g_t$ 여기서 $\odot$는 요소별 곱셈을 뜻하는 Hadamard product 연산자

$$\begin{aligned} i_t &= \sigma(W_i \cdot [h_{t-1}, x_t] + b_i) \\ &= \sigma(W_{xh,i}x_t + W_{hh,i}h_{t-1} + b_{h,i}) \end{aligned}$$

$$\begin{aligned} \widetilde{C_t} &= g_t = \tanh(W_C \cdot [h_{t-1}, x_t] + b_C) \\ &= \tanh(W_{xh,g}x_t + W_{hh,g}h_{t-1} + b_{h,g}) \end{aligned}$$

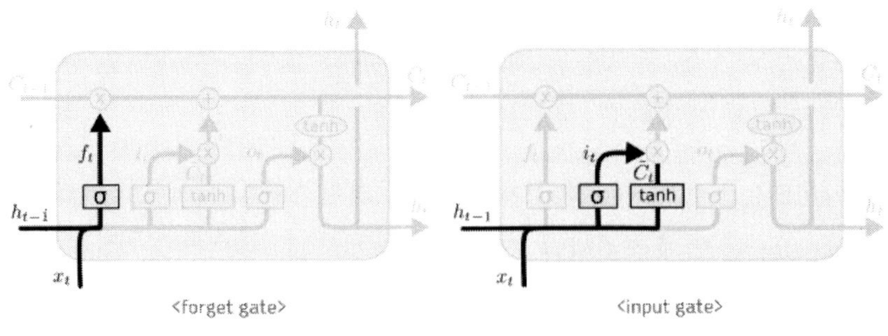

LSTM의 forget gate와 input gate

이제 과거 state인 C_{t-1}를 업데이트해서 새로운 cell state인 C_t를 만들 것이다. 이미 이전 단계에서 어떤 값을 얼마나 업데이트해야 할 지 다 정하였으므로, 여기서는 그 일을 실행만 하면 된다.

우선 이전 state에 f_t를 곱해서 가장 첫 단계에서 잊어버리기로 정했던 것들을 잊어버린다. 이후 $i_t \odot \widetilde{C_t} = i_t \odot g_t$를 더한다. 이 더하는 값은 두 번째 단계에서 업데이트하기로 한 값을 얼마나 업데이트할 지를 정한 만큼 scale한 값이 된다.

또 다시 언어 모델 문제로 돌아가면, 이 단계에서 실제로 이전 주어의 성별 정보를 없애고 새로운 정보를 더하게 되는데, 이는 지난 단계들에서 다 정했던 것들을 실천만 하는 단계임을 다시 확인할 수 있다.

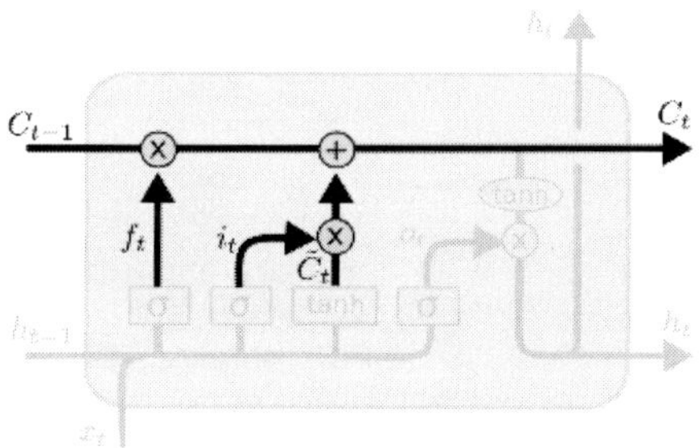

LSTM의 cell update

$$\text{cell update} : C_t = f_t \odot C_{t-1} + i_t \odot \widetilde{C_t}$$

마지막으로 무엇을 output으로 내보낼 지를 정하는 일이 남았다. 이 output은 cell state를 바탕으로 필터된 값이 될 것이다. 가장 먼저, 시그모이드 레이어(sigmoid layer)에 입력 데이터를 태워서 cell state의 어느 부분을 output으로 내보낼 지를 정한다. 이후 cell state를 tanh layer에 태워서 -1과 1 사이의 값을 받은 뒤에 방금 전에 계산한 sigmoid gate의 output과 곱해준다. 그렇게 하면 우리가 output으로 보내고자 하는 부분만 내보낼 수 있게 된다.

이제 언어 모델 예제를 생각해보면, 우리는 주어를 입력 데이터로 받았으므로 주어 다음에 오게 될 예측값인 출력으로 적절한 답은 아마도 동사 개념의 무언가가 될 것이다. 예를 들어 최종적인 출력은 앞에서 본 주어가 단수형인지 복수형인지에 따라 그 형태가 달라질 수도 있는 것이다.

$$\text{output gate}: o_t = \sigma(W_o \cdot [h_{t-1}, x_t] + b_o)$$
$$= \sigma(W_{xh,o}x_t + W_{hh,o}h_{t-1} + b_{h,o})$$

$$h_t = o_t \odot \tanh(C_t)$$

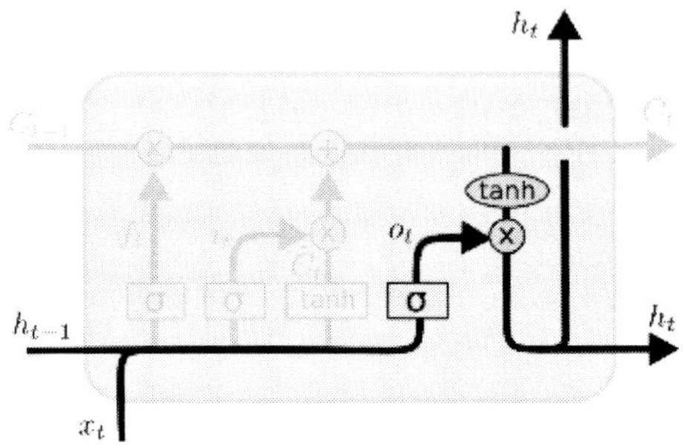

LSTM의 output gate layer

순전파

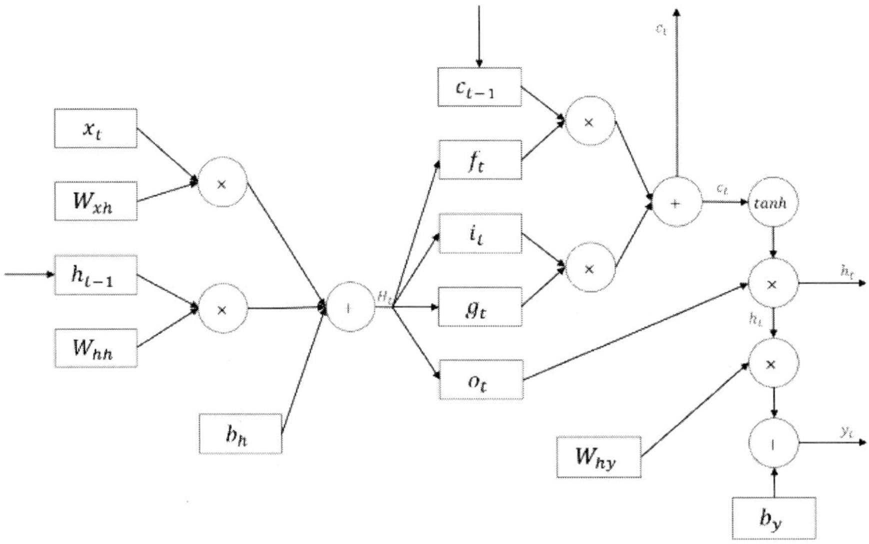

순전파 1

여기서 주목해야 할 점은 h_t이다. 이 행렬을 행 기준으로 4등분해 i, f, o, g 각각에 해당하는 활성함수를 적용하는 방식으로 i, f, o, g를 계산한다. 이를 그림으로 나타내면 다음과 같다.

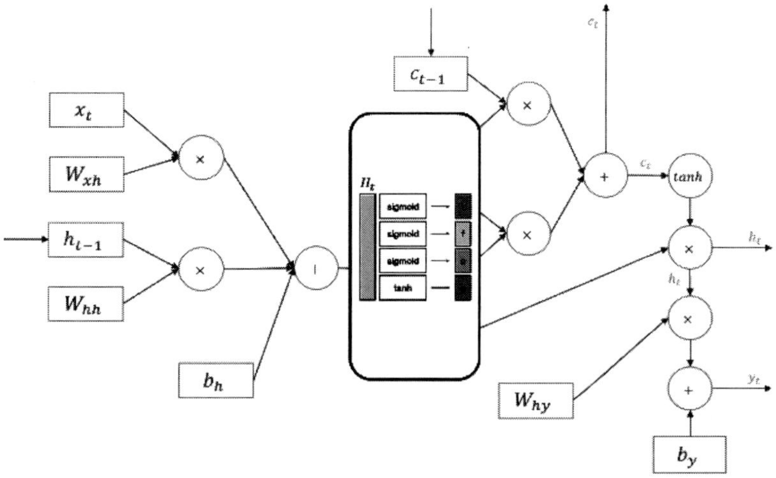

순전파 2

역전파

우선 df_t, di_t, dg_t, do_t를 구하기까지 backward pass는 RNN과 유사하다.

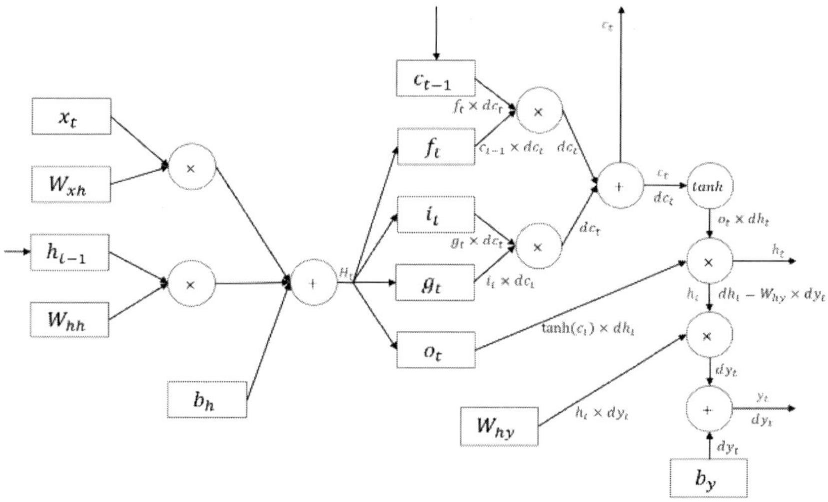

역전파 1

dh_t를 구하는 과정이 LSTM backward pass 핵심이다. h_t는 i_t, f_t, o_t, g_t로 구성된 행렬이다. 바꿔 말하면 각각에 해당하는 그래디언트를 이를 합치면(merge) dh_t를 만들 수 있다. i, f, o의 활성함수는 시그모이드이고, g만 하이퍼볼릭탄젠트이다. 각각의 활성함수에 대한 로컬 그래디

CHAPTER 04 딥러닝

언트를 구해 흘러들어온 그래디언트를 곱해주면 된다.

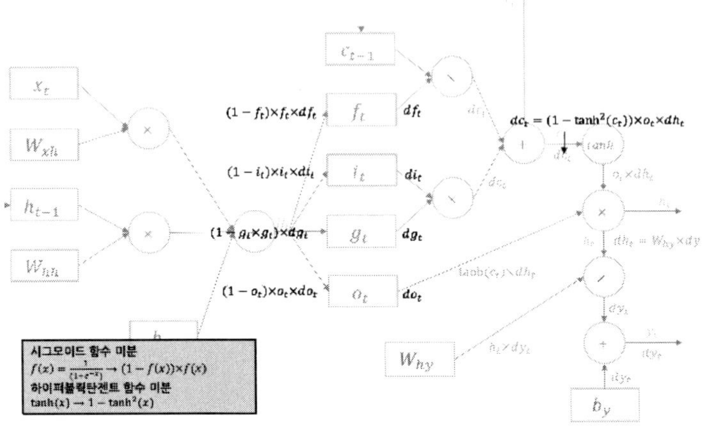

역전파 2

순전파 과정에서 h_t를 4등분해 i_t, f_t, o_t, g_t를 구했던 것처럼, backward pass에서는 d_i, d_f, d_o, d_g를 다시 합쳐 dh_t를 만든다. 이렇게 구한 dh_t는 다시 RNN과 같은 방식으로 역전파가 되는 구조이다. LSTM은 cell state와 히든 state가 재귀적으로 구해지는 네트워크이다. 따라서 cell state의 그래디언트와 히든 state의 그래디언트는 직전 시점의 그래디언트 값에 영향을 받는다. 이는 RNN과 마찬가지이다. 이를 역전파시 반영해야 한다.

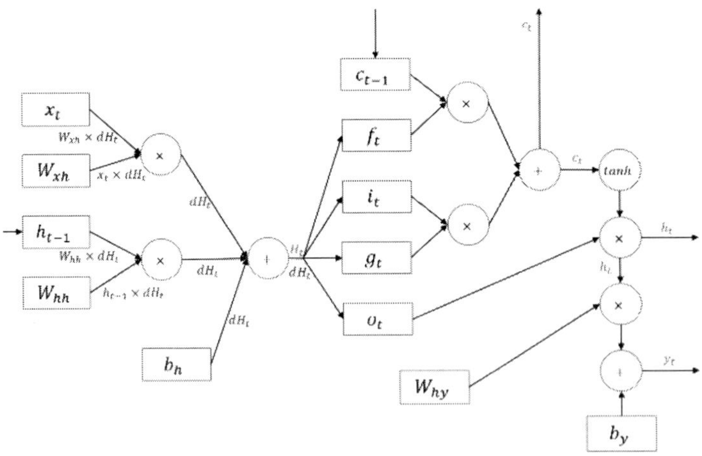

역전파 3

LSTM의 변형 모델들

peephole connection

모든 LSTM 모델이 같은 구조를 가지는 것은 아니다. 사실 LSTM을 다루는 거의 모든 논문이 제각각 조금씩 다른 버전을 채용한다. 그 차이점들이 미미하긴 하지만, 그 중 몇 가지를 얘기해보는 것도 좋을 것 같다.

유명한 LSTM의 변형 모델 중 하나로 Gers and Schmidhuber(2000)가 소개한 것이 있는데, "엿보기 구멍(peephole connection)"을 추가한 모델이다.[47] gate layer들이 cell state를 쳐다보게 만드는 모델이기 때문에 이런 이름이 붙여졌다.

그림에서 모든 gate마다 엿보기 구멍을 달아놨는데, 논문마다 어디에는 엿보기 구멍을 달고 어디에는 안 달고 할 수가 있다. forget gate와 input gate가 합쳐진 다른 변형 모델도 있다. 무엇을 잊어버릴지와 새로운 정보를 어느 부분에 더할 지를 따로 생각하지 않고, 한 번에 결정을 내리는 것이다. 이 모델은 새로운 정보가 들어가는 자리만 잊어버린다. 그리고 이전 정보를 잊어버리는 부분만 새로운 값을 넣게 된다.

CHAPTER 04 딥러닝

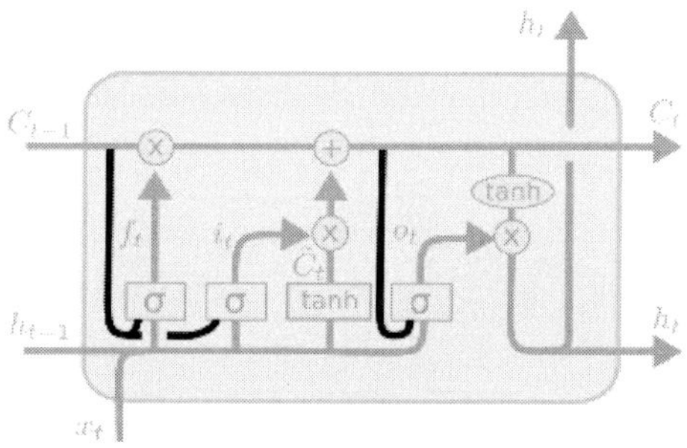

엿보기 구멍

$$f_t = \sigma(W_f \cdot [C_{t-1}, h_{t-1}, x_t] + b_f]$$
$$= \sigma(W_{xh,f}x_t + W_{xh,f}C_{t-1} + W_{hh,f}h_{t-1} + b_{h,f})$$

47 Gers, F. A. and Schmidhuber, J.(2000), "Recurrent Nets that Time and Count", Proceedings of the IEEE-INNS-ENNS International Joint Conference on Neural Networks, IJCNN 2000, Neural Computing: New Challenges and Perspectives for the New Millennium, Como, Italy, 3, 89-194.

$$i_t = \sigma(W_i \cdot [C_{t-1}, h_{t-1}, x_t] + b_i)$$
$$= \sigma(W_{xh,i} x_t + W_{xh,i} C_{t-1} + W_{hh,i} h_{t-1} + b_{h,i})$$
$$o_t = \sigma(W_o \cdot (C_t, h_{t-1}, x_t] + b_o)$$

forget gate와 input gate가 합쳐진 LSTM

forget gate와 input gate가 합쳐진 다른 변형 모델도 있다. 무엇을 잊어버릴지와 새로운 정보를 어느 부분에 더할 지를 따로 생각하지 않고, 한 번에 결정을 내리는 것이다. 이 모델은 새로운 정보가 들어가는 자리만 잊어버린다. 그리고 이전 정보를 잊어버리는 부분만 새로운 값을 넣게 된다.

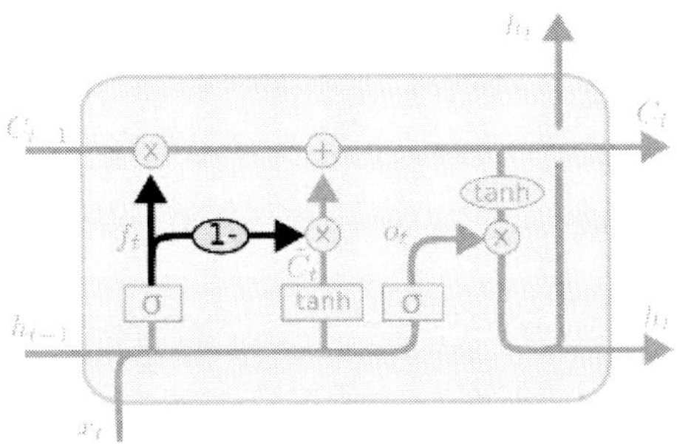

forget gate와 input gate가 합쳐진 LSTM

$$C_t = f_t \odot C_{t-1} + (1 - f_t) \odot \widetilde{C_t}$$

Gated Recurrent Unit(GRU)

LSTM이 조금 더 변형된 것으로 Gated Recurrent Unit (이하 GRU)가 Cho 외 (2014)에서 소개되었다.[48] 이 모델은 forget gate와 input gate를 하나의 "update gate" 합쳤고, cell state와 hidden state를 합쳤고, 또 다른 여러 변경점이 있다. 결과적으로 GRU는 기존 LSTM보다 단순한 구조를 가진다. GRU는 점점 더 유명해지고 있다.

48 Cho, k., van Merrienboer, B., Gulcehre, C., Bahdanau, D., Bougares, F., Schwenk, H., and Bengio, Y.(2014), "Learning Phrase Representations using RNN Encoder-Decoder for Statistical Machine Translation", Proceedings of the 2014 Conference on Empirical Methods in Natural Language Processing(EMNLP), 1724-1734.

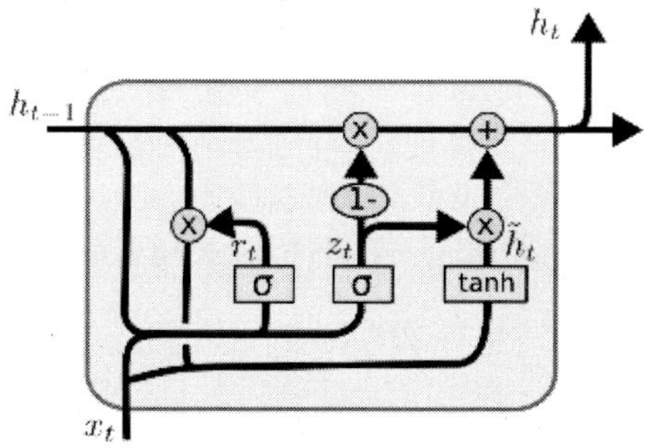

GRU

$$z_t = \sigma(W_z \cdot [h_{t-1}, x_{t-1}])$$

$$r_t = \sigma(W_r \cdot [h_{t-1}, x_{t-1}])$$

$$\widetilde{h_t} = \tanh(W \cdot [r_t \odot h_{t-1}, x_t])$$

$$h_t = (1 - z_t) \odot h_{t-1} + z_t \odot \widetilde{h_t}$$

지금까지 소개한 LSTM의 변형 모델들은 극히 일부분일 뿐이다. 하나만 더 언급하자면 Yao et al.(2015)에서 소개한 Depth Gated RNN도 있다. 또한 Koutnik et al.(2015)처럼 LSTM와 다른 방식으로 긴 의존 기간을 해결하는 모델도 있다.

어떤 변형 모델이 가장 좋을까? 각 모델들의 다른 점들이 얼마나 중요하게 작용할까? Greff et al.(2015)에서 유명한 변형 모델들을 잘 비교했는데, 그 결과가 거의 비슷하다. Jozefowicz et al.(2015)에서는 만 개가 넘는 RNN 모델을 시험해봤고, 어떤 문제냐에 따라 LSTM보다 좋은 결과를 내는 모델도 있음을 시사했다.

5 베이지안신경망(Bayesian Neural Networks, BNN)

등장 배경

인공지능(AI)의 주요 기술인 머신러닝(ML)은 학습모델 구축을 통한 예측 또는 분류 방법으로 여러 분야에서 큰 성과를 이루어 왔지만 풀어야 할 과제는 60년 전과 크게 다르지 않다. 머신러닝의 한 분야인 지도학습(Supervised Learning)에서는 경험해 보지 못한 입력에 대한 출력은 학습된 범주내의 결정적인(deterministic) 값만을 배출하며, 데이터셋이 복잡해질 경우 실제로는 잘 작동하지 않는 경우가 많다.

예를 들어, 처음 본 입력에 대하여 '처음 보는 내용임' 또는 '잘 모르겠음'과 같은 결과 출력이 불가능 하다. 이와 같은 딥러닝의 과도한 확신(overconfident) 문제해결을 위해서 이상치 탐지(novelty detection), 적대적 탐지(adversarial detection) 및 앙상블 학습(ensemble learning)과 같은 연구가 지금까지 시도되어 왔다. 여기서는 딥러닝의 결정적 출력 값의 과도한 확신 문제를 확률론적 무작위성(stochastic)을 이용한 불확실성 해석 방법을 소개한다.

현실세계에서 동일한 모델에 같은 입력을 두 번 적용 하였을 때 상황에 따라 서로 다른 출력이 나올 수가 있다. 그러나 결정론적인 구축 방식의 머신러닝에서는 모델 자체의 한계성과 실제 경험 가능한 모든 데이터가 아닌 제한된 학습 데이터의 불완전성으로 인하여 위의 예와 같은 불확실성의 모델링이 쉽지 않다. 이와 같은 문제 해결을 위해 베이지안 추론기반의 확률프로그램 언어(Probabilistic Programming Language, PPL)을 이용하여 불확실성의 모델링이 어느 정도 가능하다. 즉, 확률분포를 정의하는 변수의 정확한 값을 파악하여 PPL을 사용하면 결정론적인 프로그램 언어와는 원초적으로 다른 확률분포 결과도출을 통하여 파라미터에 내포된 불확실성을 나타낼 수 있다.

확률분포를 이용한 의사결정은 우리 주변에서 쉽게 찾아 볼 수 있다. 예를 들어, 의사들이 우리의 과거 병력에 근거해 현재 증상에 대한 가장 가능성 높은 병을 가정하여 특정 검사를 진행하는 것이나, 우리가 사용하는 이메일의 스팸메일을 필터링하는 원리도 새로운 정보를 사전 지식(prior)에 업데이트하여 예측하는 베이지안(Bayesian)에 근거한 알고리즘을 사용하는 것이다.

무작위성(randomness)을 내포한 데이터를 다루는 분야의 학습모형 추론에서는 데이터가 가지는 불확실성의 계량화와 표현이 매우 중요하다. 학습과 추론 과정에서 발생하는 불확실성은 머신러닝에서 흔히 발생하는 현상으로서 데이터 전처리, 알고리즘 설계 및 모델 선택과 같은 모든 학습 단계에 내포되어 있고, 불확실성의 표현, 측정 및 처리는 학습 시스템의 성능에 큰 영향을 미치기 때문이다.

베이지안 추론은 사전 지식을 이용하여 예측하는 확률론적 방법론이며, 베이지안 추론 기반의 PPL을 사용하면 모델이 가지고 있는 임의성 표현이 가능하다. 이와 같은 PPL은 파이썬을 기반으로 사용할 수 있는 오픈소스 확률 프로그램 언어로, 확장 가능하고 효율적인 베이지안 머신러닝 모델을 구현할 수 있다. 최근 수집된 데이터의 임의성을 다루는 분야의 많은 부분에서 베이지안 알고리즘을 사용하여 머신러닝의 활용 범위를 더욱 넓힐 수 있다.

불확실성

불확실성이란 판단이나 의사결정에 필요한 적절한 정보의 부족이라 할 수 있다. 불완전한 정보나 애매한 정보, 잘못된 정보 등은 판단이나 의사결정에 있어서 불확실성을 증대시킨다. 일반적으로 머신러닝을 배우는 과정에서는 모든 지식에 불확실성이 없는 단순한 경우로 일반화하여 오직 논리적 추론으로서 명제나 사실의 참(true), 거짓(false)을 명확하게 결정지을 수 있는 경우만을 생각한다. 이런 상황에서 일어나는 추론을 정확한 추론(exact reasoning)이라 한다. 그러나 실제로는 어떠한 사실이나 지식에 대하여 확실성이 100%라고 하는 경우는 극히 드물다. 따라서 불가피하게 제기되는 불확실성을 표현하고 처리할 수 있는 기능이 학습 모델에 포함되어 있지 않으면 그 학습모델이 처리 할 수 있는 영역은 매우 한정될 수밖에 없을 것이다. 그렇다면 머신러닝에서 불확실성이 야기되는 이유는 무엇인가?

첫째 원인은 지식의 불완전성(incompleteness)이다. 즉 우리가 알고 있는 지식자체의 완전성 결여이다. 다시 말해 있어야 될 정보의 결여로 말미암아 정확한 결론을 내릴 수 없는 상황을 설명하는 것이다. 예를 들어, 규칙 형태의 조건부와 결론부 사이의 상호관계가 명확히 설정되지 않은 경우이다. 즉, IF A THEN B 라는 형태에서 A라는 조건부가 성립되었다고 해서 B가 성립된다는 것이 확실히 보장되지 않는 것이다. 이는 대상에 대한 전문지식의 부족이나 부실한 지식획득으로서 야기될 수도 있고, 문제 영역자체가 이미 불확실성을 내포하고 있는 경우일 수도 있다. 전자의 경우는 병에 대한 진단영역에서 타 전공분야의 전문의가 자문 없이 지식을 만든 경우가 해당되며, 후자의 경우는 내년의 부동산 경기예측이나 내일의 주가예측처럼 문제 자체가 알려지지 않은 수많은 요인에 의해 결정되기 때문에 완전한 지식의 구축이 불가능한 경우이다. 이와 같은 완벽하지 않은 모델에 의해 발생하는 불확실성과 정보부족으로 인해 발생하는 불확실성을 인식론적 불확실성(epistemic uncertainty)라 한다. 인식론적 불확실성은 'Knowledge about knowledge'라는 의미를 가진 그리스어 Episteme에서 유래하였으며, 정확한 모델의 파라미터를 모르기 때문에 발생하는 불확실성을 뜻한다. 이러한 문제 해결의 대안으로 확률 프로그래밍 언어(PPL)는 모델에 불규칙성을 포함시켜 현실 세계의 불확실성을 모델링 가능하게 한다.

일반적으로 신뢰성 분석을 수행할 때, 정보부족으로 인해 발생하는 인식론적 불확실성(epistemic uncertainty)은 고유의 변동성에 의해 존재하는 내재적 불확실성(aleatory uncertainty)보다 더 중요하게 다뤄야 한다. 그러나 그동안 개발된 확률이론은 주로 내재적 불확실성을 모델링하는데 이용된 반면, 인식론적 불확실성의 모델링에 대해서는 아직 확실한 접근법이 없었다. 최근 이를 위해 확률이론(probability theory)을 포함한 여러 접근법들이 제시되고 있지만 이들은 서로 다른 통계적 이론들을 바탕으로 도출되었기 때문에, 각 방법들의 결과들을 이해하는데 어려움이 있다.

확률이론의 이해를 돕기 위해 다른 해석 방법으로 빈도주의자(Frequentist)와 베이지안(Bayesian) 사이의 논쟁을 살펴보자. 확률(probability)이란 불확실성을 계량화하여 표현하는 방법이다. 통계학은 오차(error)를 통제하여 결과적으로 우리가 알아내고자하는 특정한 파라미터 또는 모수(parameter)를 추정하는 학문이다. 두 접근법에서 의미하는 확률의 개념이 다소 차이가 있으며, 빈도주의자가 주장하는 확률이라는 개념은 객관성을 강조한다. 다시 말해 확률을 발생하는 현상의 빈도수에 대한 서술로 보는 것이다. 반면 베이지안은 확률을 현상에 대한 관찰자의 주관적 믿음으로 본다. 두

먼저, 고전적인 통계학자인 빈도주의자는 확률을 사건이 정기적으로 일어나는 빈도로 여긴다. 예를 들어, 빈도주의 주장은 항공기의 사고 확률을 오랫동안 발생한 비행기 사고의 빈도로 해석한다. 이러한 해석은 사건의 여러 확률을 생각했을 때 논리적 이치에는 맞지만, 오랫동안 사건 발생을 관찰할 수 없다면 알기 어려운 단점이 있다. 빈도주의자는 대체할 현실을 만들고, 대체 현실 전반에 거쳐 발생하는 사건의 빈도가 확률을 규정한다고 주장함으로써 확률을 구한다. 반면, 베이지안(Bayesian)적 사고는 직관적인 방법을 사용하여. 확률을 사건 발생에 대한 믿음 또는 확신의 척도로 해석한다. 간략히 설명하면 확률은 의견이나 견해를 요약한 것이다. 예컨대, 어느 사건에 대해 발생 가능성이 0이라는 믿음을 부여한 사람은 그 사건이 일어나지 않을 거라고 전적으로 확신한다, 반면, 1이라는 믿음을 부여한다면 그 사람은 사건이 반드시 일어난다고 확신한다는 의미이다. 0과 1 사이의 믿음은 발생될 결과에 가중치의 표현이다.

빈도주의자는 확률을 계산하려면 도대체 무슨 상황에 우리가 있는 것인지 제대로 정의한 후에 확률을 논의할 수 있다고 말한다. 빈도주의자가 지적하는 것은 논리적으로 옳다. 따라서 빈도주의가 전적으로 옳다면 베이지안 이론은 지금까지 이어져 오지 못했을 것이다. 하지만 빈도주의자의 확률은 그 나름의 문제가 있다. 현실적으로 우리가 직면하는 불확실성들을 모두 빈도주의적으로 다룰 수 없었으며, 우리는 당면한 불확실성에 어떤 식으로든 대처해야 했기 때문이다.

현대통계학은 20세기에 접어들면서 영국을 중심으로 피어슨과 피셔 등에 의하여 소표본 이론과 추측통계학이 발전하면서 현대통계학이 시작되었다. 20세기 중반에 컴퓨터가 등장함으로 인하여 변수가 많은 다량의 데이터를 취급할 수 있게 되고, 현대통계학이 급속도로 영역을 확장하

였으며, 다중회귀분석, 다변량통계분석, 다변량시계열분석 등 엄청난 계산이 요구되는 통계적 기법들이 발전하게 되었다. 그 후 데이터 기술의 발전으로 다량의 데이터로부터 현상을 파악하여 효율성을 극대화하고 미래를 예측하는 과학적 기술이 출현하게 되었다. 통계적 추정과 검정의 토대를 정립한 학자로 현대 통계학의 아버지라 일컬어지는 로널드 피셔가 빈도주의를 대표하며, 베이지안 학자로는 18세기 토마스 베이즈(실제로 토마스 베이즈는 베이지안 이론의 정립에는 그리 큰 영향을 미치지는 못했다.)를 비롯하여, 라플라스, 앨런 튜링, 존 튜키 등이 있다. 특히, 베이지안적 사고법은 고전 통계학에서 해결하지 못하는 문제들을 인공지능(AI), 머신러닝 등과 같은 컴퓨터 연산 능력의 성장과 맞물려 발전하여 왔다.

베이지안 신경망

베이지안 추론은 간단히 말해 새로운 증거를 본 뒤 이전의 믿음을 업데이트하는 것이다. 이와 같은 이론은 불확실성을 유지한다는 점에서 기존의 전통적인 통계추론과 다른 관점을 가진다. 예를 들어, 유능한 프로그래머가 작성한 프로그램에도 버그가 숨어 있을 수 있다. 심혈을 기우려 작성한 알고리듬에 간단한 예제로 코드를 테스트한다. 테스트를 통과한다. 더 어려운 예제로 테스트한다. 역시 통과한다. 그러면 이제 서서히 코드에 버그가 없다고 믿기 시작한다. 이런 방식으로 생각하는 것이 베이지안적 사고이다. 베이지안 추론은 새로운 증거를 본 뒤 믿음을 업데이트하는 것이다. 베이지안의 세계관은 확률을 사건에서 믿을 수 있는 정도를 계량한 척도, 즉 사건의 발생을 얼마나 자신하는 가로 해석한다. 현실세계에서는 이런 해석이 자연스럽다고 할 수 있다.

베이지안적 사고는 결과를 100% 확신하지는 않지만, 매우 강한 자신감을 가질 수는 있다. 프로그래머의 예와 같이 실제로 거의 가능하지 않은 경우를 포함하여 모든 문제를 테스트해보지 않는 한 코드에 버그가 없다고 100% 장담할 수는 없다. 대신 많은 테스트를 거쳐 문제 통과에 성공하였다면 작성한 코드에 더 자신감을 가질 수 있다. 그러나 결과에 대한 믿음을 업데이트하여 확신을 키울 수 있지만, 다른 대안을 배제하지 않은 한 절대적으로 확신할 수는 없는 한계점이 있다.

어떤 관측결과들로부터 베이지안 확률을 계산하고 싶다면 일단 어떤 추정치를 잡는 것이 우선이다. 이것은 확률이 얼마가 될까에 대한 우리의 현재 추정치 혹은 믿음으로 보통 사전확률(prior)이라고 불린다. 그리고 새로운 관측결과가 주어지면 이 사전확률을 수정해서 사후확률(posterior)을 산출해 낸다. 베이지안 확률을 계산하는 과정은 이 과정을 계속 반복하는 것이다.

역사적으로 역확률(inverse probability, 베이지안 확률의 다른 표현)의 문제에 다시 도전하여 베이즈의 확률이론을 재발견한 학자는 프랑스의 수학자 라플라스였다. 그는 천문학을 연구하고 있었는데 당시의 관측 자료는 부정확한 것이 많았기 때문에 이 자료들을 분석하는 작업을 하다가 라플라스는 확률에 대해서 관심을 가지게 되었다. 그리고 그는 다시 독자적으로 베이즈의 확률 이론을 발견해 냈다. 라플라스는 단순히 베이즈 이론에만 집중한 것은 아니다. 사실 빈도주의 확률이론에서도 그는 선구자이다. 그는 빈도주의 방법에서 중요한 역할을 한 중심극한 정리(Central Limit Theorem)도 발표했으며 사회적으로 정교한 데이터가 많이 제공 되어질 수 있었던 그의 노년기에는 주로 빈도주의 확률이론에 심취하였다.

베이즈 이론은 1990년대 들어서며 인공지능과 머신러닝의 발전으로 신경망에 적용되어 베이즈 네트워크를 구성하였으며, 그 이후로 광범위하게 연구되었다.[49] 베이지안 신경망(BNNs, BayesianNNs)은 모델 가중치에 대한 분포를 유추하여 딥러닝 모델의 확률론적 해석을 제공한다. 이 모델은 과적합(overfitting), 불확실성 추정에 대한 견고성을 제공하며 소규모 데이터셋에서 쉽게 학습할 수 있는 장점을 가지고 있다.

베이지안 신경망은 가중치 및 바이어스 벡터에 대한 출력을 확률분포로 나타내다. 아래 그림은 선형함수 Y에 대하여 가중치 행렬 w와 바이어스 벡터 b값이 행렬내의 확률분포 값으로 연산되는 것을 직관적으로 보여준다.

$$Y = f(X, w_1, b_1)$$

$$f(x, w, b) = x \cdot w + b$$

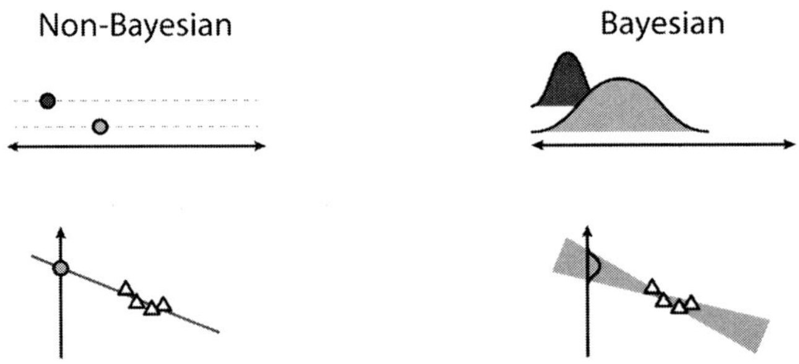

Non-Bayesain과 Bayesian 선형회귀 함수의 직관적 비교

아래 그림 비교에서 보는 것과 같이 베이지안 신경망은 결정론적 신경망과 어떤 점이 다를까? 왼쪽이 일반적인 결정론적 신경망이고, 오른쪽이 베이지안 신경망이다. 학습과정을 통해 가중치

49 Neal, R. M.(1995), Bayesian Learning for Neural Networks, Springer.

(w)값이 고정되는 것이 아니라 가중치(w)의 확률분포가 결정되는 것이다. 베이지안 신경망에서는 가중치(w)를 주사위를 다수 던져서 학습된 확률 값이라 하였을 때 우리가 알고 있는 3이 나올 확률 1/6이 아니고, 던질 때 마다 다른 가중치가 된다. 즉 주사위를 던질 때 마다 다른 가중치(w)를 가지는 신경망이 나올 수 있는 것이다. 확률분포 값의 신경망(Neural Network)이 생성되는 것이다.

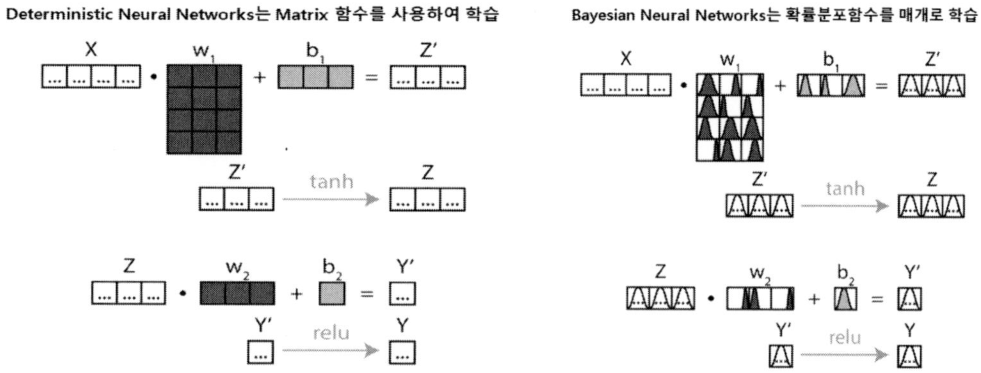

Deterministic Neural Networks와 Bayesian Neural Networks의 비교

확률분석 프로그래밍(Probabilistic Programming)을 이용한 회귀분석

회귀분석은 예측 분석에 적용할 수 있는 가장 기본적인 모델링 기법 중에 하나이다. 그러나 회귀를 기반으로 하는 분석기법은 데이터가 가지고 있는 부분적 복잡성에 대한 모델링의 한계가 있어서 예측의 불확실성 표현에 본질적 어려움을 가지고 있다. 본문에서는 회귀분석 모형에 잠재되어 있는 불확실성(uncertainty) 분석 방법을 이해하기 쉽게 설명하기 위해 데이터가 가지고 있는 불확실성을 나타내는 다양한 모델링 분석기법을 소개한다.

모델은 개념이나 아이디어를 이해하고 나타내는 이론적인 방법이다. 대부분의 모델은 이 세상에 가득한 불확실성을 고려한 확률론적 이론이 반영될 필요성이 있다.

지금부터는 그림의 데이터 셋을 대상으로 확률 프로그래밍을 사용하여 간단한 회귀분석 모형을 구축하는 방법을 실행하며 모형별로 가지는 불확실성을 해석하는 방식을 설명해 보도록 하자.

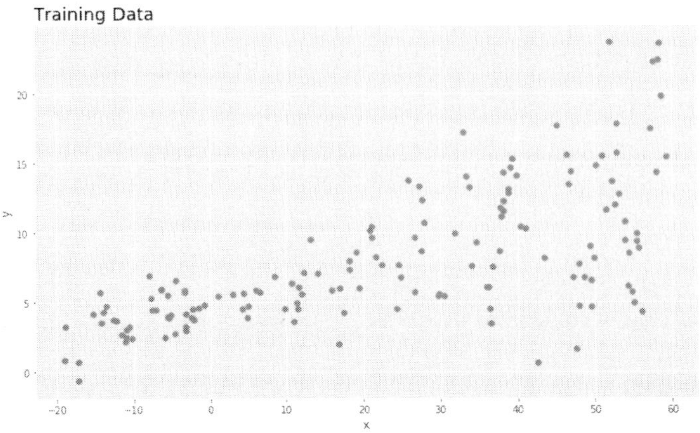

분석대상 학습 데이터의 분포

단순회귀 분석(Simple Linear Regression) : Case 1

시작은 간단한 선형회귀 모델을 사용하여 그림의 데이터셋에 적용해 보도록 하자. 이전에 머신러닝을 경험하여 본 사람에게는 익숙하겠지만 학습과정의 손실함수의 선택과 같은 프로그램의 자세한 내용은 이번 내용에서 제외한다.

단순 선형회귀 분석의 결과는 x가 증가함에 따라 y는 더 가변적임을 눈으로 확인할 수 있다. 단순회귀 분석 결과는 불확실성에 대한 세부 내용을 설명할 수 없다. 이어지는 분석 과정을 통하여 모델이 내포하는 불확실성을 좀 더 세부적으로 알 수 있는 방법을 살펴보자.

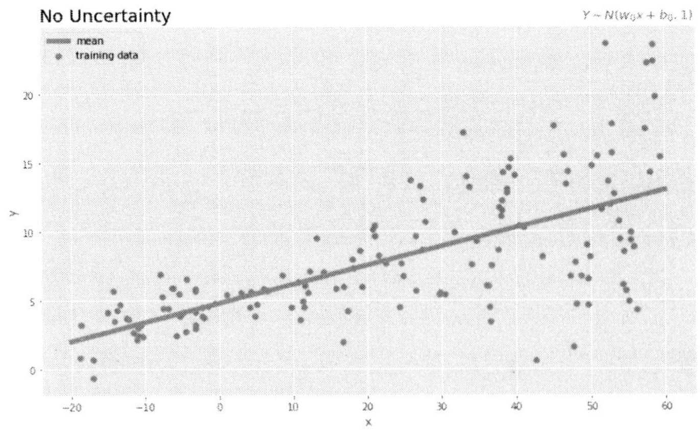

선형회귀분석(No Uncertainty)

내재적 불확실성(Aleatoric Uncertainty)의 분석- Case 2

이전 내용에서 x가 증가함에 따른 y의 변동성이 커지는 것을 확인하였다. 반면, 아래 그림은 x와 y사이의 선형 관계를 제안하지만 x가 커질수록 예측 y의 분산 값이 커짐을 알 수 있다. 이를 데이터의 불확실성이라고 하며, 이는 데이터가 수집 될 때마다 다른 변수로 표현된다. 이와 같은 변동성은 문제의 고유한 특성으로 취급 할 수 있다. 이것은 우리가 무한한 훈련 세트를 가지고 있어도 목표값(target)을 완벽하게 예측할 수 없다는 것을 의미한다. 이러한 종류의 불확실성의 일반적인 예는 공정한 동전 던지기의 결과에서도 볼 수 있다. 과거에 몇 번의 앞면의 결과를 보았더라도 앞으로 동전의 앞면과 뒷면의 어떤 면이 나올지는 예측할 수 없는 것과 같은 이치이다. 이와 같은 변동성은 x의 값과 알려진 기능적 관계가 있다고 가정하고 y의 평균과 같은 선형함수를 이용하여 변동성에 관계한 모델링이 가능하다.

지금부터 데이터 분포의 평균을 예측하는 것 외에도 표준 편차를 예측해 보도록 하겠다. 동일한 방식으로 예측을 학습하고 구성한 후 x의 함수로 y의 변동성에 대한 의미 있는 예측 값을 얻을 수 있다. 그림에서 이전 단순 선형분석보다는 개선된 근사 값을 표현한다. 이번 분석 모델에서 x가 커질수록 y값이 확실하지는 않지만 변동성이 커지고 있다. 이러한 종류의 불확실성은 근본적으로 데이터에 내재된 변동성을 나타내기 때문에 내재적 불확실성이라고 한다. 이전 선형회귀분석 보다는 나은 분석결과를 거두었지만, 지금까지의 문제에서 어렴풋이 보이는 불확실성이 유일한 불확실성의 원인만은 아니다. 다음 분석단계에서는 이전에 우리가 알지 못했던 다른 불확실성의 원인을 Case 3 분석에서 찾아보자.

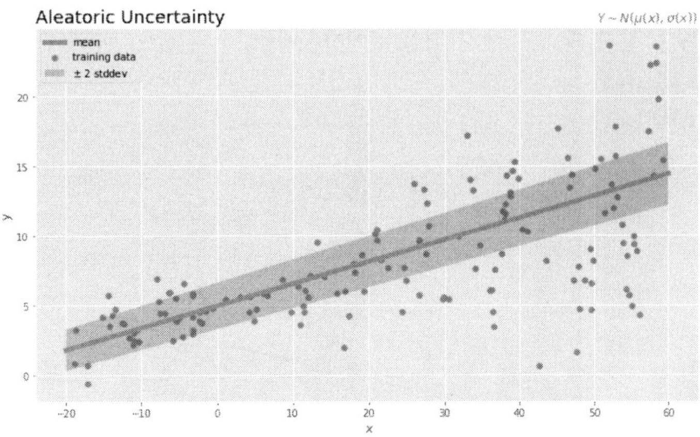

내재적 불확실성(Aleatoric Uncertainty)의 분석

인식론적 불확실성(Epistemic Uncertainty)의 분석- Case 3

아래 그림의 분석결과에서 나타내는 여러 개의 붉은선은 우리가 인식론적 분석을 위해 함수를 호출 할 때마다 출력한 응답으로써 매번 다른 응답을 보여 주고 있다. 이유는 생성된 모델이 가중치(w)에 부과된 분포 안에서 다시 샘플링하기 때문이다. 이는 가중치 분포가 최종 예측에 어떤 영향을 미치는지 이해하기 위해 여러 번 예측해야 한다는 것이다. 이번 분석에서는 50개의 표본을 선택하였으며, 이는 x와 y의 선형 관계가 무엇인지에 대한 추측이 50개라는 것을 의미한다. 이와 같은 해석을 인식론적 불확실성(epistemic uncertainty)라고 하며 모델, 센서 등에서 알려지지 않은 요소를 찾아낼 수 있다.

위와는 별개로 데이터에서 발생하는 노이즈는 x와 y사이의 선형관계 가중치 함수내의 연관성을 완전히 확신 할 수 없다. 예를 들어, 이전 선형회귀분석에서 찾은 함수의 기울기는 데이터의 예측에 합리적이라고 말할 수 있지만, 확신할 수는 없기에 기울기가 약간 낮거나 높게 나타낼 수도 있다(다양한 붉은 실선들의 기울기를 보기 바람). 이런 종류의 불확실성도 인식론적 불확실성에 포함된다. 베이지안 확률에서 실험 반복 횟수가 무한히 이루어지면 빈도주의 확률과 같은 결과를 얻을 수 있음을 알고 있다. 선형회귀분석에서도 더 많은 실험의 수행 결과를 얻을 수 있다면 인식론적 불확실성을 줄일 수 있다.

그림의 분석 결과로 나타낸 선들은 사후분포(posterior)에서 무작위 선택을 통한 모형 모수를 나타낸다. 눈으로 확인할 수 있듯이, 실제로 선형 관계에 있어서 다양한 기울기로 표현되는 불확실성을 볼 수 있다. x의 특정 값에 대해 y의 변동성을 무시하더라도 x의 예측치가 0에서 멀어질수록 기울기의 불확실성이 가중됨을 확인할 수 있다. 이와 같은 데이터의 분포 해석에서는 사전지식이 없다면 올바르게 예측하기가 어려울 뿐만 아니라, x의 값이 커짐에 따라 예측의 변동성이 커짐을 확인할 수 있다.

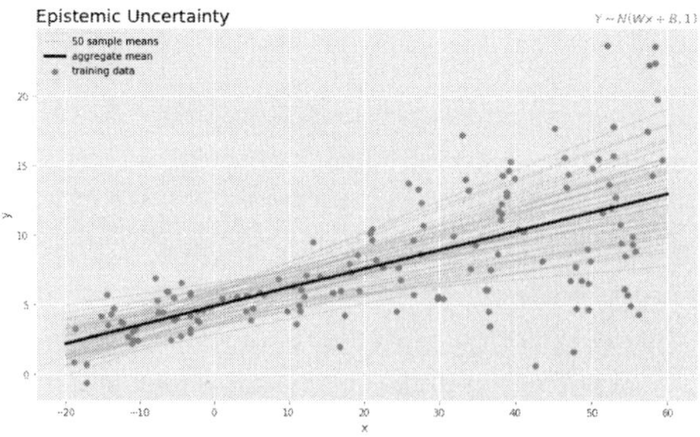

인식론적 불확실성(Epistemic Uncertainty)의 분석

내재적 및 인식론적 불확실성(Aleatoric&Epistemic Uncertainty)의 분석- Case 4

지금부터는 내재적 및 인식론적 불확실성을 고려하여 함께 살펴보도록 한다. TensorFlow에서 내재적 및 인식론적 불확실성 두 가지 유형의 불확실성을 모두 분석할 수 있는 기능을 제공하고 있다. 즉, 이전에 수행한 인식론적 불확실성 분석 모델에 대해 내재적 불확실성을 모델을 통합할 수 있다. 프로그램에서는 이전 분석 모델에 variational 분석 레이어를 추가하여 데이터 분포를 모델링하는 것이다. 이와 같은 앙상블 분석결과는 x의 함수로 y의 변동성을 보여주며, 그림 7과 같다. 단순한 선형회귀분석으로는 나타내기 어려운 결과를 확인할 수 있으며, x의 증가에 대한 y의 변동성을 잘 예측하고 있다. 인식론적 불확실성만을 고려한 모형의 예측과 비교할 때 상당히 개선된 예측결과를 보여 주는 것을 알 수 있다. 베이지안 신경망 예측분석에서는 모델의 정확도를 확인할 수 있는 손실함수(Loss Function) 값을 낮추기 위한 방법을 찾는 것에 집착하는 것 보다, 직관적 모델 예측력에 집중하는 것이 일반적으로 좋은 분석결과를 얻을 수 있음 점을 고려해야 한다.

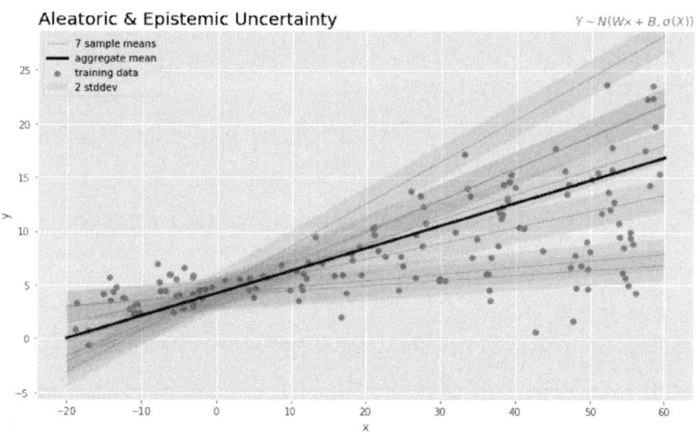

내재적 및 인식론적 불확실성(Aleatoric & Epistemic Uncertainty)의 분석

가우시안 프로세스 회귀분석(Gaussian Process Regression)- Case 5

지금까지는 데이터가 선형회귀 원칙을 따른다는 전제하에 분석을 수행하였다. 만약, 사전에 입력과 목표값의 함수적 관계를 모른다면 어떻게 해야 될까? 새로운 가정을 통하여 패턴에 맞는 함수를 찾아 갈 수 있을 것이다. 예를 들어, 인접한 입력과 목표값이 가능한 연속되어야 한다는 하나의 가정을 해보자. 이러한 가정하에서 회귀분석을 수행하기 위한 가장 적합한 함수는 가우시안 프로세스(Gaussian Process)이다. 데이터의 분포 조건에 따라(운이 좋으면) 일치하는 함수에 대한 확률 분포를 찾을 수 있다.

지금부터는 앞서 분석한 Case 3과 Case 4에 가우시안 프로세스 함수를 적용하여 조금 더 유연한 회귀모델의 분석을 수행해 보겠다. 이 모델의 구현은 이전보다 훨씬 더 복잡하지만, 그림에서 보는 것과 같이 가우시안 프로세스가 학습 데이터의 주기를 찾은 것을 볼 수 있다. 사전에 데이터에 주기성이 있음을 알려주지 않았음에도 불구하고 학습모델이 데이터 구조의 패턴을 찾은 것이다. 완벽하지는 않지만 주기적 패턴과 일치함을 잘 나타내고 있다. 반면 0에 가까울수록 주기와 정확히 일치하지는 않으며, 모델은 해당 영역에서 해석력이 떨어지는 한계점을 가지고 있다.

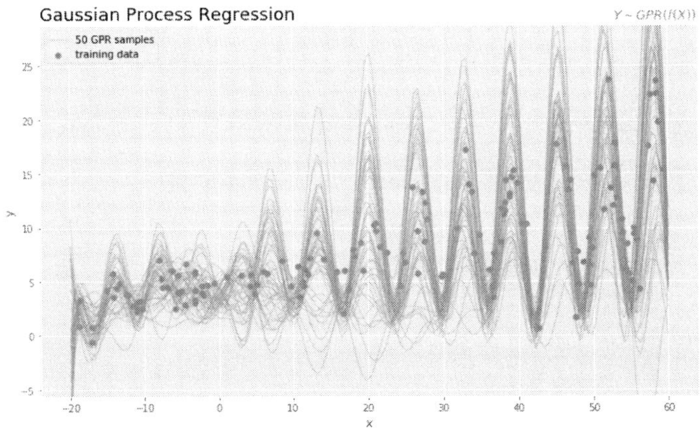

가우시안 프로세스 회귀분석(Gaussian Process Regression)

해석력이 부분적으로 떨어지고 완벽하지는 않지만 가우시안 프로세스를 적용하여 표본 데이터의 값으로 학습하면 아래 그림의 오른쪽 그림과 같이 향후 입력 값에 대한 목표값 예측이 가능하다.

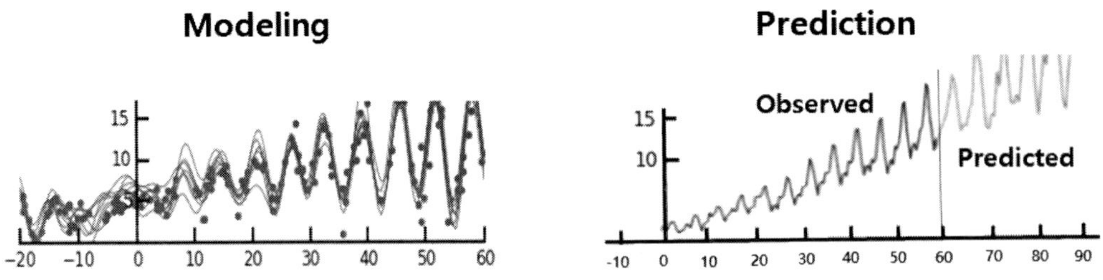

가우시안 프로세스 회귀분석 이용한 예측 분석

활용 분야

베이지안 추론은 사전지식(prior)을 사용하여 예측하는 확률론적 방법론이다. 결과를 관측한 후 원인을 추론하는 방식이며, 확률 프로그램을 사용하면 구축하고자 하는 모델에 임의성 분석을 쉽게 구현할 수 있다. 이와 같은 확률 프로그램은 파이썬과 같은 스크립트 언어를 사용하여 확률 분석 기능을 지원하는 도구로써, 다양한 확장성 기능 제공과 효율적으로 베이지안 딥러닝 모델을 구현할 수 있다. 최근의 새롭고 흥미로운 확률 프로그래밍 언어 출시로 촉발하는 머신러닝은 인공지능 분야의 가장 활발한 관심 분야가 되었다. 파이썬 기반의 Stan, Edward, Pyro, TensorFlow 같은 확률 분석 프로그램을 사용하면 현실세계에 발생하는 다양한 결과에 대하여 귀중한 통찰력과 예측을 제공할 수 있다. 즉, 확률 프로그램은 모델에 임의성을 포함시켜 현실세계의 불확실성 모델링이 가능하게 되었다.

최근 머신러닝의 확률론적 추론은 Google, Uber, Facebook 및 Microsoft와 같은 거대 IT기업은 물론 BHGE(Baker Hughes a GE Company)와 같은 제조업체에서도 데이터 분석의 주요 기술로 채택하여 큰 성과를 보고 있다.

지금까지 베이지안 추론(Bayesian Inference) 기반의 내재적 불확실성과 인식론적 불확실성을 다루는 프레임 워크를 제공하는 다양한 확률 프로그램 언어의 도움을 받으면, 이전까지 구현의 어려움이 있었던 복잡한 확률적 모델을 훨씬 쉽게 구현할 수 있음을 확인하였다. 이를 출발점으로 인공지능(AI)의 빠른 진화와 확률 프로그래밍은 머신러닝 공간에서 가장 활발한 개발 영역 중 하나가 되어가고 있다.

05 CHAPTER

강화학습

_ 마코프의사결정 과정과 강화학습 주요 개념

_ 주요 강화학습 기법

_ 진화형 학습

05 CHAPTER 강화학습

강화학습(reinforcement learning)은 머신러닝의 한 종류로 어떠한 환경에서 어떠한 행동을 했을 때 그것이 잘 된 행동인지 잘못된 행동인지를 나중에 판단하고 보상(또는 벌칙)을 줌으로써 반복을 통해 스스로 학습하게 하는 분야이다. 강화학습에는 다음과 같이 두 가지 구성 요소로 환경(environment)과 에이전트(agent)가 있다.

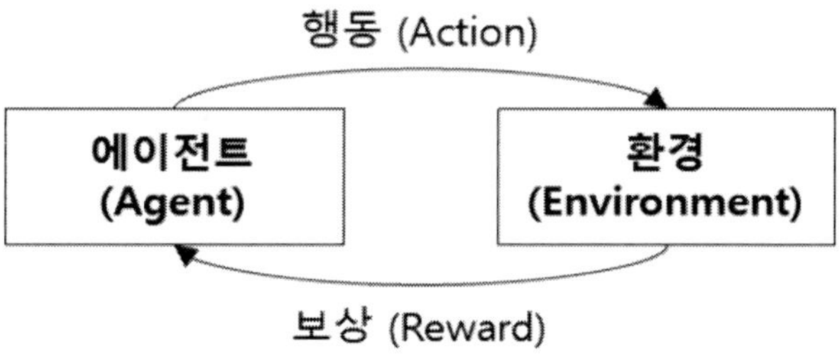

강화학습의 구성 요소

에이전트는 특정 환경에서 행동(action)을 결정하고 환경은 그 결정에 대한 보상을 내린다. 이 보상은 행동 즉시 결정되기보다는 여러 행동들을 취한 후에 한꺼번에 결정되는 경우가 많다. 특정 행동을 취했을 때 바로 그 행동에 대한 평가를 내릴 수 없는 경우가 많기 때문이다.

강화학습은 딥러닝과 밀접한 관계가 있다. 에이전트가 행동을 결정하고 환경이 주는 보상으로 스스로 학습할 때 주로 딥러닝에서 다룬 인공 신경망을 사용한다. 환경과 에이전트의 상태 등을 입력값으로 인공 신경망이 행동을 결정하고 보상이 있으면 이전의 입력값과 행동들을 긍정적으로 학습한다.

마코프의사결정 과정과 강화학습 주요 개념

1 모델 기반 : 마코프의사결정과정과 동적 프로그래밍

이미 앞에서 마코프의사결정과정에 대해 다루었다. 여기서는 요약하는 형태로 되어 있다.

마코프의사결정과정(Markov Decision Process, MDP)

마코프 가정

마코프 가정(Markov assumption)은 상태가 연속적인 시간에 따라 이어질 때 어떠한 시점의 상태는 그 시점 바로 이전의 상태에만 영향을 받는다는 가정이다. 현재의 상태가 바로 이전 상태에만 영향을 받는다고 가정하는 것이 어떻게 보면 무리한 가정일 수 있다. 그러나 직관적으로 생각해 보면 현재 상태는 이전 상태에 가장 큰 영향을 받고, 이전 상태는 그 이전 상태에 큰 영향을 받고, 더 이전의 상태들도 이러한 식으로 그보다 이전 상태에 가장 큰 영향을 받는다고 생각하면 그래도 합리적인 가정이라고 볼 수 있다. 결정적으로 마코프 가정으로 어려운 문제들을 단순화하고 만족스러운 결과를 얻는 경우가 많다.

마코프 가정의 수식은 다음과 같다.

$$P(S_{t+1} = s' | S_0, S_1, \cdots, S_{t-1}, S_t) = P(S_{t+1} = s' | S_t)$$

좌변은 어떠한 시점 t에서의 상태 S_t는 최초의 상태 S_0에서 바로 이전의 상태 S_{t-1}까지 영향을 받는다. 이는 연속적으로 존재하며 일어나는 일련의 상태들을 확실하게 표현하지만 이를 실제로 계산하기는 매우 어렵다. 그래서 상태 S_t는 바로 이전 상태인 S_{t-1}에 가장 큰 영향을 받고 S_{t-1}에서 S_{t-2}를 반영하는 등 연쇄적으로 모든 이전 상태들이 반영된다고 가정하는 마코프 가정을 적용하면 위 수식의 우변과 같이 단순화할 수 있다.

마코프 과정

마코프 과정(Markov Process)은 마코프 가정을 만족하는 연속적인 일련의 상태이다. 마코프 과정은 일련의 상태 $S_1, S_2, \cdots, S_t$와 상태전이확률(state transition probability) P로 구성된다.

상태전이확률 $P_{ss'} = P(S_{t+1} = s'|S_t = s)$은 어떠한 상태가 i일 때 그 다음 상태가 j가 될 확률을 의미한다. 여기서 $P(A|B)$는 조건부 확률로 B일 때 A일 확률을 의미한다. 마코프 가정을 반영했기 때문에 이렇게 계산 가능한 상태전이확률을 정의할 수 있는 것이다.

마코프의사결정과정(MDP)

마르코프 의사결정 과정(Markov decision process, MDP)은 마르코프 과정을 기반으로 한 의사 결정 모델이다. MDP는 아래 수식과 같이 상태(state) 집합 S, 행동(action) 집합 A, 상태전이확률(state transition probability) 행렬 P, 보상(reward) 함수 R, 할인인자(discount factor) γ로 구성되어 있다.

$$MDP = (S, A, P, R, \gamma)$$

상태집합은 MDP에서 가질 수 있는 모든 상태의 집합 $S = \{s_1, s_2, \cdots, s_{|S|}\}$이다. 아래 식과 같이 어떠한 시점에서의 상태 S_t는 상태 집합 S에 포함된 특정 상태가 된다.

$$S_t = s, \ s \in S$$

행동집합은 행동 주체인 에이전트가 할 수 있는 모든 행동들의 집합 $A = \{a_1, a_2, \cdots, a_{|A|}\}$이다. 에이전트는 어떠한 시점에서 행동 $A_t = a, \ a \in A$를 취하는 것이다. MDP에서의 상태전이확률은 마코프 과정의 상태전이확률보다 조금 더 복잡하다. MDP에서의 상태전이확률 수식은 아래와 같다.

$$P^a_{s,s'} = P(S_{t+1} = s'|s_t = s, \ A_t = a)$$

$P^a_{s,s'}$ 는 에이전트가 어떠한 상태 s에서 행동 a를 취했을 때 상태 s'으로 변할 확률이다.

보상함수는 에이전트가 어떠한 상태에서 취한 행동에 대한 보상을 내리기 위한 함수이다.

$$R^a_s = E[R_{t+1}|S_t = s, \ A_t = a]$$

보상함수 R^a_s는 상태 s에서 행동 a를 했을 때의 보상의 기대값을 수치로 반환한다.

할인인자는 과거의 행동들을 얼마나 반영할지를 정하는 값으로 0에서 1 사이의 값이다. 과거

5번의 행동에 대한 보상을 1씩 받았다고 했을 때 할인인자 γ가 1이면 $<1,1,1,1,1>$이 되고 할인인자 γ이 0.9이면 $<1,0.9,0.81,0.729,0.6561>$이 된다. 즉, 먼 과거에 대한 보상일수록 깎아서 반영하는 것이다.

에이전트는 어떠한 상태 s에서 수행할 행동 a를 정해야 하는데 이를 정책(policy)라고 한다.

$$\pi(a|s) = P(A_t = a|S_t = s)$$

정책 π는 총 보상을 최대화하는 방향으로 갱신된다. 다음과 같은 MDP의 간단한 예로 위의 설명들을 정리해 보자.

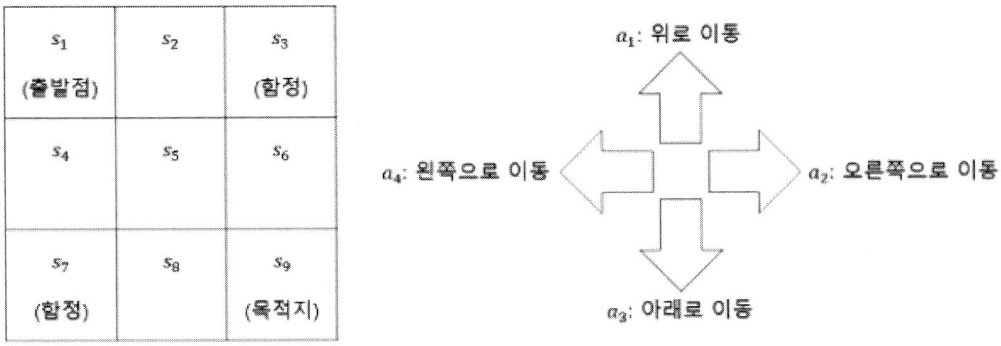

MDP 예제의 상태집합과 행동집합

이 예제는 에이전트가 위, 오른쪽, 아래, 왼쪽으로 움직이면서 출발점에서 목적지까지 함정을 피하면서 도착하는 것을 목표로 한다. 상태전이확률은 에이전트가 행동하는 대로 다음 상태로 움직일 수 있도록 정해져 있다고 가정하자. 예를 들어, $P^{a_2}_{s_1,s_2} = 1$로, s_1에서 a_2를 수행하면 s_2가 된다.

에이전트는 정책 π에 따라 행동을 결정하고 함정에 다다르면 -0.1을 보상으로 주고 목적지에 다다르면 1을 보상으로 주어 정책을 조정해 나간다.

출발점 s_1에서 a_2, a_2를 취하여 s_3가 되면 -0.1을 보상으로 주는데, 이때 다음과 같이 $\pi(a_2|s_1)$과 $\pi(a_2|s_2)$의 값을 다시 똑같이 함정에 빠지지 않는 방향으로 갱신한다.

$$\pi(a_2|s_1) = \pi(a_2|s_1) \times (1 - 0.1 \times 0.9)$$
$$\pi(a_2|s_2) = \pi(a_2|s_2) \times (1 - 0.1)$$

s_2에서 s_3로 이동한 것이 가장 최근 행동이기 때문에 보상을 그대로 주고 그 전의 행동인 s_1에서 s_2로 이동한 것은 할인인자를 곱하여 보상에 반영한다. 함정이 아니라 목적지에 다다르게 되면 취했던 행동들의 확률 값을 높이게 된다. 이런 식으로 경험을 쌓다 보면 정책이 함정을 피하면서 목적지로 갈 수 있도록 조정된다.

상태가치함수와 상태-행동가치함수

상태가치함수(state-value function)

에이전트가 어떠한 행동을 수행하면서 상태가 시간에 따라 변하게 된다. 이 때 보상을 받게 되고 시간에 따라 할인된 보상을 더해서 얻게 되는 가치는 다음과 같이 표현할 수 있다.

$$V_\pi(s) = E_\pi[G_t|S_t = s] = E\left[\sum_{i=0}^{\infty} \gamma^i R_{t+i+1} | S_t = s\right]$$

정책 π에 의해서 행동들이 결정되고 결정된 행동들에 의해서 상태들도 정해진다. 상태 가치 함수는 현재 상태 s에서 정책 π를 따랐을 때의 가치를 반환한다.

행동가치함수(action-value function)

행동가치함수는 상태행동가치함수로 불리기도 하며 어떠한 상태 s에서 행동 a를 수행했을 때의 가치를 반환한다. 상태행동가치함수는 q-value라고도 한다. 어떠한 상태 s에서 행동 a를 수행했을 때 획득할 총 보상의 기댓값이다.

$$Q_\pi(s,a) = E_\pi[G_t|S_t = s, A_t = a] = E\left[\sum_{i=0}^{\infty} \gamma^i R_{t+i+1} | S_t = s, A_t = a\right]$$

수식을 보면 상태가치함수에서 행동 a에 대한 조건이 추가되었음을 알 수 있다. 상태행동가치함수는 현재 상태 s에서 정책 π를 따라 행동 a를 수행했을 때의 가치를 의미한다.

벨만방정식(Bellman equation)

벨만방정식은 위에서 다룬 상태가치함수와 상태행동 가치 함수의 관계를 나타내는 방정식이다. 벨만방정식에는 벨만기대방정식(Bellman expectation equation)과 벨만최적방정식(Bellman Optimality equation)가 있다.

벨만기대방정식(Bellman expectation equation)

벨만기대방정식으로 상태가치함수와 상태행동가치함수를 기대값 E로 표현할 수 있다. 상태가치함수의 벨만기대방정식은 다음과 같이 표현된다.

$$v_\pi(s) = E[R_{t+1} + \gamma V_\pi(S_{t+1}) | S_t = s]$$

현재 상태 S_t에서의 가치는 다음 상태 S_{t+1}의 가치에 할인인자 γ를 곱하여 더한 기대값이라는 의미이다.

상태행동가치함수의 벨만기대방정식은 다음과 같다.

$$Q_\pi(s,a) = E[R_{t+1} + \gamma q_\pi(S_{t+1}, A_{t+1}) | S_t = s, A_t = a]$$

현재 상태 S_t에서 행동 A_t를 수행하면 기대보상 R_{t+1}에 다음 상태 S_{t+1}와 행동 A_{t+1}의 상태행동가치에 할인인자를 곱한 값을 더한 것이다.

상태가치함수에서 이 기대값을 다음과 같이 정책 π를 따르는 상태-행동 가치 함수로 바꿔 표현해 볼 수 있다.

$$V_\pi(s) = \sum_{a \in A} \pi(a|s) Q_\pi(s,a)$$

상태 s에서 정책 π에 의해 행동 a를 선택할 확률과 상태 s에서 π에 따라 행동 a를 수행했을 때의 가치를 곱하여 더한 것이다. 이 수식에서 상태행동가치함수 역시 상태가치함수로 다시 풀 수 있다.

$$Q_\pi(s,a) = R_s^a + \gamma \sum_{s' \in S} P_{s,s'}^a \ V_\pi(s')$$

현재 상태 s에서 행동 a를 수행했을 때 기대보상과 다음 상태 s'에 대한 기대 가치를 상태전이 확률과 함께 곱하여 더하고, 거기에 할인인자를 붙인 값을 더한 것이다. 이 수식을 위의 상태 가치 함수에 대입하면 다음과 같다.

$$V_\pi(s) = \sum_{a \in A} \pi(a|s) + (R_s^a + \gamma \sum_{s' \in S} P_{s,s'}^a \ V_\pi(s'))$$

이렇게 가치 함수 수식에서 모호한 기대값 표현 E를 덜어내고 재귀적으로 표현하게 되었다. 비슷한 방식으로 상태행동가치함수도 재귀적으로 표현하면 다음과 같다.

$$Q_\pi(s,a) = R_s^a + \gamma \sum_{s' \in S} P_{s,s'}^a \ \sum_{a \in A} \pi(a'|s') Q_\pi(s',a'))$$

벨만최적방정식(Bellman optimality equation)

최적의 상태가치와 최적의 상태행동가치를 다음과 같이 표현할 수 있다. 최적 가치란 의미는 가장 큰 총 보상을 받을 수 있는 정책을 따랐을 때 얻을 가치를 뜻한다.

$$V^*(s) = \max_\pi \ V_\pi(s)$$

$$Q^*(s,a) = \max_\pi \ q_\pi(s,a)$$

여기서 V와 Q에 별(*)을 붙여서 최적 가치임을 표현했다. 벨만최적방정식으로 최적상태가치와 최적상태행동가치를 다음과 같이 표현한다.

$$V^*(s) = \max_a R_s^a + \gamma \sum_{s' \in S} P_{s,s'}^a \ V^*(s')$$

$$Q^*(s,a) = \max_a R_s^a + \gamma \sum_{s' \in S} P_{s,s'}^a \ V^*(s')$$

MDP를 위한 동적 프로그래밍(dynamic programming)

다룬 벨만 방정식을 이용하여 MDP를 푸는 동적 프로그래밍을 알아보자. 동적 프로그래밍(Dynamic Programming, DP)은 재귀적인 최적화 문제를 푸는 방법이다. DP는 정책반복(policy iteration)과 값반복(value iteration)으로 이루어져 있다.

CHAPTER 05 강화학습

정책반복(policy iteration)

정책 반복에서는 다음과 같이 상태가치함수를 반복적으로 갱신한다.

$$V_{k+1}(s) = \sum_{a \in A} \pi(a|s)(R_s^a + \gamma \sum_{s' \in S} P_{s,s'}^a \; V_k(s'))$$

여기서 k는 반복 과정을 의미한다. N번 반복하면서 가치함수 V를 갱신하여 $V_1, V_2, \cdots, V_N$을 생성한다. 벨만기대방정식과 같은 형태이다.

위의 MDP 예제를 다시 가져오자. 다음은 3×3 그리드 영역에서의 정책을 보여준다.

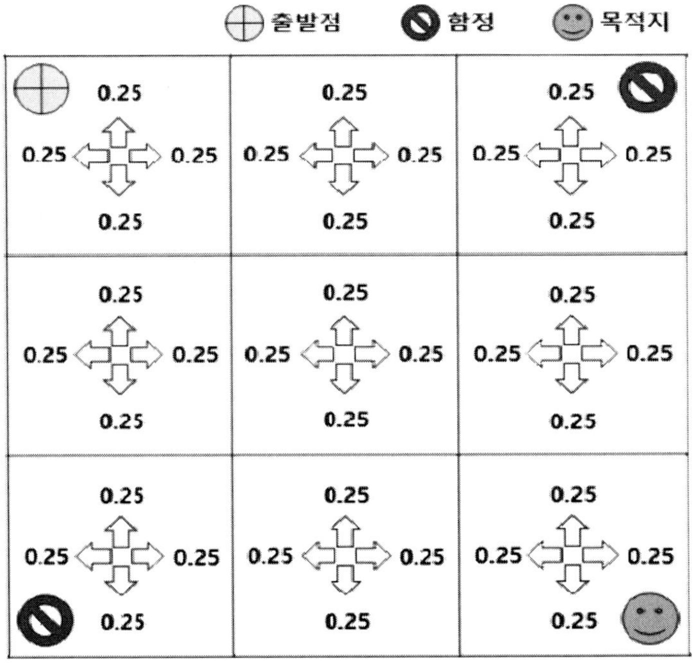

동적 프로그래밍 예제

처음에는 모든 상태에서 모든 행동을 동일한 확률 0.25로 수행할 수 있도록 했다. 할인인자는 적용하지 않았다. 즉 $\gamma = 1$이다. 함정에 도달하는 경우 -0.1을, 목적지에 도달하는 경우 1을 보상으로 부여한다. 이제 상태가치함수를 반복적으로 갱신하면 어떻게 되는지 살펴보자. 다음은 정책반복 과정에서의 상태 가치 함수가 어떻게 변하는지 보여준다.

$k=1$

0.0	-0.025	-0.05
-0.025	**0.0**	0.225
-0.05	0.225	0.5

$k=2$

-0.013	-0.044	-0.025
-0.044	0.1	0.394
-0.025	0.394	0.863

$k=3$

-0.028	-0.02	0.025
-0.02	0.175	0.558
0.025	0.558	1.128

$k=4$

-0.024	0.013	0.097
0.013	0.269	0.696
0.097	0.696	1.343

$k=5$

-0.006	0.064	0.176
0.064	0.355	0.826
0.176	0.826	1.52

$k=6$

0.029	0.122	0.26
0.122	0.445	0.944
0.26	0.944	1.673

$k=7$

0.076	0.189	0.347
0.189	0.533	1.056
0.347	1.056	1.809

$k=8$

0.132	0.261	0.435
0.261	0.622	1.161
0.435	1.161	1.932

정책 반복에서의 상태 가치 함수 변화

이렇게 상태가치함수를 갱신하고 정책 역시 갱신한다. $k=8$일 때 정책을 다음과 같이 갱신할 수 있다.

$k=8$

0.132	0.261	0.435
0.261	0.622	1.161
0.435	1.161	1.932

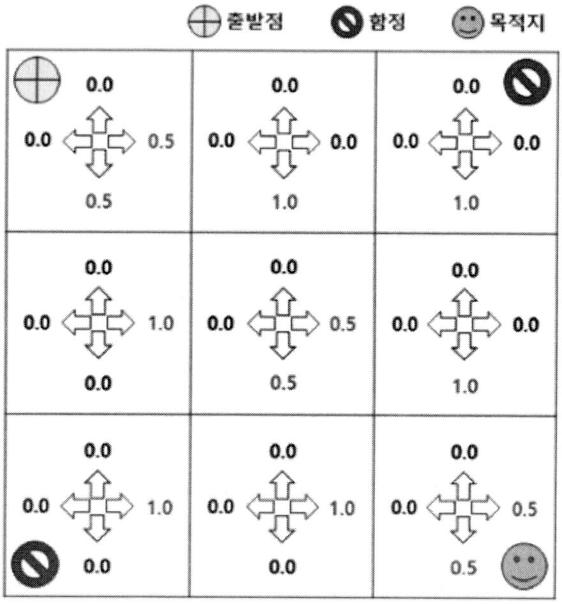

상태가치함수 기반 정책 갱신

CHAPTER 05 강화학습

상태가치함수 기반 정책갱신값은 가치를 가지는 다음 상태가 있으면 동일한 확률을 부여하여 가장 높은 가치를 가지는 상태로 이동하도록 한다. 값반복(value iteration)은 정책 반복과 유사하다. 차이점은 우선 가치 반복의 수식을 보고 알아보자.

$$V_{k+1}(s) = \max_{a \in A} \; R_s^a + \gamma \sum_{s' \in S} P_{s,s'}^a \; V_k(s')$$

정책반복에서는 다음 상태들 가치를 정책 함수의 확률과 곱하여 모두 더했는데 가치 반복에서는 탐욕적으로 가장 큰 다음 가치를 선택한다. 수식을 보면 벨만 최적 방정식이라는 것을 알 수 있다. 정책 반복에서는 상태가치함수를 갱신하고 이후에 정책을 갱신했는데, 값반복에서는 따로 정책을 갱신하는 단계가 없다. 가치 반복에서는 현재의 정책이 최적이라고 가정하고 보상의 최대값을 취하게 된다. 다음은 위의 동일한 예제에서 값반복의 상태가치함수가 어떻게 변하는지 보여준다.

$k = 1$

0.787	1.45	2.291
1.45	2.844	5.15
2.291	5.15	7.186

$k = 2$

4.474	7.372	11.183
7.372	13.2	18.471
11.183	18.471	25.672

$k = 3$

23.693	36.23	48.209
36.23	51.688	69.527
48.209	69.527	89.287

값반복에서의 상태가치함수 변화

동적 프로그래밍의 한계와 강화학습이 필요한 이유

동적 프로그래밍은 MDP의 상태 전이 확률과 보상함수가 주어져야 하기 때문에 현실적으로 상태전이확률과 보상함수를 미리 알 수 없는 대부분의 현실 문제에서 적용하기 어렵다. 문제가 정말 잘 정의가 되어 있어서 상태전이확률과 보상함수를 알고 있더라도 상태의 수가 많아지면 현실적으로 벨 방정식을 풀기 어려워진다.

따라서 상태전이확률과 보상함수를 미리 알 수 없고 상태가 무한한 대부분의 현실 문제에서 동적 프로그래밍을 적용하기가 어렵다. 따라서 다음과 같은 모델들이 등장한다.

② 주요 강화학습 개념

강화학습은 MDP의 개념과 큰 차이는 없지만 복잡한 문제를 스스로 풀기 위해서 다음과 같은 특징을 가진다.

- 완전한 상태전이확률과 보상함수를 미리 알 수 없다.
- 상태 집합이 (거의) 무한하다.

앞서 설명한 MDP에서는 상태가 불연속적(discrete)이었다. 그러나 강화학습을 적용하는 대부분의 문제들은 상태가 연속적(continuous)이어서 가능한 상태의 수가 매우 많다. 예를 들어, 두 개의 실수로 구성할 수 있는 공간은 R^2으로 무한하다. 상태를 구성하는 요소 개수가 많아질수록 그 공간은 방대해진다.

강화학습 표기법(notation)

이미 상태, 행동 등의 강화학습 용어를 MDP를 설명하면서 언급했지만 이들을 포함하여 강화학습 용어들의 표기법을 다시 정리하자.

s : 상태; 강화학습 환경에서의 상태
a : 행동; 에이전트가 수행할 수 있는 행동
P : 상태전이확률
V : 상태 가치
π : 정책
Q : 상태행동가치함수
R : 보상함수

모델기반(Model-based) vs. 무모델(Model-free)

강화학습에서는 상태 전이 확률과 보상함수를 미리 알 수 없다고 했다. MDP에서 이 상태전이확률과 보상함수를 모델(model)이라 한다.

MDP에서 상태전이확률과 보상함수를 정할 수 있는 경우 model-based라고 한다. 상태, 행동 공간이 적고 미리 상태전이확률과 보상함수를 알고 있는 경우에 해당한다. 그래서 modelbased로 풀 수 있는 문제는 제한적이다. MDP와 동적 프로그래밍이 model-based에 해당한다.

예측(prediction)과 제어(control)

강화학습에서 MDP 모델을 미리 알 수 없기 때문에 상태가치함수의 값을 예측한다. 그리고 점점 더 그 예측이 정확해 지도록 제어한다. 이러한 예측과 제어를 반복해 나가는 것이 강화학습이라 할 수 있다.

예측은 에이전트(학습자)가 주어진 정책에 따라 환경과의 소통을 통해 상태 가치 함수를 학습시키는 것이다. 강화학습에서는 모든 상태에 대해서 가치를 판단할 수 없기 때문에 샘플링(sampling)을 한다. 에이전트는 이런 샘플들을 경험을 하면서 환경을 학습한다. 제어는 예측을 통해 학습한 가치 함수를 기반으로 정책을 학습하는 것이다.

예측방법에는 몬테카를로 예측(Monte-Carlo prediction)과 시간차 예측(temporal-difference prediction)을 들 수 있다. 제어의 대표적인 방법으로는 SARSA와 Q-learning을 들 수 있다.

부트스트랩(bootstrap)

부트스트랩(bootstrap)은 다음 상태에 대한 가치함수 값으로 현재 상태의 가치함수 값을 예측하는 방식이다.

강화학습에서 종료 상태(terminal state)까지의 상태전이가 진행된 것을 에피소드(episode)라고 한다. 부트스트랩을 사용하면 에피소드가 진행되는 동안에 상태 가치 함수를 업데이트 할 수 있다.

On-policy vs. Off-policy

On-policy는 행동을 결정하는 정책(policy)과 학습할 정책이 같은 강화학습을 의미한다. 반대로 Off-policy는 행동하는 정책과 학습하는 정책이 다른 방법이다.

이 말을 다시 생각해 보면 On-policy 강화학습은 경험을 실컷 쌓아놓아도 정책이 업데이트되면 이 경험들을 학습에 사용할 수가 없다. 따라서 데이터 효율 관점에서 Off-policy가 좋다고 볼 수 있다.

이용(exploitation)과 탐색(exploration)

이용(exploitation)은 현재 알고 있는 한 가장 최적의 행동을 선택하는 것을 의미한다. "현재 알고 있는 한"이라는 말은 선택한 행동이 정말로 최적의 행동은 아닐 수 있음을 뜻한다. 따라서 탐욕(greedy)적으로 행동을 선택한다고도 한다.

탐색(exploration)은 다양한 경험을 쌓기 위해 아무 행동을 선택해 보는 것을 의미한다. 탐욕적으로만 행동을 선택하다 보면 정작 정말 최적인 행동을 전혀 선택하지 못할 수도 있다. 이러한 문제를 해결하기 위해 간혹 탐색을 하는 것이다.

주요 강화학습 기법

주요 강화학습 기법으로는 몬테카를로 학습(Monte-Carlo learning, MC), 시간차 학습(Temporal-Difference learning, TD), Q-learning, 정책경사(Policy Gradient, PG), Actor-Critic(AC), A2C(advantage actor-critic), A3C(asynchronous advantage actor-critic) 등이 있다.

1 몬테카를로 학습(Monte-Carlo learning, MC)

부트스트랩(Bootstrap)

부트스트랩 시뮬레이션이란 예측통계량 또는 표본의 원래 데이터의 신뢰성 또는 정확성을 추정하는데 사용되는 기법이다. 전통적인 방식에서는 표본통계량의 정확도를 설명하기 위해 수학공식을 사용하였다. 전통적인 방식에서는 표본통계량의 분포가 정규분포에 근사된다고 가정하여 통계량의 표준오차 또는 신뢰구간을 상대적으로 쉽게 계산하였다. 그러나 통계량의 표본분포가 정규분포를 따르지 않거나 분포를 쉽게 파악할 수 없는 경우, 전통적인 기법은 사용하기 어렵다. 반면, 부트스르랩 시뮬레이션은 데이터에 대해 반복적으로 표본을 추출하고 각 표본 추출 시마다 달라지는 통계량의 분포를 생성함으로서 과거 데이터를 바탕으로 여러 표본통계량을 분석하게 된다.

부트스트랩 시뮬레이션을 사용하는 또 다른 경우는 부트스트랩 시뮬레이션의 비모수적 성격을 활용해야할 때이다. 즉, 부트스트랩 시뮬레이션을 사용하기 위해서 분포 모수에 대한 가정을 할 필요가 없다. 몬테카를로 시뮬레이션을 수행하려면 특정한 통계 분포와 관련 모수(예, 평균, 표준편차, 위치, 단위 등)에 대한 가정을 해야 하지만 부트스트랩 시뮬레이션은 데이터를 통해서 현상을 설명한다. 즉, 부트스트랩 시뮬레이션은 과거 데이터를 바탕으로 한 시뮬레이션 기법으로 과거 데이터를 대체시키지 않고 계속 선택하여 사용한다. 앞의 바구니의 예에서 이 바구니 속에 365개의 골프공이 있다고 하자. 랜덤하게 선택한 각 골프공의 값을 대형 화이트보드에 기록한다. 선택한 골프공을 계속 돌려 놓으면서 365번 꺼낸 골프공의 값을 화이트 보드 첫 번째 열의 365개 행에 기록한다. 이 365개 데이터의 통계량(예, 평균, 표준편차 등)을 계산한다. 그리고 이러한 과정을 5,000번 반복했다고 하자. 이 과정이 완료되면 365개 행과 5,000개 열의 데이터가 기록된다. 이렇게 되면 5.000개의 통계량 집합(즉, 5,000개의 평균, 표준편차 등)의 표가 생성되고 그 분포가 나타난다. 이 분포를 가지고 평균에 대한 신뢰도를 구할 수 있으며 통계량의 분포를 알 수 있다. 마지막으로 부트스트랩 시뮬레이션 결과는 통계학의 대수의 법칙(Law of Large Numbers)과 중심극한정리(Central Limit Theorem)에 따라 표본평균의 평균은 불편추정량으로 표본 크기가 커질수록 모집단의 평균값과 가까워 진다는 점에서 중요하다고 할 수 있다. 대수의 법칙이란 추출된 자료의 수가 많으면 표본평균은 모평균과 같게 되고, 표본분산은 모분산과 같은 것을 말한다. 중심극한정리란 모집단의 분포가 정규분포를 갖지 않는 경우에도 다음의 확률변수는 정규분포를 갖는다.

$$Z_n = \frac{\overline{X} - \mu}{\sqrt{\sigma^2 / n}} \xrightarrow{p} N(0,1)$$

표본평균에 대한 부트스트랩은 다음과 같다.

$\{X_1, X_2, \cdots, X_n\}$이 평균 μ를 가지는 모수로부터 나오는 표본평균이라 하자. $\mu = 5$인지 검증하려고 한다고 하자. 그렇다면 점근적 과정(asymptotic procedure)를 통해 다음과 같은 단계로 추정할 것이다.

먼저 모평균 μ에 대한 점추정치로서 $\overline{X} = \frac{1}{T}\sum_{t=1}^{T} X_t$를 계산할 것이다.

다음 모분산 σ^2에 대한 점추정치로서 $S^2 = \frac{1}{T}\sum_{t=1}^{T}(X_t - \overline{X})^2$을 계산할 것이다.

귀무가설이 μ=5이므로 통계량 $t = \frac{\overline{X} - 5}{\sqrt{\frac{S^2}{T}}}$를 이용하여 유의수준 α가 5%라면, 즉 $|t| > |Z_{\alpha/2}|$라면 귀무가설을 기각할 것이다.

그러나 위의 일련의 과정들은 T가 크다는 가정 하에서 진행된다. 만일 T가 작다면 $\overline{X}$는 μ로부터 많이 떨어져 있어 통계적 추측이 틀릴 수도 있다. 따라서 의 가능한 편의(bias)를 수정하여 보다 나은 임계치(critical value)를 찾으려 할 수 있을 것이다.

부트스트래핑의 일반적인 방법은 다음과 같다.

확률밀도함수가 $f^*(X_t) = \frac{1}{T}$를 가지는 $A = \{X_1, X_2, \cdots, X_n\}$를 모수와 같이 취급하자.

① A로부터 크기 T인 임의추출(random sample)을 한다.
즉, $A^{[1]} = \{X_1^{[1]}, X_2^{[1]}, \cdots, X_n^{[1]}\}$을 부트스트랩 표본(bootstrap sample)이라 한다.

② $\overline{X}^{[1]} = \frac{1}{T}\sum_{t=1}^{T}X_t^{[1]}$과 $S^{2[1]} = \frac{1}{T}\sum_{t=1}^{T}(X_t^{[1]} - \overline{X}^{[1]})^2$를 계산한다. 따라서 통계량 $t^{[1]} = \frac{\overline{X}^{[1]} - \overline{X}}{\sqrt{\frac{S^{2[1]}}{T}}}$을 계산한다.

③ A로부터 크기 T인 다른 임의추출을 한다. 즉, $A^{[2]} = \{X_1^{[2]}, X_2^{[2]}, \cdots, X_n^{[2]}\}$

④ $\overline{X}^{[2]} = \frac{1}{T}\sum_{t=1}^{T}X_t^{[2]}$과 $S^{2[2]} = \frac{1}{T}\sum_{t=1}^{T}(X_t^{[2]} - \overline{X}^{[2]})^2$를 계산한다. 따라서 통계량 $t^{[2]} = \frac{\overline{X}^{[2]} - \overline{X}}{\sqrt{\frac{S^{2[2]}}{T}}}$을 계산한다.

⑤ 이러한 과정을 b번 반복한다. b는 항상 클수록 좋은데 1,000정도면 충분하다.

⑥ $\hat{B} = \frac{1}{b}\sum_{i=1}^{b}\overline{X^{[i]}} - \overline{X}$. 즉 $\hat{B}$는 $\overline{X}$에 있는 편의(bias)의 부트스트랩 추정치가 된다.

⑦ $\overline{X}_B = \overline{X} - \hat{B}$인데 모평균 μ의 편의가 조정된 부트스트랩 점추정치이다.

⑧ $|t^{[i]}|$를 오름차순으로 정렬한다. 즉 $|t^{[1]}|, \cdots, |t^{[b]}|$가 순서대로 정렬된 자료라 하자.

⑨ $|t_{B,\alpha}| = \{|t^{[1]}|, \cdots, |t^{[b]}|\}$의 $1-\alpha$분위수라 하자.

⑩ 만약 $|t| > |t_{B,\alpha}|$라면 귀무가설을 기각한다.

부트스트랩 검증은 일반적인 점근적 검증과 근사적으로 같다. $\{|t^{[1]}|, \cdots, |t^{[b]}|\}$는 중심극한정리에 의해 만약 T가 크다면 표준정규분포에 근사한다. 따라서 $\{|t^{[1]}|, \cdots, |t^{[b]}|\}$의 $1-\alpha$분위수는 $|Z_{\alpha/2}|$로 근사한다. T가 커지면서 부트스트랩에 의한 이득은 감소한다고 볼 수 있다.

몬테카를로 방법(Monte Carlo Method)

몬테칼를로 방법을 가장 간단하게 정의하면 예측, 추정, 리스크 분석에 유용하게 이용될 수 있는 난수생성기이다. 시뮬레이션이란 불확실한 변수에 대해 사용자가 사전에 정의해 둔 확률분포에서 반복적으로 값을 추출하고, 이렇게 선택된 값을 모델에 적용하여 모델의 여러 시나리오에 대한 계산 작업이 수행되는 과정이다. 이들 시나리오를 통해 모델과 연관된 결과값이 생성되므로 각 시나리오 별로 예측값(forecast)이 정해진다. 예측값이란 모델의 중요한 결과값으로 사용자가 정의한 사건(event)이다. 이러한 예측값으로 부도율이 사용될 수 있다.

몬테카를로 시뮬레이션을 간단하게 큰 바구니 안에 들어있는 골프공을 반복적으로 꺼내는 것으로 생각해보자. 단, 골프공을 꺼낸 후에는 바구니 안에 새 골프공을 넣어준다. 이 때, 바구니의 크기나 모양은 분포에 대한 가정에 따라 달라진다. 즉, 어떤 바구니는 다른 바구니보다 더 깊거나 좌우로 균형이 더 잘 맞아서 특정한 공이 더 자주 선택될 수 있다. 그리고 반복해서 꺼낸 공의 개수는 시뮬레이션의 시행횟수에 따라 달라진다. 관련 가정이 여러 개인 규모가 큰 모델은 해당 모델을 작은 바구니가 여러 개 들어있는 아주 큰 바구니로 생각해볼 수 있다. 각각의 작은 바구니에는 여러 개의 공이 움직이고 있다. 때로는 이러한 작은 바구니들이 연결되어 있어(서로 다른 변수 간에 상관관계가 있는 경우) 여러 골프공이 함께 움직이는 반면 독립적으로 움직이는 골프공도 있다. 모델(작은 바구니가 들어 있는 큰 바구니) 내에 존재하는 이러한 상관관계 조건 하에서 선택되는 골프공을 표로 작성하고 기록하여 시뮬레이션의 예측결과를 보여준다.

그리고 이러한 시뮬레이션의 결과값을 이용하여 계산한 통계량에는 항상 일종의 측정 오차가 포함되어 있다. 신뢰구간은 이렇게 계산된 통계량을 중심으로 정해지는 경계값으로 주어진 확률 하에 이러한 오차를 측정하는 것이다. 예를 들어, 평균에 대한 95% 신뢰구간은 실제 평균이 정의된 구간 안에 있을 확률이 95%라고 정의된다. 즉, 평균이 이 구간 밖에 있을 확률이 5%이다.

기본적인 몬테카를로 시뮬레이션은 다음과 같다. 정규분포로부터 추출된 표본을 가지고 표본

평균을 계산한다면 표본평균은 불편(unbiased)성을 가지고 있으며 정규적으로 분포될 것이다. 이것은 어떤 의미를 가지는가? 만약 크기 $T=100$인 1,000개의 다른 표본을 가진다고 해보자. 각 표본에 대한 평균을 계산하고 표본평균을 사용해 히스토그램을 그리면 모평균 주위에 정규분포의 확률밀도함수처럼 나타날 것이다. 어떻게 이 이론이 사실인지 알 수 있을까?

많은 추정치들은 점근적으로(asymptotically) 정규분포를 따른다고 알려져 있다. 만일 표본의 크기가 유한하다면(finite) 실제 분포는 어떻게 될까? 표본의 점근적 분포가 실제 유한한 표본평균에 근사할 수 있을까?

예를 들어 $N(0,9)$인 분포로부터 크기 $T=100$인 1,000개의 임의추출(random sampling)을 해보자. 각 표본에 대해 평균과 분산을 계산하자. 각 추정치에 대한 히스토그램을 나타내자.

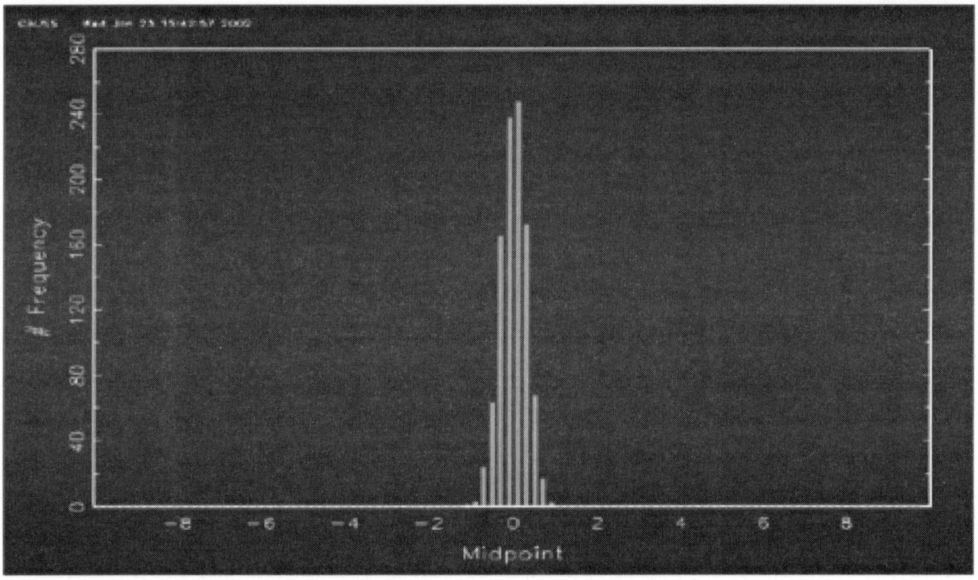

$\overline{x}$

임의추출횟수가 적을 때 초기분포

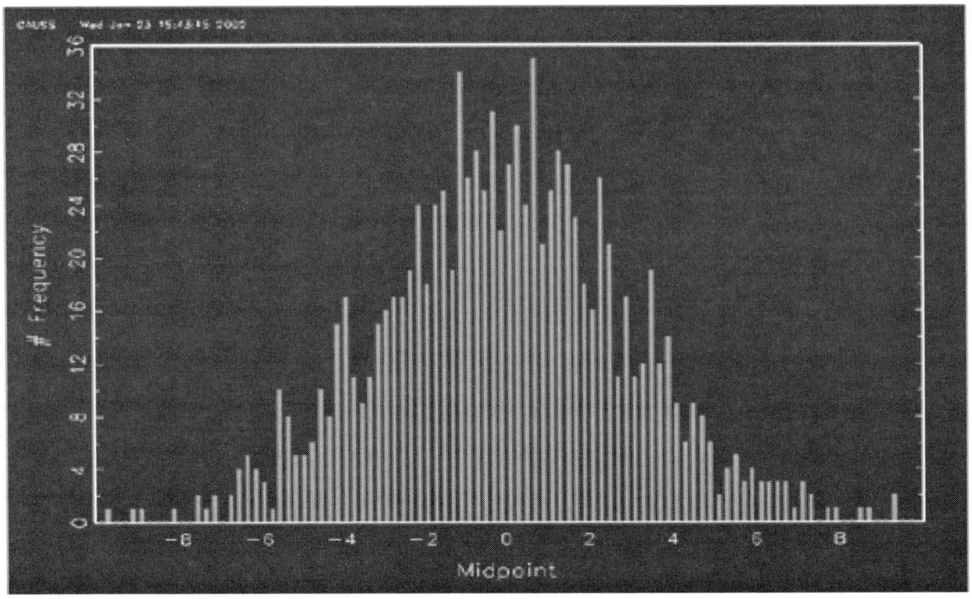

임의추출횟수가 많을 때 분포

따라서 몬테카를로 시뮬레이션은 바람직한 확률분포를 따르는 변수로부터 무작위로 ϵ을 선택하는 것에 근거한다. 수치적 분석은 보통 다음의 2단계를 따른다.

무작위 숫자를 생성하는 첫째 방법은 구간 [0,1]의 균일분포(uniform distribution)를 이용하여 확률변수 x를 생성하는 것이다. 보다 정확히 말하면 이들 숫자들은 정말로 무작위로 추출되는 것은 아니다. 왜냐하면 숫자들은 일정한 규칙에 의해 생성되었기 때문이다. 즉 동일한 숫자로부터 시작하며 본인이 원하는 수만큼 반복할 수 있다.

다음 단계는 균일분포를 따르는 확률변수 x를 역누적확률분포함수(inverse cumulative probability distribution function)을 이용하여 원하는 분포로 전환시키는 것이다. 예를 들어 원하는 분포가 표준정규분포라고 가정하자. 누적확률분포 $N(y)$는 정의에 의해 항상 0과 1사이에 놓인다. 따라서 정규분포를 따르는 확률변수를 생성하기 위해 $x = N(y)$ 또는 $y = N^{-1}(x)$의 관계를 갖는 y를 생성해야 한다. 일반적으로 함수 $N(y)$의 역함수가 존재하면 어떤 확률분포함수도 생성할 수 있다.

이 시점에서 한 가지 주의할 점이 있다. 완전히 무작위로 변수를 생성하는 것은 쉬운 것처럼 보이나 실제로는 매우 어렵다. 정교하게 설계된 알고리즘은 시계열적으로 독립되어 보이는 변수를 생성한다. 그러나 이런 숫자들이 정말로 무작위로 선택된 것이냐는 여기에서 생략한다. 무작위로 숫자를 생성하는 방법은 모든 검증방법을 통하여 시계열적으로 독립임을 입증해야 한다. 그렇지 않으면 생성된 가격변화과정의 특성이 기본모형과 일치하지 않을 수도 있다.

몬테카를로 시뮬레이션은 N차원 공간(space)을 채우는 무작위 숫자에 기초한다(N은 증권가격에 영향을 미치는 변수의 수임). 주택저당채권과 같이 복잡한 금융상품의 경우, 시장이 급속하게 움직이는 것에 비하면 시뮬레이션은 상대적으로 계산속도가 여전히 늦다. 그러나 계산속도를 향상시킬 수 있는 방법은 있다.

몬테카를로 학습(Monte-Carlo learning)

예측과 제어의 관점에서 살펴보자. 몬테카를로 예측(Monte-Carlo prediction)에서는 샘플링을 통해 상태가치함수를 학습해 나간다. 충분한 에피소드를 거치고 나면 상태가치함수가 정답에 가까워지게 될 것이다.

샘플링한 상태들에 대한 경험을 통해 획득보상(gain)을 다음과 같이 정의한다.

$$G_t = R_{t+1} + \gamma R_{t+2} + \cdots + \gamma^{n-1} R_{t+n}$$

상태가치를 다시 획득보상으로 표현하면 다음과 같다.

$$\begin{aligned} V_{n+1}(s) &= \frac{1}{n}\sum_{i=1}^{n} G_i = \frac{1}{n} G_n + \sum_{i=1}^{n-1} G_i) = \frac{1}{n}\left[G_n + (n-1)\frac{1}{n-1}\sum_{i=1}^{n-1} G_i\right] \\ &= V_n(s) + \frac{1}{n}(G_n - V_n(s)) \end{aligned}$$

이 수식은 이전의 상태가치함수와 새로운 획득보상과의 차이를 더해 줌으로써 상태가치함수를 업데이트 한다. 여기서 이전의 상태 가치 함수와 새로운 획득보상과의 차이를 오차라고 한다. 이 오차에 곱해지는 $\frac{1}{n}$은 α로 치환하여 학습속도(learning rate)로 여긴다. 이제 최종 수식을 다시 써보자.

$$V_{n+1}(s) = V_n(s) + \alpha(G_n - V_n(s))$$

딥러닝과 마찬가지로 학습속도 α를 너무 크게 정하면 최적가치함수로 수렴이 잘 안 될 것이고 너무 작게 잡으면 학습이 너무 오래 걸릴 수 있다.

몬테카를로 예측에서 사용하는 총 획득보상 G는 에피소드가 끝나야지 알 수 있기 때문에 에피소드 종료 시점에서 상태가치함수를 갱신할 수 있다.

몬테카를로 제어(Monte-Carlo control)는 상태가치함수 대신 행동가치함수 또는 상태행동가치함수를 사용한다.

$$Q(s,a) \leftarrow Q(s,a) + \alpha(G_n - Q(s,a))$$

이렇게 상태행동가치함수 값이 높은 행동을 선택하고 어떠한 확률로 탐색을 진행할 수 있다.

② 시간차 학습(Temporal-Difference learning, TD)

시간차 학습(Temporal-Difference learning) 역시 예측과 제어의 관점에서 살펴보자.

몬테카를로 예측에서 에피소드가 끝나야 상태 가치 함수를 갱신할 수 있었다. 그렇기에 학습을 실시간으로 수행하기 어려운 단점이 있다. 시간차 예측(Temporal-Difference prediction, TD)을 활용하면 매 시간 단계(time step)마다 가치 함수를 업데이트 할 수 있다.

시간차 예측은 다음과 같이 가치 함수를 업데이트 한다.

$$V(S_t) \leftarrow V(S_t) + \alpha[R_{t+1} + \gamma V(S_{t+1}) - V(S_t)]$$

몬테카를로 예측과 다르게 매 시간 단계 t에서 가치 함수를 갱신하게 된다. 이렇게 에피소드 중에 다음 상태의 가치함수로 현재 상태의 가치함수를 갱신하므로 TD는 부트스트랩을 사용한다고 할 수 있다. 사실 동적 프로그래밍에서도 가치함수를 매 시간 단계마다 갱신했었다. 따라서 DP 역시 부트스트랩을 사용한다고 할 수 있다.

시간차 학습에서 제어는 On-policy이냐 Off-policy이냐에 따라 그 이름이 달라진다. On-policy 시간차 제어(On-policy temporal-difference control)를 SARSA(State-Action-Reward-State-Action)라고 하고 Off-policy 시간차 제어(Off-policy temporal-difference control)을 Q-learning이라 한다. Q-learning은 뒤에서 보도록 하고 SARSA를 살펴보자.

TD에서 상태행동가치함수를 적용하고 탐색(exploration)을 추가하여 제어하면 SARSA(State

-Action-Reward-State-Action)가 된다. 이름이 SARSA인 이유는 하나의 샘플이 현재 state, action, reward, 다음 state, 다음 action으로 구성되어 있기 때문이다.

3 SARSA와 Q학습 알고리즘

강화학습은 최적 정책을 이용한 에이전트의 제어(control) 방식에 따라 On-policy 제어와 Off-policy 제어가 존재한다. 이는 정책을 수행하면서 에이전트의 정책을 갱신해 나아가는지 아니면 기존 에피소드에 존재하는 정책들의 표본추출을 통해 정책을 갱신하는지의 차이를 갖는다. 이에 따라 강화학습에서 가장 각 제어 방법에 핵심을 이루고 있는 두 알고리듬인 SARSA와 Q-Learning을 설명한다.

SARSA(State-Action-Reward-State-Action)는 대표적인 on-policy 제어 알고리듬이다. 다양한 정책을 이용한 SARSA 알고리듬이 있지만 여기서는 TD를 이용한 방법을 소개한다. 제어 알고리듬에서는 에이전트가 행동가치함수를 학습하는 것을 목표로 한다. On-policy 알고리즘의 경우 모든 상태 s와 행동 a에 따르는 행동 정책 π에 따른 $Q(s,a)$을 추론해야 한다. $Q(s,a)$의 학습 방법은 기존 가치함수에서 TD로 최적 가치함수를 구하는 것과 동일한 방법으로 구할 수 있다. 예를 들어, 에피소드는 순서를 이루는 상태-행동 짝으로 구성되어 있다.

제어 알고리듬에서는 상태-행동 짝에서 상태-행동 짝으로의 전이확률을 고려하여 상태-행동 짝의 가치를 학습한다. 이는 다음 식으로 미리 설명한 TD(0)의 행동 가치값 수렴과 동일하게 적용이 가능하다.

SARSA는 상태행동가치함수 Q를 사용하는 방법이고, 수식은 다음과 같다.

$$Q(s,a) \leftarrow Q(s,a) + \alpha[R_s^a + \gamma Q(s',a') - Q(s,a)]$$

갱신 알고리즘은 종료 상태가 아닌 매 전이가 일어날 때마다 적용이 되며, 만약 s_{t+1}이 최종 상태라고 하면 Q값은 0으로 정의된다. 그리고 해당식은 (s,a,R,s,a)의 5가지의 요소가 반드시 포함이 되는데, 바로 여기에서 알고리듬의 이름인 SARSA가 유래되었다.

상태행동가치함수인 Q를 사용하였다. 그리고 행동을 결정할 때 어떠한 확률로 탐색을 수행한다. SARSA는 다음 상태에 대한 행동을 알고 있어야 하기 때문에 행동을 결정하는 정책과 학습 정책을 분리할 수 없어서 On-policy 방식이라고 할 수 있다.

4 Q학습(Q-learning, QL)

SARSA는 On-policy TD인 반면 Q학습(Q-learning)은 TD의 Off-policy 제어 방식이다.

Q학습법은 1989년 Watkins에 의해 제안되었으며 다음과 같은 갱신식을 갖는다.[50]

$$Q(s,a) \leftarrow Q(s,a) + \alpha[R_s^a + \gamma \max_{a'} \ Q(s',a') - Q(s,a)]$$

다음 상태 s'에서 가장 큰 Q 값을 이용하여 q 함수를 갱신하게 된다. 행동을 결정할 때는 Q 값이 높은 행동을 선택하면서도 충분한 탐색을 수행한다. 탐색은 학습 초기에는 많이 하고 학습 후반으로 갈수록 적게 하는 기법을 많이 사용한다.

이 알고리즘은 수식에서 볼 수 있듯이 에이전트가 다른 정책을 갖고 행동한다고 하여도 학습되는 Qq 값이 언제나 Q^*로 바로 근사된다는 점이다. 여기서 시사하는 바는 정책이 환경에 존재하는 상태-행동 쌍을 모두 방문 하기만 한다면 최적 값으로 수렴을 한다고 이해할 수 있다. 이러한 가정 상황에서 Q학습은 항상 Q^*에 수렴한다.

5 DQN(Deep Q-Network)

여기서 Q 함수로 심층신경망을 사용하면 DQN(Deep Q-Network)이 된다. DQN은 회귀(regression) 문제를 푸는 대표적인 강화학습으로 볼 수 있다.

인간이 매 순간 처리하는 감각기관을 통해 들어오는 시각 신호는 매우 큰 크기의 데이터이다. 이러한 데이터를 빠르게 처리하기 위해 인간 및 동물은 시각정보를 빠르게 처리할 수 있는 뇌의 구조가 발달하게 되었다. 이러한 구조를 통해 시각 정보를 작은 크기의 본질적 표현으로 나타낼 수 있게 되었고, 인간들과 다른 동물들은 이러한 계층적 감각 처리 시스템을 강화학습과 비슷한

50 Watkins, C. J. and Dayan, P. (1992), "Q-learning", *Machine learning*, 8, 279-292.

과정을 연계시켜 행동하는 것으로 보인다.[51] 여기서는 딥러닝을 이용한 강화학습의 응용 중 하나인 딥큐네트워크에 대해 다룬다. 이 모델은 강화학습 알고리즘을 실제 세계의 비디오 게임 문제에 사용하기 위한 것이다.

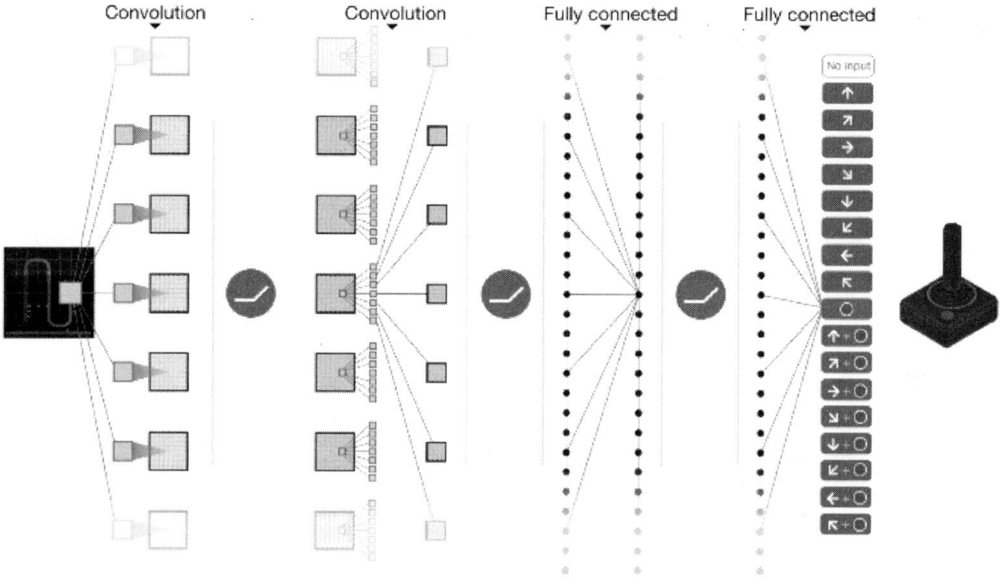

DQN

DQN이 다루는 문제는 1970년대 후반의 가정용 게임기 Atari-2600에 수록된 비디오 게임들이며, DQN은 이러한 게임들의 픽셀 이미지를 실제로 인간이 게임을 즐기는 환경과 동일한 8가지의 방향과 하나의 버튼을 이용해 조작하여 벽돌 깨기, 팩맨과 같은 단순한 게임의 점수를 얻는 것을 목적으로 한다. 전에도 게임 AI와 같은 분야에서 이러한 점수를 자동 최고로 얻는 방법이 있었지만, 이 연구의 차별점은 딥 강화학습을 이용하여 비디오 게임의 이미지의 픽셀들 만을 입력으로 삼아 인간 수준의 직접 컨트롤러의 조작을 학습하는 것이 목적이라는 것이다. DQN은 게임 컨트롤러의 조작이라는 행동을 학습하기 위해 딥 컨볼루션 신경망을 Q학습으로 학습하여 행동 상태함수를 근사하도록 했다.

DQN의 구조는 위의 그림과 같다. 우선, 네트워크 입력은 4×84×84의 최근 4프레임에 해당하는 흑백으로 전처리된 이미지들이다. 이렇듯 DQN의 입력 처리 방식은 앞선 MDP에서 볼 때

51 Mnih, V., Kavukcuoglu, K., Silver, D., Rusu, A. A., Veness, J., Bellemare, M. G., ... and Petersen, S.(2015), "Human-level Control through Deep Reinforcement Learning, *Nature*, 518(7540), 529-533.

현재와 3번째 전 프레임까지의 4개의 흑백 이미지를 게임의 모든 정보를 나타내는 마르코프 상태로 보는 것이다. 그 후, DQN은 이 이미지의 픽셀들을 받아 여러 개의 컨볼루션 층을 통해 입력의 일반화된 표현을 얻고, 뒤이어 빽빽이 연결된 여러 개 층을 통해 컨트롤러로 수행할 동작을 결정한다. 모든 활성화 함수는 ReLU(Rectified linear unit)이다. Q학습법의 오류함수를 최소화 하는 방향으로 오류역전파 방식으로 학습한다.

$$L(\theta) = E_{(s,a,R,s') \quad U(D)}\left[(R+\gamma \max_{a'} Q(s',a';\theta_i^-) - Q(s,a;\theta_i))^2\right]$$

위의 식 중 θ_i는 현재 DQN의 파라미터, θ_i^-는 DQN이 다가가고자 하는 목표 네트워크이며, 수렴을 위해 일정한 단계마다 θ_i로 할당된다. 탐색과 이용을 위해 ϵ이라는 값만큼 높은 값에서 점차적으로 0에 가까운 값만큼의 확률로 Q 함수값이 가장 높은 행동이 아니라 랜덤한 행동을 취하는 ϵ-greedy 방식을 사용했다. 또한 DQN의 특징 중 하나는 경험 리플레이를 사용한다는 점이다. 이것은 큰 메모리에 현재 상태, 행동, 보상, 다음 상태의 전이들을 저장해 매 학습 단계에 mini-batch를 위한 데이터의 샘플을 균등하게 임의로 뽑는 것이다. 경험 리플레이를 하는 첫 번째 이유는 각 step의 경험이 잠재적으로 많은 가중치 업데이트에 사용되기 때문에, 데이터의 효율성을 증가시킬 수 있기 때문이다. 둘째 이유는, 연속적인 샘플로 직접 학습하는 것은 샘플 간의 상관관계가 강하기 때문에 비효율적이기 때문이다. 마지막으로, 경험 리플레이를 사용함으로써 행동의 분포가 많은 전의 상태들로 평균화되어, 학습을 매끄럽게 해 준다.

실험결과, DQN는 즉각적인 상황판단과 조작이 위주인 게임에서 성공적인 성능을 보고 하였다. 특히 네트워크 구조와 학습 방식을 바꾸지 않고도 49개의 실제 Atari-2600 게임들에 각각 테스트 했을 때 거의 모든 경우에서 기존의 알고리즘들의 성능을 넘어섰으며, 29개의 게임에서는 인간 테스터의 수준을 넘어섰다고 보고되었다. 이렇듯 DQN은 딥러닝과 강화학습 알고리즘을 이용하여 인간수준의 조작을 할 수 있음을 보였다. 하지만, DQN이 게임에 보편적으로 쓰이는 상징에 대한 제반 지식이 다소 필요한 경우, 단기 및 장기 목표들이 있는 등의 MDP의 가정이 성립하지 않는 경우, 그리고 단순한 ϵ-greedy로는 탐험하기 힘든 어려운 게임 등의 경우 존재할 경우 잘 동작하지 않는 것 또한 보고되었다.

6 정책 경사(policy gradient, PG)

정책 경사는 분류(classification) 문제를 푸는 강화학습으로 볼 수 있다. 어떠한 상태에서 어떠한 행동을 결정하는 것이 가장 좋을지를 판단하는 것이다. 정책 경사도 어떠한 상태에서의 행동에 대한 확률 값들을 인공 신경망으로 모델링한다.

Q학습에서는 Q 함수를 학습하고 Q 값이 높은 행동을 취하는 방식이었다. 정책 경사에서는 행동의 확률을 학습하게 된다. 정책 경사에서 손실 함수는 다음과 같이 정할 수 있다.

$$L(\theta) = -E[\nabla_\theta \log \pi_\theta (a|s) Q(s,a)]$$

여기서 $Q(s,a)$는 장기간의 보상을 고려한 상태 s에서 행동 a를 수행했을 때의 가치이다. 정책 경사는 다양한 방식으로 손실 함수를 정할 수 있다. 다음에 이어서 살펴볼 Actor-Critic, A2C, A3C 등이 정책 경사 방식의 변형이라고 볼 수 있다.

Actor-Critic

Q학습이나 정책 경사는 단일 신경망을 이용한 강화학습 방식이었다. Actor-Critic은 Q학습과 정책 경사의 하이브리드(hybrid) 강화학습 모델이라고 볼 수 있다.

Actor는 정책 경사 모델을 사용하여 수행할 행동을 결정하고, Critic은 수행한 행동을 비평(criticism)하기 위해 Q학습 모델을 사용한다. 이렇게 했을 때 단일 모델을 사용했을 때 발생하기 쉬운 고분산(high variance) 문제를 피할 수 있다.

Actor-Critic의 구조를 다음과 같이 표현할 수 있다.

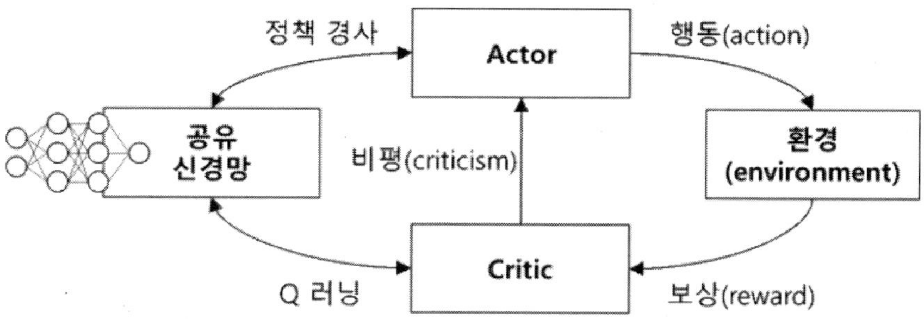

Actor-Critic의 구조

이렇게 Actor-Critic은 Actor와 Critic이 신경망을 공유하며 강화학습을 수행한다. 손실 함수는 다음과 같이 표현할 수 있다.

$$L(\theta) = -E[\nabla_\theta \log \pi_\theta(a|s) Q_c(s,a)]$$

여기서 Q_c 함수는 Critic의 신경망 출력이다. Actor-Critic 방법에서는 정책 경사로 정책 신경망을 학습하면서 동시에 Q학습으로 상태행동가치 신경망을 학습한다. 다만 효율적인 학습을 위해 두 신경망은 일부를 공유하고 있을 수 있다.

A2C(advantage actor-critic)

A2C는 Actor-Critic 방법에서 기대 출력을 Advantage로 사용하는 방법이다. Advantage는 상태-행동 가치에서 상태 가치를 뺀 값이다.

$$D(s,a) = Q(s,a) - V(s)$$

Advantage를 적용한 손실 함수는 다음과 같이 바뀌게 된다.

$$L(\theta) = -E[\nabla_\theta \log \pi_\theta(a|s) D(s,a)]$$

A2C에서는 Critic을 Advantage로 학습한다. 이렇게 하면 어떠한 상태에서 행동이 얼마나 좋은지 뿐만 아니라 얼마나 더 좋아지는지를 학습할 수 있게 된다.

A3C(asynchronous advantage actor-critic)

A3C는 구글 딥마인드에서 발표한 대표적인 강화학습 방법 중 하나이다. A3C는 A2C와 비슷하지만 그 이름에서도 알 수 있듯이 A2C에 비동기 개념을 추가한 방법이다.

A3C는 에이전트가 여러개의 환경에서 동시에 행동을 수행하고 신경망을 학습해 나간다. 이렇게 여러 환경에서 동시에 신경망을 학습하기 때문에 비동기라 부르는 것이다.

다음과 같이 여러 환경에서 행동을 수행하고 보상을 얻는다. 그리고 비동기적으로 신경망을 업데이트한다. 이렇게 여러 에이전트가 독립적으로 개별 환경에서 행동, 보상, 비평을 발생시켜 나가며 강화학습을 진행한다. 이로써 더욱 다양한 경험을 통해 빠르고 효과적으로 학습할 수 있게 된다.

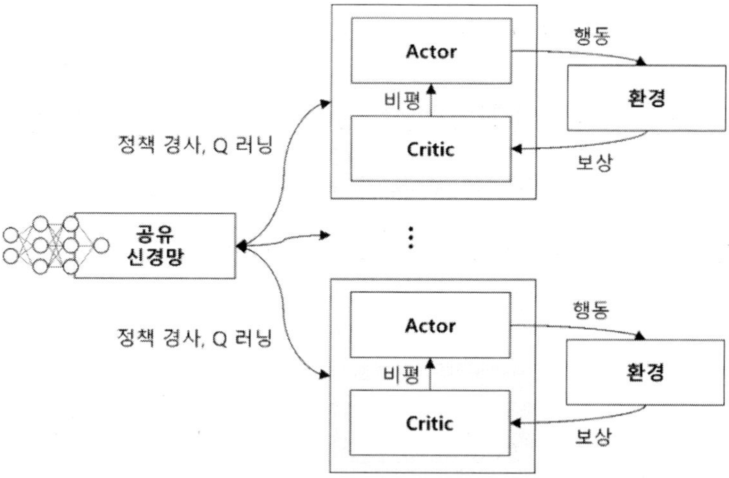

A3C의 구조

7 주요 강화학습 기법 정리

지금까지 마르코프 의사 결정과정(MDP), 동적 프로그래밍(DP), 몬테카를로 학습(MC), 시간차 학습(TD), 시간차 학습(TD), Q학습(QL), DQN, 정책 경사(PG), Actor-Critic(AC), A2C, A3C를 살펴보았다. 이들 강화학습 기법들의 강화학습 특징들을 표시해보면 다음 표와 같다.

■ 강화학습 기법 정리

	MDP	DP	MC	TD (SARSA)	QL	DQN	PG	AC	A2C	A3C
Model-based	○	○								
Model-free			○	○	○	○				
Bootstrap		○		○	○	○		○	○	○
Exploration			○	○	○	○	○	○	○	○
On-policy			○	○						
Off-policy					○	○	○	○	○	○
Value-based			○	○	○	○		○	○	○
Policy-based							○	○	○	○
DNN						○	○	○	○	○
Advantage									○	○
Asyncronous										○

8 전이학습(transfer learning)

전이학습은 특정 문제를 해결하는데 사용되는 지식 또는 모델을 관련된 다른 문제의 학습에 이용하는 것이다.

활용가능한 학습데이터가 부족할 때, 과거에 습득한 지식을 목표 영역으로 이전시켜야 할 때 유용하다.

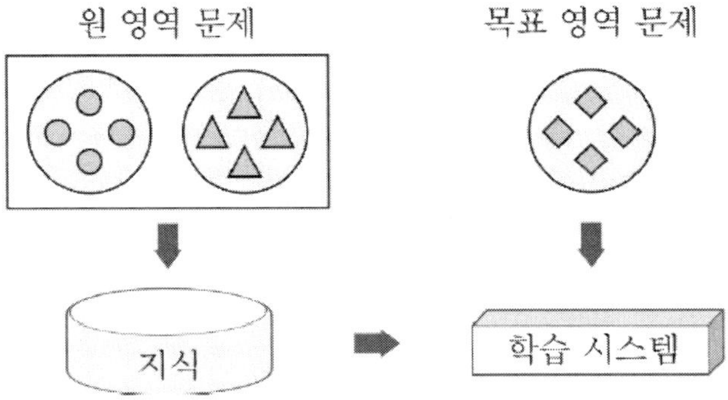

전이학습

9 강화학습의 활용 : 알파고(AlphaGo)

바둑은 약 10^{170}의 탐색 공간(search space)을 가져 일반적인 알고리즘으로는 매우 풀기 어려운 문제로, 컴퓨터에 비해 사람의 직관과 창의성이 우수함을 나타내는 게임으로 알려져 왔다. 알파고는 컨볼루션 신경망(CNN)을 사용한 지도학습, 강화학습, 트리 탐색 기법을 조합하여 바둑 경기에서 세계적인 프로 기사들과 대결해 승리하여 강화학습의 가능성을 보여준 어플리케이션이다.

알파고는 정책망(Policy Network), 가치망(Value Network), 몬테카를로 트리 탐색(MCTS)의 세 부분으로 구성되어 있다. 정책망과 가치망은 13개의 층(layer)을 가진 딥 컨볼루션 신경망이며, 정책망은 가로 세로 19줄로 총 361가지의 위치 중 어떤 위치에 돌을 놓을 것인지에 대한 확률을 계산하고 가치망은 현재 상태에서의 가치(승률)를 계산한다.

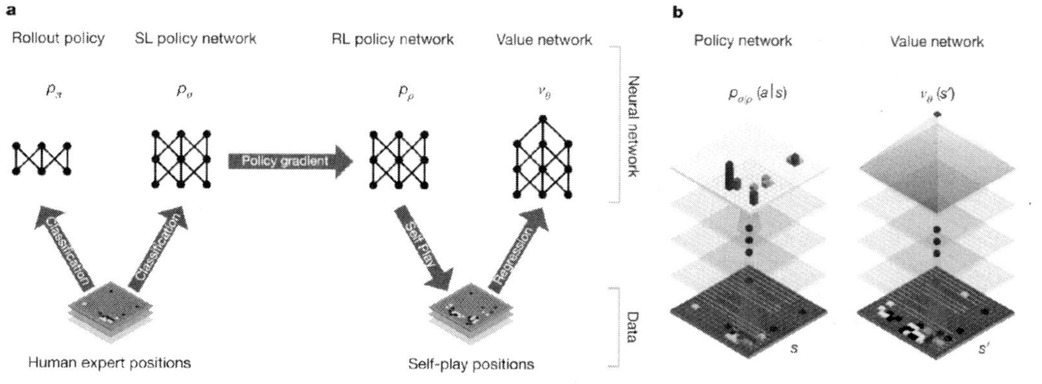

알파고의 딥 신경망

알파고의 학습은 세 단계로 나누어 진다. 학습의 첫 단계는 기존 프로 기사들의 기보를 사용하여 정책망을 지도학습하는 것이다. 이 단계를 통해 총 361가지의 행동(action)을 취할 수 있는 바둑 게임에서의 탐색(exploration) 부담을 크게 줄일 수 있고, 프로 기사들의 정책(policy)을 따라하여 본격적인 강화학습 단계에 들어가기 전 정책의 기초를 학습할 수 있다. 알파고의 학습에는 약 30만번의 대국 데이터가 사용되었다. 계산의 효율성을 위하여 알파고에는 두 개의 정책망이 사용되었는데, 첫 번째 정책망은 Rollout policy network로, 성능은 약간 낮지만 계산 속도가 빨라 몬테카를로 트리탐색에서 사용한다. 두 번째 정책망은 실제로 돌의 위치를 결정하는데 사용된다. 두 번째 단계는 지도학습을 마친 정책망을 사용하여 알파고끼리 대전하며 정책망을 강화학습하는 단계이다. 이 단계를 통해 단순히 프로 기사의 다음 수를 예측하여 따라 하는 것에서 실제 경기에서 승리하기 위한 정책으로 발전이 이루어진다. 아래와 같은 Policy gradient 방법이 학습을 위해 사용되었다.

Policy gradient는 가치함수를 계산하지 않고 직접 보상함수를 모델의 파라미터에 대하여 미분하는 방식으로, 아래와 같은 방법으로 보상함수의 gradient를 근사할 수 있다.

$$\Delta\rho \propto \frac{\partial \log p_\rho(a_t|s_t)}{\partial \rho} z_t$$

여기에서 ρ는 정책망의 파라미터들을, $p_\rho(a_t|s_t)$는 ρ를 사용할 때 상태 s_t에서 행동 a_t를 선택할 확률을, z_t 는 보상(해당 게임에서 승리했을 경우 +1, 졌을 경우 -1)을 의미한다.

세 번째 단계는 프로 기사들의 기보와 강화학습까지 마친 정책망을 사용한 알파고 대 알파고 경기 데이터를 사용해 가치망을 학습하는 것이다. 가치망은 현재 상태(state)로부터 정책망으로 계산된 정책을 사용할 경우의 보상(일종의 승률)을 예측하도록 학습된다.

학습을 마친 알파고의 정책망과 가치망은 몬테카를로 트리 탐색을 활용한 시뮬레이션과 조합되어 경기에 활용된다. 몬테카를로 트리 탐색은 여러 번의 시뮬레이션을 통해 가장 좋은 행동을 선택하는 알고리즘이다. 트리의 각 노드는 상태 (state)를, 각 연결(edge) 은 상태행동가치(state-action value)를 나타내며, 현재 상태를 뿌리 노드로 두고 새로운 행동을 취해 새로운 상태로 전이될 때 마다 잎 노드가 확장되는 구조이다. 각각의 시뮬레이션은 네 단계를 거쳐 처리된다. 첫 번째 단계는 selection으로, 현재 상태로부터 잎 노드가 나올 때까지 선택 가능 한 행동 중 가장 가치가 높은 행동을 선택하며 진행하는 단계이다. 이 때 연결(edge)에 저장해 둔 가치함수의 값과 탐색-이용 균형을 맞추기 위한 방문빈도 값을 사용한다. selection 단계에서의 행동 선택을 위한 식은 아래와 같다.

$$a_t = \max_a \ [Q(s_t, a) + u(s_t, a)]$$

위 식에서 a_t는 시간 t에서의 행동이고 $Q(s_t, a)$는 트리에 저장된 가치함수의 값이고 $u(s_t, a) \propto \frac{P(s_t, a)}{1 + N(s_t, a)}$는 해당 상태-행동 쌍의 방문횟수에 반비례하는 값으로 탐구와 이용의 균형을 맞추기 위해 사용된 것이다.

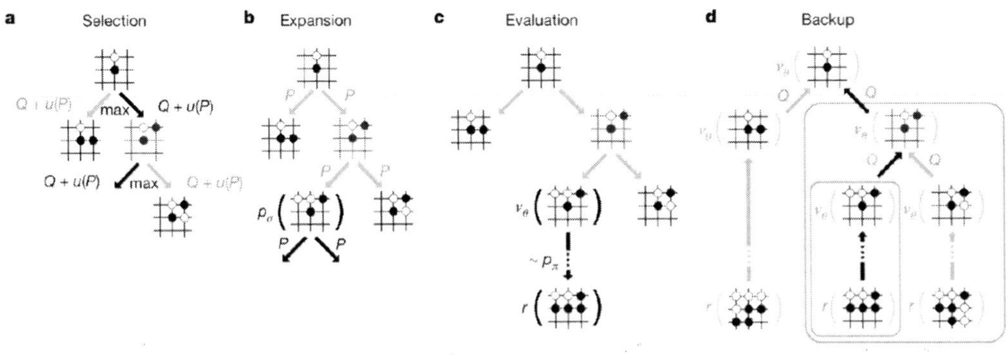

몬테카를로 트리 탐색

두 번째 단계는 Expansion으로, 시뮬레이션이 잎 노드까지 진행되면 지도학습으로 학습된 정책망의 확률에 따라 행동하여 새로운 노드를 잎 노드로 추가한다. 세 번째 단계는 평가(evaluation)으로, 새로 추가된 잎 노드로부터 가치망을 사용해 판단한 가치 (보상, 승률)와 잎 노드로부터 정책망을 사용해 게임이 끝날 때까지 진행해 얻은 보상을 사용해 잎 노드의 가치를 평가한다. 이 때 계산속도를 향상시키기 위해 따로 학습시켜둔 작은 크기의 정책망(Rollout policy network)를 사용한다. 평가(evaluation) 단계에서 가치를 평가하기 위한 식은 아래와 같다.

$$V(s_L) = (1-\lambda)v_\theta(s_L) + \lambda z_L$$

위 식에서 $V(s_L)$은 잎 노드의 가치, λ는 mixing 파라미터, $v_\theta(s_L)$ 은 가치망을 통해 얻은 가치, z_L은 시뮬레이션을 계속해 얻은 보상이다. 마지막 단계는 Backup으로, 시뮬레이션 중 방문한 노드 들의 가치를 새 잎 노드의 가치를 반영해 재평가 하고 방문 빈도를 업데이트 한다. Backup에 사용하는 식은 다음과 같다.

$$N(s,a) = \sum_i 1(s,a,i)$$

$$Q(s,a) = \frac{Q}{N(s,a)} \sum_i 1(s,a,i)\, V(s_L^i)$$

위 식에서 s_L^i는 i번째 시뮬레이션에서의 잎 노드를, $1(s,a,i)$는 i번째 시뮬레이션에서 연결 (s,a)를 방문했는지를 나타낸다. 트리 탐색이 완료되면 알고리즘은 뿌리노드로부터 가장 많이 방문된 연결(행동)을 선택한다. 알파고는 대국에서 1,202개의 CPU와 176개의 GPU를 사용하여 사람과 비슷한 시간 이내에 수많은 시뮬레이션을 수행할 수 있었다. 이런 방식을 통해 알파고는 사람과 동일한 조건(계산 시간, 제공되는 정보) 내에서 유럽 챔피언인 판후이를 5:0으로 이기는 데 성공했고, 2016년 3월에는 한국의 이세돌 9단과의 대국에서도 4:1로 승리하여 인공지능의 발전에 새로운 이정표가 되었다.

진화형 학습

1 유전자 알고리즘(Genetic Algorithm, DA)

유전자 알고리즘의 의미 및 단계

유전자 알고리즘을 처음 공부하는 사람을 위하여 유전자 알고리즘에 대하여 간단히 정리하면 다음과 같다.[52] 유전자 알고리즘은 어떤 범위 내에서 정의되어 있는 변수 x에 대한 함수 $f(x)$의 최대치 혹은 최소치를 준 x의 값을 고속으로 구하기 위한 최적화 탐색 알고리즘의 일종이다. GA는 생물의 진화과정에 힌트를 얻은 비교적 단순한 기본 원리를 기초로 하여 거의 대부분의 최적화 탐색 문제에 적용 가능한 알고리즘이다.

GA는 유전자를 갖는 가상적인 생물의 집단을 컴퓨터 내에 설정하여 미리 정해진 환경에 적응하고 있는 개체가 자손을 남길 확률이 높게 되도록 세대교체 시뮬레이션을 실시하여 유전자 및 생물집단을 "진화"시킨다. 유전자 알고리즘의 기본적인 조작에는 다음의 3가지가 있다. 유전자 알고리즘이란 진화와 그것을 구성하고 있는 유전조직의 정보처리 모델이다.

- 선택(selection) : 집단 중에서 적응도의 분포에 따라서 다음의 단계로교배를 행하는 개체의 생존 분포를 결정한다. 적응도의 분포에 기초하고 있기 때문에 적응도가 높은 개체일수록 보다 많은 자손을 남기기 쉽게 된다.
- 교배(crossover) : 2개의 염색체 사이에서 유전자를 바꾸어 넣어 새로운 개체를 발생시킨다.
- 돌연변이(mutation) : 유전자의 어떤 부분의 값을 강제적으로 변화시킨다.

52 정환묵(1999), 지능정보시스템 원론, 21세기사.

실제로는 아래 그림과 같은 흐름으로 처리가 수행된다.

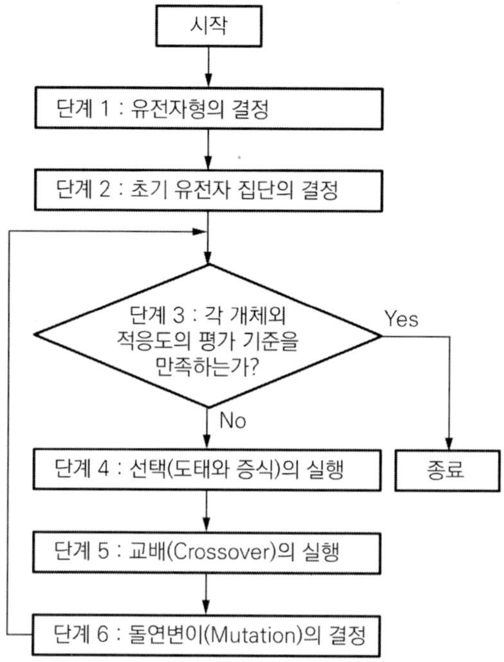

유전자 알고리즘의 흐름도

① 단계1 : 유전자형의 결정

유전자 알고리즘에서 유전자 요소는 DNA가 아니라 기호열이다. 따라서 우선대상으로 하는 문제를 유전자형으로 표현해야만 한다. 유전자의 어디에 어떤 수치, 문자를 배당하여 가는가를 결정하는 것이다. 역시 "대상으로 하는 문제"로부터 "기호열"이라고 하는 변환을 수행하는 것이다. 이것을 코딩이라고 한다. 유감스럽게도 이 일반적 방법은 아직 확립되어있지 않고, 설계자의 숙달이나 경험에 달려있다.(GA의 과제로 되는 사상의모델화)

② 단계2 : 초기유전자 집단의 결정

유전자 알고리즘의 큰 특징으로 많은 개체에 의한 상호적인 처리를 들 수 있다. 우선 단계 1에서 결정된 유전자형에서 요소가 다른 다양한 개체를 발생 시킨다. 개체의 수는 문제의 난이도나 성질에 의존하지만 일반적으로 수십 개 이상 발생시킨다. 너무 적으면 병렬적 처리를 특징으로 하는 유전자 알고리즘의 장점이 발휘되지 않는다. 반대로 너무 많으면 한세대 당 연산양이 많아지기 때문에 낭비가 많아진다. 이것도 설계자의 숙달과 경험에 달려있다.(결정한 유전자형을 중

심으로 한 일정 범위 내에서의 변화를 인정한 복수의 생물개체의 생성처리)

③ 단계3 : 각 개체의 적응도의 평가

지금부터 유전자 알고리즘의 핵심적인 내용에 관하여 설명한다. 유전자 알고리즘에서는 "적응도"가 매우 중요한 요소가 된다. 여기서는 각 개체의 적응도를 미리 결정한 방법으로 연산한다. 집단중에 미리 결정한 기준을만족하는 개체의 유무를 체크하고 있으면 종료하고, 그렇지 않으면 다음단계로 간다.(적응환경에 관한 적응도의 산정처리)

④ 단계4 : 선택

단계3에서 결정한 적응도에 기초하여 다음 단계에서 교배를 수행하는 개체의 생존 분포를 결정한다. 단계 4는 "도태처리"와 "증식처리" 단계로 생각할 수 있다.

- 도태처리 : 각 개체의 평가에 기초하여 각 개체마다의 삭제처리
- 증식처리 : 도태처리에 의해 감소한 집단수를 랜덤 샘플링에 의해 개체를 증식시켜 집단 수를 증가하는 처리

⑤ 단계5 : 교배처리

2개의 염색체 사이에서 유전자를 바꾸어 넣어 새로운 개체를 발생시킨다.(유전자형으로서 정의되어 있는 정보를 개체사이에 바꾸어 넣는 처리)

⑥ 단계6 : 돌연변이 처리

유전자의 어떤 부분의 값을 강제적으로 바꾸고, 유전자 집단으로서의 다양성, 결국 흩어짐을 크게 한다. 이렇게 함으로써 보다 좋은 해를 가지는 개체의 발생을 기대하는 것이다. 물론 이 돌연변이의 비율을 너무 크게 하면 나쁜 방향으로 변이의 확률도 크게 되고, 해를 좀처럼 구할 수 없게 된다.(유전자형으로서 정의되어 있는 유전자정보의 기호열을 특정의 확률(변이율)로 변화시키는 처리)

⑦ 단계7 : 반복

단계3으로 되돌아가고, 각 개체의 적응도를 평가한다.

여러 가지 선택법

유전자 알고리즘에는 선택, 교배, 돌연변이 3가지의 기본적인 조작이 있다. 여기에서는 선택에 대해 자세히 설명한다. 선택은 집단 중에서 적응도의 분포에 따라 다음 단계로 교배를 수행하는 개체의 생존 분포를 결정하는 것이다. 기본적인 선택 방법은 다음과 같으며, 이들이 조합되어 사용되는 것도 있다.

적응도 비례 방식

선택 중에서도 가장 기본적인 방식으로, 각 개체의 자손은 그 적응도에 비례한 확률로 선택될 수 있다. 따라서 적응도가 큰 개체일수록 선택되기 쉽고, 다음 단계의 교배에 참가할 수 있는 가능성이 높아진다.

엘리트 보존 방식(elitism)

엘리트 보존 방식은 개체 중에서 가장 적응도가 높은 개체는 그대로 다음 세대에 남는 방법이다. 어떤 세대에서의 개체는 교배나 돌연변이에 의한 변형을 받지 않고 다음 세대에 전달된다. 그러나 경우에 따라서 원래는 아주 질이 좋지 않은 유전자가 집단 중에 널리 퍼져 버릴 위험성이 있다. 그 때문에 다른 방식, 예를 들면 다음에 설명하는 기대치 방식 등과 조합하여 사용할 수 있다.

기대치 방식

1)의 적응도 비례 방식은 적응도로 부터 구해진 확률에 기초하는 선택 방식이었다. 이 경우 만일 개체수가 적으면 선택된 개체 분포가 원하는 분포로부터 크게 멀어져 버릴 가능성이 있다. 예를 들면 주사위를 6회 던져 보다도 1부터 6까지의 눈금이 모두 1회씩 나온다는 것은 좀처럼 발생하지 않을 것이다. 기대치 방식에서는 적응도의 분포에 기초하여 각 개체가 선택될 기대치(개수)를 계산한다. 그리고 어떤 개체가 선택될 때에 그 개체의 기대치를 작게 하여 가는 것이다. 이렇게 하는 것에 의해 선택된 개체는 선택되기 어렵고, 적응도 비례 방식에서의 확률에 의한 오차를 가능한한 작게 할 수 있다.

순위(rank) 방식

순위 방식에서는 미리 순위와 선택할 개체수와의 관계를 결정해 둔다. 그리고 각 개체를 적응도 순으로 나열하고, 선택할 개체를 결정해 가는 것이다. 적응도의 대소관계만이 고려되기 때문에 적응도 그 자체의 값은 무시된다.

토너먼트 방식

토너먼트 방식은 집단 중에 결정된 수(실제로는 2개인 경우가 많다)의 개체를 무작위로 선택한다. 그들 중에서 가장 적응도가 높은 개체를 선택하는 것으로 이러한 조작을 필요한 횟수만큼 반복한다.

스케일링

앞에서 설명한 선택은 교배를 행할 때의 생존 분포를 집단 중에서 적응도의 분포에 따라 결정하는 것이었다. 그런데 특히 초기 세대에 있어서 해에 어느 정도 가깝다면 해로서는 아직 불충분한 적응도를 가지는 유전자가 집단 중에 퍼져 버리게 되는 경우가 있다. 마치 "우물 안의 개구리"와 같은 것이 집단 중에서 일어나고 있는 상태이다. 이렇게 되면 보다 적응도가 높은 유전자를 탐색하는 것이 어려워져 간다. 이러한 현상을 방지하기 위해서 고안된 것이 스케일링(scaling)이다. 스케일링은 적응도의 값을 선택에 직접 반영시키는 것이 아니라 함수를 이용하여 변환한 후에 선택에 반영시키려고 하는 것이다. 따라서 적응도의 차이가 확대 혹은 축소되게 된다.

스케일링에 이용되는 함수로서 표와 함수가 지금까지 제안되었다. f는 스케일링 전에 적응도의 값을, f'는 스케일링 후의 적응도의 값을 보여주고 있다. 시그마 절단에서 이용되는 는 집단의 표준 편차이다. 선형 스케일링은 1차 함수가 사용되고 멱승 스케일링에서는 지수 함수가 사용되고 있다.

스케일링에 이용되는 함수

스케일링	함수
선형 스케일링	$f' = af + b$
멱승 스케일링	$f' = f^k$
시그마 절단	$f' = f - (f' - c \times \sigma)$

선형 스케일링을 사용할 경우 스케일링 후의 적응도의 값이 음수가 되지 않도록 주의 해야한다. 멱승 스케일링의 경우는 적응도 값이 음수가 될 수 없다는 것은 수학적으로도 증명되어 있다.

시그마 절단으로 스케일링 후의 적응도의 값이 음수가 될 경우는 강제적으로 0으로 한다.

유전 연산자(genetic operator)

기본적인 연산자로 교배(crossover)와 돌연변이(mutation)가 있으며 문제에 따라 역위(inversion), 치환(displacement), 중복(duplication), 추가(addition), 제거(deletion) 등의 연산자를 사용하는 경우도 있다.

교배

교배(crossover)는 2개의 염색체 사이에서 유전자를 바꾸어 넣어 새로운 개체를 발생시키는 것이다. 여기서 교배에 대해 좀 더 자세히 설명한다.

교배하는 위치를 임의로 결정하여 그들의 위치를 경계로 2개의 염색체 사이에서 유전자를 교환하였다. 그 외에는 다음과 같은 교배법이 있다.

가. 단순교배(simple crossover)

다음과 같이 부모 1, 2가 있고 교배점(crossover site)을 3으로 했을 때 생성되는 자식은 자식 1, 2와 같이 된다.

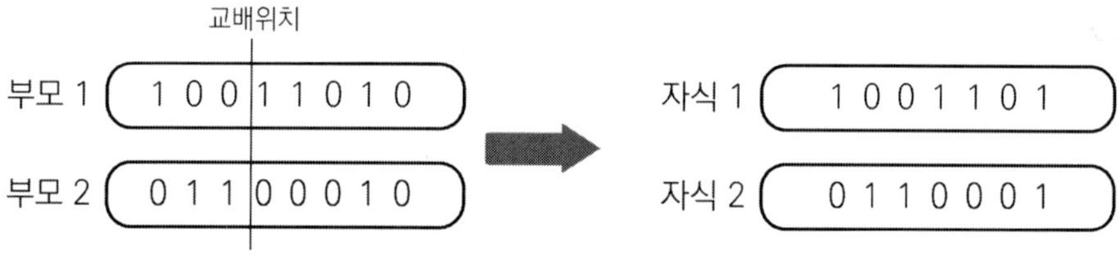

단순교배

나. 복수점 교배

지금까지의 교배법에서는 교배 위치는 한군데였지만 복수점 교배에서는 그림과 같이 교배 위치가 복수 개이고, 그들의 위치를 경계로 유전자의 교환이 행해진다.

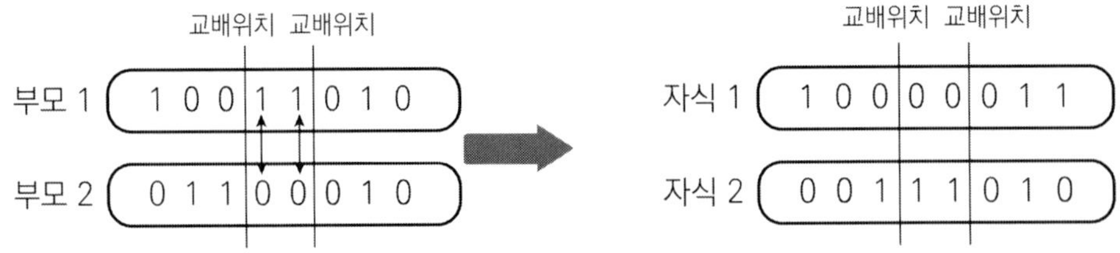

복수점 교배

다. 일양 교배(uniform crossover)

일양 교배는 복수점 교배의 일종으로 생각할 수 있다. 우선 그림과 같은 마스크(교배 위치를 정한 표)를 준비해 둔다. 그리고 자식 1에 대해 마스크의 값이 0인 부분에는 부모 1의 값을 복사하고, 마스크의 값이 1인 부분에는 부모 2의 값을 복사한다. 그리고 자식 2에 대해서는 그 반대이다. 즉 마스크의 값이 0인 부분에는 부모 2의 값을 복사하고, 마스크의 값이 1인 부분에는 부모 1의 값을 복사하는 것이다. 자식 1에 있어서는 마스크가 0인 부분은 부모 1을, 마스크가 1인 부분은 부모 2의 유전자를 복사한다. 자식 2에 있어서는 역으로 한다.

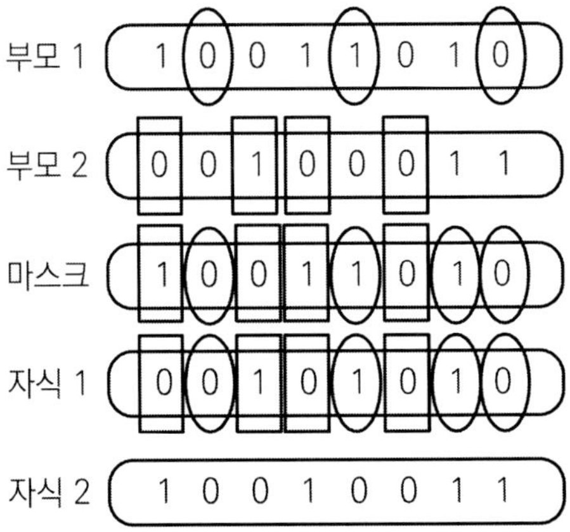

일양 교배

라. 부분일치 교배(partially matched crossover)

보통 TSP 문제에서 아래와 같이 A와 B의 두 개의 염색체(즉, 도시의 방문순서)를 교배할 경우 2개의 교배점을 잡고 그 사이의 중간부분을 일치시켜 교환한 후 나머지 부분의 그 결과에 따라 중복되는 부분을 피하여 조정한다.

A = 9 8 4 | 5 6 7 | 1 3 2 10 → A' = 9 8 4 | 2 3 1 0 | 1 6 5 7

B = 8 7 1 | 2 3 10 | 9 5 4 6 → B' = 8 10 1 | 5 6 7 | 9 2 4 3

마. 순서 교배(ordered crossover : OX)

TSP 문제에서 순서 교배의 예는 다음과 같다.

A = 9 8 4 | 5 6 7 | 1 3 2 10

B - 8 7 1 | 2 3 10 | 9 5 4 6

→ B = 8 H 1 | 2 3 10 | 9 H 4 H

→ B = 2 3 10 | H H H | 9 4 8 1

A' = 5 6 7 | 2 3 10 | 1 9 8 4

B' = 2 3 10 | 5 6 7 | 9 4 8 1

바. 기타 연산자

교배 연산자 이외의 기타 연산자는 다음과 같다.

① 돌연변이(mutation)

개체의 각 유전자에 대하여 일정한 돌연변이 확률(p_m)을 적용하여 대립 유전자의 값으로 바꾸는 것이다. 개체에 근접한 새로운 개체를 생성하는 국소적인 랜덤 탐색의 일종이다. 또한 집단에서 잃어버린 유전형질을 복구하여 다양성을 유지하기 위한 수단으로도 사용된다. 이때 전형적인 돌연변이 확률은 0.05 이하이다. 다음은 돌연변이의 적용 예이다. 세 번째 비트인 a_3가 A_3로 바뀌었다.

부모 a_1, a_2, a_3, a_4, a_5, a_6, a_7, a_8

자식 a_1, a_2, A_3, a_4, a_5, a_6, a_7, a_8

② 치환(displacement)

염색체의 일부분을 다른 염색체의 일부분으로 대치하는 방법

③ 역위(inversion)

부모 1 0 0 1 0 0 1 0

자식 1 0 0 0 1 0 1 0

④ 중복(duplication)
염색체상의 코드의 일부분을 중복시킨다.

⑤ 추가(addition)
염색체상에 어떤 길이의 부분 문자열을 삽입시킨다. 이 결과 염색체의 길이가 길어지게 된다.

⑥ 제거(deletion)
염색체상에 어떤 길이의 부분 문자열을 제거시킨다. 이 결과 염색체의 길이가 짧아지게 된다.

여기서는 유전자 알고리즘의 장점과 단점을 정리해 보기로 하자. 우선 유전자 알고리즘의 장점으로서 다음과 같은 점을 들 수 있다.

먼저, 복수 개의 개체 사이의 상호 협력에 의한 해의 탐색해야 한다. 유전자 알고리즘은 복수의 개체 사이에서 선택이나 교배 등의 유전적 조작에 의해서 상호 협력적으로 해의 탐색을 수행하고 있다. 따라서 단순한 병렬적 해의 탐색과 비교하여 보다 좋은 해를 발견하기 쉽다.

번거로운 미분 연산 등이 불필요하다. 뉴럴 네트워크, 특히 역전파 알고리즘 등에서는 평가 함수의 미분값을 필요로 하였다. 유전자 알고리즘에서는 현재 적응도를 분별할 수 있으면 되기 때문에 알고리즘이 단순하고, 평가 함수가 불연속인 경우에도 적용이 가능하다.

한편 다음과 같은 문제점이 있다. 대상으로 하는 문제를 유전자 알고리즘으로 해결하기 위한 일반적인 방법이 없다. 특히 문제의 유전자형으로의 표현(코딩)은 설계자의 숙달로 되어 있다. 개체수, 선택 방법이나 교배법의 결정, 돌연변이의 비율 등 파라미터의 수가 많다.

2 학습분류자 시스템과 XCS

분류시스템(Classifier System)은 현재의 유용한 규칙들로부터 새로운 규칙들을 만들어 가기 위해 점수할당과 규칙발견을 통해 학습하는 규칙 기반의 시스템이다. 학습에 의한 경험은 끊임없는 새로움과 복잡성 속에서 관련 있는 규칙들이 존재하면 미래의 행동을 좌우할 수 있다. 이러한 학습시스템에 적합한 알고리즘이 유전자 알고리즘(Genetic Algorithm)이다. 유전자 알고리즘은 탐색 공간이 크거나 복잡성을 가진 문제를 해결하는데 유용하여 유전자 알고리즘을 이용한 분류시스템은 데이터 마이닝에도 적용이 가능하다.

분류 규칙 발견시스템은 내부의 모든 규칙들이 동일한 단순 형태를 갖는 메시지 전달방식의 규칙 기반 시스템이다. 분류 규칙 발견시스템(Classifier System)의 구성은 다음 그림과 같이 일반적으로 세 단계의 활동으로 구별할 수 있다. 첫째 단계는 실행시스템(Performance System)으로 외부환경과 지접 상호작용하여 규칙을 생성하는 부분이다. 일반적으로 실행시스템의 규칙들은 다양한 유용성이 있고, 이들 중 일부 또는 대부분이 잘못된 것일 수 있으므로 규칙평가가 필요하다. 둘째 단계는 규칙 중 어떤 것이 효율적인지를 결정하는 점수할당 시스템(Credit Assignment System)이다. 활동의 셋째 단계는 규칙발견 시스템(Rule Discovery System)이다.

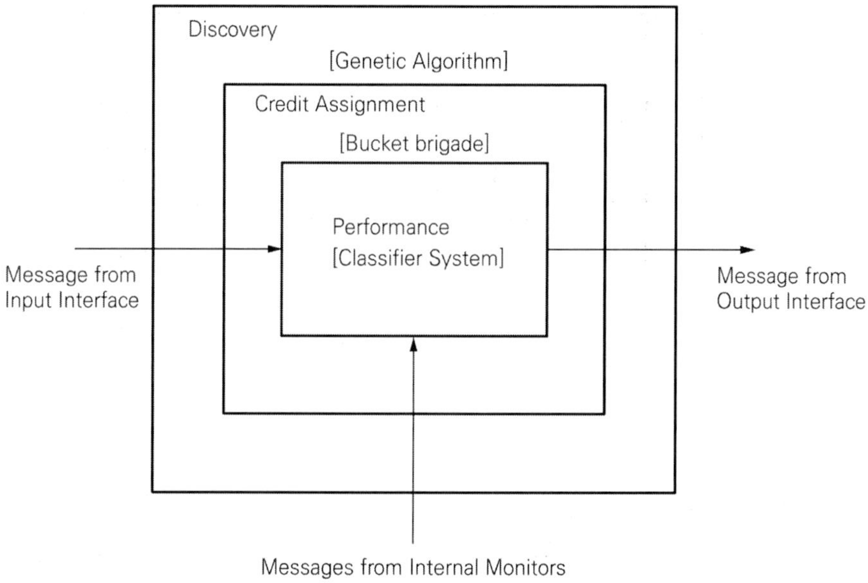

분류 규칙 발견시스템의 일반적인 구성

실행시스템(Performance System)

실행시스템은 입력 인터페이스로부터 입력받은 메시지와 실행시스템 내부에 포함하고 있는 메시지 리스트에 기록되어 있는 규칙의 조건과의 매칭 여부를 조사한다. 실행시스템은 구성은 아래 그림에서 4개의 기본 부분으로 구성된다, 메시지(Message)는 0과 1의 조합으로 구성되는 문자열이며, 규칙(rule)의 가장 단순한 형태는 k-비트의 문자열이다. 분류자(classifier) 리스트는 실행 규칙을 기록하는 규칙 베이스로 규칙은 "조건/행동"의 형태이다. 조건 부분은 어떤 종류의 메시지가 규칙을 만족하는지를 명시하고 행동 부분은 규칙이 만족되었을 때 메시지가 어떻게 보내지는가를 명시한다. 행동은 {0,1}k로 구성된 k-bit 문자열의 집합이며, 조건은 {0,1,#}k로 구성된 문자열의 집 합이다. 여기서 "#"은 "don't care"를 나타낸다.

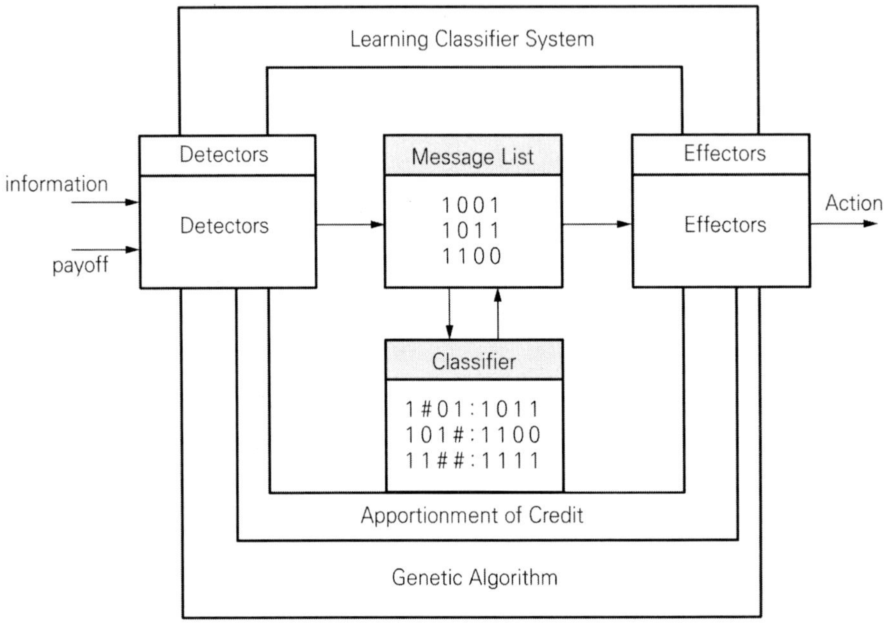

실행시스템의 구성

그림에서 실행시스템의 수행 과정을 볼 수 있다. 입력 인터페이스로부터 메시지 "0111"이 입력되면 분류자(Classifier)의 조건을 만족하는지를 검사한다. 1번 조건과 일치하므로"0000"행동을 출력한다. 다음 단계에서 "0000"과 만족하는 조건을 검사하여 2번 조건과 일치하는 "1100"을 출력한다. 이러한 과정을 반복하여 마지막에는 "0001"을 출력하게 된다.

0111 → input

1	01##:0000
2	00#0:1100
3	11##:1000
4	##00:0001

실행시스템의 수행 과정

점수 할당 시스템(Credit Assignment System)

주어진 시간에 활동하는 규칙들 중 어떤 규칙이 가장 효율적인가를 결정하기 위한 점수 할당 방법은 버킷 집단 알고리즘(Bucket Brigade Algorithm)을 사용한다. 알고리즘을 구현하기 위해, 각 메시지는 강도(strength)라고 불리는 양을 할당받고, 버킷 집단 알고리즘은 시스템에 대한 메시지의 전체적인 유용성을 반영하기 위해 강도를 조절한다. 각 시간 단계에서, 각 만족된 메시지는 강도에 기반하여 입찰하고, 단지 가장 높은 값을 부른 메시지들만이 다음 시간 단계에 메시지 리스트에 기록된다. 입찰가격은 아래 식과 같이 정의된다.

$$B(C,t) = bR(C)s(C,t)$$

여기서 $s(C,t)$는 시간t에서 메시지 C이며, $R(C)$는 한정성으로, C의 조건 부분에 있는 #이 아닌 것의 개수를 조건 부분의 문자열의 길이로 나눈 것과 같으며, b는 1보다 상당히 작은 상수이다. 입찰가격의 크기는 분류자가 행동 부분에 의해 명세되는 메시지를 새로운 메시지 리스트에 붙일 확률을 결정한다.

입찰에서 승리한 메시시 C가 그것의 메시지를 메시지 리스트에 놓았을 때, 입찰가격 $B(C,t)$의 양 만큼 강도 $s(C,t)$를 줄임으로써 특권을 지불한다.

$$S(C,t+1) = s(C,t) - B(C,t)$$

이 승리자(일치된 메시지들을 보낸 메시지들 $\{C'\}$)는 입찰가격의 양만큼 그들의 강도가 증가한다.

$$S(C',t+1) = s(C',t) + aB(C,t)$$

여기서 $a = 1/no.\ of\ members\ of\ \{C'\}$이다.

유전자 알고리즘을 이용한 규칙 발견 시스템

규칙 발견 시스템은 유전자 알고리즘을 이용하여 규칙을 발견하는 기능을 수행한다. 분류 규칙 발견시스템의 수행 중 점수 할당 문제에서 얻은 강도 $s(C,t)$를 적합도 함수로, 메시지 리스트의 일부를 개체군(population)으로 보고 유전자 알고리즘을 이용하여 메시지 리스트를 바꾸고 새로운 규칙을 생성한다.

유전자 알고리즘 학습방법

분류 규칙 발견시스템에서 학습은 1단계 실행시스템과 2단계 버킷 집단 알고리즘을 이용해 규칙 평가를 수행한 후 3단계 유전자 알고리즘을 이용하여 새로운 규칙을 발견해 가는 과정이다. 유전자 알고리즘의 기본적인 수행주기는 다음과 같다.

유전자 알고리즘이 아래 그림과 같은 과정을 통하여 분류자를 만든다. 알고리즘은 알파벳 {1,0, #} 위에 M개의 문자열 $\{C_1, C_2, \cdots, C_M\}$들의 집합 $B(t)$에서 할당된 강도 $B(C_j, t)$를 가지면서 다음과 같이 동작한다.

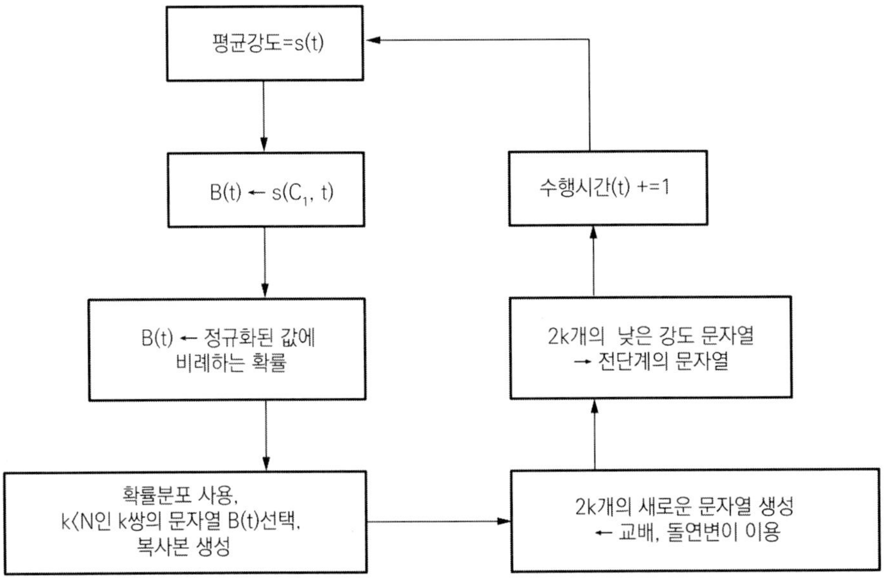

유전자 알고리즘이 분류자를 만드는 과정

① $B(t)$에 있는 문자열의 평균 강도 $s(t)$를 계산하고, $B(t)$에 있는 각 문자열 C_j에 정규화된 값 $s(c_j, t)/s(t)$를 할당한다.

② $B(t)$에 있는 문자열에 정규화된 값에 비례하는 확률을 할당한다. 그리고 이 확률분포를 사용하여 $n \ll M$인, n쌍의 문자열을 $B(t)$에서 선택하고 복사본을 만든다.

③ 교배와 가능한 다른 유전연산자들을 복사된 각 쌍에 적용하고, $2n$개의 새로운 문자열을 만든다.

④ $B(t)$에 있는 $2n$개의 낮은 강도의 문자열을 3단계에서 새로 생성된 새로운 문자열로 대체한다.

⑤ 알고리즘의 다음 사용을 위해 t를 $t+1$로 놓고 1단계부터 반복한다.

유전자 알고리즘은 위의 과정을 반복하여 최적의 분류 규칙을 찾기 위해 학습해 간다.

교배 연산자

교배는 강도 $s(t)$값이 약한 문자열을 교체하기 위해 강도 $s(t)$이 강한 문자열을 부모 염색체로 선택하고, 선택된 부모 염색체를 조합하여 강도 $s(t)$가 강한 자식 염색체를 만든다. 교배는 선택된 문자열의 쌍에 교배 위치(crossover point)를 아래 그림과 같이 4가지 형태의 제안된 교배 방법(crossover type)을 적용한다.

① 교배 방법 1 : 문자열 전체에서 임의로 $1 \le i \le k$가 되는 위치 i를 잡는다. 여기서 k는 문자열의 전체 길이이고, 위치 i는 교배 위치이다. 교배는 두 문자열에서 교배 위치의 왼쪽 부분을 교환한다.

② 교배 방법 2 : 문자열에서 $1 \le i \le k - Mzone$가 되는 위치 i를 임의로 잡는다. 위치 i는 교배 위치이다, 교배는 i번째 위치에서 $Mzone$ 시작 전 위치까지의 부분을 교환한다. 즉 $1 \le i \le k - Mzone$와 $Mzone$ 사이의 부분을 교환한다.

③ 교배 방법 3 : 교배 방법2에서와 같이 교배 위치를 잡고, 교배는 두 문자열에서 교배 위치의 왼쪽 부분을 교환한다.

④ 교배 방법 4 : 문자열에서 $1 \le i \le k - Mzone$가 되는 임의의 두 지점 i와 $i+1$을 잡고, 교배는 두 지점 의 가운데 부분을 교환한다.

교배 방법 1, 2, 3은 일점 교배이며, 교배 방법 4는 복수점 교배이다. 여기서는 확률적 규칙을 이용하기 위해 교배 확률은 각각 10%, 20%, 30%, 40%, 50%로 적용하였다.

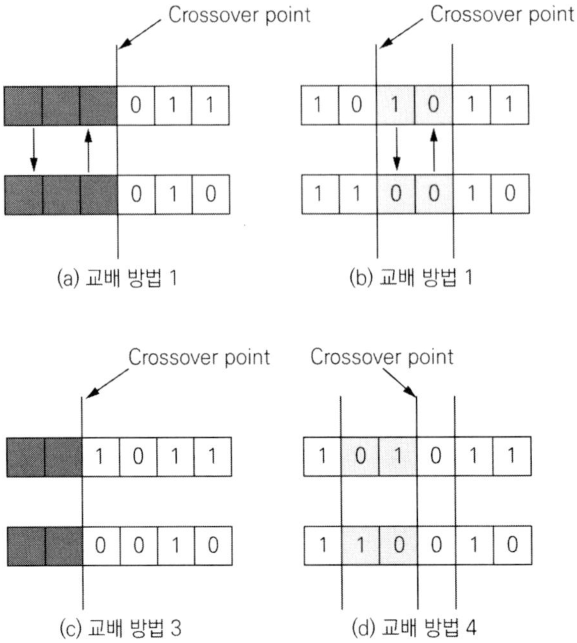

교배 방법 1, 2, 3, 4

실험결과에 의하면 각 교배방법에서 300회 이하의 적은 교배 횟수로 90%이상의 개체가 정확한 규칙을 나타내고 있어 제안한 방법은 빠른 시간 내에 분류시스템에 분류규칙을 발견해 줄 수 있음을 알 수 있다.

교배방법에 따른 성능은 다음과 같다. 교배 방법 1, 4에서는 교배 확률 값이 커질수록 성능이 저하됨을 보이고 있으며, 실행횟수가 증가함에 따라 성능 저하의 폭은 그리 크지 않았다. 교배 방법 2, 3에서도 교배 확률 값이 커질수록 성능이 저하됨을 보이고 있지만, 실행횟수가 1,000회가 넘으면서 성능 저하의 폭은 상당히 커짐을 보였다. 교배 방법 1에서 교배 확률이 10%, 20% 일 때는 수행횟수가 증가함에 따라 성능은 좋아졌지만, 30%, 40%, 50% 일 때는 1,100회 이상 수행하면서 부터 성능이 저하되고 있다. 교배 방법 2에서는 교배 확률이 10%일 경우를 제외하고 나머지 경우에는 일정 수행횟수 이후 성능이 점점 저하됨을 보이고 있다. 교배 방법 3에서도 교배 방법 2에서와 같이 교배 확률이 10%일 경우를 제외하고 나머지 경우에는 일정 수행횟수 이후 성능이 점점 저하됨을 보이고 있다. 교배 방법 4에서는 교배 확률이 10% 40% 경우에 수행횟수가 증가함에 따라 성능도 좋아졌다. 특히, 1,000회 이상 수행하였을 때부터 일정이상의 성능을 유지하고 있다. 주어진 두 문제에서 교배 방법 4를 사용하고 교배 확률 10% 일 때 성능이 가장 뛰어났으며. 교배 방법 4, 교배 방법 1, 교배 방법 2, 교배 방법 3순으로 좋은 성능을 보이고 있다.

XCS

XCS는 Wilson에 의해 제안된 분류자 시스템의 한 형태이다. 기존의 분류자 시스템은 유전자 알고리즘을 이용하여 새로운 룰을 탐색할 때에 전체 개체군에서 strength를 적합도처럼 이용하여 선택과 삭제를 하기 때문에 낮은 strength를 갖지만 유용한 룰이 파괴되기 쉽다는 단점을 가진다. 이런 문제점을 해결하기 위하여 XCS에서는 기존의 strength를 대신하여 예측값과 오차값, 적합도를 이용하였으며 유전자 알고리즘을 개체군이 아닌 Action Set에서 수행하였다. 그 외에도 개체군의 크기가 고정되지 않고 필요에 따라 룰이 추가되고 삭제됨에 따라 적절한 개체군의 크기가 유지된다.

찾아보기

찾아보기

| ㅇ |

| ㅈ |

| ㅍ |

| ㅎ |

비즈니스 의사결정을 위한

인공지능이론

발 행 일 2021년 5월 25일
저 자 김상봉
발 행 인 김성남
발 행 처 (주)지필미디어

주 소 경기도 파주시 문발로 115 세종벤처타운 404호
전 화 (031) 957-4504
팩 스 (031) 957-4503
이 메 일 jiphil@hanmail.net
홈페이지 www.jiphil.co.kr
등록번호 제 312-1997-000043호 (1997년 07월 16일)

I S B N 979-11-86674-82-6 / 93320
가 격 29,000원